中华人民共和国
新法规汇编

2016
第6辑

国务院法制办公室　编

中国法制出版社

编辑说明

一、《中华人民共和国新法规汇编》是国家出版的法律、行政法规汇编正式版本，是刊登报国务院备案的部门规章的指定出版物。

二、本汇编收集的内容包括：上一个月内由全国人民代表大会及其常务委员会通过的法律和有关法律问题的决定，国务院公布的行政法规和法规性文件，报国务院备案的部门规章，最高人民法院和最高人民检察院公布的司法解释。另外，还收入了上一个月内报国务院备案的地方性法规和地方政府规章目录。

三、本汇编所收的内容，按下列分类顺序编排：法律，行政法规，法规性文件，国务院部门规章，司法解释。每类中按公布的时间顺序排列。报国务院备案的地方性法规和地方政府规章目录按 1987 年国务院批准的行政区划顺序排列；同一行政区域报备两件以上者，按公布时间顺序排列。

四、本汇编每年出版 12 辑，每月出版 1 辑。本辑为 2016 年度第 6 辑，收入 2016 年 5 月份内公布的法规性文件 12 件，报国务院备案的部门规章 44 件，补收 2016 年 4 月份内公布的法规性文件 8 件、司法解释 2 件，共计 66 件。

五、本汇编在编辑出版过程中，得到了国务院有关部门和有关方面以及广大读者的大力支持和协助，在此谨致谢意。

国务院法制办公室

2016 年 6 月

目　录

法规性文件

国务院部门规章

司法解释

附：

法规性文件

国务院办公厅关于转发国家发展改革委等部门推进“互联网+政务服务”开展信息惠民试点实施方案的通知

（2016年4月14日　国办发〔2016〕23号）

国家发展改革委、财政部、教育部、公安部、民政部、人力资源社会保障部、住房城乡建设部、国家卫生计生委、国务院法制办、国家标准委《推进“互联网+政务服务”开展信息惠民试点实施方案》已经国务院同意，现转发给你们，请结合实际，认真贯彻执行。

推进“互联网+政务服务”开展信息惠民试点实施方案

推进“互联网+政务服务”，促进部门间信息共享，是深化简政放权、放管结合、优化服务改革的重要内容。为进一步推动部门间政务服务相互衔接，协同联动，打破信息孤岛，变“群众跑腿”为“信息跑路”，变“群众来回跑”为“部门协同办”，变被动服务为主动服务，特制定本实施方案。

一、形势和要求

近年来，各地区各部门按照党中央、国务院的部署和要求，积极探索创新，不断改进政务服务。国家发展改革委、财政部等12个部门组织实施信息惠民工程，取得初步成效。福建省建成了电子证照库，推动了跨部门证件、证照、证明的互认共享，初步实现了基于公民身份号码的“一号式”服务；广州市的“一窗式”和佛山市的“一门式”服务改革，简化群众办事环节，优化服务流程，提升了办事效率；上海市、深圳市通过建设社区公共服务综合信息平台和数据共享平台，基本实现了政务服务事项的网上综合受理和全程协同办理。

但是也应看到，困扰基层群众的“办证多、办事难”现象仍然大量存在，造成群众重复提交办事材料、往返跑腿，给群众办事创业带来诸多不便。适应新的形势和要求，推进国家治理体系和治理能力现代化，建设服务型政府，亟需进一步加大力度总结和推广试点区域的成功经验，借鉴发达国家依托公民号、社会安全号等开展面向公民社保、医疗、养老、纳税、信用等“一号”管理服务的经验，加快推进部门间信息共享和业务协同，简化群众办事环节、提升政府行政效能、畅通政务服务渠道，着力构建方便快捷、公平普惠、优质高效的政务服务体系。

二、总体思路

（一）基本原则。

1. 问题导向，创新服务。以解决群众办事过程中“办证多、办事难”等问题为核心，运用互联网、大数据等手段，推进“互联网+政务服务”，增强政务服务的主动性、精准性、便捷性，提高群众办事的满意度。

2. 信息共享，优化流程。充分利用已有设施资源，推动平台资源整合和多方利用，避免分散建设、重复投资。加强政务信息资源跨部门、跨层级互通和协同共享，发挥信息共享支撑多部门协同服务的作用，简化优化群众办事流程，最大程度利企便民。

3. 条块结合，上下联动。充分调动地方人民政府的积极性和主动性，加强行业主管部门的业务指导和政策支持，促进各层级、各部门的协调配合和业务联动，强化制度衔接，构建跨部门、跨层级一体化的联合推进机制。

4. 试点先行，加快推广。充分结合正在实施的信息惠民工程以及不同区域的信息化发展基础，选择条件成熟的区域和领域先行先试，完善标准体系和政策制度，分阶段分步骤实施，确保总体工作有序推进。

（二）工作目标。

通过两年左右时间，在试点地区实现“一号一窗一网”目标，服务流程显著优化，服务模式更加多元，服务渠道更为畅通，群众办事满意度显著提升。

——“一号”申请。充分发挥公民身份号码作为公民唯一的、终身不变的身份代码作用，以公民身份号码作为唯一标识，建成电子证照库，实现群众办事“一号”申请，避免重复提交办事材料、证明和证件等。

——“一窗”受理。整合构建综合政务服务窗口，建立统一的数据共享交换平台和政务服务信息系统，实现政务服务事项“一窗”受理，就近能办、同城通办、异地可办。

——“一网”通办。建成网上统一身份认证体系，推进群众网上办事“一次认证、多点互联”，实现多渠道服务的“一网”通办，大幅提高政务服务的便捷性。

三、主要任务

(一)"一号"申请,简化优化群众办事流程。

依托统一的数据共享交换平台,以公民身份号码作为唯一标识,构建电子证照库,实现涉及政务服务事项的证件数据、相关证明信息等跨部门、跨区域、跨行业互认共享。在群众办事过程中,通过公民身份号码,直接查询所需的电子证照和相关信息,作为群众办事的依据,避免重复提交,实现以"一号"为标识,为居民"记录一生,管理一生,服务一生"的目标。

1. 建立居民电子证照目录。结合编制权力清单、责任清单等工作,全面梳理涉及群众办事的政务服务事项,逐项梳理基本流程和办事依据,简化无谓证明和繁琐手续。推行群众办事相关证件、证照、证明等电子化,形成居民个人电子证照目录。

2. 建设电子证照库。按照分散集中相结合原则,以电子证照目录为基础,启动电子证照库建设,在城区、街道、社区统一应用,并逐步向农村延伸,实现基础证照信息的多元采集、互通共享、多方利用。推进制证系统、业务办理系统与电子证照库对接联通,做到电子证照与纸质证照同步签发。以电子证照库支撑各部门办事过程中相关信息"一次生成、多方复用,一库管理、互认共享"。

3. 建立跨区域电子证照互认共享机制。为方便群众跨区域业务办理,依托统一的数据共享交换平台,推进跨层级、跨区域、跨部门的电子证照互认共享,逐步实现在全国范围内异地业务办理。

4. 研究制定电子证照法规与相关标准。积极开展电子证照相关政策的研究和试点工作,为制定电子证照相关法规和政策提供实践依据。健全完善电子证照关键技术标准和跨地区互认共享标准,推动相关标准在信息惠民国家试点城市及所在省(区、市)的实施应用。

(二)"一窗"受理,改革创新政务服务模式。

前端整合构建综合政务服务窗口和统一的政务服务信息系统,后端建设完善统一的分层管理的数据共享交换平台体系,推动涉及政务服务事项的信息跨部门、跨区域、跨行业互通共享、校验核对,建立高效便民的新型"互联网+政务服务"体系,推进网上网下一体化管理,实现"一窗口受理、一平台共享、一站式服务"。

1. 建立政务服务事项优化管理机制。按照权力清单和责任清单,全面梳理编制政务服务事项目录,对延伸到基层特别是乡镇(街道)、村(社区)的政务服务事项进行统一规范,最大限度精简办事程序,减少办事环节,缩短办理时限。探索建立涉及多部门的政务服务事项协同办理机制。

2. 升级政务服务大厅功能，整合构建综合服务窗口。加快各级政务服务大厅和城乡社区综合服务机构功能升级，推动政务服务事项分级进驻，采取“前台综合受理、后台分类审批、统一窗口出件”的服务模式，实现一站式服务。建立健全首问负责、一次性告知、并联办理、限时办结等制度，促进政务服务规范化、标准化、便捷化。

3. 整合构建统一的数据共享交换平台和政务服务信息系统。统筹整合建设覆盖全国的数据共享交换平台体系，统一管理政务信息资源目录，实现与人口、法人、空间地理、电子证照、社会信用等基础信息库和业务信息库的联通，逐步推进各级共享交换平台对接，支撑政务信息资源跨部门、跨层级、跨区域互通和协同共享。

依托统一的数据共享交换平台及社区公共服务综合信息平台等已有信息平台，构建统一的政务服务信息系统，完成与各部门业务系统对接，实现相关审批数据、结果同步推送和业务协同办理。推进与电子监察系统对接，确保所有政务服务事项审批办理的流程、结果信息即时可查可用，做到办事过程公开，方便群众监督。

4. 构建网上网下一体化政务服务体系。围绕便民服务，通过综合政务服务窗口和政务服务信息系统，实现对各级政务服务事项从受理、审批到出件的全流程监督管理，促进政务服务规范运作。拓展自助服务、社区代办、邮政快递等服务渠道，构建跨区域、跨层级、网上网下一体化的政务服务体系。

（三）“一网”通办，畅通政务服务方式渠道。

以建设群众办事统一身份认证体系为抓手，逐步构建多渠道多形式相结合、相统一的便民服务“一张网”，实现群众网上办事一次认证、多点互联、“一网”通办。运用“互联网+”思维和大数据手段，做好政务服务个性化精准推送，为公众提供多渠道、无差别、全业务、全过程的便捷服务。

1. 构建群众办事统一身份认证体系。以公民身份号码为唯一标识，结合实名制，探索运用生物特征及网络身份识别等技术，联通整合实体政务服务大厅、政府网站、移动客户端、自助终端、服务热线等不同渠道的用户认证，形成基于公民身份号码的线上线下互认的群众办事统一身份认证体系，实现群众办事多渠道的一次认证、多点互联、无缝切换。

2. 构建便民服务“一张网”。梳理整合教育、医疗卫生、社会救助、社会福利、社区服务、婚姻登记、殡葬服务、社会工作、劳动就业、社会保障、计划生育、住房保障、住房公积金、公共安全等民生服务领域的网上服务资源，借助统一身份认证体系，联通各个网上办事渠道，构建便民服务“一张网”。结合不同接入渠道和受众特点，优化服务界面，提升服务渠道的便捷性和办事效率。

3. 以大数据创新网络服务模式。有效整合“一张网”中的群众行为数据、电子证照库、数据共享交换平台数据库等资源，形成为群众服务的大数据资源体系。运用大数据技术，开展跨领域、跨渠道的综合分析，了解政务服务需求，不断优化资源配置，丰富服务内容，做好个性化精准推送服务，变被动服务为主动服务，有效提升政务服务质量和效率。

四、实施步骤

以覆盖各省（区、市）的80个信息惠民国家试点城市为试点单位，按照“两年两步走”的思路，统筹设计、稳步推进。

2016年，各试点城市开展证照梳理、电子证照库建设及相关标准体系建立等工作，研究形成与现有系统衔接过渡机制；基本建成电子证照库，完成与制证系统和业务系统的对接，实现电子证照和纸质证照同步签发；建成统一的综合政务服务窗口、数据共享交换平台和政务服务信息系统，完成自有政务服务流程的梳理、简化和标准化，形成政务服务事项目录；建成统一身份认证体系，实现政务服务多渠道的统一认证。在试点城市内部基本实现政务服务事项“一号申请、一窗受理、一网通办”。

2017年，跨省电子证照流转交换与网上身份认证体系全面投入应用，各省（区、市）人民政府基本建成数据共享交换平台、政务服务信息系统和线上线下一体化服务体系。基于信息资源互通共享，初步实现各试点城市间政务服务跨区域、跨层级、跨部门“一号申请、一窗受理、一网通办”，基本公共服务事项80%以上可在网上办理。

各省（区、市）人民政府和国务院相关部门要认真总结试点工作，完善“一号一窗一网”服务模式，形成可复制、可推广的经验，逐步向全国推行。

五、保障措施

（一）加强组织领导，强化协同推进。各有关部门要各司其职、密切配合，积极指导、支持试点实施工作。国家发展改革委要会同有关部门抓紧研究制定政务信息资源共享管理制度，推进统一的数据共享交换平台建设。教育部、公安部、民政部、人力资源社会保障部、住房城乡建设部、国家卫生计生委等部门要加强对有关业务管理模式创新、业务流程优化、强化社区应用等方面的业务指导，加大政策支持。公安部、民政部、人力资源社会保障部、住房城乡建设部、国家卫生计生委等部门要研究加快推进“多号合一”信息共享，并适时推动“多卡合一”改革工作。促进大数据发展部际联席会议负责统筹推动跨地区、跨部门信息共享。

试点城市人民政府要高度重视，把试点工作列入重要日程，明确工作步骤，认真研究部署，统筹做好政务服务目录梳理与流程优化、跨部门信息共享与业务协同、“多号合一”改革等工作。各省（区、市）人民政府要加强统筹协调，推动省市两级共享交换平台对接、跨地市电子证照互认共享等工作，确保“一号一窗一网”试点工作顺利实施。

（二）创新体制机制，健全标准规范。试点城市人民政府要对现行管理制度和规范性文件中与“一号一窗一网”服务模式不相适应的规定进行修改，加快推动制定电子证照、数据共享、网上身份认证相关的地方性法规和规章，抓紧出台信息资源共享管理办法，制定完善信息资源目录体系规范、数据共享交换等相关配套标准，开展网上办事、咨询服务流程和标准研究，加快推动“一号一窗一网”的改革与应用。要切实从群众利益出发，积极利用政府网站、移动客户端等渠道全面公开政务服务事项，实现办事全过程公开透明、可溯源、可核查。国家标准委要会同有关部门和试点城市，制定电子证照数据格式、跨区域互通技术规范。

（三）加大财政支持，倡导政企合作。国务院有关部门继续通过现有资金渠道对“一号一窗一网”相关重点工程给予必要支持。试点城市人民政府要加大支持力度，结合财力情况及“一号一窗一网”建设进度，通过本级财政对人员配备、信息化建设、日常运维等必要经费予以合理安排。引导市场主体行为，引入社会力量，推广政府购买服务、政企合作等新模式，合理开放利用数据资源。

（四）完善考核制度，接受群众监督。建立健全效能评估和监督考核制度，开展绩效评估考核指标体系研究，以惠民效果和群众反响来检验考核信息惠民工作。加强舆论宣传引导，提高“一号一窗一网”工作的社会认知度、认可度。发挥社会监督和舆论监督作用，畅通群众投诉举报渠道，完善举报受理、处理和反馈制度，及时解决群众反映的问题，回应社会关切。

（五）加强信息安全，保护公民隐私。落实国家信息安全等级保护制度要求，加强数据安全管理，完善信息共享、业务协同的身份认证和授权管理机制，强化“一号一窗一网”信息化支撑的安全保障体系建设。采取必要的管理和技术手段，切实保护国家信息安全及公民个人隐私。

国务院关于在上海市浦东新区暂时调整有关行政法规和国务院文件规定的行政审批等事项的决定

（2016 年 4 月 19 日　国发〔2016〕24 号）

根据《国务院关于上海市开展"证照分离"改革试点总体方案的批复》（国函〔2015〕222 号），国务院决定，即日起至 2018 年 12 月 21 日，在上海市浦东新区暂时调整《中华人民共和国药品管理法实施条例》、《放射性药品管理办法》、《化妆品卫生监督条例》、《国务院对确需保留的行政审批项目设定行政许可的决定》、《国务院关于第三批取消和调整行政审批项目的决定》（国发〔2004〕16 号）、《国务院关于加强出入境中介活动管理的通知》（国发〔2000〕25 号）、《国务院关于第六批取消和调整行政审批项目的决定》（国发〔2012〕52 号）、《国务院关于取消和调整一批行政审批项目等事项的决定》（国发〔2015〕11 号）、《国务院关于对加工贸易进口料件试行银行保证金台帐制度的批复》（国函〔1995〕109 号）、《国务院关于取消和下放 50 项行政审批项目等事项的决定》（国发〔2013〕27 号）、《国务院办公厅转发国家经贸委等部门关于进一步完善加工贸易银行保证金台帐制度意见的通知》（国办发〔1999〕35 号）等 11 部行政法规和国务院文件规定的行政审批等事项（目录附后）。

国务院有关部门、上海市人民政府要根据上述调整，及时对本部门、本市制定的规章和规范性文件作相应调整，建立与试点工作相适应的管理制度。

国务院将根据"证照分离"改革试点工作的实施情况，适时对本决定的内容进行调整。

附件

国务院决定在上海市浦东新区暂时调整有关行政法规和国务院文件规定的行政审批等事项目录

序号	事项名称	行政法规和国务院文件的有关规定	调整实施情况
1	出版物出租经营备案	《国务院关于第三批取消和调整行政审批项目的决定》(国发〔2004〕16号) 附件1《国务院决定取消的行政审批项目目录》第244项:出版物出租单位设立告知性备案。	暂时停止实施该事项,加强事中事后监管。
2	药品广告异地备案	《中华人民共和国药品管理法实施条例》 第四十八条:发布药品广告,应当向药品生产企业所在地省、自治区、直辖市人民政府药品监督管理部门报送有关材料。省、自治区、直辖市人民政府药品监督管理部门应当自收到有关材料之日起10个工作日内作出是否核发药品广告批准文号的决定;核发药品广告批准文号的,应当同时报国务院药品监督管理部门备案。具体办法由国务院药品监督管理部门制定。 发布进口药品广告,应当依照前款规定向进口药品代理机构所在地省、自治区、直辖市人民政府药品监督管理部门申请药品广告批准文号。 在药品生产企业所在地和进口药品代理机构所在地以外的省、自治区、直辖市发布药品广告的,发布广告的企业应当在发布前向发布地省、自治区、直辖市人民政府药品监督管理部门备案。接受备案的省、自治区、直辖市人民政府药品监督管理部门发现药品广告批准内容不符合药品广告管理规定的,应当交由原核发部门处理。 第七十一条:发布药品广告的企业在药品生产企业所在地或者进口药品代理机构所在地以外的省、自治区、直辖市发布药品广告,未按照规定向发布地省、自治区、直辖市人民政府药品监督管理部门备案的,由发布地的药品监督管理部门责令限期改正;逾期不改正的,停止该药品品种在发布地的广告发布活动。	暂时停止实施该事项(在上海市浦东新区不需备案),加强事中事后监管。

续表

序号	事项名称	行政法规和国务院文件的有关规定	调整实施情况
3	医疗机构放射性药品使用许可(一、二类)	《放射性药品管理办法》 第二十三条：医疗单位使用放射性药品，必须符合国家放射性同位素卫生防护管理的有关规定。所在地的省、自治区、直辖市的公安、环保和卫生行政部门，应当根据医疗单位核医疗技术人员的水平、设备条件，核发相应等级的《放射性药品使用许可证》，无许可证的医疗单位不得临床使用放射性药品。 《放射性药品使用许可证》有效期为5年，期满前6个月，医疗单位应当向原发证的行政部门重新提出申请，经审核批准后，换发新证。	暂时停止实施该事项，加强事中事后监管。
4	因私出入境中介机构资格认定(境外就业、留学除外)	1.《国务院对确需保留的行政审批项目设定行政许可的决定》 附件《国务院决定对确需保留的行政审批项目设定行政许可的目录》第58项：因私出入境中介服务机构资格认定(境外就业、留学除外)。 2.《国务院关于加强出入境中介活动管理的通知》(国发〔2000〕25号) 一、凡从事为出国定居、探亲、访友、继承财产、留学、就业及其他非公务活动提供信息服务、法律咨询和帮助申办签证及境外联络、安排等中介活动，必须报经所在省(自治区、直辖市)人民政府有关部门审核并报国务院有关部门审批，凭国务院有关部门颁发的经营许可证到工商行政管理部门办理注册登记。 二、出入境中介机构除具备一般法人条件外，应具有一定数量按国家规定取得资格的专业人员。同时，还应具有一定数量的备用金，用于其服务对象合法权益受到损害时的赔偿。备用金不得低于50万元人民币，具体数额由有关部门统一确定。 3.《国务院关于第六批取消和调整行政审批项目的决定》(国发〔2012〕52号) 附件2《国务院决定调整的行政审批项目目录》(一)下放管理层级的行政审批项目第9项：因私出入境中介服务机构资格认定(境外就业、留学除外)。	暂时停止实施该事项，加强事中事后监管。

续表

序号	事项名称	行政法规和国务院文件的有关规定	调整实施情况
		4.《国务院关于取消和调整一批行政审批项目等事项的决定》(国发〔2015〕11 号) 附件 4《国务院决定改为后置审批的工商登记前置审批事项目录》第 5 项:因私出入境中介服务机构资格认定。	
5	加工贸易合同审批	1.《国务院关于对加工贸易进口料件试行银行保证金台帐制度的批复》(国函〔1995〕109 号) 第二部分有关规定:外经贸主管部门要严格按规定审批合同,核查经营加工贸易单位及加工生产企业的经营状况和生产能力,防止“三无”(无工厂、无加工设备、无工人)企业利用加工贸易进行走私活动。 经营加工贸易单位一律在加工生产企业所在地主管海关办理加工贸易合同登记备案手续,向加工生产企业主管海关所在地中国银行申请开立银行保证金台帐。 2.《国务院关于第三批取消和调整行政审批项目的决定》(国发〔2004〕16 号) 附件 3《国务院决定下放管理层级的行政审批项目目录》第 9 项:加工贸易食糖、冻鸡、氧化铝进口合同审批。 3.《国务院办公厅转发国家经贸委等部门关于进一步完善加工贸易银行保证金台帐制度意见的通知》(国办发〔1999〕35 号) 八、制定单耗标准,加强海关核销 由海关总署、国家经贸委会同有关国家工业局制订并分批公布全国统一的加工贸易进口商品单耗定额标准,作为审批、监管核销进口料件数量的依据。外经贸主管部门要严格按单耗标准审批加工贸易合同(包括结转深加工),海关要严格按单耗标准进行核销。	暂时停止实施该事项,改为备案管理。

续表

序号	事项名称	行政法规和国务院文件的有关规定	调整实施情况
6	首次进口非特殊用途化妆品行政许可	1.《化妆品卫生监督条例》 第十五条:首次进口的化妆品,进口单位必须提供该化妆品的说明书、质量标准、检验方法等有关资料和样品以及出口国(地区)批准生产的证明文件,经国务院卫生行政部门批准,方可签订进口合同。 第二十六条:进口或者销售未经批准或者检验的进口化妆品的,没收产品及违法所得,并且可以处违法所得3到5倍的罚款。 对已取得批准文号的生产特殊用途化妆品的企业,违反本条例规定,情节严重的,可以撤销产品的批准文号。 2.《国务院关于取消和下放50项行政审批项目等事项的决定》(国发〔2013〕27号) 附件2《国务院决定部分取消和下放管理层级的行政审批项目目录》第12项:首次进口非特殊用途化妆品行政许可。	暂时停止实施该事项,改为备案管理。

国务院办公厅关于印发2016年全国打击侵犯知识产权和制售假冒伪劣商品工作要点的通知

(2016年4月19日　国办发〔2016〕25号)

《2016年全国打击侵犯知识产权和制售假冒伪劣商品工作要点》已经国务院同意,现印发给你们,请认真贯彻执行。

2016年全国打击侵犯知识产权和制售假冒伪劣商品工作要点

2016年，全国打击侵犯知识产权和制售假冒伪劣商品工作要认真贯彻党的十八大和十八届二中、三中、四中、五中全会精神，落实国务院有关工作部署，结合推动供给侧结构性改革，依法严厉惩处影响创新发展、妨碍公平竞争和侵害消费者合法权益的侵权假冒违法犯罪，为推动经济社会持续健康发展提供有力保障。

一、加强重点领域治理

（一）加强互联网领域侵权假冒治理。打击网上销售假冒伪劣商品。突出食品药品、农资、家用电器、建筑材料、汽车配件、儿童用品等重点商品，组织开展网络交易集中整治，加强监管执法。加强对网络交易商品的定向监测，强化电子商务产品质量执法打假维权协作，探索建立跨境电子商务侵权假冒商品追溯机制。打击邮件、快件渠道非法寄递进出口侵权假冒商品行为。（工业和信息化部、公安部、农业部、海关总署、工商总局、质检总局、食品药品监管总局、网信办、邮政局按职责分工分别负责）打击网络侵权盗版。开展2016红盾网剑专项行动。针对网络（手机）文学、音乐、影视、游戏、动漫、软件等重点领域，开展第十二次打击网络侵权盗版“剑网行动”。进一步扩大版权重点监管范围，探索对新型网络侵权盗版行为的有效治理模式。继续组织开展电子商务领域专利执法维权“闪电”专项行动，建立电子商务领域专利执法维权协作调度机制。加强文化市场技术监管与服务平台应用，以网络（手机）游戏、音乐、动漫为重点，组织查处违法违规互联网文化产品和经营单位。（工业和信息化部、公安部、文化部、工商总局、新闻出版广电总局、知识产权局、网信办按职责分工分别负责）强化网站监管。加强网站备案、网际协议地址（IP地址）和域名管理。督促指导网站严格内容审核，研发应用技术措施，加大人工核查投入，畅通举报投诉渠道，完善监督处置机制，增强自律管理能力。加强网络交易平台监管，强化与大型电商平台合作，利用大数据分析技术，及时发现和掌握违法犯罪线索，加强预警监测和事前风险防范，增强精准打击能力。（工业和信息化部、公安部、农业部、商务部、文化部、海关总署、工商总局、质检总局、新闻出版广电总局、食品药品监管总局、林业局、知识产权局、网信办、邮政局按职责分工分别负责）

（二）强化农村和城乡结合部市场监管执法。加强全链条监管，围绕重要节庆时点和春耕、夏种等重要时段，针对农村市场侵权假冒易发多发的商品，从生产源头、流通渠道和消费终端三个方面大力整治，加强市场监督检查，严厉打击违法犯罪，维护农村市场秩序。（公安部、农业部、商务部、工商总局、质检总局、食品药品监管总局、林业局、知识产权局、邮政局按职责分工分别负责）部署开展农资打假、“红盾护农”、“农资打假下乡”等集中整治行动。开展果、蔬、茶、中草药常用投入品专项治理，查处非法销售使用高毒、禁限用农药的违法行为。强化农资生产经营企业产品抽检，重点检测种子苗木质量、品种真实性以及肥料、农药、兽药、饲料有效成分含量和是否添加违禁成分，严肃查处虚假宣传行为。对抽检发现问题多、媒体曝光多、举报投诉多的地区开展专项治理。加强对游商游贩违法经营行为的治理整顿。（农业部牵头负责，工业和信息化部、公安部、工商总局、质检总局、林业局、高检院按职责分工分别负责）开展林木种苗行政执法专项行动，对16个重点地区开展林木种苗质量监督抽查，重点检查工程造林使用的种子苗木质量以及许可、标签、档案等制度落实情况。（林业局负责）

（三）持续开展中国制造海外形象维护“清风”行动。重点针对拉美国家和地区，突出进出口、重点专业市场、跨境电子商务等重点环节，以及出口规模大、涉及人身健康安全的电子电器产品、化妆品、纺织品、日用品、药品等重点商品，加强部门执法协作，严厉打击跨境制售侵权假冒商品违法犯罪行为。加强对重点产品生产企业以及出口新兴市场商品的专业市场、集散地的监管，加大涉外展会、交易会等活动中的知识产权保护力度，增加对出口重点地区商品的查验频次。充分发挥驻外经商机构职能，加强对外沟通协调及对境外中资企业、商户的服务和教育引导。（工业和信息化部、公安部、农业部、商务部、海关总署、工商总局、质检总局、食品药品监管总局、知识产权局、网信办、邮政局、贸促会按职责分工分别负责）

（四）深入推进软件正版化工作。研究制定规范计算机软硬件采购的具体措施，从源头上防止盗版软件流入政府机关。制定正版软件使用管理指南，推进软件使用管理标准化。巩固政府机关软件正版化成果，加快推进企业软件正版化。推广使用优秀软件产品。建立常态化随机抽查制度，探索利用第三方专业机构资源和技术手段开展督查，加大督导检查力度，严格责任追究。（新闻出版广电总局牵头负责，工业和信息化部、财政部、国资委、知识产权局、国管局按职责分工分别负责）推进中央企业所属四级、五级企业软件正版化工作，对进展缓慢的企业进行约谈。督促中央企业建立软件资产管理制度，规范软件资产的采购、登记、安装、升级等工作。开展中央企业软件正版化工作情况监督检查。（国资委负责）加大对新出厂计算机预装正版操作系统软件的检

查管理力度，将平板电脑、智能手机等纳入监管范围。（工业和信息化部负责）

二、强化行业日常监管

（五）加强药品和医疗器械监管。严肃查处药品生产经营企业制售假药劣药案件，打击擅自变更生产工艺、非法添加等违法行为。加强对药品研发过程中临床试验的监督检查，严肃查处临床试验数据造假行为。加强对跨省份的药品、化妆品、医疗器械、保健食品违法案件查处的督查督办。（食品药品监管总局负责）

（六）加强车用燃油监管。督促引导石油炼化企业严格按照标准生产加工车用燃油，强化出厂检测，推进油品质量升级。严肃查处石油炼化企业无生产许可违法生产、销售不符合国家标准车用燃油的违法行为。严格成品油批发零售资质管理。规范成品油特别是普通柴油销售，以县级以上城市及干线公路两侧加油站为重点，严肃查处销售伪劣油品等违法行为。（发展改革委、环境保护部、商务部、国资委、税务总局、工商总局、质检总局按职责分工分别负责）

（七）加强重点商品监管。以建筑材料、汽车配件等为重点，继续开展"质检利剑"行动。以质量问题突出区域为重点，深入推进集中整治。以家用电器、服装、洗涤用品行业为重点，推动企业开展产品质量承诺。严肃查处无证出厂销售强制性认证产品的违法行为。对纳入注册管理的进口食品，加大查处无证销售等违法行为力度。（质检总局负责）开展红盾质量维权行动，加大对儿童用品、装饰装修材料等重点商品的市场检查和质量抽检力度，强化流通领域商品质量监管。严肃查处欺骗、误导消费者的虚假违法广告。（工商总局负责）以口罩、空气净化器等为重点，开展防雾霾商品监督抽查和专项整治。（工商总局、质检总局按职责分工分别负责）探索建立消毒产品监管信息平台，加大抽检力度，加强生产使用环节监管。（卫生计生委负责）

（八）查处侵犯知识产权行为。规范商标代理市场秩序，推动商标注册和评审便利化，严肃查处恶意抢注商标行为。加强商业秘密行政保护。（工商总局负责）在重点城市开展高校及其周边复印店专项治理行动。开展印刷复制发行专项检查，加强对网络销售、传播出版物的监管。（新闻出版广电总局负责）继续开展知识产权执法维权"护航"专项行动。（知识产权局负责）严肃查处侵犯植物新品种、地理标志、集成电路布图设计等知识产权的违法行为。（农业部、工商总局、质检总局、林业局、知识产权局按职责分工分别负责）依法查处滥用知识产权、排除限制竞争等违法行为。（发展改革委、商务部、工商总局按职责分工分别负责）组织文化市场暗访抽查，加大检查力度，规范市场秩序。（文化部负责）加强企业日常税收征管，严肃查处侵权假冒

涉税违法行为。(税务总局负责)

三、加强法规制度建设

(九)研究制订"十三五"时期打击侵权假冒工作指导意见。更加注重打建结合、依法治理、能力建设、社会共治、统筹协调,明确今后一个时期工作目标、主要任务和政策措施。(全国打击侵权假冒工作领导小组办公室牵头负责)

(十)健全相关法律法规。按照立法计划,推动制订修订反不正当竞争法、药品管理法、著作权法、专利法、化妆品卫生监督条例、专利代理条例等法律法规。积极推进电子商务法制订工作。(法制办、发展改革委、工业和信息化部、财政部、商务部、人民银行、海关总署、税务总局、工商总局、质检总局、新闻出版广电总局、食品药品监管总局、知识产权局、网信办、邮政局按职责分工分别负责)

(十一)完善监管制度。研究出台海关知识产权行政案件处罚标准,规范自由裁量权。完善侵权案件办理和罚没货物处置程序。(海关总署负责)制订修订林木种子生产经营许可证管理办法、林木种子质量管理办法、林业植物新品种保护行政执法办法等规章和规范性文件。(林业局负责)制订邮件、快件实名收寄管理办法,推动寄递企业落实收寄验视、实名收寄、过机安检等管理措施,建立用户信息档案库,严格执行运单信息核对制度。(邮政局负责)健全侵权假冒商品无害化销毁工作机制,将拟销毁物品交由有资质的单位进行无害化处置。(环境保护部牵头负责)

(十二)加强标准建设。贯彻落实《深化标准化工作改革方案》(国发〔2015〕13号),集中开展滞后老化标准的复审和修订,适时制订急需的检验检测标准。(质检总局牵头负责)制订修订林木种子与苗木质量分级、林木种子检验、育苗技术规程等标准。(林业局负责)推进寄递行业标准化建设,规范收寄、分拣、运输、投递各环节操作行为,提高防范侵权假冒能力。(邮政局负责)

(十三)加强地方绩效考核。将打击侵权假冒工作作为平安中国建设的重要内容,纳入社会治安综合治理领导责任查究和重点地区治安突出问题排查整治范围。(中央综治办、全国打击侵权假冒工作领导小组办公室按职责分工牵头负责)

四、加强部门协同与司法保护

(十四)推进行政执法与刑事司法衔接。运行维护全国打击侵权假冒"两法衔接"信息共享系统,加强数据管理和有效应用。加强线上线下跨地区、跨部门执法司法协作与联动。推动打击侵权假冒涉案物品检验鉴定和保管处理体系建设。(全国打击侵权假冒工作领导小组办公室、高检院牵头负责,公安部、农业部、文化部、海关总署、工商总局、质检总局、新闻出版广电总局、食品药品监管总局、林业局、知识产权局、高法院按职责分工分别负责)

(十五)大力推进行政处罚案件信息公开。充分利用政府网站信息公开主渠道,公开案件信息。进一步完善和落实案件信息公开管理制度。加强监督检查、情况通报与考核,落实工作责任。(全国打击侵权假冒工作领导小组办公室牵头负责,农业部、文化部、海关总署、工商总局、质检总局、新闻出版广电总局、食品药品监管总局、林业局、知识产权局按职责分工分别负责)

(十六)推动跨区域跨部门合作。加强统筹协调,推动长三角、京津冀、泛珠三角等地区建立区域间、部门间执法协作机制,完善线索通报、证据转移、案件协查等制度,加强跨区域综合执法、联合执法。(全国打击侵权假冒工作领导小组办公室牵头负责)完善海关区域执法合作机制,防范和打击侵权假冒违法主体进行口岸"转移"。加强海关、工商、专利、邮政部门在进出口环节打击侵权假冒的执法协作。(海关总署牵头负责,工商总局、知识产权局、邮政局按职责分工分别负责)

(十七)强化刑事打击与司法保护。保持高压打击态势,深化情报导侦技术和手段运用,对犯罪行为实施全链条打击,打好一批高质量、有影响的集群战役。(公安部负责)严查侵权假冒犯罪案件背后的玩忽职守、贪赃枉法、徇私舞弊、帮助犯罪分子逃避刑罚等职务犯罪。开展危害食品药品安全犯罪专项立案监督活动。(高检院负责)推进知识产权审判民事、行政、刑事"三合一"改革。及时总结北京、上海、广州知识产权法院的经验,加强知识产权司法保护。(高法院负责)

五、推动打防结合打建结合

(十八)健全预警防范机制。加强新信息技术在执法监管中的研发运用,提高预测预警和分析研判能力,做到事前防范、精准打击。(全国打击侵权假冒工作领导小组有关成员单位按职责分工分别负责)推广使用知识产权海关保护执法移动查询系统,开发知识产权海关保护(二期)系统,实现案件在线办理。(海关总署负责)健全林业植物新品种测试机构,建设一批植物新品种测试站。推进植物新品种 DNA(脱氧核糖核酸)图谱数据库建设,完善林业植物新品种保护信息管理系统,提供植物新品种网上查询服务。(林业局负责)实施寄递渠道安全监管"绿盾"工程,研究建立寄递渠道安全监控体系、安全执法检查支撑平台。(邮政局负责)

(十九)大力推进信用建设。全面实施统一社会信用代码制度,推动行政许可、行政处罚等信息上网公开,健全守信联合激励与失信联合惩戒机制。充分发挥全国信用信息共享平台和"信用中国"网站作用,加大信息归集整合力度，扩大平台互联互通范围，推进信息共建共享。（发展改革委、人民银行牵头负责）加快推进国家企业信用信息公示系统建设，构建新型监管制度，强化事中事后监管。（工商总局负责）推进网络领域信用体系建设，探索建立网络服务提供者管理人员失信“黑名单”制度，发挥网络诚信在网络空间法治化、网络生态治理中的作用。（网信办负责）

（二十）推进社会共治。整合行业组织力量，充分发挥行业自律作用，引导企业强化主体责任，加强知识产权自我保护，推动打击侵权假冒社会共治共享。（全国打击侵权假冒工作领导小组办公室牵头负责）完善举报投诉制度，发挥媒体和社会公众监督作用。（公安部、农业部、商务部、工商总局、质检总局、食品药品监管总局、林业局、知识产权局、邮政局按职责分工分别负责）

（二十一）开展全国质量提升行动。以消费品和工业品质量为重点，强化生产许可获证企业产品质量监管，开展电子商务产品质量提升行动，完善监督抽查、产品质量安全风险监控、缺陷产品召回等制度，全面提升产品质量供给水平。（质检总局牵头负责）

（二十二）加强知识产权保护服务。支持创新型企业选聘律师担任企业法律顾问，加强企业知识产权法律服务。加快推动知识产权证据材料公证保管执业管理平台建设，发挥公证机构服务职能，支持知识产权权利认定和纠纷解决。（司法部牵头负责）试点建立中小企业知识产权联络员制度。推动建立外经贸企业知识产权辅导体系，帮助企业建立知识产权战略管理制度。（海关总署负责）加强境内展会知识产权执法，督促落实展会主办方责任，组织查处侵权行为，妥善处理知识产权纠纷。（商务部、知识产权局按职责分工分别负责）

六、开展多样化宣传教育

（二十三）开展常态化宣传。制定年度宣传工作方案，把握正确舆论导向，组织各类新闻媒体，统筹做好对内对外宣传，解读政策措施，宣传工作成效，树立正面典型，曝光违法犯罪案件，加强舆论监督和警示教育。加强网络宣传，组织重点新闻网站、主要门户网站、政府网站等，充分运用微博、微信、移动客户端等新技术手段，扩大宣传覆盖面，增强宣传效果。充分发挥中国打击侵权假冒工作网网站群的宣传功能。积极开展对外宣传，及时发布权威信息，适时组织中外记者采访，展示成效，宣示决心，释疑解惑。（全国打击侵权假冒工作领导小组办公室、中央宣传部牵头负责，新闻办、网信办等按职责分工分别负责）

（二十四）加强集中宣传教育。深入推进“法律六进”主题活动。开展“3·15”国际消费者权益日、全国知识产权宣传周、“5·15”打击和防范经济犯罪宣传日、“8·8”海关法制宣传日、全国质量月、诚信兴商宣传月、全国网络诚信宣传日等活动。（公安部、司法部、商务部、海关总署、工商总局、质检总局、新闻出版广电总局、知识产权局、网信办按职责分工分别负责）

七、做好多双边协作与交流

（二十五）开展多双边磋商与交流合作。加强国际经贸合作，做好中美战略与经济对话、中美商贸联委会知识产权议题磋商，深化中美、中欧、中俄、中巴（西）、中瑞（士）、中日等知识产权对话交流，解决双方重点关切。加快中欧地理标志协定谈判进程。密切跟踪跨太平洋伙伴关系协定（TPP）、跨大西洋贸易与投资伙伴关系协定（TTIP）等多双边协定进展，深入分析相关影响，及时提出对策措施建议。（商务部负责）统筹协调涉外知识产权事宜，深化与世界知识产权组织等的交流合作，发挥金砖国家知识产权局局长会议作用，开展相关领域合作。（知识产权局负责）积极谋划与金砖国家、“一带一路”沿线国家知识产权合作。（商务部、知识产权局按职责分工分别负责）举办2016年国际工商知识产权峰会。充分利用多双边工商合作机制，推动知识产权国际交流。（贸促会负责）

（二十六）加强跨境执法协作。开展中美海关第二次知识产权联合执法行动。落实中欧海关2014—2017年知识产权合作行动计划。加强与俄罗斯海关知识产权保护合作。推动中日韩“零假冒计划”实施。加强对非洲和拉美国家海关、检验检疫执法的合作与援助。拓展与“一带一路”沿线国家海关、检验检疫的合作。（海关总署、质检总局按职责分工分别负责）加强警务国际执法协作，加大涉外侵权假冒犯罪侦办力度。（公安部负责）

（二十七）完善海外维权援助机制。完善国际经贸领域知识产权海外维权机制，引导我国企业积极开展海外维权。建立海外知识产权问题及案件信息提交平台，推动形成海外知识产权维权援助服务网。（商务部负责）健全境外展会防侵权管理体系，完善知识产权综合服务机制，帮助企业加快适应国际知识产权规则，做好政策指引、预警、咨询、诉讼等服务，协调处理涉外知识产权纠纷。在重要展会上设立中国企业知识产权服务工作站。（商务部、知识产权局、贸促会按职责分工分别负责）

国务院办公厅关于强化学校体育促进学生身心健康全面发展的意见

（2016年4月21日　国办发〔2016〕27号）

强化学校体育是实施素质教育、促进学生全面发展的重要途径，对于促进教育现代化、建设健康中国和人力资源强国，实现中华民族伟大复兴的中国梦具有重要意义。党中央、国务院高度重视学校体育，党的十八届三中全会作出了强化体育课和课外锻炼的重要部署，国务院对加强学校体育提出明确要求。近年来，各地、各部门不断出台政策措施，加快推进学校体育，大力开展阳光体育运动，学校体育工作取得积极进展。但总体上看，学校体育仍是整个教育事业相对薄弱的环节，对学校体育重要性认识不足、体育课和课外活动时间不能保证、体育教师短缺、场地设施缺乏等问题依然突出，学校体育评价机制亟待建立，社会力量支持学校体育不够，学生体质健康水平仍是学生素质的明显短板。为进一步推动学校体育改革发展，促进学生身心健康、体魄强健，经国务院同意，现提出如下意见：

一、总体要求

（一）指导思想。全面贯彻落实党的十八大、十八届三中、四中、五中全会和习近平总书记系列重要讲话精神，全面贯彻党的教育方针，按照《国家中长期教育改革和发展规划纲要（2010—2020年）》的要求，以“天天锻炼、健康成长、终身受益”为目标，改革创新体制机制，全面提升体育教育质量，健全学生人格品质，切实发挥体育在培育和践行社会主义核心价值观、推进素质教育中的综合作用，培养德智体美全面发展的社会主义建设者和接班人。

（二）基本原则。

坚持课堂教学与课外活动相衔接。保证课程时间，提升课堂教学效果，强化课外练习和科学锻炼指导，调动家庭、社区和社会组织的积极性，确保学生每天锻炼一小时。

坚持培养兴趣与提高技能相促进。遵循教育和体育规律，以兴趣为引导，注重因材施教和快乐参与，重视运动技能培养，逐步提高运动水平，为学生养成终身体育锻炼习惯奠定基础。

坚持群体活动与运动竞赛相协调。面向全体学生，广泛开展普及性体育活动，有序开展课余训练和运动竞赛，积极培养体育后备人才，大力营造校园体育文化，全面提高学生体育素养。

坚持全面推进与分类指导相结合。强化政府责任，统一基本标准，因地因校制宜，积极稳妥推进，鼓励依据民族特色和地方传统，大胆探索创新，不断提高学校体育工作水平。

（三）工作目标。到2020年，学校体育办学条件总体达到国家标准，体育课时和锻炼时间切实保证，教学、训练与竞赛体系基本完备，体育教学质量明显提高；学生体育锻炼习惯基本养成，运动技能和体质健康水平明显提升，规则意识、合作精神和意志品质显著增强；政府主导、部门协作、社会参与的学校体育推进机制进一步完善，基本形成体系健全、制度完善、充满活力、注重实效的中国特色学校体育发展格局。

二、深化教学改革，强化体育课和课外锻炼

（四）完善体育课程。以培养学生兴趣、养成锻炼习惯、掌握运动技能、增强学生体质为主线，完善国家体育与健康课程标准，建立大中小学体育课程衔接体系。各地中小学校要按照国家课程方案和课程标准开足开好体育课程，严禁削减、挤占体育课时间。有条件的地方可为中小学增加体育课时。高等学校要为学生开好体育必修课或选修课。科学安排课程内容，在学生掌握基本运动技能的基础上，根据学校自身情况，开展运动项目教学，提高学生专项运动能力。大力推动足球、篮球、排球等集体项目，积极推进田径、游泳、体操等基础项目及冰雪运动等特色项目，广泛开展乒乓球、羽毛球、武术等优势项目。进一步挖掘整理民族民间体育，充实和丰富体育课程内容。

（五）提高教学水平。体育教学要加强健康知识教育，注重运动技能学习，科学安排运动负荷，重视实践练习。研究制定运动项目教学指南，让学生熟练掌握一至两项运动技能，逐步形成“一校一品”、“一校多品”教学模式，努力提高体育教学质量。关注学生体育能力和体质水平差异，做到区别对待、因材施教。研究推广适合不同类型残疾学生的体育教学资源，提高特殊教育学校和对残疾学生的体育教学质量，保证每个学生接受体育教育的权利。支持高等学校牵头组建运动项目全国教学联盟，为中小学开展教改试点提供专业支撑，促进中小学提升体育教学水平。充分利用现代信息技术手段，开发和创新体育教学资源，不断增强教学吸引力。鼓励有条件的单位设立全国学校体育研究基地，开展理论和实践研究，提高学校体育科学化水平。

（六）强化课外锻炼。健全学生体育锻炼制度，学校要将学生在校内开展的课外体育活动纳入教学计划，列入作息时间安排，与体育课教学内容相衔接，切实保证学生每天一小时校园体育活动落到实处。幼儿园要遵循幼儿年龄特点和身心发展规律，开展丰富多彩的体育活动。中小学校要组织学生开展大课间体育活动,寄宿制学校要坚持每天出早操。高等学校要通过多种形式组织学生积极参加课外体育锻炼。职业学校在学生顶岗实习期间,要注意安排学生的体育锻炼时间。鼓励学生积极参加校外全民健身运动,中小学校要合理安排家庭“体育作业”,家长要支持学生参加社会体育活动,社区要为学生体育活动创造便利条件,逐步形成家庭、学校、社区联动,共同指导学生体育锻炼的机制。组织开展全国学校体育工作示范校创建活动,各地定期开展阳光体育系列活动和“走下网络、走出宿舍、走向操场”主题群众性课外体育锻炼活动,坚持每年开展学生冬季长跑等群体性活动,形成覆盖校内外的学生课外体育锻炼体系。

三、注重教体结合,完善训练和竞赛体系

(七)开展课余训练。学校应通过组建运动队、代表队、俱乐部和兴趣小组等形式,积极开展课余体育训练,为有体育特长的学生提供成才路径,为国家培养竞技体育后备人才奠定基础。要根据学生年龄特点和运动训练规律,科学安排训练计划,妥善处理好文化课学习和训练的关系,全面提高学生身体素质,打好专项运动能力基础,不断提高课余运动训练水平。办好体育传统项目学校,充分发挥其引领示范作用。

(八)完善竞赛体系。建设常态化的校园体育竞赛机制,广泛开展班级、年级体育比赛,学校每年至少举办一次综合性运动会或体育节,通过丰富多彩的校园体育竞赛,吸引广大学生积极参加体育锻炼。制定学校体育课余训练与竞赛管理办法,完善和规范学生体育竞赛体制,构建县、市、省、国家四级竞赛体系。各地要在整合赛事资源的基础上,系统设计并构建相互衔接的学生体育竞赛体系,积极组织开展区域内竞赛活动,定期举办综合性学生运动会。推动开展跨区域学校体育竞赛活动,全国学生运动会每三年举办一届。通过完善竞赛选拔机制,畅通学生运动员进入各级专业运动队、代表队的渠道。

四、增强基础能力,提升学校体育保障水平

(九)加强体育教师队伍建设。加强师德建设,增强广大体育教师特别是乡村体育教师的职业荣誉感,坚定长期致力于体育教育事业的理想与信心。各地要利用现有政策和渠道,按标准配齐体育教师和体育教研人员。办好高等学校体育教育专业,培养合格体育教师。鼓励优秀教练员、退役运动员、社会体育指导员、有体育特长的志愿人员兼任体育教师。实施体育教师全员培训,着力培养一大批体育骨干教师和体育名师等领军人才,中小学教师国家级培训计划(国培计划)重点加强中西部乡村教师培训,提升特殊教育体育教师水平。科学合理确定体育教师工作量,把组织开展课外活动、学生体质健康测试、课余训练、比赛等纳入教学工作量。保障体育教师在职称(职务)评聘、福利待遇、评优表彰、晋级晋升等方面与其他学科教师同等待遇。高等学校要完善符合体育学科特点的体育教师工作考核和职称(职务)评聘办法。

(十)推进体育设施建设。各地要按照学校建设标准、设计规范,充分利用多种资金渠道,加大对学校体育设施建设的支持力度。把学校体育设施列为义务教育学校标准化建设的重要内容,以保基本、兜底线为原则,建设好学校体育场地设施、配好体育器材,为体育教师配备必要的教学装备。进一步完善制度,积极推动公共体育场馆设施为学校体育提供服务,向学生免费或优惠开放,推动有条件的学校体育场馆设施在课后和节假日对本校师生和公众有序开放,充分利用青少年活动中心、少年宫、户外营地等资源开展体育活动。

(十一)完善经费投入机制。各级政府要切实加大学校体育经费投入力度,地方各级人民政府在安排财政转移支付资金和本级财力时要对学校体育给予倾斜。各级教育部门要根据需求将学校体育工作经费纳入年度预算,学校要保障体育工作的经费需求。鼓励和引导社会资金支持发展学校体育,多渠道增加学校体育投入。

(十二)健全风险管理机制。健全学校体育运动伤害风险防范机制,保障学校体育工作健康有序开展。对学生进行安全教育,培养学生安全意识和自我保护能力,提高学生的伤害应急处置和救护能力。加强校长、教师及有关管理人员培训,提高学校体育从业人员运动风险管理意识和能力。学校应当根据体育器材设施及场地的安全风险进行分类管理,定期开展检查,有安全风险的应当设立明显警示标志和安全提示。完善校方责任险,探索建立涵盖体育意外伤害的学生综合保险机制。鼓励各地政府试点推行学生体育安全事故第三方调解办法。

(十三)整合各方资源支持学校体育。完善政策措施,采取政府购买体育服务等方式,逐步建立社会力量支持学校体育发展的长效机制,引导技术、人才等资源服务学校体育教学、训练和竞赛等活动。鼓励专业运动队、职业体育俱乐部定期组织教练员、运动员深入学校指导开展有关体育活动。支持学校与科研院所、社会团体、企业等开展广泛合作,提升学校体育工作水平。加深同港澳台青少年体育活动的合作。加强学校体育国际交流。

五、加强评价监测,促进学校体育健康发展

(十四)完善考试评价办法。构建课内外相结合、各学段相衔接的学校体育考核评价体系,完善和规范体育运动项目考核和学业水平考试,发挥体育考试的导向作用。体育课程考核要突出过程管理,从学生出勤、课堂表现、健康知识、运动技能、体质健康、课外锻炼、参与活动情况等方面进行全面评价。中小学要把学生参加体育活动情况、学生体质健康状况和运动技能等级纳入初中、高中学业水平考试,纳入学生综合素质评价体系。各地要根据实际,科学确定初中毕业升学体育考试分值或等第要求。实施高考综合改革试点的省(区、市),在高校招生录取时,把学生体育情况作为综合素质评价的重要内容。学校体育测试要充分考虑残疾学生的特殊情况,体现人文关怀。修订体育教育本科专业学生普通高考体育测试办法,提高体育技能考核要求。制定普通高校高水平运动队建设实施意见,规范高水平运动员招生。

(十五)加强体育教学质量监测。明确体育课程学业质量要求,制定学生运动项目技能等级评定标准和高等学校体育学类专业教学质量国家标准,促进学校体育教学质量稳步提升。建立中小学体育课程实施情况监测制度,定期开展体育课程国家基础教育质量监测。建立健全学生体质健康档案,严格执行《国家学生体质健康标准》,将其实施情况作为构建学校体育评价机制的重要基础,确保测试数据真实性、完整性和有效性。鼓励各地运用现代化手段对体育课质量进行监测、监控或对开展情况进行公示。

六、组织实施

(十六)加强组织领导。各地要把学校体育工作纳入经济社会发展规划,加强统筹协调,落实管理责任,并结合当地实际,研究制定加强学校体育工作的具体实施方案,切实抓紧抓好。进一步加强青少年体育工作部际联席会议制度,强化国务院有关部门在加强青少年体育工作中的责任,按照职责分工,落实好深化学校体育改革的各项任务。

(十七)强化考核激励。各地要把学校体育工作列入政府政绩考核指标、教育行政部门与学校负责人业绩考核评价指标。对成绩突出的单位、部门、学校和个人进行表彰。加强学校体育督导检查,建立科学的专项督查、抽查、公告制度和行政问责机制。对学生体质健康水平持续三年下降的地区和学校,在教育工作评估中实行"一票否决"。教育部要会同有关部门定期开展学校体育专项检查,建立约谈有关主管负责人的机制。

(十八)营造良好环境。通过多种途径,充分利用报刊、广播、电视及网络等手段,加强学校体育工作新闻宣传力度,总结交流典型经验和有效做法,传播科学的教育观、人才观和健康观,营造全社会关心、重视和支持学校体育的良好氛围。

国务院办公厅关于印发促进科技成果转移转化行动方案的通知

（2016年4月21日　国办发〔2016〕28号）

《促进科技成果转移转化行动方案》已经国务院同意，现印发给你们，请认真贯彻落实。

促进科技成果转移转化行动方案

促进科技成果转移转化是实施创新驱动发展战略的重要任务，是加强科技与经济紧密结合的关键环节，对于推进结构性改革尤其是供给侧结构性改革、支撑经济转型升级和产业结构调整，促进大众创业、万众创新，打造经济发展新引擎具有重要意义。为深入贯彻党中央、国务院一系列重大决策部署，落实《中华人民共和国促进科技成果转化法》，加快推动科技成果转化为现实生产力，依靠科技创新支撑稳增长、促改革、调结构、惠民生，特制定本方案。

一、总体思路

深入贯彻落实党的十八大、十八届三中、四中、五中全会精神和国务院部署，紧扣创新发展要求，推动大众创新创业，充分发挥市场配置资源的决定性作用，更好发挥政府作用，完善科技成果转移转化政策环境，强化重点领域和关键环节的系统部署，强化技术、资本、人才、服务等创新资源的深度融合与优化配置，强化中央和地方协同推动科技成果转移转化，建立符合科技创新规律和市场经济规律的科技成果转移转化体系，促进科技成果资本化、产业化，形成经济持续稳定增长新动力，为到2020年进入创新型国家行列、实现全面建成小康社会奋斗目标作出贡献。

（一）基本原则。

——市场导向。发挥市场在配置科技创新资源中的决定性作用，强化企业转移转化科技成果的主体地位，发挥企业家整合技术、资金、人才的关键作用，推进产学研协同创新，大力发展技术市场。完善科技成果转移转化的需求导向机制，拓展新技术、新产品的市场应用空间。

——政府引导。加快政府职能转变，推进简政放权、放管结合、优化服务，强化政府在科技成果转移转化政策制定、平台建设、人才培养、公共服务等方面职能,发挥财政资金引导作用,营造有利于科技成果转移转化的良好环境。

——纵横联动。加强中央与地方的上下联动,发挥地方在推动科技成果转移转化中的重要作用,探索符合地方实际的成果转化有效路径。加强部门之间统筹协同、军民之间融合联动,在资源配置、任务部署等方面形成共同促进科技成果转化的合力。

——机制创新。充分运用众创、众包、众扶、众筹等基于互联网的创新创业新理念,建立创新要素充分融合的新机制,充分发挥资本、人才、服务在科技成果转移转化中的催化作用,探索科技成果转移转化新模式。

(二)主要目标。

"十三五"期间,推动一批短中期见效、有力带动产业结构优化升级的重大科技成果转化应用,企业、高校和科研院所科技成果转移转化能力显著提高,市场化的技术交易服务体系进一步健全,科技型创新创业蓬勃发展,专业化技术转移人才队伍发展壮大,多元化的科技成果转移转化投入渠道日益完善,科技成果转移转化的制度环境更加优化,功能完善、运行高效、市场化的科技成果转移转化体系全面建成。

主要指标:建设100个示范性国家技术转移机构,支持有条件的地方建设10个科技成果转移转化示范区,在重点行业领域布局建设一批支撑实体经济发展的众创空间,建成若干技术转移人才培养基地,培养1万名专业化技术转移人才,全国技术合同交易额力争达到2万亿元。

二、重点任务

围绕科技成果转移转化的关键问题和薄弱环节,加强系统部署,抓好措施落实,形成以企业技术创新需求为导向、以市场化交易平台为载体、以专业化服务机构为支撑的科技成果转移转化新格局。

(一)开展科技成果信息汇交与发布。

1. 发布转化先进适用的科技成果包。围绕新一代信息网络、智能绿色制造、现代农业、现代能源、资源高效利用和生态环保、海洋和空间、智慧城市和数字社会、人口健康等重点领域,以需求为导向发布一批符合产业转型升级方向、投资规模与产业带动作用大的科技成果包。发挥财政资金引导作用和科技中介机构的成果筛选、市场化评估、融资服务、成果推介等作用,鼓励企业探索新的商业模式和科技成果产业化路径,加速重大科技成果转化应用。引导支持农业、医疗卫生、生态建设等社会公益领域科技成果转化应用。

2. 建立国家科技成果信息系统。制定科技成果信息采集、加工与服务规范,推动中央和地方各类科技计划、科技奖励成果存量与增量数据资源互联互通，构建由财政资金支持产生的科技成果转化项目库与数据服务平台。完善科技成果信息共享机制，在不泄露国家秘密和商业秘密的前提下，向社会公布科技成果和相关知识产权信息，提供科技成果信息查询、筛选等公益服务。

3. 加强科技成果信息汇交。建立健全各地方、各部门科技成果信息汇交工作机制，推广科技成果在线登记汇交系统，畅通科技成果信息收集渠道。加强科技成果管理与科技计划项目管理的有机衔接，明确由财政资金设立的应用类科技项目承担单位的科技成果转化义务，开展应用类科技项目成果以及基础研究中具有应用前景的科研项目成果信息汇交。鼓励非财政资金资助的科技成果进行信息汇交。

4. 加强科技成果数据资源开发利用。围绕传统产业转型升级、新兴产业培育发展需求，鼓励各类机构运用云计算、大数据等新一代信息技术，积极开展科技成果信息增值服务，提供符合用户需求的精准科技成果信息。开展科技成果转化为技术标准试点，推动更多应用类科技成果转化为技术标准。加强科技成果、科技报告、科技文献、知识产权、标准等的信息化关联，各地方、各部门在规划制定、计划管理、战略研究等方面要充分利用科技成果资源。

5. 推动军民科技成果融合转化应用。建设国防科技工业成果信息与推广转化平台，研究设立国防科技工业军民融合产业投资基金，支持军民融合科技成果推广应用。梳理具有市场应用前景的项目，发布军用技术转民用推广目录、"民参军"技术与产品推荐目录、国防科技工业知识产权转化目录。实施军工技术推广专项，推动国防科技成果向民用领域转化应用。

（二）产学研协同开展科技成果转移转化。

6. 支持高校和科研院所开展科技成果转移转化。组织高校和科研院所梳理科技成果资源，发布科技成果目录，建立面向企业的技术服务站点网络，推动科技成果与产业、企业需求有效对接，通过研发合作、技术转让、技术许可、作价投资等多种形式，实现科技成果市场价值。依托中国科学院的科研院所体系实施科技服务网络计划，围绕产业和地方需求开展技术攻关、技术转移与示范、知识产权运营等。鼓励医疗机构、医学研究单位等构建协同研究网络，加强临床指南和规范制定工作，加快新技术、新产品应用推广。引导有条件的高校和科研院所建立健全专业化科技成果转移转化机构，明确统筹科技成果转移转化与知识产权管理的职责，加强市场化运营能力。在部分高校和科研院所试点探索科技成果转移转化的有效机制与模式，建立职务科技成果披露与管理制度，实行技术经理人市场化聘用制，建设一批运营机制灵活、专业人才集聚、服务能力突出、具有国际影响力的国家技术转移机构。

7. 推动企业加强科技成果转化应用。以创新型企业、高新技术企业、科技型中小企业为重点，支持企业与高校、科研院所联合设立研发机构或技术转移机构，共同开展研究开发、成果应用与推广、标准研究与制定等。围绕“互联网+”战略开展企业技术难题竞标等“研发众包”模式探索，引导科技人员、高校、科研院所承接企业的项目委托和难题招标，聚众智推进开放式创新。市场导向明确的科技计划项目由企业牵头组织实施。完善技术成果向企业转移扩散的机制，支持企业引进国内外先进适用技术，开展技术革新与改造升级。

8. 构建多种形式的产业技术创新联盟。围绕“中国制造2025”、“互联网+”等国家重点产业发展战略以及区域发展战略部署，发挥行业骨干企业、转制科研院所主导作用，联合上下游企业和高校、科研院所等构建一批产业技术创新联盟，围绕产业链构建创新链，推动跨领域跨行业协同创新，加强行业共性关键技术研发和推广应用，为联盟成员企业提供订单式研发服务。支持联盟承担重大科技成果转化项目，探索联合攻关、利益共享、知识产权运营的有效机制与模式。

9. 发挥科技社团促进科技成果转移转化的纽带作用。以创新驱动助力工程为抓手，提升学会服务科技成果转移转化能力和水平，利用学会服务站、技术研发基地等柔性创新载体，组织动员学会智力资源服务企业转型升级，建立学会联系企业的长效机制，开展科技信息服务，实现科技成果转移转化供给端与需求端的精准对接。

（三）建设科技成果中试与产业化载体。

10. 建设科技成果产业化基地。瞄准节能环保、新一代信息技术、生物技术、高端装备制造、新能源、新材料、新能源汽车等战略性新兴产业领域，依托国家自主创新示范区、国家高新区、国家农业科技园区、国家可持续发展实验区、国家大学科技园、战略性新兴产业集聚区等创新资源集聚区域以及高校、科研院所、行业骨干企业等，建设一批科技成果产业化基地，引导科技成果对接特色产业需求转移转化，培育新的经济增长点。

11. 强化科技成果中试熟化。鼓励企业牵头、政府引导、产学研协同，面向产业发展需求开展中试熟化与产业化开发，提供全程技术研发解决方案，加快科技成果转移转化。支持地方围绕区域特色产业发展、中小企业技术创新需求，建设通用性或行业性技术创新服务平台，提供从实验研究、中试熟化到生产过程所需的仪器设备、中试生产线等资源，开展研发设计、检验检测认证、科技咨询、技术标准、知识产权、投融资等服务。推动各类技术开发类科研基地合理布局和功能整合，促进科研基地科技成果转移转化，推动更多企业和产业发展亟需的共性技术成果扩散与转化应用。

(四)强化科技成果转移转化市场化服务。

12. 构建国家技术交易网络平台。以"互联网+"科技成果转移转化为核心,以需求为导向,连接技术转移服务机构、投融资机构、高校、科研院所和企业等,集聚成果、资金、人才、服务、政策等各类创新要素,打造线上与线下相结合的国家技术交易网络平台。平台依托专业机构开展市场化运作,坚持开放共享的运营理念,支持各类服务机构提供信息发布、融资并购、公开挂牌、竞价拍卖、咨询辅导等专业化服务,形成主体活跃、要素齐备、机制灵活的创新服务网络。引导高校、科研院所、国有企业的科技成果挂牌交易与公示。

13. 健全区域性技术转移服务机构。支持地方和有关机构建立完善区域性、行业性技术市场,形成不同层级、不同领域技术交易有机衔接的新格局。在现有的技术转移区域中心、国际技术转移中心基础上,落实"一带一路"、京津冀协同发展、长江经济带等重大战略,进一步加强重点区域间资源共享与优势互补,提升跨区域技术转移与辐射功能,打造连接国内外技术、资本、人才等创新资源的技术转移网络。

14. 完善技术转移机构服务功能。完善技术产权交易、知识产权交易等各类平台功能,促进科技成果与资本的有效对接。支持有条件的技术转移机构与天使投资、创业投资等合作建立投资基金,加大对科技成果转化项目的投资力度。鼓励国内机构与国际知名技术转移机构开展深层次合作,围绕重点产业技术需求引进国外先进适用的科技成果。鼓励技术转移机构探索适应不同用户需求的科技成果评价方法,提升科技成果转移转化成功率。推动行业组织制定技术转移服务标准和规范,建立技术转移服务评价与信用机制,加强行业自律管理。

15. 加强重点领域知识产权服务。实施"互联网+"融合重点领域专利导航项目,引导"互联网+"协同制造、现代农业、智慧能源、绿色生态、人工智能等融合领域的知识产权战略布局,提升产业创新发展能力。开展重大科技经济活动知识产权分析评议,为战略规划、政策制定、项目确立等提供依据。针对重点产业完善国际化知识产权信息平台,发布"走向海外"知识产权实务操作指引,为企业"走出去"提供专业化知识产权服务。

(五)大力推动科技型创新创业。

16. 促进众创空间服务和支撑实体经济发展。重点在创新资源集聚区域,依托行业龙头企业、高校、科研院所,在电子信息、生物技术、高端装备制造等重点领域建设一批以成果转移转化为主要内容、专业服务水平高、创新资源配置优、产业辐射带动作用强的众创空间,有效支撑实体经济发展。构建一批支持农村科技创新创业的"星创天地"。支持企业、高校和科研院所发挥科研设施、专业团队、技术积累等专业领域创新优势，为创业者提供技术研发服务。吸引更多科技人员、海外归国人员等高端创业人才入驻众创空间，重点支持以核心技术为源头的创新创业。

17. 推动创新资源向创新创业者开放。引导高校、科研院所、大型企业、技术转移机构、创业投资机构以及国家级科研平台（基地）等，将科研基础设施、大型科研仪器、科技数据文献、科技成果、创投资金等向创新创业者开放。依托3D打印、大数据、网络制造、开源软硬件等先进技术和手段，支持各类机构为创新创业者提供便捷的创新创业工具。支持高校、企业、孵化机构、投资机构等开设创新创业培训课程，鼓励经验丰富的企业家、天使投资人和专家学者等担任创业导师。

18. 举办各类创新创业大赛。组织开展中国创新创业大赛、中国创新挑战赛、中国“互联网+”大学生创新创业大赛、中国农业科技创新创业大赛、中国科技创新创业人才投融资集训营等活动，支持地方和社会各界举办各类创新创业大赛，集聚整合创业投资等各类资源支持创新创业。

（六）建设科技成果转移转化人才队伍。

19. 开展技术转移人才培养。充分发挥各类创新人才培养示范基地作用，依托有条件的地方和机构建设一批技术转移人才培养基地。推动有条件的高校设立科技成果转化相关课程，打造一支高水平的师资队伍。加快培养科技成果转移转化领军人才，纳入各类创新创业人才引进培养计划。推动建设专业化技术经纪人队伍，畅通职业发展通道。鼓励和规范高校、科研院所、企业中符合条件的科技人员从事技术转移工作。与国际技术转移组织联合培养国际化技术转移人才。

20. 组织科技人员开展科技成果转移转化。紧密对接地方产业技术创新、农业农村发展、社会公益等领域需求，继续实施万名专家服务基层行动计划、科技特派员、科技创业者行动、企业院士行、先进适用技术项目推广等，动员高校、科研院所、企业的科技人员及高层次专家，深入企业、园区、农村等基层一线开展技术咨询、技术服务、科技攻关、成果推广等科技成果转移转化活动，打造一支面向基层的科技成果转移转化人才队伍。

21. 强化科技成果转移转化人才服务。构建“互联网+”创新创业人才服务平台，提供科技咨询、人才计划、科技人才活动、教育培训等公共服务，实现人才与人才、人才与企业、人才与资本之间的互动和跨界协作。围绕支撑地方特色产业培育发展，建立一批科技领军人才创新驱动中心，支持有条件的企业建设院士（专家）工作站，为高层次人才与企业、地方对接搭建平台。建设海外科技人才离岸创新创业基地，为引进海外创新创业资源搭建平台和桥梁。

（七）大力推动地方科技成果转移转化。

22. 加强地方科技成果转化工作。健全省、市、县三级科技成果转化工作网络，强化科技管理部门开展科技成果转移转化的工作职能，加强相关部门之间的协同配合，探索适应地方成果转化要求的考核评价机制。加强基层科技管理机构与队伍建设，完善承接科技成果转移转化的平台与机制，宣传科技成果转化政策，帮助中小企业寻找应用科技成果，搭建产学研合作信息服务平台。指导地方探索"创新券"等政府购买服务模式，降低中小企业技术创新成本。

23. 开展区域性科技成果转移转化试点示范。以创新资源集聚、工作基础好的省（区、市）为主导，跨区域整合成果、人才、资本、平台、服务等创新资源，建设国家科技成果转移转化试验示范区，在科技成果转移转化服务、金融、人才、政策等方面，探索形成一批可复制、可推广的工作经验与模式。围绕区域特色产业发展技术瓶颈，推动一批符合产业转型发展需求的重大科技成果在示范区转化与推广应用。

（八）强化科技成果转移转化的多元化资金投入。

24. 发挥中央财政对科技成果转移转化的引导作用。发挥国家科技成果转化引导基金等的杠杆作用，采取设立子基金、贷款风险补偿等方式，吸引社会资本投入，支持关系国计民生和产业发展的科技成果转化。通过优化整合后的技术创新引导专项（基金）、基地和人才专项，加大对符合条件的技术转移机构、基地和人才的支持力度。国家科技重大专项、重点研发计划支持战略性重大科技成果产业化前期攻关和示范应用。

25. 加大地方财政支持科技成果转化力度。引导和鼓励地方设立创业投资引导、科技成果转化、知识产权运营等专项资金（基金），引导信贷资金、创业投资资金以及各类社会资金加大投入，支持区域重点产业科技成果转移转化。

26. 拓宽科技成果转化资金市场化供给渠道。大力发展创业投资，培育发展天使投资人和创投机构，支持初创期科技企业和科技成果转化项目。利用众筹等互联网金融平台，为小微企业转移转化科技成果拓展融资渠道。支持符合条件的创新创业企业通过发行债券、资产证券化等方式进行融资。支持银行探索股权投资与信贷投放相结合的模式，为科技成果转移转化提供组合金融服务。

三、组织与实施

（一）加强组织领导。各有关部门要根据职能定位和任务分工，加强政策、资源统筹，建立协同推进机制，形成科技部门、行业部门、社会团体等密切配合、协同推进的工作格局。强化中央和地方协同，加强重点任务的统筹部署及创新资源的统筹配置,形成共同推进科技成果转移转化的合力。各地方要将科技成果转移转化工作纳入重要议事日程,强化科技成果转移转化工作职能,结合实际制定具体实施方案,明确工作推进路线图和时间表,逐级细化分解任务,切实加大资金投入、政策支持和条件保障力度。

(二)加强政策保障。落实《中华人民共和国促进科技成果转化法》及相关政策措施,完善有利于科技成果转移转化的政策环境。建立科研机构、高校科技成果转移转化绩效评估体系,将科技成果转移转化情况作为对单位予以支持的参考依据。推动科研机构、高校建立符合自身人事管理需要和科技成果转化工作特点的职称评定、岗位管理和考核评价制度。完善有利于科技成果转移转化的事业单位国有资产管理相关政策。研究探索科研机构、高校领导干部正职任前在科技成果转化中获得股权的代持制度。各地方要围绕落实《中华人民共和国促进科技成果转化法》,完善促进科技成果转移转化的政策法规。建立实施情况监测与评估机制,为调整完善相关政策举措提供支撑。

(三)加强示范引导。加强对试点示范工作的指导推动,交流各地方各部门的好经验、好做法,对可复制、可推广的经验和模式及时总结推广,发挥促进科技成果转移转化行动的带动作用,引导全社会关心和支持科技成果转移转化,营造有利于科技成果转移转化的良好社会氛围。

附件

重点任务分工及进度安排表

序号	重点任务	责任部门	时间进度
1	发布一批产业转型升级发展急需的科技成果包	科技部会同有关部门	2016 年 6 月底前完成
2	建立国家科技成果信息系统	科技部、财政部、中科院、工程院、自然科学基金会等	2017 年 6 月底前建成
3	加强科技成果信息汇交,推广科技成果在线登记汇交系统	科技部会同有关部门	持续推进
4	开展科技成果转化为技术标准试点	质检总局、科技部	2016 年 12 月底前启动
5	推动军民科技成果融合转化应用	国家国防科工局、工业和信息化部、财政部、国家知识产权局等	持续推进

续表

序号	重点任务	责任部门	时间进度
6	依托中科院科研院所体系实施科技服务网络计划	中科院	持续推进
7	在有条件的高校和科研院所建设一批国家技术转移机构	科技部、教育部、农业部、中科院等	2016 年 6 月底前启动建设,持续推进
8	围绕国家重点产业和重大战略,构建一批产业技术创新联盟	科技部、工业和信息化部、中科院等	2016 年 6 月底前启动建设,持续推进
9	推动各类技术开发类科研基地合理布局和功能整合,促进科研基地科技成果转移转化	科技部会同有关部门	持续推进
10	打造线上与线下相结合的国家技术交易网络平台	科技部、教育部、工业和信息化部、农业部、国务院国资委、中科院、国家知识产权局等	2017 年 6 月底前建成运行
11	制定技术转移服务标准和规范	科技部、质检总局	2017 年 3 月底前出台
12	依托行业龙头企业、高校、科研院所建设一批支撑实体经济发展的众创空间	科技部会同有关部门	持续推进
13	依托有条件的地方和机构建设一批技术转移人才培养基地	科技部会同有关部门	持续推进
14	构建“互联网+”创新创业人才服务平台	科技部会同有关部门	2016 年 12 月底前建成运行
15	建设海外科技人才离岸创新创业基地	中国科协	持续推进
16	建设国家科技成果转移转化试验示范区,探索可复制、可推广的经验与模式	科技部会同有关地方政府	2016 年 6 月底前启动建设
17	发挥国家科技成果转化引导基金等的杠杆作用,支持科技成果转化	科技部、财政部等	持续推进

续表

序号	重点任务	责任部门	时间进度
18	引导信贷资金、创业投资资金以及各类社会资金加大投入，支持区域重点产业科技成果转移转化	科技部、财政部、人民银行、银监会、证监会	持续推进
19	推动科研机构、高校建立符合自身人事管理需要和科技成果转化工作特点的职称评定、岗位管理和考核评价制度	教育部、科技部、人力资源社会保障部等	2017 年 12 月底前完成
20	研究探索科研机构、高校领导干部正职任前在科技成果转化中获得股权的代持制度	科技部、中央组织部、人力资源社会保障部、教育部	

国务院关于印发盐业体制改革方案的通知

（2016 年 4 月 22 日　国发〔2016〕25 号）

现将《盐业体制改革方案》印发给你们，请认真贯彻落实。

盐业体制改革方案

为落实党中央、国务院决策部署，推进盐业体制改革，实现盐业资源有效配置，进一步释放市场活力，促进行业健康可持续发展，现制定以下方案。

一、总体要求

（一）指导思想。全面贯彻党的十八大、十八届三中、四中、五中全会和中央经济工作会议精神，认真落实创新、协调、绿色、开放、共享发展理念，以确保食盐质量安全和供应安全为核心，在坚持食盐专营制度基础上推进供给侧结构性改革，坚持依法治盐，创新管理方式，健全食盐储备，严格市场监管，建立公平竞争、监管到位的市场环境，培育一批具有核心竞争力的企业，逐步形成符合我国国情的盐业管理体制。

（二）基本原则。

突出食盐安全。完善食盐监管机制，加强企业规范条件和信用体系建设，健全社会食盐储备体系，拓宽碘盐供应渠道，保障食盐质量，实现科学补碘。

释放市场活力。取消食盐产销区域限制，改革食盐定价机制和工业盐管理，鼓励企业自主经营、产销一体，通过兼并重组等方式不断做优做强，为行业健康发展提供动力。

注重统筹兼顾。把确保用盐安全和激发市场活力有机结合，统筹协调各项改革措施，建立沟通协调机制，加强工作指导和效果评估，确保改革稳妥推进。

坚持依法治盐。完善法律法规和政策措施，加快建设标准体系，建立健全监管制度，明确各方管理职责，创新管理方式，实施依法治理。

二、强化食盐专业化监管，完善食盐专营制度

（三）完善食盐定点生产制度。不再核准新增食盐定点生产企业，确保企业数量只减不增。鼓励食盐生产与批发企业产销一体。鼓励社会资本进入食盐生产领域，与现有定点生产企业进行合作。

（四）完善食盐批发环节专营制度。坚持批发专营制度，以现有食盐定点生产企业和食盐批发企业为基数，不再核准新增食盐批发企业，鼓励食盐批发企业与定点生产企业兼并重组，其他各类商品流通企业不得从事食盐批发。鼓励国有食盐批发企业在保持国有控股基础上，通过投资入股、联合投资、企业重组等方式引入社会资本，开展战略合作和资源整合。

（五）完善食盐专业化监管体制。保持现有专业化食盐监管体制不变，由盐业主管机构依法负责食盐管理与监督。工业和信息化部是国务院盐业主管机构，主管全国盐业工作，负责制定盐业发展规划和产业政策，管理全国食盐专营工作，保证盐行业发展稳定。县级以上地方各级人民政府授权的盐业主管机构，负责管理本行政区域内的食盐专营工作。各级盐业主管机构与公安、司法、卫生计生、工商、质检、食品药品监管等部门各司其职、密切协作，依法加强食盐安全监管。结合行政执法体制改革，探索推进食盐安全监管体制改革，研究剥离食盐批发企业承担的行政管理职能，创造条件将食盐质量安全管理与监督职能移交食品药品监管部门或市场监管部门负责。加快建设食盐电子追溯体系，实现食盐来源可追溯、流向可查询、风险可防范、责任可追究。

三、推进盐业管理综合改革，完善食盐储备制度

（六）改革食盐生产批发区域限制。取消食盐定点生产企业只能销售给指定批发企业的规定，允许生产企业进入流通和销售领域，自主确定生产销售数量并建立销售渠道，以自有品牌开展跨区域经营，实现产销一体，或者委托有食盐批发资质的企业代理销售。取消食盐批发企业只能在指定范围销售的规定，允许向食盐定点生产企业购盐并开展跨区域经营，省级食盐批发企业可开展跨省经营，省级以下食盐批发企业可在本省(区、市)范围内开展经营。鼓励盐业企业依托现有营销网络，大力发展电子商务、连锁经营、物流配送等现代流通方式，开展综合性商品流通业务。

(七)改革食盐政府定价机制。放开食盐出厂、批发和零售价格，由企业根据生产经营成本、食盐品质、市场供求状况等因素自主确定。各级价格管理部门要加强对食盐零售价格的市场监测，配合盐业主管机构采取措施，保持价格基本稳定，特殊情况下可依法采取价格干预或其他紧急措施，防止普通食盐价格异常波动。

(八)改革工业盐运销管理。取消各地自行设立的两碱工业盐备案制和准运证制度，取消对小工业盐及盐产品进入市场的各类限制，放开小工业盐及盐产品市场和价格。各省级人民政府要切实执行放开工业盐运销管制的要求，并研究制定落实细则和责任追究等有关管理办法，工业和信息化部要加强督促检查。工业盐生产企业应当建立、保存完整的生产和销售记录，严格防止工业盐流入食盐市场。质检部门要督促生产企业提高产品质量，加强工业盐产品质量监管，依法查处不合格产品，工商部门要依法查处虚假广告和侵权假冒行为。

(九)改革食盐储备体系。建立由政府储备和企业社会责任储备组成的全社会食盐储备体系，确保自然灾害和突发事件发生时食盐和原碘的安全供应。各省(区、市)根据本地食盐供需情况建立政府食盐储备，储备量不得低于本省(区、市)1个月食盐消费量，可以依托现有食盐批发企业仓储能力，也可以选择具备条件的食盐生产企业实施动态储备，本级财政预算应安排资金对食盐储备给予贷款贴息、管理费支出等支持。加大对储备补贴资金的审计力度，接受社会监督。完善企业食盐储备制度，限定食盐生产、批发企业的最低库存和最高库存，防止食盐市场供应短缺和企业囤积居奇，其中最低库存不得低于本企业正常情况下1个月的平均销售量，库存具体标准由行业协会研究提出、工业和信息化部核定，各级盐业主管机构要加强对库存情况的监督检查。鼓励企业在供求关系稳定或产能大于需求时，在最低库存基础上建立成本自担的社会责任储备。原碘供应按照现行方式管理，中央财政对原碘采购及碘添加剂生产、供应给予适当支持。

四、加强食盐管理制度建设，保障食盐供应安全

(十)严格规范食盐生产批发企业资质。工业和信息化部牵头，食品药品监管总局等有关部门积极参与，依照有关法律法规，综合考虑技术水平、卫生保障条件等因素，制定食盐生产、批发企业的规范条件。省级盐业主管机构要依照新的规范条件对现有食盐生产、批发企业资质重新进行严格审核后报工业和信息化部备案，并在指定网站公示，接受社会监督。

（十一）加快信用体系建设。各级盐业主管机构要会同有关部门、行业协会建立食盐生产、批发企业及其负责人和高管人员信用记录，纳入国家统一的社会信用体系。依托全国信用信息共享平台、国家企业信用信息公示系统和地方政府指定网站建立健全信息公示制度，对拟进入食盐生产、批发领域的社会资本要在准入前公示有关信息，并每年定期公示所有企业及其负责人的有关信息。对有违法失信行为的企业和个人，有关部门要加大监管力度，依法实施联合惩戒，对行为后果严重且影响食盐安全的，要依法采取行业禁入等措施。各级盐业协会要发挥好协调沟通和行业自律的作用。

（十二）加强科学补碘工作。充分发挥食盐生产、批发企业的保障供应作用，有效拓宽碘盐供应渠道，确保合格碘盐覆盖率在90%以上，同时满足特定人群非碘盐消费需求。积极做好科学补碘宣传教育，提高孕妇、儿童和碘缺乏地区群众的科学补碘意识。国家卫生计生委负责制定食盐加碘标准，组织开展碘缺乏病监测，公布区域人群碘营养状况；省级卫生计生部门负责划定边远贫困碘缺乏地区，做好动态监控，适时调整帮扶地区范围。各地可根据实际情况，灵活选择政府补贴运销费用或直接补贴贫困人口等方式，保证边远贫困地区和经济欠发达的边疆民族地区人口能够吃得上、吃得起合格碘盐，并建立与社会救助标准、物价挂钩的联动机制，及时调整保障标准。

（十三）加强应急机制建设。工业和信息化部负责全国食盐供应紧急突发事件的协调处置工作，各级盐业主管机构要会同有关部门研究制定食盐供应应急预案，并向同级政府应急管理部门备案。紧急突发情况下，由盐业主管机构按照应急预案规定，采取投放政府储备、调运企业社会责任储备等方式，确保食盐市场稳定。

（十四）推动盐业企业做优做强。按照党中央、国务院深化国有企业改革有关要求，加快国有盐业企业公司制、股份制改革，建立规范的公司法人治理结构，积极发展混合所有制，转换经营机制，盘活企业资产，增强生机和活力。鼓励食盐生产、批发企业兼并重组，允许各类财务投资主体以多种形式参与，向优势企业增加资本投入，支持企业通过资本市场或公开上市等方式融资，形成一批具有核心竞争力的企业集团，引领行业发展。将解决中央盐业企业历史遗留问题纳入中央国有资本经营预算支出范围统筹考虑，各级政府要落实国有盐业企业兼并重组整合涉及的资产评估增值、土地变更登记和国有资产无偿划转等方面税收优惠政策。

五、强化组织领导，落实改革任务

（十五）完善盐业法律法规体系。国务院有关部门、地方政府要依照有关法律法规和本方案精神，抓紧对现行盐业管理法规政策进行清理，按程序提出立改废建议，推动健全法律法规体系，促进盐业健康发展。

（十六）设置过渡期分步实施改革。自本方案印发之日起至 2016 年 12 月 31 日，有关部门要抓紧研究制定食盐生产及批发企业规范条件、食盐储备、市场监管和价格监测、干预等政策措施，修改完善相关制度。从 2017 年 1 月 1 日开始，放开所有盐产品价格，取消食盐准运证，允许现有食盐定点生产企业进入流通销售领域，食盐批发企业可开展跨区域经营。现有食盐定点生产企业许可证和食盐批发企业许可证不再重新核发，有效期延至 2018 年 12 月 31 日。从 2018 年 1 月 1 日开始，现有食盐定点生产企业和批发企业可依照新的规定申请许可，根据许可范围从事相应的经营活动。

（十七）切实落实工作责任。各省级人民政府对本行政区域内盐业体制改革负总责，要加强组织领导，明确各有关部门的监管责任，按照本方案确定的改革方向和主要原则，结合实际制定具体工作方案，安排好政府食盐储备、边远贫困地区及经济欠发达的边疆民族地区碘盐供应财政补贴等工作，全面落实改革各项任务。国务院各有关部门要按照方案要求，抓紧制定配套政策措施，建立协作联动机制，形成监管合力。国家发展改革委、工业和信息化部要加强工作指导和统筹协调，并做好督促检查和效果评估，对改革中出现的新问题及时研究提出解决办法，确保食盐安全和市场稳定，重大问题及时向国务院报告。

国务院办公厅关于印发 2016 年食品安全重点工作安排的通知

（2016 年 4 月 27 日　国办发〔2016〕30 号）

《2016 年食品安全重点工作安排》已经国务院同意，现印发给你们，请认真贯彻执行。

2016年食品安全重点工作安排

2015年，全国食品安全形势持续稳定向好，但食品安全基础依然薄弱，风险隐患不容忽视。为贯彻党的十八大、十八届三中、四中、五中全会和中央经济工作会议、中央农村工作会议精神，落实国务院关于食品安全工作的部署要求，进一步提高食品安全治理能力和保障水平，现就2016年食品安全重点工作作出如下安排：

一、加快完善食品安全法规制度

全面宣传贯彻新修订的食品安全法，配合全国人大常委会做好食品安全法执法检查。（食品药品监管总局、国务院食品安全办会同各省级人民政府负责）推动制修订农产品质量安全法、粮食法和食品安全法实施条例、农药管理条例、畜禽屠宰管理条例等法律法规。（农业部、食品药品监管总局、国务院法制办、国家粮食局负责）深化食品生产经营许可改革。（食品药品监管总局负责）加快标识管理、监督检查、网络食品经营、特殊食品注册、保健食品目录管理、铁路运营食品安全监督管理和国家口岸食品监督管理等规章制度的制修订工作。（国家卫生计生委、质检总局、食品药品监管总局、中国铁路总公司负责）落实《法治政府建设实施纲要（2015—2020年）》，完善食品安全行政执法程序，规范执法行为，全面落实行政执法责任制。（农业部、食品药品监管总局负责）推动加大食品掺假造假行为刑事责任追究力度。（中央政法委、食品药品监管总局负责）

二、健全食品安全标准体系

建立并公布食品安全国家标准目录、地方标准目录。（国家卫生计生委、农业部会同各省级人民政府负责）加快制修订一批重点食品安全标准和农药兽药残留标准。加快公布整合后的食品安全国家标准，废止、修订其他相关食品标准。建立食品安全国家标准制定、调整、公布工作机制，加强标准跟踪评价，强化标准制定工作与监管执法工作的衔接。（国家卫生计生委、农业部、食品药品监管总局、质检总局等负责）实施加快完善我国农药残留标准体系的工作方案（2015—2020年），新制定农药残留标准1000项、兽药残留标准100项、农业行业标准300项。（农业部、国家卫生计生委会同食品药品监管总局负责）组织实施国家食品安全风险监测计划。（国家卫生计生委负责）

三、加大食用农产品源头治理力度

采取完善标准、制定行为规范、建立追溯体系、加强市场抽检等措施，实行严格的农业投入品使用管理制度，开展禁限用农药、“三鱼两药”（鳜鱼、大菱鲆和乌鳢非法使用孔雀石绿、硝基呋喃)、兽用抗菌药、“瘦肉精”专项整治行动和畜禽水产品违规使用抗生素综合治理,着力解决农药兽药残留问题。落实食用农产品种植、畜禽水产养殖等环节管理制度,规范生产经营行为。严肃查处非法添加违禁药品、病死畜禽收购屠宰、农资制假售假等违法违规行为。建立重点风险隐患监管名录,加大巡查检查和监督抽查力度,实施检打联动。以食用农产品优势区域和“菜篮子”产品为重点,加强“三园两场”(蔬菜、水果、茶叶标准园和畜禽养殖标准示范场、水产健康养殖场)建设,推进农业标准化生产。大力发展无公害食用农产品、绿色食品、有机食品、地理标志食用农产品等安全优质品牌食用农产品。(农业部负责)加强产地环境保护和源头治理。加大大气、水、土壤污染治理力度,降低污染物排放对食品安全的影响。(环境保护部、农业部会同各省级人民政府负责)落实国务院关于加强粮食重金属污染治理的各项措施。(国务院食品安全办、国家发展改革委、科技部、财政部、国土资源部、环境保护部、农业部、食品药品监管总局、国家粮食局会同相关省级人民政府负责)加大对境外源头食品质量安全监督检查力度,继续推动出口食品农产品质量安全示范区建设。(质检总局负责)健全食用农产品和食品冷链物流建设和运行标准,提高冷链物流水平。(国家发展改革委、农业部、商务部、质检总局、食品药品监管总局负责)

四、强化风险防控措施

开展行政审批、抽检监测、监督检查事权划分研究,健全事权明晰、权责匹配的监管体系。研究建立风险等级评价体系,制定食品生产经营风险分级管理办法,推动实施分级监管。(食品药品监管总局负责)统筹食品、食用农产品质量安全抽检计划,国家和地方、部门和部门之间合理分工、全面覆盖,将日常消费食品中农药兽药残留、添加剂、重金属污染的监督抽检责任落到实处。(国务院食品安全办会同农业部、食品药品监管总局负责)完善食品安全风险会商和预警交流机制,整合食品安全风险监测、监督抽检和食用农产品风险监测、监督抽检数据,加大分析研判力度,提高数据利用效率。加强应急工作,健全突发事件信息直报和舆情监测网络体系,拓展风险交流渠道和形式。(国务院食品安全办会同农业部、国家卫生计生委、质检总局、食品药品监管总局、国家粮食局负责)加强食用农产品质量和食品安全风险评估工作。(农业部、国家卫生计生委负责)健全信息公开机制,及时公开行政许可、监督抽检、行政处罚、责任追究等信息。(食品药品监管总局负责)改革进口食品口岸检验监管机制和出口食品监督抽检制度。(质检总局负责)

五、突出重点问题综合整治

制定食品安全风险隐患、突出问题和监管措施清单。规范婴幼儿配方乳粉产品配方、特殊医学用途配方食品、保健食品的注册管理。继续加强对婴幼儿配方乳粉和婴幼儿辅助食品、乳制品、肉制品、白酒、调味面制品、食用植物油、食品添加剂等重点产品的监管。(食品药品监管总局负责)着力整治非法添加和超范围超限量使用食品添加剂等突出问题。开展进口食用植物油、养殖水产品、肉类、酒类等重点产品专项检查,对进口婴幼儿配方乳粉质量安全开展全面检查。(质检总局、食品药品监管总局负责)妥善做好污染粮食收购处置工作,防止流入口粮市场。(国家粮食局、国家发展改革委、财政部、农业部会同相关省级人民政府负责)加强农村食品安全治理,规范农村集体聚餐管理,开展学校食堂和校园周边食品安全整治,开展旅游景区、铁路运营场所等就餐重点区域联合督查。(食品药品监管总局会同教育部、国家旅游局、中国铁路总公司等负责)规范食用农产品批发市场经营和互联网食品经营。(食品药品监管总局负责)

六、严格落实生产经营主体责任

强化食品生产经营主体责任意识,督促企业严格落实培训考核、风险自查、产品召回、全过程记录、应急处置等管理制度,加强覆盖生产经营全过程的食品安全管控措施。实施食品进口商对境外企业审核制度,严格实施进口食品境外生产企业注册。开展食品相关认证专项监督检查。继续推进餐饮服务单位"明厨亮灶"和分级管理。推动建立企业责任约谈常态化机制。(食品药品监管总局、质检总局等负责)督促和指导企业依法建立肉类、蔬菜、婴幼儿配方乳粉、白酒、食用植物油等重点产品追溯体系。(工业和信息化部、农业部、商务部、质检总局、食品药品监管总局等负责)加强食品安全信用体系建设,开展食品安全承诺行动,完善食品安全守信激励和失信惩戒机制。(国家发展改革委、工业和信息化部、工商总局、质检总局、食品药品监管总局等负责)推广食品安全责任保险制度,鼓励食品生产经营企业参加食品安全责任保险。(国务院食品安全办、食品药品监管总局、保监会负责)

七、保持严惩重处违法犯罪高压态势

以查处走私冻品、利用餐厨和屠宰加工废弃物加工食用油、互联网食品安全违法犯罪等案件为重点,强化部门间、区域间案件移送、督办查办、联合惩处、信息发布等沟通协作。加强对违法线索、案件信息的系统分析,及时总结共性问题,依法严打行业"潜规则"。继续严厉打击非法添加、制假售假、违法使用禁限用农药兽药等严重违法行为,加大重点案件公开曝光力度。(中央政法委、工业和信息化部、公安部、农业部、海关总署、工商总局、质检总局、食品药品监管总局等负责)

八、加强食品安全监管能力建设

编制国家食品安全“十三五”规划，加大政策支持，强化保障措施。研究编制国家食品安全中长期战略规划，提出发展目标、重大任务、综合保障措施，明确实施步骤。（国务院食品安全办会同国务院食品安全委员会各成员单位负责）加强食用农产品质量安全、食品安全监管执法能力建设。继续加强食用农产品、食品安全检（监）测能力建设，支持检验检测仪器设备购置和实验室改造，强化基层检验检测能力。落实《国务院办公厅关于加快推进重要产品追溯体系建设的意见》（国办发〔2015〕95号），推进重大信息化项目建设，加快国家食品安全监管信息化工程立项和平台建设，推进食用农产品质量安全追溯管理信息平台建设，统一标准，互联互通，尽快实现食品安全信息互联共享。（国家发展改革委、工业和信息化部、农业部、商务部、国家卫生计生委、工商总局、质检总局、食品药品监管总局、国家粮食局负责）出台乡镇农产品质量安全监管站建设管理规范，探索建立乡镇监管员持证上岗制度。（农业部负责）加大风险监测和监管执法、技术人员培训力度，加强食品安全风险监测能力建设和食品监管基层执法装备配备标准化建设，提高装备配备水平，确保基层风险监测和监管有职责、有岗位、有人员、有手段。（国家发展改革委、财政部、国家卫生计生委、食品药品监管总局会同各省级人民政府负责）规范基层监管执法行为，推动基层监管网格化、现场检查表格化、监管责任人公开化，强化基层监管部门对种养殖、生产、加工、销售、餐饮企业的现场检查能力。（农业部、食品药品监管总局负责）推动内陆地区进口食品指定口岸建设，建立进出口食品安全监管大数据平台。（质检总局负责）

九、落实食品安全责任制

强化食品安全责任制，制定食品安全工作评议考核办法，进一步加大食品安全督查考评力度，将食用农产品质量和食品安全工作全面纳入地方政府绩效考核、社会管理综合治理考核范围，考核结果作为综合考核评价领导班子和相关领导干部的重要依据。督促地方政府建立健全食用农产品产地准出与市场准入管理无缝衔接机制，制定对食品生产经营小作坊、小摊贩、小餐饮的管理办法。督促监管部门切实落实日常检查和监督抽检责任。督促地方政府对本级食品药品监督管理部门和其他有关部门的食品安全监督管理工作进行评议、考核。（国务院食品安全办、中央政法委、农业部、食品药品监管总局会同各省级人民政府负责）深入推进食品安全城市、农产品质量安全县创建试点工作，及时总结推广试点经验。（国务院食品安全办、农业部、食品药品监管总局会同相关省级人民政府负责）编制并实施负面清单、权力清单和责任清单。健全各级食品安全责任制，制定食品安全责任追究制度。严格食品安全责任追

究，严肃追究失职渎职人员责任。（食品药品监管总局、监察部负责）

十、推动食品安全社会共治

加强投诉举报体系能力建设，畅通投诉举报渠道。举办"全国食品安全宣传周"活动。鼓励广播电视、报纸杂志、门户网站等开通食品安全专栏，运用微信、微博、移动客户端等新媒体手段加大食品安全公益、科普宣传力度。（国务院食品安全委员会各成员单位、各省级人民政府负责）科学发布食品安全风险警示或消费提示，切实保护消费者权益。（工商总局、质检总局、食品药品监管总局负责）推动食品行业协会加强行业自律，引导和督促食品生产经营者严格依法生产经营，宣传普及食品安全知识。（工业和信息化部、商务部、食品药品监管总局负责）。推动婴幼儿配方乳粉企业兼并重组。（工业和信息化部会同国家发展改革委、财政部、食品药品监管总局负责）组织食品安全关键技术研究，建立食品安全共享数据库，促进"互联网+"食品安全检验检测新业态发展。实施食品安全创新工程，开展技术创新引导示范。（科技部负责）将食品安全教育纳入中小学相关课程。（教育部负责）广泛动员社会力量参与食品安全监督，充分发挥基层食品安全信息员、联络员队伍作用，各级工会、共青团、妇联要把食品安全监督作为志愿服务工作的一项内容。（国务院食品安全办、食品药品监管总局、全国总工会、共青团中央、全国妇联负责）

十一、完善统一权威的监管体制

加快完善统一权威的食品安全监管体制和制度，增强食品安全监管工作的专业性和系统性。研究制定关于完善统一权威食品药品监管体制的意见。（国务院食品安全办、食品药品监管总局、中央编办等负责）建立职业化检查员队伍，充实检查力量。（食品药品监管总局会同中央编办、人力资源社会保障部负责）研究与食品安全监管工作特点相适应的技术职务体系。（人力资源社会保障部、食品药品监管总局负责）实施以现场检查为主的监管方式，推动监管力量下沉。（食品药品监管总局负责）发挥好各级食品安全办牵头抓总、协调督促作用，加强信息通报、宣传教育、隐患排查、打击违法犯罪等方面的协调联动。明确食品安全委员会成员单位职责分工，健全形势会商、风险交流、应急处置、协调联动等工作机制。（国务院食品安全办负责）

国务院办公厅关于健全生态保护补偿机制的意见

（2016年4月28日　国办发〔2016〕31号）

实施生态保护补偿是调动各方积极性、保护好生态环境的重要手段，是生态文明制度建设的重要内容。近年来，各地区、各有关部门有序推进生态保护补偿机制建设，取得了阶段性进展。但总体看，生态保护补偿的范围仍然偏小、标准偏低，保护者和受益者良性互动的体制机制尚不完善，一定程度上影响了生态环境保护措施行动的成效。为进一步健全生态保护补偿机制，加快推进生态文明建设，经党中央、国务院同意，现提出以下意见：

一、总体要求

（一）指导思想。全面贯彻党的十八大和十八届三中、四中、五中全会精神，深入贯彻习近平总书记系列重要讲话精神，坚持"四个全面"战略布局，牢固树立创新、协调、绿色、开放、共享的发展理念，按照党中央、国务院决策部署，不断完善转移支付制度，探索建立多元化生态保护补偿机制，逐步扩大补偿范围，合理提高补偿标准，有效调动全社会参与生态环境保护的积极性，促进生态文明建设迈上新台阶。

（二）基本原则。

权责统一、合理补偿。谁受益、谁补偿。科学界定保护者与受益者权利义务，推进生态保护补偿标准体系和沟通协调平台建设，加快形成受益者付费、保护者得到合理补偿的运行机制。

政府主导、社会参与。发挥政府对生态环境保护的主导作用，加强制度建设，完善法规政策，创新体制机制，拓宽补偿渠道，通过经济、法律等手段，加大政府购买服务力度，引导社会公众积极参与。

统筹兼顾、转型发展。将生态保护补偿与实施主体功能区规划、西部大开发战略和集中连片特困地区脱贫攻坚等有机结合，逐步提高重点生态功能区等区域基本公共服务水平，促进其转型绿色发展。

试点先行、稳步实施。将试点先行与逐步推广、分类补偿与综合补偿有机结合，大胆探索，稳步推进不同领域、区域生态保护补偿机制建设，不断提升生态保护成效。

（三）目标任务。到2020年，实现森林、草原、湿地、荒漠、海洋、水流、耕地等重点领域和禁止开发区域、重点生态功能区等重要区域生态保护补偿全覆盖，补偿水平与经济社会发展状况相适应，跨地区、跨流域补偿试点示范取得明显进展，多元化补偿机制初步建立，基本建立符合我国国情的生态保护补偿制度体系，促进形成绿色生产方式和生活方式。

二、分领域重点任务

（四）森林。健全国家和地方公益林补偿标准动态调整机制。完善以政府购买服务为主的公益林管护机制。合理安排停止天然林商业性采伐补助奖励资金。（国家林业局、财政部、国家发展改革委负责）

（五）草原。扩大退牧还草工程实施范围，适时研究提高补助标准，逐步加大对人工饲草地和牲畜棚圈建设的支持力度。实施新一轮草原生态保护补助奖励政策，根据牧区发展和中央财力状况，合理提高禁牧补助和草畜平衡奖励标准。充实草原管护公益岗位。（农业部、财政部、国家发展改革委负责）

（六）湿地。稳步推进退耕还湿试点，适时扩大试点范围。探索建立湿地生态效益补偿制度，率先在国家级湿地自然保护区、国际重要湿地、国家重要湿地开展补偿试点。（国家林业局、农业部、水利部、国家海洋局、环境保护部、住房城乡建设部、财政部、国家发展改革委负责）

（七）荒漠。开展沙化土地封禁保护试点，将生态保护补偿作为试点重要内容。加强沙区资源和生态系统保护，完善以政府购买服务为主的管护机制。研究制定鼓励社会力量参与防沙治沙的政策措施，切实保障相关权益。（国家林业局、农业部、财政部、国家发展改革委负责）

（八）海洋。完善捕捞渔民转产转业补助政策，提高转产转业补助标准。继续执行海洋伏季休渔渔民低保制度。健全增殖放流和水产养殖生态环境修复补助政策。研究建立国家级海洋自然保护区、海洋特别保护区生态保护补偿制度。（农业部、国家海洋局、水利部、环境保护部、财政部、国家发展改革委负责）

（九）水流。在江河源头区、集中式饮用水水源地、重要河流敏感河段和水生态修复治理区、水产种质资源保护区、水土流失重点预防区和重点治理区、大江大河重要蓄滞洪区以及具有重要饮用水源或重要生态功能的湖泊，全面开展生态保护补偿，适当提高补偿标准。加大水土保持生态效益补偿资金筹集力度。（水利部、环境保护部、住房城乡建设部、农业部、财政部、国家发展改革委负责）

（十）耕地。完善耕地保护补偿制度。建立以绿色生态为导向的农业生态治理补贴制度，对在地下水漏斗区、重金属污染区、生态严重退化地区实施耕地轮作休耕的农民给予资金补助。扩大新一轮退耕还林还草规模，逐步将25

度以上陡坡地退出基本农田，纳入退耕还林还草补助范围。研究制定鼓励引导农民施用有机肥料和低毒生物农药的补助政策。（国土资源部、农业部、环境保护部、水利部、国家林业局、住房城乡建设部、财政部、国家发展改革委负责）

三、推进体制机制创新

（十一）建立稳定投入机制。多渠道筹措资金，加大生态保护补偿力度。中央财政考虑不同区域生态功能因素和支出成本差异，通过提高均衡性转移支付系数等方式，逐步增加对重点生态功能区的转移支付。中央预算内投资对重点生态功能区内的基础设施和基本公共服务设施建设予以倾斜。各省级人民政府要完善省以下转移支付制度，建立省级生态保护补偿资金投入机制，加大对省级重点生态功能区域的支持力度。完善森林、草原、海洋、渔业、自然文化遗产等资源收费基金和各类资源有偿使用收入的征收管理办法，逐步扩大资源税征收范围，允许相关收入用于开展相关领域生态保护补偿。完善生态保护成效与资金分配挂钩的激励约束机制，加强对生态保护补偿资金使用的监督管理。（财政部、国家发展改革委会同国土资源部、环境保护部、住房城乡建设部、水利部、农业部、税务总局、国家林业局、国家海洋局负责）

（十二）完善重点生态区域补偿机制。继续推进生态保护补偿试点示范，统筹各类补偿资金，探索综合性补偿办法。划定并严守生态保护红线，研究制定相关生态保护补偿政策。健全国家级自然保护区、世界文化自然遗产、国家级风景名胜区、国家森林公园和国家地质公园等各类禁止开发区域的生态保护补偿政策。将青藏高原等重要生态屏障作为开展生态保护补偿的重点区域。将生态保护补偿作为建立国家公园体制试点的重要内容。（国家发展改革委、财政部会同环境保护部、国土资源部、住房城乡建设部、水利部、农业部、国家林业局、国务院扶贫办负责）

（十三）推进横向生态保护补偿。研究制定以地方补偿为主、中央财政给予支持的横向生态保护补偿机制办法。鼓励受益地区与保护生态地区、流域下游与上游通过资金补偿、对口协作、产业转移、人才培训、共建园区等方式建立横向补偿关系。鼓励在具有重要生态功能、水资源供需矛盾突出、受各种污染危害或威胁严重的典型流域开展横向生态保护补偿试点。在长江、黄河等重要河流探索开展横向生态保护补偿试点。继续推进南水北调中线工程水源区对口支援、新安江水环境生态补偿试点，推动在京津冀水源涵养区、广西广东九洲江、福建广东汀江—韩江、江西广东东江、云南贵州广西广东西江等开展跨地区生态保护补偿试点。（财政部会同国家发展改革委、国土资源部、环境保护部、住房城乡建设部、水利部、农业部、国家林业局、国家海洋局负责）

（十四）健全配套制度体系。加快建立生态保护补偿标准体系，根据各领域、不同类型地区特点，以生态产品产出能力为基础，完善测算方法，分别制定补偿标准。加强森林、草原、耕地等生态监测能力建设，完善重点生态功能区、全国重要江河湖泊水功能区、跨省流域断面水量水质国家重点监控点位布局和自动监测网络，制定和完善监测评估指标体系。研究建立生态保护补偿统计指标体系和信息发布制度。加强生态保护补偿效益评估，积极培育生态服务价值评估机构。健全自然资源资产产权制度，建立统一的确权登记系统和权责明确的产权体系。强化科技支撑，深化生态保护补偿理论和生态服务价值等课题研究。（国家发展改革委、财政部会同国土资源部、环境保护部、住房城乡建设部、水利部、农业部、国家林业局、国家海洋局、国家统计局负责）

（十五）创新政策协同机制。研究建立生态环境损害赔偿、生态产品市场交易与生态保护补偿协同推进生态环境保护的新机制。稳妥有序开展生态环境损害赔偿制度改革试点，加快形成损害生态者赔偿的运行机制。健全生态保护市场体系，完善生态产品价格形成机制，使保护者通过生态产品的交易获得收益，发挥市场机制促进生态保护的积极作用。建立用水权、排污权、碳排放权初始分配制度，完善有偿使用、预算管理、投融资机制，培育和发展交易平台。探索地区间、流域间、流域上下游等水权交易方式。推进重点流域、重点区域排污权交易，扩大排污权有偿使用和交易试点。逐步建立碳排放权交易制度。建立统一的绿色产品标准、认证、标识等体系，完善落实对绿色产品研发生产、运输配送、购买使用的财税金融支持和政府采购等政策。（国家发展改革委、财政部、环境保护部会同国土资源部、住房城乡建设部、水利部、税务总局、国家林业局、农业部、国家能源局、国家海洋局负责）

（十六）结合生态保护补偿推进精准脱贫。在生存条件差、生态系统重要、需要保护修复的地区，结合生态环境保护和治理，探索生态脱贫新路子。生态保护补偿资金、国家重大生态工程项目和资金按照精准扶贫、精准脱贫的要求向贫困地区倾斜，向建档立卡贫困人口倾斜。重点生态功能区转移支付要考虑贫困地区实际状况，加大投入力度，扩大实施范围。加大贫困地区新一轮退耕还林还草力度，合理调整基本农田保有量。开展贫困地区生态综合补偿试点，创新资金使用方式，利用生态保护补偿和生态保护工程资金使当地有劳动能力的部分贫困人口转为生态保护人员。对在贫困地区开发水电、矿产资源占用集体土地的，试行给原住居民集体股权方式进行补偿。（财政部、国家发展改革委、国务院扶贫办会同国土资源部、环境保护部、水利部、农业部、国家林业局、国家能源局负责）

（十七）加快推进法制建设。研究制定生态保护补偿条例。鼓励各地出台相关法规或规范性文件，不断推进生态保护补偿制度化和法制化。加快推进环境保护税立法。（国家发展改革委、财政部、国务院法制办会同国土资源部、环境保护部、住房城乡建设部、水利部、农业部、税务总局、国家林业局、国家海洋局、国家统计局、国家能源局负责）

四、加强组织实施

（十八）强化组织领导。建立由国家发展改革委、财政部会同有关部门组成的部际协调机制，加强跨行政区域生态保护补偿指导协调，组织开展政策实施效果评估，研究解决生态保护补偿机制建设中的重大问题，加强对各项任务的统筹推进和落实。地方各级人民政府要把健全生态保护补偿机制作为推进生态文明建设的重要抓手，列入重要议事日程，明确目标任务，制定科学合理的考核评价体系，实行补偿资金与考核结果挂钩的奖惩制度。及时总结试点情况，提炼可复制可推广的试点经验。

（十九）加强督促落实。各地区、各有关部门要根据本意见要求，结合实际情况，抓紧制定具体实施意见和配套文件。国家发展改革委、财政部要会同有关部门对落实本意见的情况进行监督检查和跟踪分析，每年向国务院报告。各级审计、监察部门要依法加强审计和监察。切实做好环境保护督察工作，督察行动和结果要同生态保护补偿工作有机结合。对生态保护补偿工作落实不力的，启动追责机制。

（二十）加强舆论宣传。加强生态保护补偿政策解读，及时回应社会关切。充分发挥新闻媒体作用，依托现代信息技术，通过典型示范、展览展示、经验交流等形式，引导全社会树立生态产品有价、保护生态人人有责的意识，自觉抵制不良行为，营造珍惜环境、保护生态的良好氛围。

国务院办公厅关于深入推行科技特派员制度的若干意见

（2016年5月1日　国办发〔2016〕32号）

科技特派员制度是一项源于基层探索、群众需要、实践创新的制度安排，主要目的是引导各类科技创新创业人才和单位整合科技、信息、资金、管理等现代生产要素，深入农村基层一线开展科技创业和服务，与农民建立“风险共担、利益共享”的共同体，推动农村创新创业深入开展。当前，我国正处在全面建成小康社会的决胜阶段，农村经济社会发展任务艰巨繁重。为深入实施创新驱动发展战略，激发广大科技特派员创新创业热情，推进农村大众创业、万众创新，促进一二三产业融合发展，经国务院同意，现提出如下意见。

一、总体要求

（一）指导思想。

全面贯彻党的十八大和十八届三中、四中、五中全会精神，按照党中央、国务院决策部署，牢固树立创新、协调、绿色、开放、共享的发展理念，深入实施创新驱动发展战略，壮大科技特派员队伍，完善科技特派员制度，培育新型农业经营和服务主体，健全农业社会化科技服务体系，推动现代农业全产业链增值和品牌化发展，促进农村一二三产业深度融合，为补齐农业农村短板、促进城乡一体化发展、全面建成小康社会作出贡献。

（二）实施原则。

——坚持改革创新。面对新形势新要求，立足服务"三农"，不断深化改革，加强体制机制创新，总结经验，与时俱进，大力推动科技特派员农村科技创业。

——突出农村创业。围绕农村实际需求，加大创业政策扶持力度，培育农村创业主体，构建创业服务平台，强化科技金融结合，营造农村创业环境，形成大众创业、万众创新的良好局面。

——加强分类指导。发挥各级政府以及科技特派员协会等社会组织作用，对公益服务、农村创业等不同类型科技特派员实行分类指导，完善保障措施和激励政策，提升创业能力和服务水平。

——尊重基层首创。鼓励地方结合自身特点开展试点，围绕农村经济社会发展需要，建立完善适应当地实际情况的科技特派员农村科技创业的投入、保障、激励和管理等机制。

二、重点任务

（三）切实提升农业科技创新支撑水平。

面向现代农业和农村发展需求，重点围绕科技特派员创业和服务过程中的关键环节和现实需要，引导地方政府和社会力量加大投入力度，积极推进农业科技创新，在良种培育、新型肥药、加工贮存、疫病防控、设施农业、农业物联网和装备智能化、土壤改良、旱作节水、节粮减损、食品安全以及农村民生等方面取得一批新型实用技术成果，形成系列化、标准化的农业技术成果包，加快科技成果转化推广和产业化，为科技特派员农村科技创业提供技术支撑。

（四）完善新型农业社会化科技服务体系。

以政府购买公益性农业技术服务为引导，加快构建公益性与经营性相结合、专项服务与综合服务相协调的新型农业社会化科技服务体系，推动解决农技服务“最后一公里”问题。加强科技特派员创业基地建设，打造农业农村领域的众创空间——“星创天地”，完善创业服务平台，降低创业门槛和风险，为科技特派员和大学生、返乡农民工、农村青年致富带头人、乡土人才等开展农村科技创业营造专业化、便捷化的创业环境。深化基层农技推广体系改革和建设，支持高校、科研院所与地方共建新农村发展研究院、农业综合服务示范基地，面向农村开展农业技术服务。推进供销合作社综合改革试点，打造农民生产生活综合服务平台。建立农村粮食产后科技服务新模式，提高农民粮食收储和加工水平，减少损失浪费。支持科技特派员创办、领办、协办专业合作社、专业技术协会和涉农企业等，围绕农业全产业链开展服务。推进农业科技园区建设，发挥各类创新战略联盟作用，加强创新品牌培育，实现技术、信息、金融和产业联动发展。

（五）加快推动农村科技创业和精准扶贫。

围绕区域经济社会发展需求，以现代农业、食品产业、健康产业等为突破口，支持科技特派员投身优势特色产业创业，开展农村科技信息服务，应用现代信息技术推动农业转型升级，大力推进“互联网+”现代农业，加快实施食品安全创新工程，培育新的经济增长点。落实“一带一路”等重大发展战略，促进我国特色农产品、医药、食品、传统手工业、民族产业等走出去，培育创新品牌，提升品牌竞争力。落实精准扶贫战略，瞄准贫困地区存在的科技和人才短板，创新扶贫理念，开展创业式扶贫，加快科技、人才、管理、信息、资本等现代生产要素注入，推动解决产业发展关键技术难题，增强贫困地区创新创业和自我发展能力，加快脱贫致富进程。

三、政策措施

（六）壮大科技特派员队伍。

支持普通高校、科研院所、职业学校和企业的科技人员发挥职业专长，到农村开展创业服务。引导大学生、返乡农民工、退伍转业军人、退休技术人员、农村青年、农村妇女等参与农村科技创业。鼓励高校、科研院所、科技成果转化中介服务机构以及农业科技型企业等各类农业生产经营主体，作为法人科技特派员带动农民创新创业，服务产业和区域发展。结合各类人才计划实施，加强科技特派员的选派和培训，继续实施林业科技特派员、农村流通科技特派员、农村青年科技特派员、巾帼科技特派员专项行动和健康行业科技创业者行动，支持相关行业人才深入农村基层开展创新创业和服务。利用新农村发展研究院、科技特派员创业培训基地等，通过提供科技资料、创业辅导、技能培训等形式，提高科技特派员创业和服务能力。鼓励我国科技特派员到中亚、东南亚、非洲等地开展科技创业，引进国际人才到我国开展农村科技创业。

（七）完善科技特派员选派政策。

普通高校、科研院所、职业学校等事业单位对开展农村科技公益服务的科技特派员，在5年时间内实行保留原单位工资福利、岗位、编制和优先晋升职务职称的政策，其工作业绩纳入科技人员考核体系；对深入农村开展科技创业的，在5年时间内保留其人事关系，与原单位其他在岗人员同等享有参加职称评聘、岗位等级晋升和社会保险等方面的权利，期满后可以根据本人意愿选择辞职创业或回原单位工作。结合实施大学生创业引领计划、离校未就业高校毕业生就业促进计划，动员金融机构、社会组织、行业协会、就业人才服务机构和企事业单位为大学生科技特派员创业提供支持，完善人事、劳动保障代理等服务，对符合规定的要及时纳入社会保险。

（八）健全科技特派员支持机制。

鼓励高校、科研院所通过许可、转让、技术入股等方式支持科技特派员转化科技成果，开展农村科技创业，保障科技特派员取得合法收益。通过国家科技成果转化引导基金等，发挥财政资金的杠杆作用，以创投引导、贷款风险补偿等方式，推动形成多元化、多层次、多渠道的融资机制，加大对科技特派员创业企业的支持力度。引导政策性银行和商业银行等金融机构在业务范围内加大信贷支持力度，开展对科技特派员的授信业务和小额贷款业务，完善担保机制，分担创业风险。吸引社会资本参与农村科技创业，办好中国农业科技创新创业大赛、中国青年涉农产业创业创富大赛等赛事，鼓励银行与创业投资机构建立市场化、长期性合作机制，支持具有较强自主创新能力和高增长潜力的科技特派员企业进入资本市场融资。对农民专业合作社等农业经营主体，落实减税政策，积极开展创业培训、融资指导等服务。

四、组织实施

（九）强化组织领导。

发挥科技特派员农村科技创业行动协调指导小组作用，加强顶层设计、统筹协调和政策配套，形成部门协同、上下联动的组织体系和长效机制，为推行科技特派员制度提供组织保障。各地方要将科技特派员工作作为加强县市科技工作的重要抓手，建立健全多部门联合工作机制，结合实际制定本地区推动科技特派员创业的政策措施，抓好督查落实，推动科技特派员工作深入开展。

（十）创新服务机制。

加强对各类科技特派员协会的指导，继续实行科技特派员选派制，启动科技特派员登记制。支持科技特派员协会等社会组织为科技特派员提供电子商务、金融、法律、合作交流等服务。建立完善科技特派员考核评价指标体系和退出机制，实行动态管理。加强对科技特派员工作的动态监测，完善科技特派员统计报告工作。

(十一)加强表彰宣传。

对作出突出贡献的优秀科技特派员及团队、科技特派员派出单位以及相关组织管理机构等,按照有关规定予以表彰。鼓励社会力量设奖对科技特派员进行表彰奖励。宣传科技特派员农村科技创业的典型事迹和奉献精神,组织开展科技特派员巡讲活动,激励更多的人员、企业和机构踊跃参与科技特派员农村科技创业。

国务院办公厅关于公布辽宁楼子山等18处新建国家级自然保护区名单的通知

(2016年5月2日　国办发〔2016〕33号)

辽宁楼子山等18处新建国家级自然保护区已经国务院审定,现将名单予以公布。新建国家级自然保护区的面积、范围和功能分区等由环境保护部另行公布。有关地区要按照批准的面积和范围组织勘界,落实自然保护区土地权属,并在规定的时限内标明区界,予以公告。

自然保护区是推进生态文明、建设美丽中国的重要载体。强化自然保护区建设和管理,是贯彻落实创新、协调、绿色、开放、共享新发展理念的具体行动,是保护生物多样性、筑牢生态安全屏障、确保各类自然生态系统安全稳定、改善生态环境质量的有效举措。有关地区和部门要严格执行自然保护区条例等有关规定,认真贯彻《国务院办公厅关于做好自然保护区管理有关工作的通知》(国办发〔2010〕63号)要求,严格落实生态环境保护责任,加强组织领导和协调配合,加大对涉及自然保护区各类环境违法违规行为的监管执法力度,妥善处理好自然保护区管理与当地经济建设及居民生产生活的关系,确保各项管理措施得到落实,不断提高国家级自然保护区建设和管理水平。

新建国家级自然保护区名单

（共计18处）

辽宁省

楼子山国家级自然保护区

吉林省

通化石湖国家级自然保护区

黑龙江省

北极村国家级自然保护区

公别拉河国家级自然保护区

碧水中华秋沙鸭国家级自然保护区

翠北湿地国家级自然保护区

安徽省

古井园国家级自然保护区

福建省

峨嵋峰国家级自然保护区

江西省

婺源森林鸟类国家级自然保护区

河南省

高乐山国家级自然保护区

湖北省

巴东金丝猴国家级自然保护区

广西壮族自治区

银竹老山资源冷杉国家级自然保护区

贵州省

佛顶山国家级自然保护区

西藏自治区

麦地卡湿地国家级自然保护区

陕西省

丹凤武关河珍稀水生动物国家级自然保护区

黑河珍稀水生野生动物国家级自然保护区

新疆维吾尔自治区

霍城四爪陆龟国家级自然保护区

伊犁小叶白蜡国家级自然保护区

国务院关于促进外贸回稳向好的若干意见

（2016年5月5日　国发〔2016〕27号）

外贸是国民经济重要组成部分和重要推动力量。当前，外贸形势复杂严峻，不确定不稳定因素增多，下行压力不断加大。促进外贸回稳向好，对经济平稳运行和升级发展具有重要意义。为此，提出以下意见：

一、充分发挥出口信用保险作用

进一步降低短期出口信用保险费率。对大型成套设备出口融资应保尽保，在风险可控的前提下，抓紧评估和支持一批中长期险项目。

二、大力支持外贸企业融资

通过差别准备金、利率、再贷款、再贴现等政策，引导金融机构加大对小微企业的支持力度。鼓励和支持金融机构对有订单、有效益的外贸企业贷款。加强银贸合作，鼓励和支持金融机构进一步扩大出口信用保险保单融资和出口退税账户质押融资规模。

三、进一步提高贸易便利化水平

积极改善通关便利化的技术条件，提高机检比例，进一步降低海关出口平均查验率，加强分类指导，对信用好的出口企业降低查验率，对信用差的出口企业加大查验力度。2016年年底前将国际贸易“单一窗口”建设从沿海地区推广到有条件的中西部地区，建立标准体系，落实主体责任。全面推进通关作业无纸化。

四、调整完善出口退税政策

优化出口退税率结构，对照相机、摄影机、内燃发动机等部分机电产品按征多少退多少的原则退税，确保及时足额退税，严厉打击骗取退税。完善出口退税分类管理办法，逐步提高出口退税一类企业比例，发挥好一类企业的示范带动作用。

五、减免规范部分涉企收费

落实收费目录清单制度和《港口收费计费办法》，加快推进市场化改革，着重打破垄断，加强和创新收费监管，建立打击违规收费机制。加大对电子政务平台收费查处力度，对海关、出入境检验检疫、税务、商务等部门电子政务平台开展全面检查。合理规范港口、保险、运输、银行等收费，支持实体经济发展。加快将货物港务费并入港口建设费。电器电子产品出口符合政策条件的，可按规定免征废弃电器电子产品处理基金。

六、进一步完善加工贸易政策

综合运用财政、土地、金融政策，支持加工贸易向中西部地区转移。中西部地区要加大加工贸易产业用地保障力度，优先纳入供地计划并优先供应，东部地区加工贸易梯度转移腾退用地经批准可转变为商业、旅游、养老等用途。加工贸易企业依法取得的工业用地可按合同约定分期缴纳土地出让价款，对各省（区、市）确定的优先发展产业日用地集约的工业项目可按不低于相关标准的70%确定土地出让底价。鼓励转移到中西部地区的加工贸易企业参与电力直接交易。抓紧做好阶段性降低社会保险费率政策落实工作。优化财政支出结构，支持中西部地区加工贸易发展。鼓励金融机构为加工贸易梯度转移项目提供金融支持。

在全国范围内取消加工贸易业务审批，建立健全事中事后监管机制。在符合条件的海关特殊监管区域积极探索货物状态分类监管试点，在税负公平、风险可控的前提下，赋予具备条件的企业增值税一般纳税人资格。在自贸试验区的海关特殊监管区域积极推进选择性征收关税政策先行先试，及时总结评估，在公平税负原则下适时研究扩大试点。

七、支持边境贸易发展

将边贸政策与扶贫政策、民族政策相结合。加大中央财政对边境地区转移支付力度，继续支持边境小额贸易企业发展能力建设，并督促地方规范资金使用，确保将资金落实到基层一线地区，大力促进边境小额贸易企业发展。

八、实行积极的进口政策

完善进口贴息政策，调整《鼓励进口技术和产品目录》，重点支持先进设备、先进技术进口，鼓励企业引进消化吸收再创新。完善现行汽车品牌销售管理办法，切实推进汽车平行进口。赋予符合条件的原油加工企业原油使用和进口资质。降低部分日用消费品关税，引导境外消费回流。

九、加大对外贸新业态的支持力度

开展并扩大跨境电子商务、市场采购贸易方式和外贸综合服务企业试点。支持企业建设一批出口产品“海外仓”和海外运营中心。总结中国（杭州）跨境电子商务综合试验区和市场采购贸易方式的经验，扩大试点范围，对试点地区符合监管条件的出口企业，如不能提供进项税发票，按规定实行增值税免征不退政策，并在发展中逐步规范和完善。加快建立与外贸综合服务企业发展相适应的管理模式，抓紧完善外贸综合服务企业退（免）税分类管理办法。

十、加快国际营销服务体系建设

支持企业建立国际营销网络体系，建设一批境外展示中心、分拨中心、批发市场和零售网点等。鼓励企业建立境外服务保障体系，支持重点企业建设汽车、机床、工程机械、通信、轨道交通、航空、船舶和海洋工程等境外售后维修服务中心及备件生产基地和培训中心。鼓励中国出口信用保险公司、进出口银行、开发银行对企业建设国际营销和售后服务网络提供信保和融资支持。鼓励各类金融机构与企业合作，在重点市场为国际营销服务体系建设提供融资和消费信贷支持。

十一、加快培育外贸自主品牌

鼓励外贸企业创立自主品牌，提升出口质量。建立品牌商品出口统计制度。提高非商业性境外办展质量，培育一批重点行业专业性境外品牌展。加强自主品牌对外宣传，利用高层访问、国际会议、广交会等多渠道加大中国品牌推介力度。利用外经贸发展等专项资金支持品牌、专利等方面境外并购和国际营销体系建设。在风险可控前提下对外贸企业收购境外品牌、营销体系等加大信贷支持。

十二、发挥双向投资对贸易的促进作用

提高国家级经济技术开发区和各类园区的发展水平，加大招商引资力度，稳定外商投资规模和速度，提高引进外资质量。积极引导外资投向新兴产业、高新技术、节能环保等领域。进一步改善投资环境，大力引进国际人才，推动中关村国家自主创新示范区有关人才政策尽快在全国复制推广。促进引资和引智相结合，培育新的外贸经营主体。推动对外投资合作和贸易相结合。大力推进“一带一路”建设和国际产能合作，带动我国产品、技术、标准、服务出口。加大磋商协调力度，推动解决企业“走出去”面临的签证申办难点和普遍性问题。

十三、加强外贸知识产权保护

持续开展外贸领域打击侵权假冒专项行动，依法打击有关违法行为。支持企业开展商标、专利注册保护，加强境外知识产权争端解决和维权援助机制建设。健全多双边知识产权交流和执法协作机制，切实支持进出口企业应对境外知识产权纠纷，有效遏止境外恶意注册、恶意诉讼等行为。加强指导和帮助，提高外贸企业防范和应对国际技术性贸易壁垒的能力和水平·加强外贸领域诚信体系建设，探索建立外贸企业信用评价体系。

十四、加强组织实施

各地区、各部门要进一步提高认识，更加重视外贸工作，加强协调，形成合力。要加大政策落实力度，早部署、早落实，加强督促检查。各地区要提高政策的精准度,借鉴有益经验做法,根据形势需要和本地区实际,出台有针对性的配套措施。各部门要明确责任分工,抓紧制定实施细则。要多措并举,促进外贸创新发展,千方百计稳增长,坚定不移调结构,努力实现外贸回稳向好。

国务院办公厅关于促进建材工业稳增长调结构增效益的指导意见

(2016 年 5 月 5 日　国办发〔2016〕34 号)

建材工业是重要的原材料产业。近年来,我国建材工业规模不断扩大,结构逐步优化,创新、绿色和可持续发展能力明显增强,对经济社会发展和民生改善发挥了积极作用。但也要看到,受经济增速回落、市场需求不足等因素影响,建材工业增速放缓、效益下降、分化加剧,水泥、平板玻璃等行业产能严重过剩,部分适应生产消费升级需要的产品缺乏,一些长期积累的结构性矛盾日益凸显。为贯彻落实党中央、国务院关于推进供给侧结构性改革、促进工业稳增长和建设制造强国的决策部署,推动建材工业转型升级、健康发展,经国务院同意,现提出以下意见:

一、总体要求

(一)指导思想。全面贯彻党的十八大和十八届三中、四中、五中全会以及中央经济工作会议精神,按照“五位一体”总体布局和“四个全面”战略布局,牢固树立和贯彻落实创新、协调、绿色、开放、共享的发展理念,抓住产能过剩、结构扭曲、无序竞争等关键问题,在供给侧截长补短、压减过剩产能,有序推进联合重组,改善企业发展环境,增强企业创新能力,扩大新型、绿色建材生产和应用,积极开展国际产能合作,优化产业布局和组织结构,有效提高建材工业的质量和效益。

(二)基本原则。

坚持市场主导。发挥市场配置资源的决定性作用,利用市场倒逼机制压减过剩产能,优化供给结构,增加有效供给,促进优胜劣汰。

坚持企业主体。激发企业活力和创造力,发挥骨干优势企业的示范带头作用,创新经营模式和业态。尊重企业主体地位,由企业自主决策、自愿参与联合重组。

坚持政策引导。健全公平开放透明的市场规则,严格执行环保、能耗、质量、安全等强制性标准,依法依规化解过剩产能。完善支持政策,增强行业和企业的内生发展动力。

坚持统筹协调。发挥部门合力，创新工作机制，加强产业政策与相关政策的协同。优化产业结构，扶持新兴产业，提升建材工业整体发展水平。

（三）目标任务。到2020年，再压减一批水泥熟料、平板玻璃产能，产能利用率回到合理区间；水泥熟料、平板玻璃产量排名前10家企业的生产集中度达60%左右；建材产品深加工水平和绿色建材产品比重稳步提高，质量水平和高端产品供给能力显著增强，节能减排和资源综合利用水平进一步提升；建材工业效益好转，水泥、平板玻璃行业销售利润率接近工业平均水平，全行业利润总额实现正增长。

二、压减过剩产能

（四）严禁新增产能。2020年底前，严禁备案和新建扩大产能的水泥熟料、平板玻璃建设项目；2017年底前，暂停实际控制人不同的企业间的水泥熟料、平板玻璃产能置换。《国务院关于化解产能严重过剩矛盾的指导意见》（国发〔2013〕41号）印发后核准或备案的项目，凡是未按规定开展产能置换导致新增产能的，要严肃查处，国土、环保、质检等部门和金融机构一律不予支持。对国发〔2013〕41号文件印发前的水泥违规项目，未经工业和信息化部、国家发展改革委联合公告、认定或明确由地方视情处理的，停止生产许可受理，已受理的一律不予许可；存在落后设备、工艺、违规产能以及生产淘汰类产品的，一律不予受理、不予许可。利用水泥窑协同处置城市生活垃圾或危险废物、电石渣等固废伴生水泥项目，必须依托现有新型干法水泥熟料生产线进行不扩产能的改造。新上工业玻璃项目，熔窑能力超过150吨/天的，应依托现有平板玻璃生产线进行技术改造。严防借开展协同处置、发展工业玻璃之名建设新增水泥熟料、平板玻璃产能的项目。

（五）淘汰落后产能。污染物排放达不到要求或超总量排污的，实施按日连续处罚；情节严重的，报经有批准权的人民政府批准，责令停业、关闭。能耗超限额的，应在6个月内整改达标；确需延长整改期限的，经申请可延长不超过3个月的期限；逾期仍不达标的，依法关停退出。依法查处生产、销售不符合国家强制性标准水泥产品和无生产许可证生产、销售水泥产品的违法行为。产品质量达不到国家强制性标准的，依法查处并责令停产整改，6个月内未整改或整改仍不达标的，依法关停退出。安全生产标准化和安全生产条件达不到要求的，应立即停产整改，6个月内未整改或整改仍不达标的，依法关停退出。使用《产业结构调整指导目录（2011年本）（修正）》淘汰类工艺技术与装备的产能，要立即关停退出。

（六）推进联合重组。支持优势企业搭建产能整合平台，利用市场化手段推进联合重组，整合产权或经营权，优化产能布局，提高生产集中度，并结合联合重组、技术改造，优化生产要素配置，主动压减竞争乏力的过剩产能。已获许可的建材企业并购重组且不涉及搬迁的，办理生产许可证时，免予企业实地核查；已获许可的建材企业被并购重组后，企业名称、生产条件、产能未发生变化的，经产品检验合格后，直接换发许可证。支持企业根据市场需求，创新业态和商业模式，主动退出综合成本高、生产效率低的产能，增强盈利能力。在具备条件的地方开展试点，支持水泥、平板玻璃行业通过联合重组等方式压减过剩产能、实现脱困发展。

（七）推行错峰生产。在采暖地区的采暖期全面试行水泥熟料（含利用电石渣）错峰生产，缩短水泥熟料装置运转时间，压减采暖地区熟料产能，同时有效避免水泥熟料生产排放与取暖锅炉排放叠加，减轻采暖期大气污染。其他地区水泥熟料装置在春节期间和酷暑伏天也应错峰生产。对不宜临时停产的平板玻璃生产线，倡导通过行业自律按一定比例降低负荷、合理限产。

三、加快转型升级

（八）提升水泥制品。停止生产32.5等级复合硅酸盐水泥，重点生产42.5及以上等级产品。加快发展专用水泥、砂石骨料、混凝土掺合料、预拌混凝土、预拌砂浆、水泥制品和部件化制品。积极利用尾矿废石、建筑垃圾等固废替代自然资源，发展机制砂石、混凝土掺合料、砌块墙材、低碳水泥等产品。发展镁质胶凝材料等新型胶凝材料。

（九）发展高端玻璃。提高建筑节能标准，推广应用低辐射镀膜（Low-E）玻璃板材、真（中）空玻璃、安全玻璃、个性化幕墙、光伏光热一体化玻璃制品，以及适应既有建筑节能改造需要的节能门窗等产品。积极发展建筑用防火玻璃板材、电致变色玻璃等新产品，结合发展设施农业和建设美丽乡村，开发农业种植和观光大棚所需的结构功能一体化玻璃板材及制品。

（十）提高陶瓷品质。从政府投资项目和公共建筑入手，推广薄型化的陶瓷砖以及节水、轻量的卫浴洁具等绿色建材产品，促进绿色消费。加强产品设计和关键零配件研发，开发多功能产品、智能家居等用品，提升产品技术含量和艺术性，促进陶瓷产品智能化、多功能化，更好满足个性化消费需求。

（十一）推广新型墙材。发展本质安全、节能环保、轻质高强的墙体和屋面材料、外墙保温材料，以及结构与保温装饰一体化外墙板。推进叠合楼板、内外墙板、楼梯阳台、厨卫装饰等构配件工厂化生产。引导利用可再生资源制备新型墙体材料，支持利用农作物秸秆、竹纤维、木屑等开发生物质建材，发展生物质纤维增强的木塑、镁质建材等产品。加快推广应用水性涂料、胶黏剂及高分子防水材料、密封材料、热反射膜、管材等产品。

（十二）开发新型材料。以石墨、高岭土、膨润土。硅藻土等非金属矿精深加工为重点，加大在矿物均化、提纯、超细磨粉、分级级配、表面改性等方面攻关力度，大力发展基于非金属矿物，用于节能防火、填充涂敷、环保治理、储能保温的矿物功能材料。加快推进玻璃纤维、碳纤维及其复合材料，以及玻璃基板、光纤预制棒、高压电瓷、陶瓷分离膜、闪烁晶体、激光晶体等先进无机非金属产品的首批次示范应用，加大推广应用力度，扩大新材料产业规模。

（十三）改善技术装备。开展协同攻关，大力开发纤维增强树脂基复合材料、高端玻璃及制品、精细陶瓷前驱体及陶瓷粉体、人工晶体材料等生产、检测专用装备，提高装备控制精度、自动化水平和生产工艺稳定性，提升产品质量和合格率。针对细分市场，加快推进产品品种规格系列化、生产过程柔性化，更好满足差异化需求。加强标准化建设，坚持产学研用相结合，立足产业化生产和应用需要，建立完善新材料的基础标准、方法标准和产品标准。

四、促进降本增效

（十四）绿色智能发展。加大对无组织排放治理力度，支持企业向特色园区集聚，鼓励园区加快燃料升级，有条件的企业实施“煤改气”、“煤改电”，集中使用清洁能源。开发推广玻璃熔窑高效燃烧、余热利用技术以及陶瓷窑炉脱硫脱硝除尘综合治理、原料干法制粉和连续球磨等技术，提高能源梯级利用水平。推广无铬耐火材料。平板玻璃企业要严格限制高硫石油焦燃料。鼓励整合玻璃用硅砂、石英砂和砂石骨料用尾矿、废石等资源，提高综合利用水平。推进智能化生产，建设厂区物联网，在搬运、码垛等重复操作工段推广“机器代人”，加强对产品质量、污染物排放、能耗等关键参数的可视化管理，提高质量效益。

（十五）支持企业创新。支持企业开展清洁能源开发替代、清洁生产和资源综合利用、智能制造、新材料开发、产品深加工等转型升级改造。支持企业加快推进高性能纤维增强复合材料、先进无机非金属材料和矿物功能材料的产业化，着力提高关键材料保障能力，更好满足下游产业需求。发布建材工业鼓励推广应用的技术和产品目录，并据此对建材工业节能减排、产品升级换代、提升质量效益等项目实施差别化信贷政策。

（十六）实施品牌战略。发挥优势企业的主导作用，以品牌、管理和营销网络为纽带，促进业态和商业模式创新，提高企业核心竞争力。深化“互联网+”在产品设计、制造、销售、管理等环节的应用，打造电子商务平台和专业物流网络配送体系。加强品牌培育、宣传与推介，加快本土品牌建设，提升知名度和美誉度，逐步在厨卫、家居等消费产品领域培育世界知名品牌。

（十七）开展产能合作。按照风险可控、商业可持续原则，支持有意愿的企业在"一带一路"沿线投资建材项目,开展国际产能合作,实现互利共赢。积极开展商标等知识产权政策培训,搭建具有针对性的服务平台,建立商标、版权、商业秘密等"一站式"服务体系,指导企业进行商标保护维权。根据国际产能合作需要,支持企业参与国际标准制修订,加大建材领域中国标准外文版翻译力度,通过产品、装备和投资带动中国标准"走出去"。

五、完善支持政策

(十八)优化产业政策。落实促进绿色建材生产和应用行动方案,开展绿色建材评价,发布绿色建材产品目录。研究修订水泥产品标准,制修订混凝土产品标准、混凝土掺合料产品标准和专用水泥标准。加快制定协同处置固废伴生水泥产品污染控制标准。落实水泥产品资源综合利用的税收优惠政策,促进节能减排。

(十九)加大金融支持。落实有保有控的金融政策,对化解过剩产能、实施兼并重组以及有前景、有效益的建材企业,按照风险可控、商业可持续原则加大信贷支持力度。对违规新增水泥熟料、平板玻璃产能的企业停止贷款。通过提供并购贷款、并购票据等方式拓展融资渠道,支持各类社会资本参与建材企业并购重组。探索由大型骨干水泥企业和平板玻璃企业按照谁受益、谁付费的原则,联合设立产业结构调整专项资金,专门用于奖补主动退出的产能。

(二十)严格执法监督。省级人民政府有关部门要尽快完善并公开本地区水泥、平板玻璃行业建设项目库;对国发〔2013〕41 号文件印发后核准备案、点火投产的项目,要逐条注明具体情况;对隐瞒信息或违规建设的项目,一经举报并查证属实,将予以公告,并追究相关责任。建材企业应依法安装在线监控系统并与环保部门联网,主动披露环保相关信息。管理节能工作的部门要加强对水泥企业单位产品能耗限额标准执行情况的监督检查,依法处理违反强制性节能标准的行为。对水泥行业实行基于能耗限额标准的阶梯电价政策。质检部门要加大建材产品抽检力度,对产品质量不达标的,依法责令整改并予通报;对无证生产水泥的,依法责令停产、处罚并向社会公告。严格安全生产监督执法,依法查处不具备安全生产条件的建材企业,及时公布建材企业安全生产不良记录"黑名单"信息。

(二十一)发挥协会作用。完善行规行约,加强行业自律,引导企业遵规守法、规范经营,诚实守信、公平竞争。发挥有关协会熟悉行业、贴近企业的优势,支持企业推进兼并重组,促进企业主动去产能,总结推广先进经验,帮助企业加强和改进管理。加强对行业关键、共性问题的研究,反映企业诉求,反馈政策落实情况,提出相关政策建议。

各地区、各有关部门要进一步提高认识,以高度的责任感、使命感和改革创新精神，合力推进建材工业稳增长、调结构、转型升级、降本增效工作。省级人民政府要结合本地实际制定具体方案，切实抓好组织落实。工业和信息化部、国家发展改革委要会同财政部、人力资源社会保障部、环境保护部、住房城乡建设部、质检总局等部门加强对地方的督促指导，有关部门要根据职责分工抓紧完善配套政策，统筹推进各项工作。

国务院办公厅关于建设大众创业万众创新示范基地的实施意见

（2016 年 5 月 8 日　国办发〔2016〕35 号）

根据 2016 年《政府工作报告》部署和《国务院关于大力推进大众创业万众创新若干政策措施的意见》（国发〔2015〕32 号）等文件精神，为在更大范围、更高层次、更深程度上推进大众创业万众创新，加快发展新经济、培育发展新动能、打造发展新引擎，建设一批双创示范基地、扶持一批双创支撑平台、突破一批阻碍双创发展的政策障碍、形成一批可复制可推广的双创模式和典型经验，重点围绕创业创新重点改革领域开展试点示范，经国务院同意，现提出以下实施意见。

一、总体思路

（一）指导思想。

牢固树立并贯彻落实创新、协调、绿色、开放、共享的新发展理念，加快实施创新驱动发展战略，全面落实推动双创的各项政策措施。加强顶层设计和统筹谋划，通过试点示范完善双创政策环境，推动双创政策落地，扶持双创支撑平台，构建双创发展生态，调动双创主体积极性，发挥双创和“互联网+”集众智汇众力的乘数效应，发展新技术、新产品、新业态、新模式，总结双创成功经验并向全国推广，进一步促进社会就业，推动形成双创蓬勃发展的新局面，实现发展动力转换、结构优化，促进经济提质增效升级。

（二）基本原则。

——坚持政府引导，加强政策协同。通过试点示范加强各类政策统筹，实现地方与部门政策联动，确保已出台扶持政策具体化、可操作、能落地，切实解决政策落实“最后一公里”问题。结合现有工作基础，更加注重政策前瞻性、引领性，不断完善体制机制，营造有利于双创的政策环境。

——坚持市场主导，搞活双创主体。充分发挥市场配置资源的决定性作用，结合科技、教育和国有企业等改革，放开市场、放活主体，通过环境营造、制度设计、平台搭建等方式，聚焦新兴产业和创新型初创企业，扩大社会就业，培育全社会双创的内生动力。

——坚持问题导向，鼓励先行先试。系统梳理不同领域推动双创的特点和难点，从解决制约双创发展的核心问题入手，明确试点方向，充分调动地方、部门和企业的积极性，大胆探索，勇于尝试，突破制度障碍，切实解决创业者面临的资金、信息、政策、技术、服务等瓶颈问题。

——坚持创新模式，完善双创平台。以构建双创良好生态为目标，系统谋划、统筹考虑，结合各类双创支撑平台的特点，支持建立多种类型的双创示范基地。探索创新平台发展模式，不断丰富平台服务功能，引导社会资源支持双创。

（三）主要目标。

力争通过三年时间，围绕打造双创新引擎，统筹产业链、创新链、资金链和政策链，推动双创组织模式和服务模式创新，加强双创文化建设，到2018年底前建设一批高水平的双创示范基地，培育一批具有市场活力的双创支撑平台，突破一批阻碍双创发展的政策障碍，推广一批适应不同区域特点、组织形式和发展阶段的双创模式和典型经验，加快推动创新型企业成长壮大，努力营造鼓励创新、宽容失败的社会氛围，带动高质量的就业，促进新技术、新产品、新业态、新模式发展，为培育发展新动能提供支撑。

二、示范布局

（一）统筹示范类型。

强化顶层设计，注重分类指导，充分考虑各类主体特点和区域发展情况，有机衔接现有工作基础，有序推进双创示范基地建设。

依托双创资源集聚的区域、高校和科研院所、创新型企业等不同载体，支持多种形式的双创示范基地建设。引导双创要素投入，有效集成高校、科研院所、企业和金融、知识产权服务以及社会组织等力量，实施一批双创政策措施，支持建设一批双创支撑平台，探索形成不同类型的示范模式。

（二）统筹区域布局。

充分考虑东、中、西部和东北地区双创发展情况和特点，结合全面创新改革试验区域、国家综合配套改革试验区、国家自主创新示范区等布局，统筹部署双创示范基地建设，依托各自优势和资源，探索形成各具特色的区域双创形态。

（三）统筹现有基础。

有机衔接各地方、各部门已有工作基础，在双创示范基地遴选、政策扶持、平台建设等方面充分发挥现有机制作用,依托众创空间、小微企业创业基地和城市等各类双创平台和示范区域,各有区别,各有侧重,协同完善双创政策体系。

(四)统筹有序推进。

分批次、分阶段推进实施。首批双创示范基地选择在部分创新资源丰富、体制机制基础好、示范带动能力强的区域和单位先期开展示范布局,建立健全工作机制。在此基础上,逐步完善制度设计,有序扩大示范范围,探索统筹各方资源共同支持建设双创示范基地的新模式。

三、改革举措

积极推进结构性改革尤其是供给侧结构性改革,支持示范基地探索创新、先行先试,在双创发展的若干关键环节和重点领域,率先突破一批瓶颈制约,激发体制活力和内生动力,营造良好的创业创新生态和政策环境,促进新旧动能顺畅转换。

(一)拓宽市场主体发展空间。

持续增强简政放权、放管结合、优化服务改革的累积效应,支持示范基地纵深推进审批制度改革和商事制度改革,先行试验一批重大行政审批改革措施。取消和下放一批行政审批事项,深化网上并联审批和纵横协同监管改革,推行政务服务事项的"一号申请、一窗受理、一网通办"。最大限度减少政府对企业创业创新活动的干预,逐步建立符合创新规律的政府管理制度。

(二)强化知识产权保护。

在示范基地内探索落实商业模式等新形态创新成果的知识产权保护办法,推行知识产权管理规范的国家标准。开展知识产权综合执法,建立知识产权维权援助网点和快速维权通道,加强关键环节、重点领域的知识产权保护。将侵犯知识产权行为情况纳入信用记录,归集到全国信用信息共享平台,构建失信联合惩戒机制。

(三)加速科技成果转化。

全面落实《中华人民共和国促进科技成果转化法》,落实完善科研项目资金管理等改革措施,赋予高校和科研院所更大自主权,并督促指导高校和科研院所切实用好。支持示范基地完善新兴产业和现代服务业发展政策,打通科技和经济结合的通道。落实新修订的高新技术企业认定管理办法,充分考虑互联网企业特点,支持互联网企业申请高新技术企业认定并享受相关政策。

(四)加大财税支持力度。

加大中央预算内投资、专项建设基金对示范基地支持力度。在示范基地内探索鼓励创业创新的税收支持政策。抓紧制定科技型中小企业认定办法,对高新技术企业和科技型中小企业转化科技成果给予个人的股权奖励，递延至取得股权分红或转让股权时纳税。有限合伙制创业投资企业采取股权投资方式投资于未上市中小高新技术企业满2年的，该有限合伙制创业投资企业的法人合伙人可享受企业所得税优惠。居民企业转让5年以上非独占许可使用权取得的技术转让所得，可享受企业所得税优惠。

（五）促进创业创新人才流动。

鼓励示范基地实行更具竞争力的人才吸引制度。加快社会保障制度改革，完善社保关系转移接续办法，建立健全科研人员双向流动机制，落实事业单位专业技术人员离岗创业有关政策，促进科研人员在事业单位和企业间合理流动。开展外国人才永久居留及出入境便利服务试点，建设海外人才离岸创业基地。

（六）加强协同创新和开放共享。

加大示范基地内的科研基础设施、大型科研仪器向社会开放力度。鼓励大型互联网企业、行业领军企业通过网络平台向各类创业创新主体开放技术、开发、营销、推广等资源，加强创业创新资源共享与合作，构建开放式创业创新体系。

四、建设任务

以促进创新型初创企业发展为抓手，以构建双创支撑平台为载体，明确示范基地建设目标和建设重点，积极探索改革，推进政策落地，形成一批可复制可推广的双创模式和典型经验。

（一）区域示范基地。

建设目标：

结合全面创新改革试验区域、国家综合配套改革试验区、国家自主创新示范区等，以创业创新资源集聚区域为重点和抓手，集聚资本、人才、技术、政策等优势资源，探索形成区域性的创业创新扶持制度体系和经验。

建设重点：

1. 推进服务型政府建设。进一步转变政府职能，简政放权、放管结合、优化服务，在完善市场环境、深化审批制度改革和商事制度改革等方面采取切实有效措施，降低创业创新成本。加强创业创新信息资源整合，面向创业者和小微企业需求，建立创业政策集中发布平台，完善专业化、网络化服务体系，增强创业创新信息透明度。

2. 完善双创政策措施。加强政府部门的协调联动，多管齐下抓好已出台政策落实，打通政策落地的“最后一公里”。结合区域发展特点，面向经济社会发展需求，加大财税支持力度，强化知识产权保护，在科技成果转化、促进人才流动、加强协同创新和开放共享等方面，探索突破一批制约创业创新的制度瓶颈。

3. 扩大创业投资来源。落实鼓励创业投资发展的税收优惠政策，营造创业投资、天使投资发展的良好环境。规范设立和发展政府引导基金，支持创业投资、创新型中小企业发展。丰富双创投资和资本平台，进一步拓宽投融资渠道。

4. 构建创业创新生态。加强创业培训、技术服务、信息和中介服务、知识产权交易、国际合作等支撑平台建设，深入实施“互联网+”行动，加快发展物联网、大数据、云计算等平台，促进各类孵化器等创业培育孵化机构转型升级，打通政产学研用协同创新通道。

5. 加强双创文化建设。加大双创宣传力度，培育创业创新精神，强化创业创新素质教育，树立创业创新榜样，通过公益讲坛、创业论坛、创业培训等形式多样的活动，努力营造鼓励创新、宽容失败的社会氛围。

（二）高校和科研院所示范基地。

建设目标：

以高校和科研院所为载体，深化教育、科技体制改革，完善知识产权和技术创新激励制度，充分挖掘人力和技术资源，把人才优势和科技优势转化为产业优势和经济优势，促进科技成果转化，探索形成中国特色高校和科研院所双创制度体系和经验。

建设重点：

1. 完善创业人才培养和流动机制。深化创业创新教育改革，建立创业理论研究平台，完善相关课程设置，实现创业创新教育和培训制度化、体系化。落实高校、科研院所等专业技术人员离岗创业政策，建立健全科研人员双向流动机制。加大吸引海外高水平创业创新人才力度。

2. 加速科技成果转化。全面落实改进科研项目资金管理，下放科技成果使用、处置和收益权等改革措施，提高科研人员成果转化收益比例，加大股权激励力度，鼓励科研人员创业创新。开放各类创业创新资源和基础设施，构建开放式创业创新体系。

3. 构建大学生创业支持体系。实施大学生创业引领计划，落实大学生创业指导服务机构、人员、场地、经费等。建立健全弹性学制管理办法，允许学生保留学籍休学创业。构建创业创新教育和实训体系。加强创业导师队伍建设，完善兼职创业导师制度。

4. 建立健全双创支撑服务体系。引导和推动创业投资、创业孵化与高校、科研院所等技术成果转移相结合。完善知识产权运营、技术交流、通用技术合作研发等平台。

（三）企业示范基地。

建设目标：

充分发挥创新能力突出、创业氛围浓厚、资源整合能力强的领军企业核心作用，引导企业转型发展与双创相结合，大力推动科技创新和体制机制创新，探索形成大中小型企业联合实施双创的制度体系和经验。

建设重点：

1. 构建适合创业创新的企业管理体系。健全激励机制和容错纠错机制，激发和保护企业家精神。结合国有企业改革，强化组织管理制度创新，鼓励企业按照有关规定，通过股权、期权、分红等激励方式，支持员工自主创业、企业内部再创业，增强企业创新发展能力。

2. 激发企业员工创造力。加快技术和服务等双创支撑平台建设，开放创业创新资源，为员工创业创新提供支持。积极培育创客文化，激发员工创造力，提升企业市场适应能力。

3. 拓展创业创新投融资渠道。建立面向员工创业和小微企业发展的创业创新投资平台，整合企业内外部资金资源，完善投融资服务体系，为创业项目和团队提供全方位的投融资支持。

4. 开放企业创业创新资源。依托物联网、大数据、云计算等技术和服务平台，探索服务于产业和区域发展的新模式，利用互联网手段，向社会开放供应链，提供财务、市场、融资、技术、管理等服务，促进大中型企业和小微企业协同创新、共同发展。

五、步骤安排

2016年上半年，首批双创示范基地结合自身特点，研究制定具体工作方案，明确各自建设目标、建设重点、时间表和路线图。国家发展改革委会同教育部、科技部、工业和信息化部、财政部、人力资源社会保障部、国务院国资委、中国科协等部门和单位论证、完善工作方案，建立执行评估体系和通报制度。示范基地工作方案应向社会公布，接受社会监督。

2016年下半年，首批双创示范基地按照工作方案，完善制度体系，加快推进示范基地建设。

2017年上半年，国家发展改革委会同相关部门组织对示范基地建设开展督促检查和第三方评估。对于成熟的可复制可推广的双创模式和典型经验，在全国范围内推广。

2017年下半年，总结首批双创示范基地建设经验，完善制度设计，丰富示范基地内涵，逐步扩大示范基地范围，组织后续示范基地建设。

双创示范基地所在地人民政府要高度重视，加强领导，完善组织体系，把双创示范基地建设作为重要抓手和载体，认真抓好落实；要出台有针对性的政策措施，保证政策真正落地生根，进一步释放全社会创新活力。各相关部门要加强指导，建立地方政府、部门政策协调联动机制，为高校、科研院所、各类企业等提供政策支持、科技支撑、人才引进、公共服务等保障条件，形成强大政策合力；要细化评估考核机制，建立良性竞争机制，实现对示范基地的动态调整，推动形成大众创业万众创新的新局面。

附件

首批双创示范基地名单（28个）

一、区域示范基地（17个）

北京市海淀区、天津市滨海新区中心商务区、辽宁省沈阳市浑南区、上海市杨浦区、江苏省常州市武进区、浙江省杭州市余杭区浙江杭州未来科技城、安徽省合肥高新技术产业开发区、福建福州新区、河南省郑州航空港经济综合实验区、湖北省武汉东湖新技术开发区、湖南湘江新区、广东省/广州高新技术产业开发区科学城园区、广东省深圳市南山区、重庆两江新区、四川省成都市郫县、贵州贵安新区、陕西西咸新区。

二、高校和科研院所示范基地（4个）

清华大学、上海交通大学、南京大学、四川大学。

三、企业示范基地（7个）

中国电信集团公司、中国航天科工集团公司、招商局集团有限公司、海尔集团公司、中信重工机械股份有限公司、共享装备股份有限公司、阿里巴巴集团。

国务院办公厅转发文化部等部门关于推动文化文物单位文化创意产品开发若干意见的通知

（2016年5月11日　国办发〔2016〕36号）

文化部、国家发展改革委、财政部、国家文物局《关于推动文化文物单位文化创意产品开发的若干意见》已经国务院同意，现转发给你们，请结合实际，认真贯彻执行。

关于推动文化文物单位文化创意产品开发的若干意见

为深入发掘文化文物单位馆藏文化资源，发展文化创意产业，开发文化创意产品，弘扬中华优秀文化，传承中华文明，推进经济社会协调发展，提升国家软实力，根据《国务院关于进一步加强文物工作的指导意见》（国发〔2016〕17号）有关要求，现提出以下意见。

一、总体要求

文化文物单位主要包括各级各类博物馆、美术馆、图书馆、文化馆、群众艺术馆、纪念馆、非物质文化遗产保护中心及其他文博单位等掌握各种形式文化资源的单位。文化文物单位馆藏的各类文化资源，是中华民族五千多年文明发展进程中创造的博大精深灿烂文化的重要组成部分。

依托文化文物单位馆藏文化资源，开发各类文化创意产品，是推动中华文化创造性转化和创新性发展、使中国梦和社会主义核心价值观更加深入人心的重要途径，是推动中华文化走向世界、提升国家文化软实力的重要渠道，是丰富人民群众精神文化生活、满足多样化消费需求的重要手段，是增强文化文物单位服务能力、提升服务水平、丰富服务内容的必然要求，对推动优秀传统文化与当代文化相适应、与现代社会相协调，推陈出新、以文化人，具有重要意义。

推动文化创意产品开发，要始终把社会效益放在首位，实现社会效益和经济效益相统一；要在履行好公益服务职能、确保文化资源保护传承的前提下，调动文化文物单位积极性，加强文化资源系统梳理和合理开发利用；要鼓励和引导社会力量参与，促进优秀文化资源实现传承、传播和共享；要充分运用创意和科技手段，注意与产业发展相结合，推动文化资源与现代生产生活相融合，既传播文化，又发展产业、增加效益，实现文化价值和实用价值的有机统一。力争到2020年，逐步形成形式多样、特色鲜明、富有创意、竞争力强的文化创意产品体系，满足广大人民群众日益增长、不断升级和个性化的物质和精神文化需求。

二、主要任务

（一）充分调动文化文物单位积极性。具备条件的文化文物单位应结合自身情况，依托馆藏资源、形象品牌、陈列展览、主题活动和人才队伍等要素，积极稳妥推进文化创意产品开发，促进优秀文化资源的传承传播与合理利用。鼓励文化文物单位与社会力量深度合作，建立优势互补、互利共赢的合作机制，拓宽文化创意产品开发投资、设计制作和营销渠道，加强文化资源开放，促进资源、创意、市场共享。

（二）发挥各类市场主体作用。鼓励众创、众包、众扶、众筹，以创新创意为动力，以文化创意设计企业为主体，开发文化创意产品，打造文化创意品牌，为社会力量广泛参与研发、生产、经营等活动提供便利条件。鼓励企业通过限量复制、加盟制造、委托代理等形式参与文化创意产品开发。鼓励和引导社会资本投入文化创意产品开发，努力形成多渠道投入机制。

（三）加强文化资源梳理与共享。推进文化文物单位各类文化资源的系统梳理、分类整理和数字化进程，明确可供开发资源。用好用活第三次全国文物普查和第一次全国可移动文物普查数据。鼓励依托高新技术创新文化资源展示方式，提升体验性和互动性。支持数字文化、文化信息资源库建设，用好各类已有文化资源共建共享平台，面向社会提供知识产权许可服务，促进文化资源社会共享和深度发掘利用。

（四）提升文化创意产品开发水平。深入挖掘文化资源的价值内涵和文化元素，广泛应用多种载体和表现形式，开发艺术性和实用性有机统一、适应现代生活需求的文化创意产品，满足多样化消费需求。结合构建中小学生利用博物馆学习的长效机制，开发符合青少年群体特点和教育需求的文化创意产品。鼓励开发兼具文化内涵、科技含量、实用价值的数字创意产品。推动文化文物单位、文化创意设计机构、高等院校、职业学校等开展合作，提升文化创意产品设计开发水平。

（五）完善文化创意产品营销体系。创新文化创意产品营销推广理念、方式和渠道，促进线上线下融合。支持有条件的文化文物单位在保证公益服务的前提下，将自有空间用于文化创意产品展示、销售，鼓励有条件的单位在国内外旅游景点、重点商圈、交通枢纽等开设专卖店或代售点。综合运用各类电子商务平台，积极发展社交电商等网络营销新模式，提升文化创意产品网络营销水平，鼓励开展跨境电子商务。配合优秀文化遗产进乡村、进社区、进校园、进军营、进企业，加强文化创意产品开发和推广。鼓励结合陈列展览、主题活动、馆际交流等开展相关产品推广营销。积极探索文化创意产品的体验式营销。

（六）加强文化创意品牌建设和保护。促进文化文物单位、文化创意设计企业提升品牌培育意识以及知识产权创造、运用、保护和管理能力，积极培育拥有较高知名度和美誉度的文化创意品牌。依托重点文化文物单位，培育一批文化创意领军单位和产品品牌。建立健全品牌授权机制，扩大优秀品牌产品生产销售。

（七）促进文化创意产品开发的跨界融合。支持文化资源与创意设计、旅游等相关产业跨界融合，提升文化旅游产品和服务的设计水平，开发具有地域特色、民族风情、文化品位的旅游商品和纪念品。推动优秀文化资源与新型城镇化紧密结合，更多融入公共空间、公共设施、公共艺术的规划设计，丰富城乡文化内涵，优化社区人文环境，使城市、村镇成为历史底蕴厚重、时代特色鲜明、文化气息浓郁的人文空间。将文化创意产品开发作为推动革命老区、民族地区、边疆地区、贫困地区文化遗产保护和文化发展、扩大就业、促进社会进步的重要措施。鼓励依托优秀演艺、影视等资源开发文化创意产品，延伸相关产业链条。

三、支持政策和保障措施

（一）推动体制机制创新。鼓励具备条件的文化文物单位在确保公益目标、保护好国家文物、做强主业的前提下，依托馆藏资源，结合自身情况，采取合作、授权、独立开发等方式开展文化创意产品开发。逐步将文化创意产品开发纳入文化文物单位评估定级标准和绩效考核范围。文化文物事业单位要严格按照分类推进事业单位改革的政策规定，坚持事企分开的原则，将文化创意产品开发与公益服务分开，原则上以企业为主体参与市场竞争；其文化创意产品开发取得的事业收入、经营收入和其他收入等按规定纳入本单位预算统一管理，可用于加强公益文化服务、藏品征集、继续投入文化创意产品开发、对符合规定的人员予以绩效奖励等。国有文化文物单位应积极探索文化创意产品开发收益在相关权利人间的合理分配机制。促进国有和非国有文化文物单位之间在馆藏资源展览展示、文化创意产品开发等方面的交流合作。鼓励具备条件的非国有文化文物单位充分发掘文化资源开发文化创意产品，同等享受相关政策支持。

（二）稳步推进试点工作。按照试点先行、逐步推进的原则，在国家级、部分省级和副省级博物馆、美术馆、图书馆中开展开办符合发展宗旨、以满足民众文化消费需求为目的的经营性企业试点，在开发模式、收入分配和激励机制等方面进行探索。试点名单由文化部、国家文物局确定，或者由省级人民政府文化文物部门确定并报文化部、国家文物局备案。允许试点单位通过知识产权作价入股等方式投资设立企业，从事文化创意产品开发经营。试点单位具备相关知识和技能的人员在履行岗位职责、完成本职工作的前提下，经单位批准，可以兼职到本单位附属企业或合作设立的企业从事文化创意产品开发经营活动；涉及的干部人事管理、收入分配等问题，严格按照有关政策规定执行。

参照激励科技人员创新创业的有关政策完善引导扶持激励机制。探索将试点单位绩效工资总量核定与文化创意产品开发业绩挂钩,文化创意产品开发取得明显成效的单位可适当增加绩效工资总量,并可在绩效工资总量中对在开发设计、经营管理等方面作出重要贡献的人员按规定予以奖励。

(三)落实完善支持政策。中央和地方各级财政通过现有资金渠道,进一步完善资金投入方式,加大对文化创意产品开发工作的支持力度。研究论证将符合条件的文化创意产品开发项目纳入专项建设基金支持范围。认真落实推进文化创意和设计服务与相关产业融合发展、发展对外文化贸易等扶持文化产业发展的税收政策,支持文化创意产品开发。将文化创意产品开发纳入文化产业投融资服务体系支持和服务范围。面向从事文化创意产品开发的企事业单位,培育若干骨干文化创意产品开发示范单位,加强引领示范,形成可向全行业推广的经验。将文化创意产品开发经营企业纳入各级文化产业示范基地评选范围。强化文化市场监管和执法,加大侵权惩处力度,创造良好市场环境。鼓励各级地方政府创新文化创意产品开发机制,用机制创新干事。

(四)加强支撑平台建设。发挥国家级文化文物单位和骨干企业作用,支持实施一批具有示范引领作用的项目,搭建面向全行业的产品开发、营销推广、版权交易等平台。支持有条件的地方和企事业单位建设文化创意产品开发生产园区基地。实施"互联网+中华文明"行动计划,遴选和培育一批"双创"空间,实施精品文物数字产品和精品展览数字产品推广项目。充分发挥重点文化产业、文物展会作用,促进优秀文化创意产品的展示推广和交易。规范和鼓励举办产品遴选推介、创意设计竞赛等活动,促进文化创意产品展示交易。借助海外中国文化中心、国际展览展示交易活动、文物进出境展览和交流等平台,促进优秀文化创意产品走出去。

(五)强化人才培养和扶持。以高端创意研发、经营管理、营销推广人才为重点,同旅游、教育结合起来,加强对文化创意产品开发经营人才的培养和扶持。将文化创意产品设计开发纳入各类文化文物人才扶持计划支持范围。文化文物单位和文化创意产品开发经营企业要积极参与各级各类学校相关专业人才培养,探索现代学徒制、产学研结合等人才培养模式,并为学生实习提供岗位,提高人才培养的针对性和适用性。通过馆校结合、馆企合作等方式大力培养文化文物单位的文化创意产品开发、经营人才。支持文化文物单位建设兼具文化文物素养和经营管理、设计开发能力的人才团队,并通过多种形式引进优秀专业人才,进一步畅通国有和民营、事业单位和企业之间人才流动渠道。鼓励开展中外文化创意产品设计开发、经营管理人才交流与合作,定期开展海外研习活动。

（六）加强组织实施。地方各级文化、发展改革、财政、文物等部门要按照本意见的要求，根据本地区实际情况，加强对推动文化创意产品开发工作的组织实施，做好宣传解读和相关统计监测工作。部门间、地区间要协同联动，确保各项任务措施落到实处。注意加强规范引导，因地制宜，突出特色，科学论证，确保质量，防止一哄而上、盲目发展。强化开发过程中的文物保护和资产管理，制定严格规程，健全财务制度，防止破坏文物，杜绝文物和其他国有资产流失。充分发挥各级各类行业协会、中介组织、研究机构等在行业研究、标准制定、交流合作等方面的作用。

国务院关于深化制造业与互联网融合发展的指导意见

（2016年5月13日　国发〔2016〕28号）

制造业是国民经济的主体，是实施“互联网+”行动的主战场。我国是制造业大国，也是互联网大国，推动制造业与互联网融合，有利于形成叠加效应、聚合效应、倍增效应，加快新旧发展动能和生产体系转换，前景广阔、潜力巨大。当前，我国制造业与互联网融合步伐不断加快，在激发“双创”活力、培育新模式新业态、推进供给侧结构性改革等方面已初显成效，但仍存在平台支撑不足、核心技术薄弱、应用水平不高、安全保障有待加强、体制机制亟需完善等问题。为进一步深化制造业与互联网融合发展，协同推进“中国制造2025”和“互联网+”行动，加快制造强国建设，现提出以下意见。

一、总体要求

（一）指导思想。全面贯彻党的十八大和十八届三中、四中、五中全会精神，按照国务院决策部署，牢固树立和贯彻落实创新、协调、绿色、开放、共享的发展理念，以激发制造企业创新活力、发展潜力和转型动力为主线，以建设制造业与互联网融合“双创”平台为抓手，围绕制造业与互联网融合关键环节，积极培育新模式新业态，强化信息技术产业支撑，完善信息安全保障，夯实融合发展基础，营造融合发展新生态，充分释放“互联网+”的力量，改造提升传统动能，培育新的经济增长点，发展新经济，加快推动“中国制造”提质增效升级，实现从工业大国向工业强国迈进。

（二）基本原则。

坚持创新驱动，激发转型新动能。积极搭建支撑制造业转型升级的各类互联网平台，充分汇聚整合制造企业、互联网企业等“双创”力量和资源，带动技术产品、组织管理、经营机制、销售理念和模式等创新，提高供给质量和效率，激发制造业转型升级新动能。

坚持融合发展，催生制造新模式。促进技术融合与理念融合相统一，推动制造企业与互联网企业在发展理念、产业体系、生产模式、业务模式等方面全面融合，发挥互联网聚集优化各类要素资源的优势，构建开放式生产组织体系，大力发展个性化定制、服务型制造等新模式。

坚持分业施策，培育竞争新优势。深刻把握互联网技术在不同行业、环节的扩散规律和融合方式，针对不同行业、企业融合发展的基础和水平差异，完善融合推进机制和政策体系，培育制造业竞争新优势。

坚持企业主体，构筑发展新环境。充分发挥市场机制作用，更好发挥政府引导作用，突出企业主体地位，优化政府服务，妥善处理鼓励创新与加强监管、全面推进与错位发展、加快发展与保障安全的关系，形成公平有序的融合发展新环境。

（三）主要目标。

到 2018 年底，制造业重点行业骨干企业互联网“双创”平台普及率达到 80%，相比 2015 年底，工业云企业用户翻一番，新产品研发周期缩短 12%，库存周转率提高 25%，能源利用率提高 5%。制造业互联网“双创”平台成为促进制造业转型升级的新动能来源，形成一批示范引领效应较强的制造新模式，初步形成跨界融合的制造业新生态，制造业数字化、网络化、智能化取得明显进展，成为巩固我国制造业大国地位、加快向制造强国迈进的核心驱动力。

到 2025 年，制造业与互联网融合发展迈上新台阶，融合“双创”体系基本完备，融合发展新模式广泛普及，新型制造体系基本形成，制造业综合竞争实力大幅提升。

二、主要任务

（四）打造制造企业互联网“双创”平台。组织实施制造企业互联网“双创”平台建设工程，支持制造企业建设基于互联网的“双创”平台，深化工业云、大数据等技术的集成应用，汇聚众智，加快构建新型研发、生产、管理和服务模式，促进技术产品创新和经营管理优化，提升企业整体创新能力和水平。鼓励大型制造企业开放“双创”平台聚集的各类资源，加强与各类创业创新基地、众创空间合作，为全社会提供专业化服务，建立资源富集、创新活跃、高效协同的“双创”新生态。深化国有企业改革和科技体制改革，推动产学研“双创”资源的深度整合和开放共享，支持制造企业联合科研院所、高等院校以及各类创新平台，加快构建支持协同研发和技术扩散的“双创”体系。

(五)推动互联网企业构建制造业"双创"服务体系。组织实施"双创"服务平台支撑能力提升工程,支持大型互联网企业、基础电信企业建设面向制造企业特别是中小企业的"双创"服务平台,鼓励基础电信企业加大对"双创"基地宽带网络基础设施建设的支持力度,进一步提速降费,完善制造业"双创"服务体系,营造大中小企业合作共赢的"双创"新环境,开创大中小企业联合创新创业的新局面。鼓励地方依托国家新型工业化产业示范基地、国家级经济技术开发区、国家高新技术产业开发区等产业集聚区,加快完善人才、资本等政策环境,充分运用互联网,积极发展创客空间、创新工场、开源社区等新型众创空间,结合"双创"示范基地建设,培育一批支持制造业发展的"双创"示范基地。组织实施企业管理能力提升工程,加快信息化和工业化融合管理体系标准制定和应用推广,推动业务流程再造和组织方式变革,建立组织管理新模式。

(六)支持制造企业与互联网企业跨界融合。鼓励制造企业与互联网企业合资合作培育新的经营主体,建立适应融合发展的技术体系、标准规范、商业模式和竞争规则,形成优势互补、合作共赢的融合发展格局。推动中小企业制造资源与互联网平台全面对接,实现制造能力的在线发布、协同和交易,积极发展面向制造环节的分享经济,打破企业界限,共享技术、设备和服务,提升中小企业快速响应和柔性高效的供给能力。支持制造企业与电子商务企业开展战略投资、品牌培育、网上销售、物流配送等领域合作,整合线上线下交易资源,拓展销售渠道,打造制造、营销、物流等高效协同的生产流通一体化新生态。

(七)培育制造业与互联网融合新模式。面向生产制造全过程、全产业链、产品全生命周期,实施智能制造等重大工程,支持企业深化质量管理与互联网的融合,推动在线计量、在线检测等全产业链质量控制,大力发展网络化协同制造等新生产模式。支持企业利用互联网采集并对接用户个性化需求,开展基于个性化产品的研发、生产、服务和商业模式创新,促进供给与需求精准匹配。推动企业运用互联网开展在线增值服务,鼓励发展面向智能产品和智能装备的产品全生命周期管理和服务,拓展产品价值空间,实现从制造向"制造+服务"转型升级。积极培育工业电子商务等新业态,支持重点行业骨干企业建立行业在线采购、销售、服务平台,推动建设一批第三方电子商务服务平台。

(八)强化融合发展基础支撑。推动实施国家重点研发计划,强化制造业自动化、数字化、智能化基础技术和产业支撑能力,加快构筑自动控制与感知、工业云与智能服务平台、工业互联网等制造新基础。组织实施"芯火"计划和传感器产业提升工程,加快传感器、过程控制芯片、可编程逻辑控制器等产业化。加快计算机辅助设计仿真、制造执行系统、产品全生命周期管理等工业软件产业化,强化软件支撑和定义制造业的基础性作用。构建信息物理系统参考模型和综合技术标准体系,建设测试验证平台和综合验证试验床,支持开展兼容适配、互联互通和互操作测试验证。

(九)提升融合发展系统解决方案能力。实施融合发展系统解决方案能力提升工程,推动工业产品互联互通的标识解析、数据交换、通信协议等技术攻关和标准研制,面向重点行业智能制造单元、智能生产线、智能车间、智能工厂建设,培育一批系统解决方案供应商,组织开展行业系统解决方案应用试点示范,为中小企业提供标准化、专业化的系统解决方案。支持有条件的企业开展系统解决方案业务剥离重组,推动系统解决方案服务专业化、规模化和市场化,充分发挥系统解决方案促进制造业与互联网融合发展的"粘合剂"作用。

(十)提高工业信息系统安全水平。实施工业控制系统安全保障能力提升工程,制定完善工业信息安全管理等政策法规,健全工业信息安全标准体系,建立工业控制系统安全风险信息采集汇总和分析通报机制,组织开展重点行业工业控制系统信息安全检查和风险评估。组织开展工业企业信息安全保障试点示范,支持系统仿真测试、评估验证等关键共性技术平台建设,推动访问控制、追踪溯源、商业信息及隐私保护等核心技术产品产业化。以提升工业信息安全监测、评估、验证和应急处置等能力为重点,依托现有科研机构,建设国家工业信息安全保障中心,为制造业与互联网融合发展提供安全支撑。

三、保障措施

(十一)完善融合发展体制机制。深入推进简政放权、放管结合、优化服务改革,放宽新产品、新业态的市场准入限制,加强事中事后监管,提升为企业服务的能力和水平,营造有利于制造业与互联网融合发展的环境。适应制造业与互联网跨界融合发展趋势,积极发挥行业协会和中介组织的桥梁纽带作用,鼓励建立跨行业、跨领域的新型产学研用联盟,开展关键共性技术攻关、融合标准制定和公共服务平台建设。围绕新商业模式知识产权保护需求,完善相关政策法规,建设结构合理、层次分明、可持续发展的知识产权运营服务网络。

(十二)培育国有企业融合发展机制。鼓励中央企业设立创新投资基金,引导地方产业投资基金和社会资本,支持大企业互联网"双创"平台建设、创新创意孵化、科技成果转化和新兴产业培育。建立有利于国有企业与互联网深度融合、激发企业活力、积极开展"双创"的机制,完善国有企业内部创新组织体系和运行机制,探索引入有限合伙制,完善鼓励创新、宽容失败的经营业绩考核机制,研究建立中央企业创新能力评价制度,建立促进创新成果转让的收益分配、工资奖励等制度,对企业重要技术人员和经营管理人员实施股权和分红激励政策。

（十三）加大财政支持融合发展力度。利用中央财政现有资金渠道，鼓励地方设立融合发展专项资金，加大对制造业与互联网融合发展关键环节和重点领域的投入力度，为符合条件的企业实施设备智能化改造、“双创”平台建设运营和应用试点示范项目提供支持。充分发挥现有相关专项资金、基金的引导带动作用，支持系统解决方案能力提升和制造业“双创”公共服务平台建设。制造业与互联网融合发展相关工作或工程中涉及技术研发、确需中央财政支持的，通过优化整合后的科技计划（专项、基金等）统筹予以支持。创新财政资金支持方式，鼓励政府采购云计算等专业化第三方服务，支持中小微企业提升信息化能力。

（十四）完善支持融合发展的税收和金融政策。结合全面推开营改增试点，进一步扩大制造企业增值税抵扣范围，落实增值税优惠政策，支持制造企业基于互联网独立开展或与互联网企业合资合作开展新业务。落实研发费用加计扣除、高新技术企业等所得税优惠政策，积极研究完善科技企业孵化器税收政策。选择一批重点城市和重点企业开展产融合作试点，支持开展信用贷款、融资租赁、质押担保等金融产品和服务创新。鼓励金融机构利用“双创”平台提供结算、融资、理财、咨询等一站式系统化金融服务，进一步推广知识产权质押，创新担保方式，积极探索多样化的信贷风险分担机制。

（十五）强化融合发展用地用房等服务。支持制造企业在不改变用地主体和规划条件的前提下，利用存量房产、土地资源发展制造业与互联网融合的新业务、新业态，实行5年过渡期内保持土地原用途和权利类型不变的政策。鼓励有条件的地方因地制宜出台支持政策，积极盘活闲置的工业厂房、企业库房和物流设施等资源，并对办公用房、水电、网络等费用给予补助，为致力于制造业与互联网融合发展的创业者提供低成本、高效便捷的专业服务。

（十六）健全融合发展人才培养体系。深化人才体制机制改革，完善激励创新的股权、期权等风险共担和收益分享机制，吸引具备创新能力的跨界人才，营造有利于融合发展优秀人才脱颖而出的良好环境。支持高校设置“互联网+”等相关专业，推进高等院校专业学位建设，加强高层次应用型专门人才培养。在重点院校、大型企业和产业园区建设一批产学研用相结合的专业人才培训基地，积极开展企业新型学徒制试点。结合国家专业技术人才知识更新工程、企业经营管理人才素质提升工程、高技能人才振兴计划等，加强融合发展职业人才和高端人才培养。在大中型企业推广首席信息官制度，壮大互联网应用人才队伍。

（十七）推动融合发展国际合作交流。积极发起或参与互联网领域多双边或区域性规则谈判，提升影响力和话语权。推动建立中外政府和民间对话交流机制，围绕大型制造企业互联网“双创”平台建设、融合发展标准制定以及应用示范等，开展技术交流与合作。结合实施“一带一路”等国家重大战略，运用丝路基金、中非发展基金、中非产能合作基金等金融资源，支持行业协会、产业联盟与企业共同推广中国制造业与互联网融合发展的产品、技术、标准和服务，推动制造业与互联网融合全链条“走出去”，拓展海外市场；提升“引进来”的能力和水平，利用全球人才、技术、知识产权等创新资源，学习国际先进经营管理模式，支持和促进我国制造业与互联网融合发展。

各地区、各部门要高度重视深化制造业与互联网融合发展工作，统一思想，提高认识，加大工作力度，切实抓好本意见实施。国家制造强国建设领导小组要统筹研究完善制造业与互联网融合发展推进机制，加强对重大问题、重大政策和重大工程的综合协调，部署开展督导检查，推动各项任务落实。各有关部门要按照职责分工，加强协同配合，做好指导协调，抓紧出台配套政策，完善相关规章制度，强化跟踪督查，及时帮助有关方面解决遇到的困难和问题。国家制造强国建设战略咨询委员会要充分发挥作用，组织开展基础性、前瞻性、战略性研究，为重大决策及相关工程实施提供咨询。各地区要结合实际建立健全工作机制，制定具体实施方案，加强考核评估，确保融合发展各项任务落到实处。

国务院办公厅关于促进通用航空业发展的指导意见

（2016 年 5 月 13 日　国办发〔2016〕38 号）

通用航空业是以通用航空飞行活动为核心，涵盖通用航空器研发制造、市场运营、综合保障以及延伸服务等全产业链的战略性新兴产业体系，具有产业链条长、服务领域广、带动作用强等特点。近年来，我国通用航空业发展迅速，截至 2015 年底，通用机场超过 300 个，通用航空企业 281 家，在册通用航空器 1874 架，2015 年飞行量达 73.2 万小时。但总体上看，我国通用航空业规模仍然较小，基础设施建设相对滞后，低空空域管理改革进展缓慢，航空器自主研发制造能力不足，通用航空运营服务薄弱，与经济社会发展和新兴航空消费需求仍有较大差距。为加快提升服务保障能力，促进产业转型升级，释放消费潜力，实现通用航空业持续健康发展，经国务院同意，现提出以下意见。

一、总体要求

（一）指导思想。

全面贯彻党的十八大和十八届三中、四中、五中全会精神，认真落实国务院决策部署，按照“五位一体”总体布局和“四个全面”战略布局，牢固树立和贯彻落实创新、协调、绿色、开放、共享的发展理念，充分发挥市场机制作用，加大改革创新力度，突出通用航空交通服务功能，大力培育通用航空市场，加快构建基础设施网络，促进产业转型升级，提升空管保障能力，努力建成布局合理、便利快捷、制造先进、安全规范、应用广泛、军民兼顾的通用航空体系。

（二）基本原则。

市场主导，政府引导。充分发挥市场在资源配置中的决定性作用，支持新兴航空消费，鼓励企业根据市场需求不断创新，促进通用航空市场持续壮大。更好地发挥政府统筹谋划、规划引导和政策支持的作用，加大简政放权力度，优化飞行报审程序，提高审批效率，为通用航空企业提供高效便捷服务。

安全第一，创新驱动。处理好安全与发展的关系，强化安全主体责任和监管责任，建立健全军地联合监管机制，实施分类精细管理，确保飞行和空防安全。加大改革力度，通过政策创新、管理创新、技术创新和服务创新，最大限度释放市场潜力。

重点突破，全面推进。以加快基础设施建设、扩大低空空域开放、提升空管保障能力、促进产业转型升级为重点，打破制约产业发展的瓶颈。做好整体设计规划，统筹通用航空与公共航空运输协调发展，推进军民深度融合，推动通用航空业全方位发展。

（三）发展目标。

到2020年，建成500个以上通用机场，基本实现地级以上城市拥有通用机场或兼顾通用航空服务的运输机场，覆盖农产品主产区、主要林区、50%以上的5A级旅游景区。通用航空器达到5000架以上，年飞行量200万小时以上，培育一批具有市场竞争力的通用航空企业。通用航空器研发制造水平和自主化率有较大提升，国产通用航空器在通用航空机队中的比例明显提高。通用航空业经济规模超过1万亿元，初步形成安全、有序、协调的发展格局。

二、培育通用航空市场

（四）强化交通服务。发挥通用航空“小机型、小航线、小航程”的特点，适应偏远地区、地面交通不便地区人民群众的出行需求，积极发展短途运输，提供多样化机型服务，实现常态化运输。鼓励有条件的地区发展公务航空，满足个性化、高效率的出行需求。

（五）扩大公益服务和生产应用。鼓励和加强通用航空在抢险救灾、医疗救护等领域的应用,完善航空应急救援体系,提升快速反应能力。扩大通用航空农林作业面积,基本实现主要林区航空护林,推广通用航空在工业与能源建设、国土及地质资源勘查、环境监测、通信中继等领域应用。

(六)鼓励航空消费。推动通用航空与互联网、创意经济融合,拓展通用航空新业态。促进通用航空与旅游业结合,在适宜地区开展空中游览活动。鼓励发展飞行培训,提高飞行驾驶执照持有比例。积极发展个人使用、企业自用等非经营性通用航空,鼓励开展航空体育与体验飞行。利用会展、飞行赛事、航空文化交流等活动,支持通用航空俱乐部、通用航空爱好者协会等社会团体发展,扩大通用航空爱好者和消费者群体。

三、加快通用机场建设

(七)优化规划布局。完善综合交通运输体系,加强通用机场整体布局规划,做好与各类交通运输方式的相互衔接。在偏远地区、地面交通不便的地区以及年旅客吞吐量1000万人次以上的枢纽运输机场周边建设通用机场,改善交通运输条件。在自然灾害多发等地区以及大型城市等人口密集、地面交通拥堵严重地区建设通用机场,满足抢险救灾、医疗救护、反恐处突与公共管理等需要。在航空制造等重点产业集聚区以及农产品主产区、重点国有林区等地区建设通用机场,服务于工农林等通用航空活动。在世界自然文化遗产、国家级风景名胜区、重要体育产业基地等地区建设通用机场,促进空中游览、航空体育、飞行培训等发展。

(八)合理确定标准。综合考虑人口、土地、空域资源、交通运输、产业基础等条件,立足市场需求和发展实际,因地制宜推进通用机场建设。合理确定通用机场建设规模和标准,通用机场设施要坚持经济、适用、美观、绿色的原则,在确保运行安全的前提下,节约投资和降低运行成本。

(九)完善审核程序。由省级发展改革部门组织编制辖区内通用机场布局规划,征得民航地区管理局、战区空军(空域管理部门)同意,报省级人民政府批准,抄报国家发展改革委、财政部、交通运输部、民航局和中央军委联合参谋部、空军。新建通用机场项目执行现行规定,由省级人民政府按照批准的规划审批(核准)。国家发展改革委、中央军委联合参谋部商有关方面研究建立通用机场升级转换为运输机场的机制。

(十)统筹协调发展。加强区域协作,推进京津冀、长三角、珠三角等地区和重点城市群的综合型通用机场建设,保障通用航空运营服务,打造区域通用航空网络重要节点。鼓励枢纽运输机场所在城市建设综合型通用机场,疏解枢纽运输机场非核心业务。优先支持支线机场增设通用航空设施,拓展业务范围,兼顾区域通用航空运营服务综合保障。鼓励通用机场对社会开放并公布机场以及服务保障设施资料信息。引导相邻地区打破行政区划限制，共建共用通用机场。统筹加快通用航空空管、油料储运、运营、维修等服务保障设施建设。

四、促进产业转型升级

（十一）提升制造水平。构建国家通用航空业研发创新体系，鼓励建立通用航空业创新平台，提高关键技术和部件的自主研发生产能力，加快提升国产化水平，发展具有自主知识产权、质优价廉的通用航空产品。支持大型水陆两栖飞机、新能源飞机、轻型公务机、民用直升机、多用途固定翼飞机、专业级无人机以及配套发动机、机载系统等研制应用。推广应用北斗导航、广播式自动监视等新技术，研发适用我国低空空域通信、导航、监视、气象与空中交通服务需求的核心装备，开展重大适航审定实验室等建设，提升行业运行、服务、安全的管理和技术水平。

（十二）促进产业集聚。优先在空域、土地等条件具备的地方，建设50个综合或专业示范区，促进通用航空业集聚发展。培育和打造具备国际先进水平的通用航空制造龙头企业，逐步形成一批具有核心竞争力的骨干企业，支持众多中小企业集聚创新，发展先进通用航空装备、专业化配套系统和设备。推动运营服务创新，加强综合保障能力建设，促进管理改革措施在区域内先行先试。鼓励地方创新配套政策，积极吸引社会资本，发展与各地经济联系紧密的通用航空优势产业，发挥通用航空产业对区域经济发展的带动作用。

（十三）深化国际合作。积极对接和吸纳国际通用航空业优质资源，加强通用航空制造、运营管理、飞行培训等领域的合作，引进、消化和吸收先进技术，提升我国通用航空产品设计和制造水平。创新国际合作模式，鼓励创建通用航空国际研发合作平台及国际化通用航空工程中心，增强技术创新能力。鼓励和支持通用航空企业依托“一带一路”战略、自由贸易区等政策优势，促进具备比较优势的通用航空产品“走出去”，积极开拓国外市场，提升自主品牌的国际竞争力。

五、扩大低空空域开放

（十四）科学规划空域。及时总结推广低空空域管理改革试点经验，实现真高3000米以下监视空域和报告空域无缝衔接，划设低空目视飞行航线，方便通用航空器快捷机动飞行。研究制定并组织实施空域分类标准，在国（边）境地带、空中禁区、全国重点防控目标区和重点防空目标等重要地区划设管制空域，包括航路航线、进近（终端）和机场管制地带等民用航空使用空域，确保重要目标及民航航班运行安全。

（十五）优化飞行服务。完善基础性航空情报资料体系，制定并发布目视飞行航空图,实时发布监视空域和报告空域的飞行动态、天气条件情况,提升低空空域航空情报、航空气象、飞行情报与告警服务能力。简化通用航空飞行任务审批、飞行计划申请和审批(备案)程序,原则上通用航空用户仅向一个空管单位申请或报备飞行计划;涉及管制空域的飞行活动,须申请飞行计划和空中交通管制许可,长期飞行计划只作一次性申请;仅涉及监视空域和报告空域的飞行计划,报备后即可实施。

(十六)提高审批效率。飞行管制分区内的飞行计划申请,应在起飞前4小时提出,审批单位需在起飞前2小时批复;超出飞行管制分区在飞行管制区内的,应在起飞前8小时提出,审批单位需在起飞前6小时批复;跨飞行管制区的,应在起飞前1天15时前提出,审批单位需在起飞前1天18时前批复。监视空域飞行计划,航空用户应在起飞前2小时向飞行计划受理单位报备,飞行计划受理单位需在起飞前1小时向空管部门报备;报告空域飞行计划,航空用户应在起飞前1小时向飞行计划受理单位报备。对执行应急救援、抢险救灾、医疗救护与反恐处突等紧急、特殊通用航空任务的飞行计划,应随报随批。

六、强化全程安全监管

(十七)加强适航管理。按照现有职责分工,国家发展改革委负责6吨/9座及以上通用飞机和3吨及以上直升机制造项目核准,其他项目由省级人民政府核准。工业和信息化部负责完善通用航空器生产制造行业标准,制定民用无人机生产标准规范。民航局负责完善通用航空器、零部件的适航标准和审定程序,提升通用航空器型号审定能力,加强航空油料的适航管理,实现适航管理全覆盖。

(十八)确保运行安全。建立跨部门、跨领域的通用航空联合监管机制,形成全过程、可追溯的安全监管体系,由国家空管委办公室、民航局牵头,按照"地面管控为主、空中处置为辅"的原则,分类分级、各司其责,实施通用航空器运行安全监管。民航局负责建设通用航空安全监管平台,充分运用移动互联网、大数据等现代信息技术,提升通用航空器地面和空中活动的监控与追踪能力,实现飞行动态实时监控。工业和信息化部负责民用无人机无线电频率规划管理。军队负责查证处置空中违法违规飞行活动,公安部门负责"落地查人",严厉打击"黑飞"等违法违规行为,确保低空飞行安全有序。

(十九)规范市场秩序。充分发挥企业的市场主体作用,减少行政干预,简化进口航空器购置审批(备案)手续,鼓励通用航空企业创业和多元化发展。制定和完善有关制度标准,规范行业准入,提高通航飞行器的适航能力,加强事中事后监管。加强通用航空领域信用体系建设,强化行业自律,逐步形成统一规范、竞争有序的通用航空市场。

七、保障措施

（二十）加强组织实施。地方政府要切实承担起促进产业发展、加强安全监管等主体责任，根据地区发展实际，科学制定支持措施，充分发挥企业积极性。有关部门和单位要按照职能分工，认真履职，密切配合，在规划编制、安全监管、重大项目等方面加强指导协调，完善支持政策措施，加强舆论宣传引导，及时研究解决飞行保障等方面的问题。

（二十一）加大资金支持。充分调动社会力量，多种方式、多方筹资，加大对医疗救护、应急处突、防灾减灾、偏远地区和地面交通不便地区运输服务等通用航空公共服务的经费保障力度，扩大通用航空领域政府购买服务的范围，完善现有补贴政策。鼓励企业和个人投资通用航空业，支持政府和社会资本合作建设、运营通用航空。

（二十二）健全法律法规。推动修订《中华人民共和国民用航空法》、《通用航空飞行管制条例》，研究制定航空法、空域灵活使用管理办法、无人驾驶航空器飞行管理规定。民航局要进一步完善通用机场建设标准，实施分类分级管理。

（二十三）强化人才培养。支持大专院校和职业学校开设通用航空类专业，培养飞行、适航、航空器和发动机制造维修等专业技术和管理人才。鼓励社会资本投资通用航空培训机构，多层次、多渠道提升高层次人才的联合培养能力。

国务院关于印发清理规范投资项目报建审批事项实施方案的通知

（2016年5月19日　国发〔2016〕29号）

现将《清理规范投资项目报建审批事项实施方案》印发给你们，请认真贯彻执行。

清理规范投资项目报建审批事项实施方案

清理规范投资项目报建审批事项，既是推进简政放权、放管结合、优化服务改革的重要内容，也是打通投资项目开工前“最后一公里”、降低制度性交易成本、激发社会投资活力的重要举措。按照国务院关于进一步简化、整合投资项目报建手续的工作部署，制定本方案。

一、清理规范的范围和原则

（一）范围。

投资项目报建审批事项，是投资项目申请报告核准或者可行性研究报告批复之后、开工建设之前，由相关部门和单位依据法律法规向项目单位作出的行政审批事项。此次纳入清理规范的投资项目报建审批事项共计65项。

（二）原则。

一是凡没有法律法规依据、未列入国务院决定保留的行政审批事项目录的，一律取消审批。

二是虽有法律法规依据，但已没有必要保留的，要通过修法取消审批。

三是审批机关能够通过征求相关部门意见或者能够通过后续监管解决的事项，一律取消审批。

四是对确需保留的审批事项，加大优化整合力度。由同一部门实施的管理内容相近或者属于同一办理阶段的多个审批事项，应整合为一个审批事项。属于同一层级地方政府办理的事项，应通过统一平台优化流程、提高效率。

二、清理规范的内容

65项报建审批事项中，保留34项，整合24项为8项；改为部门间征求意见的2项，涉及安全的强制性评估5项，不列入行政审批事项。清理规范后报建审批事项减少为42项。

（一）保留34项。

住房城乡建设部门5项：建设用地（含临时用地）规划许可证核发、乡村建设规划许可证核发、建筑工程施工许可证核发、超限高层建筑工程抗震设防审批、风景名胜区内建设活动审批。

交通运输部门5项：水运工程设计文件审查、公路建设项目设计审批、公路建设项目施工许可、航道通航条件影响评价审核、港口岸线使用审批。

国土资源部门4项：农用地转用审批、土地征收审批、供地方案审批、建设项目压覆重要矿床审批。

水利部门3项：农业灌排影响意见书、生产建设项目水土保持方案审批、水利基建项目初步设计文件审批。

海洋部门3项：海域使用权证书核发、无居民海岛开发利用审核、海洋工程建设项目环境影响报告书核准（非重特大项目）。

环境保护部门2项：非重特大项目环评审批、核设施建造许可证核发。

气象部门2项：新建、扩建、改建建设工程避免危害气象探测环境审批，防雷装置设计审核。

能源部门2项：煤矿项目核准后开工前地方煤炭行业管理部门实施的初步设计审批、核电厂工程消防初步设计审批。

发展改革部门1项：节能审查意见。

公安部门1项：建设工程消防设计审核。

安全部门1项：涉及国家安全事项的建设项目审批。

国防科技工业部门1项：军用核设施（含铀尾矿〔渣〕库选址、建造）安全许可。

民航部门1项：民航专业工程及含有中央投资的民航建设项目初步设计审批。

宗教部门1项：宗教活动场所内改建或者新建建筑物审批。

移民管理机构1项：移民安置规划及审核意见。

人民防空部门1项：应建防空地下室的民用建筑项目报建审批。

（二）整合24项为8项。

住房城乡建设部门11项整合为4项：一是将"建设工程（含临时建设）规划许可证核发"、"历史文化街区、名镇、名村核心保护范围内拆除历史建筑以外的建筑物、构筑物或者其他设施审批"、"历史建筑实施原址保护审批"、"历史建筑外部修缮装饰、添加设施以及改变历史建筑的结构或者使用性质审批"4项，合并为"建设工程规划类许可证核发"1项；二是将"临时占用城市绿地审批"、"砍伐城市树木、迁移古树名木审批"2项，合并为"工程建设涉及城市绿地、树木审批"1项；三是将"占用、挖掘城市道路审批"、"依附于城市道路建设各种管线、杆线等设施审批"、"城市桥梁上架设各类市政管线审批"3项，合并为"市政设施建设类审批"1项；四是将"因工程建设确需改装、拆除或者迁移城市公共供水设施审批"、"拆除、移动城镇排水与污水处理设施方案审核"2项，合并为"因工程建设需要拆除、改动、迁移供水、排水与污水处理设施审核"1项。

水利部门6项整合为2项：一是将"非防洪建设项目洪水影响评价报告审批"、"水工程建设规划同意书审核"、"河道管理范围内建设项目工程建设方案审批"、"国家基本水文测站上下游建设影响水文监测工程的审批"4项，合并为"洪水影响评价审批"1项；二是将"建设项目水资源论证报告书审批"、"取水许可"2项，合并为"取水许可"1项。

文物部门4项整合为1项：将"文物保护单位的保护范围内进行其他建设工程或者爆破、钻探、挖掘等作业的许可"、"文物保护单位的建设控制地带内进行建设工程的许可"、"进行大型基本建设工程前在工程范围内有可能埋藏文物的地方进行考古调查、勘探的许可"、"配合建设工程进行考古发掘的许可”4项,合并为“建设工程文物保护和考古许可”1项。

林业部门3项整合为1项:将“勘察、开采矿藏和各项建设工程占用或者征收、征用林地审核”、“在林业部门管理的自然保护区建立机构和修筑设施审批”、“在沙化土地封禁保护区范围内进行修建铁路、公路等建设活动审批”3项,合并为“建设项目使用林地及在林业部门管理的自然保护区、沙化土地封禁保护区建设审批(核)”1项。

(三)改为部门间征求意见的2项。

军队有关部门2项:贯彻国防要求、军事设施保护意见。

(四)涉及安全的强制性评估5项。

安全监管部门2项:职业病危害预评价、建设项目安全预评价。

国土资源部门1项:地质灾害危险性评估。

气象部门1项:重大规划、重点工程项目气候可行性论证。

地震部门1项:地震安全性评价。

三、工作要求

(一)各有关部门和单位要抓紧按程序做好修改法律法规、部门规章和规范性文件,以及调整公布本部门、本单位报建审批事项清单工作。在简政放权的同时,要坚持放管结合、优化服务,建立透明、规范、高效的协同监管机制,规范投资建设行为和市场秩序。要加强对本系统清理规范工作的指导和监督,对保留的报建审批事项,要按照“一个窗口对外”的要求,合理确定管理层级,除安全生产、环境保护等涉及人民群众生命健康安全的事项外,均要精简申报材料,缩短办理时限,便利企业办事。要继续加强调查研究,充分听取市场主体意见,加大改革力度,进一步减少报建审批事项。此外,对涉及安全的强制性评估,应通过细化标准、严格监管等,确保安全措施落实到位。

(二)各地区要将由同一层级地方政府实施的报建审批事项,纳入政务服务大厅或在线平台,实行“一口受理、并行办理、限时办结、统一答复”。严格遵循政务公开原则,强化宣传和舆论引导,做好政策解读工作。同时,要结合本地实际,进一步加大报建审批事项整合力度,优化办理流程,提高办事效率。

附件

投资项目报建审批事项清理规范意见汇总表

序号	主管部门	事项名称	设定依据	审批部门	备注
一、保留事项(34项)					
1	住房城乡建设部	建设用地(含临时用地)规划许可证核发	《中华人民共和国城乡规划法》	城市、县城乡规划主管部门	
2	住房城乡建设部	乡村建设规划许可证核发	《中华人民共和国城乡规划法》	城市、县城乡规划主管部门	
3	住房城乡建设部	建筑工程施工许可证核发	《中华人民共和国建筑法》	省、市、县级建设行政主管部门	
4	住房城乡建设部	超限高层建筑工程抗震设防审批	《国务院对确需保留的行政审批项目设定行政许可的决定》(国务院令第412号)	省级建设行政主管部门	
5	住房城乡建设部	风景名胜区内建设活动审批	《风景名胜区条例》	风景名胜区管理机构	
6	交通运输部	水运工程设计文件审查	《中华人民共和国港口法》 《中华人民共和国航道法》 《建设工程勘察设计管理条例》 《港口建设管理规定》(交通部令2007年第5号) 《航道建设管理规定》(交通部令2007年第3号)	县级以上交通运输行政主管部门	

续表

序号	主管部门	事项名称	设定依据	审批部门	备注
7	交通运输部	公路建设项目设计审批	《建设工程勘察设计管理条例》《建设工程质量管理条例》《公路建设市场管理办法》（交通部令 2004 年第 14 号，2011 年 11 月 30 日予以修改）	县级以上交通运输行政主管部门	
8	交通运输部	公路建设项目施工许可	《中华人民共和国公路法》《建设工程质量管理条例》《建设工程安全生产管理条例》《国务院关于取消和调整一批行政审批项目等事项的决定》（国发〔2014〕50 号）《公路建设市场管理办法》（交通部令 2004 年第 14 号，2011 年 11 月 30 日予以修改）	省、市、县级交通运输行政主管部门	
9	交通运输部	航道通航条件影响评价审核	《中华人民共和国航道法》	交通运输行政主管部门或者航道管理机构	
10	交通运输部	港口岸线使用审批	《中华人民共和国港口法》	交通运输部或者港口行政管理部门	

续表

序号	主管部门	事项名称	设定依据	审批部门	备注
11	国土资源部	农用地转用审批	《中华人民共和国土地管理法》《中华人民共和国土地管理法实施条例》	国务院、省级人民政府	
12	国土资源部	土地征收审批	《中华人民共和国土地管理法》《中华人民共和国土地管理法实施条例》	国务院、省级人民政府	
13	国土资源部	供地方案审批	《中华人民共和国土地管理法》《中华人民共和国土地管理法实施条例》《中华人民共和国城市房地产管理法》《中华人民共和国物权法》	市、县或上级人民政府	
14	国土资源部	建设项目压覆重要矿床审批	《中华人民共和国矿产资源法》	省级以上地质矿产主管部门	
15	水利部	农业灌排影响意见书	《中华人民共和国水法》《国务院关于取消和下放一批行政审批项目的决定》(国发〔2014〕5号)	地方水行政主管部门和流域管理机构	

续表

序号	主管部门	事项名称	设定依据	审批部门	备注
16	水利部	生产建设项目水土保持方案审批	《中华人民共和国水土保持法》 《开发建设项目水土保持方案编报审批管理规定》(水利部令第5号,2005年7月8日予以修改)	水行政主管部门	
17	水利部	水利基建项目初步设计文件审批	《国务院对确需保留的行政审批项目设定行政许可的决定》(国务院令第412号) 《水利基本建设投资计划管理暂行办法》(水规计〔2003〕344号)	县级以上水行政主管部门	
18	国家海洋局	海域使用权证书核发	《中华人民共和国海域使用管理法》 《国务院关于国土资源部〈报国务院批准的项目用海审批办法〉的批复》(国函〔2003〕44号)	县级以上人民政府	
19	国家海洋局	无居民海岛开发利用审核	《中华人民共和国海岛保护法》	省级以上人民政府	

续表

序号	主管部门	事项名称	设定依据	审批部门	备注
20	国家海洋局	海洋工程建设项目环境影响报告书核准（非重特大项目）	《中华人民共和国海洋环境保护法》 《国务院办公厅关于印发精简审批事项规范中介服务实行企业投资项目网上并联核准制度工作方案的通知》（国办发〔2014〕59号）	海洋行政主管部门	
21	环境保护部	非重特大项目环评审批	《中华人民共和国环境影响评价法》	环境保护行政主管部门	
22	环境保护部	核设施建造许可证核发	《中华人民共和国放射性污染防治法》	环境保护部	
23	中国气象局	新建、扩建、改建建设工程避免危害气象探测环境审批	《中华人民共和国气象法》 《气象设施和气象探测环境保护条例》	省级以上气象主管机构	
24	中国气象局	防雷装置设计审核	《气象灾害防御条例》 《国务院对确需保留的行政审批项目设定行政许可的决定》（国务院令第412号）	省、市、县级气象主管机构	

续表

序号	主管部门	事项名称	设定依据	审批部门	备注
25	国家能源局	煤矿项目核准后开工前地方煤炭行业管理部门实施的初步设计审批	《中华人民共和国矿山安全法》	管理矿山企业的主管部门	
26	国家能源局	核电厂工程消防初步设计审批	《中华人民共和国消防法》《国务院对确需保留的行政审批项目设定行政许可的决定》(国务院令第412号)	国家能源局	
27	国家发展改革委	节能审查意见	《中华人民共和国节约能源法》《公共机构节能条例》	县级以上发展改革部门	
28	公安部	建设工程消防设计审核	《中华人民共和国消防法》《建设工程消防监督管理规定》(公安部令第106号,2012年7月17日予以修改)	直辖市、市、县公安机关消防机构	
29	安全部	涉及国家安全事项的建设项目审批	《中华人民共和国国家安全法》《国务院对确需保留的行政审批项目设定行政许可的决定》(国务院令第412号)	国家安全机关	

续表

序号	主管部门	事项名称	设定依据	审批部门	备注
30	国家国防科工局	军用核设施（含铀尾矿〔渣〕库选址、建造）安全许可	《中华人民共和国放射性污染防治法》 《国务院对确需保留的行政审批项目设定行政许可的决定》（国务院令第412号） 《国防科技工业军用核设施安全监督管理规定》（国防科工委令第1号）	国家国防科工局	
31	中国民航局	民航专业工程及含有中央投资的民航建设项目初步设计审批	《民用机场管理条例》 《国务院对确需保留的行政审批项目设定行政许可的决定》（国务院令第412号）	中国民航局、民航地区管理局	
32	国家宗教局	宗教活动场所内改建或者新建建筑物审批	《宗教事务条例》	省、市、县级宗教事务部门	
33	移民管理机构	移民安置规划及审核意见	《大中型水利水电工程建设征地补偿和移民安置条例》	省级以上移民管理机构	
34	国家人防办	应建防空地下室的民用建筑项目报建审批	《中华人民共和国人民防空法》 《人民防空工程建设管理规定》（〔2003〕国人防办字第18号）	县级以上人民防空主管部门	

续表

序号	主管部门	事项名称	设定依据	审批部门	备注
二、整合事项(24项整合为8项)					
1	住房城乡建设部	建设工程(含临时建设)规划许可证核发	《中华人民共和国城乡规划法》	城市、县城乡规划主管部门,省级人民政府确定的镇人民政府	1至4项合并为“建设工程规划类许可证核发”
2	住房城乡建设部	历史文化街区、名镇、名村核心保护范围内拆除历史建筑以外的建筑物、构筑物或者其他设施审批	《历史文化名城名镇名村保护条例》	城市、县城乡规划主管部门会同同级文物主管部门	1至4项合并为“建设工程规划类许可证核发”
3	住房城乡建设部	历史建筑实施原址保护审批	《历史文化名城名镇名村保护条例》	城市、县城乡规划主管部门会同同级文物主管部门	1至4项合并为“建设工程规划类许可证核发”
4	住房城乡建设部	历史建筑外部修缮装饰、添加设施以及改变历史建筑的结构或者使用性质审批	《历史文化名城名镇名村保护条例》	城市、县城乡规划主管部门会同同级文物主管部门	1至4项合并为“建设工程规划类许可证核发”
5	住房城乡建设部	临时占用城市绿地审批	《城市绿化条例》	城市绿化行政主管部门	5至6项合并为“工程建设涉及城市绿地、树木审批”

续表

序号	主管部门	事项名称	设定依据	审批部门	备注
6	住房城乡建设部	砍伐城市树木、迁移古树名木审批	《城市绿化条例》	城市绿化行政主管部门	5至6项合并为“工程建设涉及城市绿地、树木审批”
7	住房城乡建设部	占用、挖掘城市道路审批	《城市道路管理条例》	城市市政工程行政主管部门和公安交通管理部门、县级以上城市人民政府	7至9项合并为“市政设施建设类审批”
8	住房城乡建设部	依附于城市道路建设各种管线、杆线等设施审批	《城市道路管理条例》	城市市政工程行政主管部门	7至9项合并为“市政设施建设类审批”
9	住房城乡建设部	城市桥梁上架设各类市政管线审批	《国务院对确需保留的行政审批项目设定行政许可的决定》(国务院令第412号)	城市市政工程设施行政主管部门	7至9项合并为“市政设施建设类审批”
10	住房城乡建设部	因工程建设确需改装、拆除或者迁移城市公共供水设施审批	《城市供水条例》《城市道路管理条例》	城市规划行政主管部门和城市供水行政主管部门	10至11项合并为“因工程建设需要拆除、改动、迁移供水、排水与污水处理设施审核”

续表

序号	主管部门	事项名称	设定依据	审批部门	备注
11	住房城乡建设部	拆除、移动城镇排水与污水处理设施方案审核	《城镇排水与污水处理条例》	县级以上城镇排水与污水处理主管部门	10至11项合并为“因工程建设需要拆除、改动、迁移供水、排水与污水处理设施审核”
12	水利部	非防洪建设项目洪水影响评价报告审批	《中华人民共和国防洪法》	水利部、流域管理机构和地方水行政主管部门	12至15项合并为“洪水影响评价审批”
13	水利部	水工程建设规划同意书审核	《中华人民共和国水法》 《中华人民共和国防洪法》	流域管理机构和县级以上地方水行政主管部门	12至15项合并为“洪水影响评价审批”
14	水利部	河道管理范围内建设项目工程建设方案审批	《中华人民共和国防洪法》 《中华人民共和国河道管理条例》	河道主管机关和地方水行政主管部门	12至15项合并为“洪水影响评价审批”
15	水利部	国家基本水文测站上下游建设影响水文监测工程的审批	《中华人民共和国水文条例》	水行政主管部门	12至15项合并为“洪水影响评价审批”

续表

序号	主管部门	事项名称	设定依据	审批部门	备注
16	水利部	建设项目水资源论证报告书审批	《取水许可和水资源费征收管理条例》《建设项目水资源论证管理办法》(水利部、国家计委令第15号)	水行政主管部门或流域管理机构	16至17项合并为“取水许可”
17	水利部	取水许可	《取水许可和水资源费征收管理条例》	水行政主管部门	16至17项合并为“取水许可”
18	国家文物局	文物保护单位的保护范围内进行其他建设工程或者爆破、钻探、挖掘等作业的许可	《中华人民共和国文物保护法》	文物主管部门	18至21项合并为“建设工程文物保护和考古许可”
19	国家文物局	文物保护单位的建设控制地带内进行建设工程的许可	《中华人民共和国文物保护法》	文物主管部门	18至21项合并为“建设工程文物保护和考古许可”
20	国家文物局	进行大型基本建设工程前在工程范围内有可能埋藏文物的地方进行考古调查、勘探的许可	《中华人民共和国文物保护法》《中华人民共和国文物保护法实施条例》	文物主管部门	18至21项合并为“建设工程文物保护和考古许可”

续表

序号	主管部门	事项名称	设定依据	审批部门	备注
21	国家文物局	配合建设工程进行考古发掘的许可	《中华人民共和国文物保护法》	文物主管部门	18 至 21 项合并为“建设工程文物保护和考古许可”
22	国家林业局	勘察、开采矿藏和各项建设工程占用或者征收、征用林地审核	《中华人民共和国森林法》《中华人民共和国森林法实施条例》	县级以上林业主管部门	22 至 24 项合并为“建设项目使用林地及在林业部门管理的自然保护区、沙化土地封禁保护区建设审批(核)”
23	国家林业局	在林业部门管理的自然保护区建立机构和修筑设施审批	《中华人民共和国自然保护区条例》《森林和野生动物类型自然保护区管理办法》(1985 年 6 月 21 日国务院批准,1985 年 7 月 6 日林业部发布)	省级以上林业主管部门	22 至 24 项合并为“建设项目使用林地及在林业部门管理的自然保护区、沙化土地封禁保护区建设审批(核)”

续表

序号	主管部门	事项名称	设定依据	审批部门	备注
24	国家林业局	在沙化土地封禁保护区范围内进行修建铁路、公路等建设活动审批	《中华人民共和国防沙治沙法》《国务院关于进一步加强防沙治沙工作的决定》(国发〔2005〕29号)	林业主管部门	22至24项合并为“建设项目使用林地及在林业部门管理的自然保护区、沙化土地封禁保护区建设审批(核)”
三、改为部门间征求意见(2项)					
1	军队有关部门	贯彻国防要求	《中华人民共和国国防动员法》		
2	军队有关部门	军事设施保护意见	《中华人民共和国军事设施保护法》《中华人民共和国军事设施保护法实施办法》(国务院、中央军委令第298号)		
四、涉及安全的强制性评估(5项)					
1	安全监管总局	职业病危害预评价	《中华人民共和国职业病防治法》		

续表

序号	主管部门	事项名称	设定依据	审批部门	备注
2	安全监管总局	建设项目安全预评价	《中华人民共和国安全生产法》《建设项目安全设施“三同时”监督管理暂行办法》（安全监管总局令第36号）《危险化学品建设项目安全监督管理办法》（安全监管总局令第45号）		
3	国土资源部	地质灾害危险性评估	《地质灾害防治条例》		
4	中国气象局	重大规划、重点工程项目气候可行性论证	《中华人民共和国气象法》《气象灾害防御条例》		
5	中国地震局	地震安全性评价	《中华人民共和国防震减灾法》		

国务院关于印发2016年推进简政放权放管结合优化服务改革工作要点的通知

（2016年5月23日　国发〔2016〕30号）

国务院批准《2016年推进简政放权放管结合优化服务改革工作要点》，现予印发，请认真贯彻落实。

2016 年推进简政放权放管结合优化服务改革工作要点

2016 年是“十三五”规划开局之年，也是推进供给侧结构性改革的攻坚之年。今年推进简政放权、放管结合、优化服务改革的总体要求是：全面贯彻党的十八大和十八届二中、三中、四中、五中全会精神，认真落实中央经济工作会议和《政府工作报告》部署，按照创新、协调、绿色、开放、共享的发展理念，紧紧扭住转变政府职能这个“牛鼻子”，在更大范围、更深层次，以更有力举措推进简政放权、放管结合、优化服务改革，使市场在资源配置中起决定性作用和更好发挥政府作用，破除制约企业和群众办事创业的体制机制障碍，着力降低制度性交易成本，优化营商环境，激发市场活力和社会创造力，与大众创业、万众创新和发展壮大新经济紧密结合起来，进一步形成经济增长内生动力，促进经济社会持续健康发展。

一、持续简政放权，进一步激发市场活力和社会创造力

（一）继续深化行政审批改革。继续加大放权力度，把该放的权力放出去，能取消的要尽量取消，直接放给市场和社会。今年要再取消 50 项以上国务院部门行政审批事项和中央指定地方实施的行政审批事项，再取消一批国务院部门行政审批中介服务事项，削减一批生产许可证、经营许可证。对确需下放给基层的审批事项，要在人才、经费、技术、装备等方面予以保障，确保基层接得住、管得好。对相同、相近或相关联的审批事项，要一并取消或下放，提高放权的协同性、联动性。对确需保留的行政审批事项，要统一审批标准，简化审批手续，规范审批流程。所有行政审批事项都要严格按法定时限做到“零超时”。继续开展相对集中行政许可权改革试点，推广地方实施综合审批的经验。（国务院审改办牵头，国务院各有关部门按职责分工负责）

（二）深入推进投资审批改革。进一步扩大企业自主权，再修订政府核准的投资项目目录，中央政府层面核准的企业投资项目削减比例累计达到原总量的 90%以上。出台《企业投资项目核准和备案管理条例》。制定中央预算内投资审批制度改革方案。出台整合规范投资建设项目报建审批事项实施方案。保留的投资项目审批事项要全部纳入全国统一的投资项目在线审批监管平台，实行“一站式”网上审批，大幅缩短审批流程和审批时间，推进投资审批提速。（国家发展改革委牵头，国土资源部、环境保护部、住房城乡建设部、交通运输部、水利部、国务院法制办等相关部门按职责分工负责）

（三）扎实做好职业资格改革。再取消一批职业资格许可和认定事项，国务院部门设置的职业资格削减比例达到原总量的70%以上。全面清理名目繁多的各种行业准入证、上岗证等，不合理的要坚决取消或整合。建立国家职业资格目录清单管理制度，清单之外一律不得开展职业资格许可和认定工作，清单之内除准入类职业资格外一律不得与就业创业挂钩。严肃查处职业资格“挂证”、“助考”等行为，严格落实考培分离。（人力资源社会保障部牵头，工业和信息化部、住房城乡建设部、交通运输部、国务院国资委、质检总局、安全监管总局、食品药品监管总局等相关部门按职责分工负责）

（四）持续推进商事制度改革。进一步放宽市场准入，继续大力削减工商登记前置审批事项，今年再取消三分之一，削减比例达到原总量的90%以上，同步取消后置审批事项50项以上。在全面实施企业“三证合一”基础上，再整合社会保险登记证和统计登记证，实现“五证合一、一照一码”，降低创业准入的制度成本。扩大“三证合一”覆盖面，推进整合个体工商户营业执照和税务登记证，实现只需填写“一张表”、向“一个窗口”提交“一套材料”，即可办理工商及税务登记。加快推进工商登记全程电子化、名称登记、放宽住所条件、简易注销登记等改革试点。加快推行电子营业执照。抓好“证照分离”改革试点，切实减少各种不必要的证，解决企业“准入不准营”的问题，尽快总结形成可复制、可推广的经验。（工商总局、国务院审改办牵头，人力资源社会保障部、税务总局、国务院法制办、国家统计局等相关部门和上海市人民政府按职责分工负责）

（五）积极开展收费清理改革和监督检查。严格落实已出台的各项收费清理政策，防止反弹或变相收费。全面清理和整合规范各类认证、评估、检查、检测等中介服务，有效解决评审评估事项多、耗时长、费用高等问题。重点整治各种涉企乱收费，完善涉企收费监督检查制度，强化举报、查处和问责机制。组织对涉企收费专项监督检查，切实减轻企业负担。（财政部、国家发展改革委、工业和信息化部牵头，民政部、质检总局等相关部门按职责分工负责）

（六）扩大高校和科研院所自主权。凡是束缚教学科研人员积极性创造性发挥的不合理规定，都要取消或修改；凡是高校和科研院所能够自主管理的事项，相关权限都要下放，特别是要扩大高校和科研院所在经费使用、成果处置、职称评审、选人用人、薪酬分配、设备采购、学科专业设置等方面的自主权。落实完善支持教学科研人员创业创新的股权期权激励等相关政策，促进科技成果转化。为教学科研人员从事兼职创业积极创造宽松条件。（教育部、科技部牵头，国务院审改办、财政部、人力资源社会保障部、海关总署、工商总局、税务总局、国家知识产权局、中国科学院、中国社科院、中国工程院等相关部门、单

位按职责分工负责）

（七）以政务公开推动简政放权。以更大力度推进政务公开，让人民群众和企业了解放权情况、监督放权进程、评价放权效果，做到权力公开透明、群众明白办事。全面公布地方各级政府部门权力清单和责任清单。抓紧制定国务院试点部门权力清单和责任清单；在部分地区试点市场准入负面清单制度，进一步压缩负面清单；加快编制行政事业性收费、政府定价或指导价经营服务性收费、政府性基金、国家职业资格、基本公共服务事项等各方面清单，并及时主动向社会公开。坚持“公开为常态，不公开为例外”，全面推进决策、执行、管理、服务、结果公开和重点领域信息公开。落实行政许可、行政处罚等信息自作出行政决定之日起7个工作日内上网公开的要求。加大政府信息数据开放力度，除涉及国家安全、商业秘密、个人隐私的外，都应向社会开放。及时公开突发敏感事件处置信息，回应社会关切。（国务院办公厅牵头，国务院审改办、国家发展改革委、教育部、公安部、民政部、财政部、人力资源社会保障部、住房城乡建设部、商务部、国家卫生计生委、工商总局、国家统计局等相关部门按职责分工负责）

二、加强监管创新，促进社会公平正义

（八）实施公正监管。推进政府监管体制改革，加快构建事中事后监管体系。全面推开“双随要、一公开”监管，抓紧建立随机抽查事项清单、检查对象名录库和执法检查人员名录库，制定随机抽查工作细则，今年县级以上政府部门都要拿出“一单、两库、一细则”。随机抽查事项，要达到本部门市场监管执法事项的70%以上、其他行政执法事项的50%以上，力争2017年实现全覆盖，充分体现监管的公平性、规范性和简约性，并与信用监管、智能监管联动，加强社会信用体系建设，充分发挥全国信用信息共享平台作用，推进实施守信联合激励和失信联合惩戒工作，加大“信用中国”网站对失信行为的曝光力度。推进企业信用信息归集公示工作。积极运用大数据、云计算、物联网等信息技术，建立健全市场主体诚信档案、行业黑名单制度和市场退出机制。（国家发展改革委、人民银行、工商总局牵头，海关总署、税务总局、质检总局、食品药品监管总局等相关部门按职责分工负责）

（九）推进综合监管。按照权责一致原则，继续推进市县两级市场监管领域综合行政执法改革，强化基层监管力量，落实相关领域综合执法机构监管责任。建立健全跨部门、跨区域执法联动响应和协作机制，实现违法线索互联、监管标准互通、处理结果互认，消除监管盲点，降低执法成本。加强行业自律，鼓励社会公众参与市场监管，发挥媒体监督作用，充分发挥社会力量在强化市场监管中的作用。（国务院审改办、国务院法制办牵头，国家发展改革委、工业

和信息化部、民政部、交通运输部、文化部、海关总署、工商总局、质检总局、新闻出版广电总局、食品药品监管总局等相关部门按职责分工负责）

（十）探索审慎监管。对新技术、新产业、新业态、新模式的发展，要区分不同情况，积极探索和创新适合其特点的监管方式，既要有利于营造公平竞争环境，激发创新创造活力，大力支持新经济快速成长，又要进行审慎有效监管，防范可能引发的风险，促进新经济健康发展。对看得准的基于“互联网+”和分享经济的新业态，要量身定制监管模式；对一时看不准的，可先监测分析、包容发展，不能一下子管得过严过死；对潜在风险大的，要严格加强监管；对以创新之名行非法经营之实的，要坚决予以打击、加强监管。（国家发展改革委、工业和信息化部、民政部、交通运输部、文化部、人民银行、海关总署、工商总局、质检总局、新闻出版广电总局、食品药品监管总局、银监会、证监会、保监会等相关部门按职责分工负责）

（十一）促进各类市场主体公平竞争。要在同规则、同待遇、降门槛上下功夫，做到凡是法律法规未明确禁止的，一律允许各类市场主体进入；凡是已向外资开放或承诺开放的领域，一律向民间资本开放；凡是影响民间资本公平进入和竞争的各种障碍，一律予以清除。研究制定促进民间投资的配套政策和实施细则，在试点基础上，抓紧建立行业准入负面清单制度，破除民间投资进入电力、电信、交通、石油、天然气、市政公用、养老、医药、教育等领域的不合理限制和隐性壁垒，坚决取消对民间资本单独设置的附加条件和歧视性条款。加快建设统一开放、竞争有序的市场体系，打破地方保护。组织实施公平竞争审查制度。依法严厉打击侵犯知识产权、制售假冒伪劣商品等行为，完善知识产权保护措施，防止劣币驱逐良币，营造诚实守信、公平竞争的市场环境。（国家发展改革委、工商总局牵头，教育部、科技部、工业和信息化部、公安部、民政部、住房城乡建设部、交通运输部、商务部、文化部、国家卫生计生委、海关总署、质检总局、体育总局、食品药品监管总局、国务院法制办、国家知识产权局、国家能源局等相关部门按职责分工负责）

三、优化政府服务，提高办事效率

（十二）提高“双创”服务效率。因势利导，主动服务、跟踪服务，打造“双创”综合服务平台，为企业开办和成长“点对点”提供政策、信息、法律、人才、场地等全方位服务，砍掉束缚“双创”的繁文缛节，为扩大就业、培育新动能、壮大新经济拓展更大发展空间。建立新生市场主体统计调查、监测分析制度，密切跟踪新生市场主体特别是小微企业的经营发展情况，促进新生市场主体增势不减、活跃度提升。（国家发展改革委、工商总局牵头，教育部、科技部、司法部、人力资源社会保障部、国家统计局等相关部门按职责分工负责）

（十三）提高公共服务供给效率。坚持普惠性、保基本、均等化、可持续的方向，加快完善基本公共服务体系。创新机制，推广政府和社会资本合作模式，调动社会各方面积极性，增加基本公共服务。大幅放开服务业市场，促进民办教育、医疗、养老、健身等服务业和文化体育等产业健康发展，多渠道提高公共服务共建能力和共享水平，满足群众多层次、多样化公共服务需求。（财政部、国家发展改革委牵头，教育部、民政部、文化部、国家卫生计生委、工商总局、体育总局等相关部门按职责分工负责）

（十四）提高政务服务效率。大力推行“互联网+政务服务”，推进实体政务大厅向网上办事大厅延伸，打造政务服务“一张网”，简化服务流程，创新服务方式，对企业和群众办事实行“一口受理”、全程服务。抓紧制定政府部门间数据信息共享实施方案，明确共享平台、标准、目录、管理、责任等要求，打破“信息孤岛”和数据壁垒，实现数据信息互联互通和充分共享，建设高效运行的服务型政府。坚决取消各种不必要的证明和手续，让企业和群众办事更方便、更快捷、更有效率。（国务院办公厅、国家发展改革委牵头，国务院审改办、工业和信息化部、公安部、民政部、人力资源社会保障部、住房城乡建设部、工商总局、质检总局、国家统计局等相关部门按职责分工负责）

（十五）加快推动形成更有吸引力的国际化、法治化、便利化营商环境。围绕企业申请开办时间压缩了多少、投资项目审批提速了多少、群众办事方便了多少等，提出明确的量化指标，制定具体方案并组织实施。以硬性指标约束倒逼减环节、优流程、压时限、提效率，激发改革动力，增强改革实效。（国务院办公厅、国家发展改革委、国家统计局、国务院审改办牵头，国务院各有关部门按职责分工负责）

各地区各部门要把深化简政放权、放管结合、优化服务改革放在突出位置，主要领导要亲自抓，鼓励地方积极探索创新，一项一项抓好改革任务的落实。要加强对已出台措施和改革任务落实情况的督查。对改革涉及的法律法规立改废问题，责任部门要主动与法制部门加强衔接、同步推进。要做好改革经验总结推广和宣传引导工作，及时回应社会关切，营造良好改革氛围。要充分发挥各级政府推进职能转变协调机构的作用，加强统筹协调和指导督促。改革中的重要情况要及时向国务院报告。

国务院办公厅关于开展消费品工业“三品”专项行动营造良好市场环境的若干意见

（2016 年 5 月 26 日　国办发〔2016〕40 号）

消费品工业是我国重要民生产业和传统优势产业。改革开放以来，我国消费品工业总体上保持平稳健康发展，形成了覆盖面广、结构相对完整的消费品工业体系，基本保障和满足了人民群众不断增长的消费需求，对稳增长、促改革、调结构、惠民生发挥了重要作用。但也要看到，我国消费品工业核心竞争力和创新能力仍然较弱，品种、品质、品牌与国际先进水平相比尚有较大差距，有效供给能力和水平难以适应消费升级的需要。为贯彻落实党中央、国务院关于推进供给侧结构性改革、促进工业稳增长调结构增效益和建设制造强国的决策部署，更好满足和创造消费需求，不断增强消费拉动经济的基础作用，促进消费品工业迈向中高端，经国务院同意，现就开展消费品工业“三品”专项行动提出以下意见：

一、总体要求

（一）指导思想。全面贯彻党的十八大和十八届三中、四中、五中全会以及中央经济工作会议精神，按照“五位一体”总体布局和“四个全面”战略布局，牢固树立和贯彻落实创新、协调、绿色、开放、共享的发展理念，以市场为导向，以创新为动力，以企业为主体，以实施增品种、提品质、创品牌的“三品”战略为抓手，改善营商环境，从供给侧和需求侧两端发力，着力提高消费品有效供给能力和水平，更好满足人民群众消费升级的需要，实现消费品工业更加稳定、更有效益、更可持续的发展。

（二）基本原则。

坚持市场主导，政府推动。发挥市场机制作用，强化企业的市场主体地位，增强企业改善供给的责任意识和主导作用，发挥企业家精神，激发企业活力和创造力，推动消费品工业转型升级。营造公平竞争营商环境，强化市场监管，完善相关制度，取消不必要的审批、目录和不合理收费。

坚持改善供给，两侧发力。推进供给侧结构性改革，抓住制约消费品工业提质增效、创造品牌、转型升级的关键问题，支持企业开发适应市场需求、满足消费升级需要的产品和服务，提高供给质量和效率。促进供给升级和需求升级协调共进，推动消费品工业向高水平供需平衡跃升。

坚持创新引领，协调发展。发挥创新在消费品提质升级中的引领作用，健全创新激励机制，支持企业加大研发设计投入，加强产学研用结合，加快创新成果转化。推进“互联网+”与消费品工业深度融合，提升传统产业，培育新兴产业，完善产业链条，优化布局结构，推动消费品工业集约高效和均衡协调发展。

（三）主要目标。到2020年，消费品工业传统优势得到巩固提升，新兴产业不断壮大，市场环境进一步优化，“三品”专项行动取得积极进展，品种丰富度、品质满意度、品牌认可度明显提升，产品和服务对消费升级的适应能力显著增强。

市场环境明显优化。简政放权、放管结合、优化服务改革深入推进，相关法规、标准、政策措施进一步健全，市场监管力度不断加大，政府公共服务能力显著提高，市场竞争秩序和消费环境明显改善。

供给水平明显提高。消费品品质明显提升，中高端消费品比重增加，品牌附加值、市场影响力和消费者认可度不断提高。消费品质量标准、计量、检验检测、认证认可体系逐步与国际接轨。食品药品质量安全水平稳步提升。重点行业前10位品牌企业销售收入占同行业销售收入比重进一步提高，培育一批具有国际影响力的品牌。

创新能力明显增强。重点消费品行业智能制造、绿色制造、服务型制造、“互联网+”协同制造取得积极进展。大中型企业研发强度年均增长10%以上。轻工、纺织产品国际标准的采标率分别提高10个百分点。关键设备研发和产业化水平进一步提高。

质量效益明显改善。规模以上消费品企业增加值增速高于全国工业平均增速，降本增效取得积极进展，消费品出口占国际市场份额保持基本稳定。单位增加值能耗、二氧化碳排放量、用水量达到国家约束性指标要求，绿色发展能力显著增强。

二、主要任务

（四）增品种。支持企业深度挖掘用户需求，适应和引领消费升级趋势，在产品开发、外观设计、产品包装、市场营销等方面加强创新，积极开展个性化定制、柔性化生产，丰富和细化消费品种类，推动中国制造向中国创造转变。

1. 提高创意设计水平。鼓励地方政府和行业协会培育一批示范性消费品时尚创意设计名城和产业园区，加大对消费品创意设计优秀人才的表彰和奖励力度。在消费品行业建设一批国家级工业设计中心，推广应用“众包”等新型创意设计组织方式，培育一批网络化创新设计平台。促进文化创意与“三品"融合发展,提高消费品的文化附加值。

2. 增加中高端消费品供给。发展个性化、时尚化、功能化、绿色化消费品,推出一批科技含量高、附加值高、设计精美、制作精细、性能优越的精品,进一步提升我国消费品工业在全球产业价值链中的地位。发展中高端服装鞋帽、手表、家纺、化妆品、箱包、珠宝、丝绸、旅游装备和纪念品等消费品,进一步提升婴幼儿配方乳粉、厨卫用品等生活用品的有效供给能力和水平。适当降低低端消费品比重,促进产品向高性价比优势转变。

3. 发展智能、健康消费品。发展智能节能家电、智能锂电电动自行车、智能照明产品、数字电视、智能手机、平板电脑、服务机器人、消费类无人机、可穿戴智能产品、智能音箱、虚拟现实产品、智能化计量器具等智能消费品。积极研发营养与健康食品、康复辅助器具、健身产品、智慧医疗产品等健康类消费品。进一步发展老年、儿童和婴幼儿用品。

4. 发展民族特色消费品。传承发展一批传统工艺美术、文房四宝等产品。支持发展一批传统特色食品。创新提升一批民族特色用品。传承保护民族服饰文化,研究设计一批具有民族特色的服饰。加强对藏药、维药、蒙药等特色民族药的发掘和保护。

(五)提品质。培育和弘扬精益求精的工匠精神,引导企业树立质量为先、信誉至上的经营理念,立足大众消费品生产推进"品质革命",走以质取胜、质量强国的发展道路,推动中国制造加快走向精品制造,赢得大市场。

1. 开展国际对标。开展与国外中高端消费品对标,推进国内消费品标准与国际标准接轨,到 2018 年,主要消费品领域与国际标准一致性程度达到 95%以上。引导重点消费品企业参照国际先进标准组织生产。开展国内外中高端消费品质量品质比对,逐步缩小与国际标准差距。开展仿制药质量和疗效一致性评价,全面提升仿制药质量水平。支持标准化技术机构主导或参与国际标准化工作,增强我国参与制定消费品领域国际标准的话语权。

2. 加强质量精准化管理。引导企业深入开展全面质量管理,加强从原料采购到生产销售全流程质量管控,开展自动化、智能化工厂技术改造,推广工艺参数及质量在线监控系统,提高产品性能稳定性及质量一致性。推广先进质量管理模式和管理体系,树立质量标杆企业。建设一批高水平的消费品质量控制和技术评价实验室。研制消费品工业急需的计量标准,推进消费品工业领域国家产业计量测试中心建设,推广覆盖产品全生命周期的测量管理体系。制定实施消费品标准化和质量提升规划。

3. 推进质量检验检测和认证。加快发展第三方质量检验检测和认证服务,探索建立质量追溯管理体系专门认证制度,提高检测认证机构公信力。支持重点消费品企业积极采用和参与制定国际质量检验检测标准，推行产品认证制度，推动质量检验检测和认证结果与技术能力国际互认。指导食品生产企业加强质量安全检测能力建设，支持医药和婴幼儿配方乳粉企业通过国际通行认证。

4. 保障药品和优质原料供应。提高药品供应保障能力，扩大定点生产试点品种范围，支持建设小品种生产基地。加快重大疾病治疗用新药、临床急需的仿制药、生物类似药和中药新药的开发，积极研发儿童适宜品种和剂型。支持有条件的婴幼儿配方乳粉等消费品企业在国内外建设优质原料生产基地及配套设施，加强鲜活农产品冷链物流设施建设，从原料端保障消费品质量。

（六）创品牌。引导企业增强品牌意识，夯实品牌发展基础，提升产品附加值和软实力，推动中国产品向中国品牌转变。

1. 提高品牌竞争力。鼓励企业围绕研发创新、设计创意、生产制造、质量管理和营销服务全过程制定品牌发展战略，构建管理体系，明确品牌定位，采用合理定价、差异发展等策略，整合渠道资源，提高品牌产品性价比。支持品牌企业创新商业模式，与大型电商平台对接，与零售企业开展统一议价、集中采购，促进产销对接，拓宽流通渠道，减少流通环节。推动各地、各行业建立品牌商品工商对接机制，大力开展知名品牌产品“全国行”、“网上行”和“进名店”等活动。

2. 培育知名品牌。提高消费品标准化程度，推动中华老字号传承升级，支持企业适应市场需求，培育新品牌。规范品牌评价程序与标准，支持行业协会指导企业开展品牌创建、培育、宣传活动。编制家电、服装、家纺、食品等行业品牌发展报告。鼓励行业协会依托产业集群、国家新型工业化产业示范基地等，指导开展消费品区域品牌创建工作。

3. 完善品牌服务体系。扶持一批品牌培育和运营专业服务机构，培育一批具有较强影响力的消费品品牌设计创意中心和广告服务机构。建立品牌人才培训服务机构，形成多层次的品牌人才培养体系。完善品牌价值评估体系，为企业品牌创建提供咨询评估。深化品牌消费集聚区建设试点，支持地方和行业协会办好博览会、时装周、设计大赛等重大品牌活动，培育一批具有国际渠道、拥有核心竞争力的品牌展览展示机构。

4. 推进品牌国际化。鼓励优势品牌企业开展国际交流合作，引进国际化品牌管理人才和经营理念，建设海外研发设计机构及营销渠道。支持品牌企业以参股、换股、并购等形式与国际品牌企业合作，提高品牌国际化运营能力。支持品牌企业参加国际展览展销，积极开拓海外市场，提高品牌产品出口比重。

三、保障措施

（七）完善市场准入。深入推进商事制度改革，开展“证照分离”改革试点，继续削减前置审批和不必要的许可。取消不必要的审批、目录和不合理收费，大幅减少和规范涉企收费及审批评估事项。国务院以清单方式明确列出禁止和限制投资经营的行业、领域、业务等，清单以外的，各类市场主体皆可依法平等进入。对新业态、新模式等新生事物，既支持创新发展、激发活力，又严格依法监管、防范风险。

（八）营造良好营商环境。废除妨碍全国统一市场和公平竞争的规定和做法，依法制止和纠正违法规定歧视性价格及购买指定产品、服务等行为，维护公平竞争的市场秩序。严格实施缺陷产品召回制度，及时发现、公开曝光并严厉处罚质量违法违规行为。规范有序发展电子商务平台，严厉打击电子商务领域违法违规经营行为，构建诚信经营的网络市场环境。规范产品广告和相关信息发布行为，严厉打击虚假违法广告和不实报道。

（九）加强市场监管。全面推行“双随机、一公开”监管方式，加强事中事后监管。加大对商标、地理标志、知名商品特有名称、包装装潢、外观设计、发明专利、商业秘密等知识产权的保护力度，打击侵犯知识产权和企业合法权益的行为。严厉打击生产销售假冒伪劣商品等违法行为，防止劣币驱逐良币。强化消费品质量安全风险监测，完善消费品伤害监测制度，加大线上线下质量监督抽查力度，推动建立健全消费品企业“黑名单”、惩罚性巨额赔偿等法律制度。在中小城市、农村市场开展打击生产和销售假冒伪劣消费品专项行动。加强对幼儿园和学校相关学生用品、儿童用品的卫生、环保、安全等方面监管，依法保护消费者合法权益。

（十）完善产业政策。开展消费品工业“三品”战略示范试点，引导地方各级政府因地制宜完善产业政策，促进消费品供给侧结构性改革。以更加严格的安全、环保、质量、能耗、技术等标准，依法依规退出铅蓄电池、制革、造纸、印染等行业落后产能。进一步改善企业兼并重组市场环境，优化产业组织结构。进一步完善消费品原料配料含量、原产地、特殊人群适用性等信息披露标签标识全覆盖制度，推行消费品能效标识、绿色标识等认证制度，逐步扩大实施能效标识和绿色标识制度的消费品范围。

（十一）加大政策支持。利用工业转型升级资金、国家科技计划（专项、基金等）、专项建设基金等现有资金渠道，支持企业在创意设计、提高科技含量和性能等方面下大功夫，促进大众消费品创新、增加有效供给。有条件的地方要加强对改善消费品供给能力的财政支持。合理调整部分高档消费品的消费税政策，引导境外消费回流。鼓励地方各级政府与社会资本合作建立产业基金支持消费品工业创新发展。出口信贷和出口信用保险要加大支持消费品出口的力度。建立消费品供给改善信息与金融监管部门及金融机构的共享联动机制,加强对消费品工业的融资支持。

(十二)发挥协会作用。充分发挥行业协会熟悉行业、贴近企业的优势,在政策研究、标准制修订、人才培训、宣传推广、新产品展览展示、国际交流合作等方面发挥积极作用,共同实施好消费品工业"三品"战略。行业协会要选择具有独特功能或使用价值的升级和创新消费品,编制升级和创新消费品指南,积极引导消费;要加强自律和服务,组织开展质量信誉承诺等活动,维护良好的行业信誉,及时反映企业诉求,反馈政策落实情况,研究提出相关政策建议。充分发挥消费者协会作用,营造放心便利的消费环境。

(十三)加强舆论引导。支持主流媒体开展系列报道,设立专题网站、微博微信等平台,多渠道宣传消费品工业"三品"战略。通过市场手段加大国内优质品牌宣传力度,提高消费者对自主品牌的认知度和忠诚度,提升群众购买国货的自豪感。地方各级政府和行业协会要表彰和宣传品牌建设成就突出的企业和企业家,激发加强品牌建设的积极性。

促进消费品工业升级,发挥消费对经济发展和产业转型的关键作用,是推进结构性改革尤其是供给侧结构性改革、扩大内需的重要举措。各地区、各有关部门要结合实际制定具体方案,着力完善政策,充分发挥市场机制作用,围绕消费者多样化需求,推动消费品工业增品种、提品质、创品牌,营造良好市场环境。工业和信息化部要会同有关部门对本意见的落实情况进行跟踪分析和监督检查,认真总结和推广经验,重大事项及时向国务院报告。

国务院关于印发土壤污染防治行动计划的通知

(2016年5月28日 国发〔2016〕31号)

现将《土壤污染防治行动计划》印发给你们,请认真贯彻执行。

土壤污染防治行动计划

土壤是经济社会可持续发展的物质基础,关系人民群众身体健康,关系美丽中国建设,保护好土壤环境是推进生态文明建设和维护国家生态安全的重要内容。当前,我国土壤环境总体状况堪忧,部分地区污染较为严重,已成为全面建成小康社会的突出短板之一。为切实加强土壤污染防治,逐步改善土壤环境质量,制定本行动计划。

总体要求:全面贯彻党的十八大和十八届三中、四中、五中全会精神,按照"五位一体"总体布局和"四个全面"战略布局,牢固树立创新、协调、绿色、开放、共享的新发展理念,认真落实党中央、国务院决策部署,立足我国国情和发展阶段,着眼经济社会发展全局,以改善土壤环境质量为核心,以保障农产品质量和人居环境安全为出发点,坚持预防为主、保护优先、风险管控,突出重点区域、行业和污染物,实施分类别、分用途、分阶段治理,严控新增污染、逐步减少存量,形成政府主导、企业担责、公众参与、社会监督的土壤污染防治体系,促进土壤资源永续利用,为建设"蓝天常在、青山常在、绿水常在"的美丽中国而奋斗。

工作目标:到2020年,全国土壤污染加重趋势得到初步遏制,土壤环境质量总体保持稳定,农用地和建设用地土壤环境安全得到基本保障,土壤环境风险得到基本管控。到2030年,全国土壤环境质量稳中向好,农用地和建设用地土壤环境安全得到有效保障,土壤环境风险得到全面管控。到本世纪中叶,土壤环境质量全面改善,生态系统实现良性循环。

主要指标:到2020年,受污染耕地安全利用率达到90%左右,污染地块安全利用率达到90%以上。到2030年,受污染耕地安全利用率达到95%以上,污染地块安全利用率达到95%以上。

一、开展土壤污染调查,掌握土壤环境质量状况

(一)深入开展土壤环境质量调查。在现有相关调查基础上,以农用地和重点行业企业用地为重点,开展土壤污染状况详查,2018年底前查明农用地土壤污染的面积、分布及其对农产品质量的影响;2020年底前掌握重点行业企业用地中的污染地块分布及其环境风险情况。制定详查总体方案和技术规定,开展技术指导、监督检查和成果审核。建立土壤环境质量状况定期调查制度,每10年开展1次。(环境保护部牵头,财政部、国土资源部、农业部、国家卫生计生委等参与,地方各级人民政府负责落实。以下均需地方各级人民政府落实,不再列出)

(二)建设土壤环境质量监测网络。统一规划、整合优化土壤环境质量监测点位,2017年底前,完成土壤环境质量国控监测点位设置,建成国家土壤环境质量监测网络,充分发挥行业监测网作用,基本形成土壤环境监测能力。各省(区、市)每年至少开展1次土壤环境监测技术人员培训。各地可根据工作需要，补充设置监测点位，增加特征污染物监测项目，提高监测频次。2020年底前，实现土壤环境质量监测点位所有县(市、区)全覆盖。(环境保护部牵头，国家发展改革委、工业和信息化部、国土资源部、农业部等参与)

(三)提升土壤环境信息化管理水平。利用环境保护、国土资源、农业等部门相关数据，建立土壤环境基础数据库，构建全国土壤环境信息化管理平台，力争2018年底前完成。借助移动互联网、物联网等技术，拓宽数据获取渠道，实现数据动态更新。加强数据共享，编制资源共享目录，明确共享权限和方式，发挥土壤环境大数据在污染防治、城乡规划、土地利用、农业生产中的作用。(环境保护部牵头，国家发展改革委、教育部、科技部、工业和信息化部、国土资源部、住房城乡建设部、农业部、国家卫生计生委、国家林业局等参与)

二、推进土壤污染防治立法，建立健全法规标准体系

(四)加快推进立法进程。配合完成土壤污染防治法起草工作。适时修订污染防治、城乡规划、土地管理、农产品质量安全相关法律法规，增加土壤污染防治有关内容。2016年底前，完成农药管理条例修订工作，发布污染地块土壤环境管理办法、农用地土壤环境管理办法。2017年底前，出台农药包装废弃物回收处理、工矿用地土壤环境管理、废弃农膜回收利用等部门规章。到2020年，土壤污染防治法律法规体系基本建立。各地可结合实际，研究制定土壤污染防治地方性法规。(国务院法制办、环境保护部牵头，工业和信息化部、国土资源部、住房城乡建设部、农业部、国家林业局等参与)

(五)系统构建标准体系。健全土壤污染防治相关标准和技术规范。2017年底前，发布农用地、建设用地土壤环境质量标准；完成土壤环境监测、调查评估、风险管控、治理与修复等技术规范以及环境影响评价技术导则制修订工作；修订肥料、饲料、灌溉用水中有毒有害物质限量和农用污泥中污染物控制等标准，进一步严格污染物控制要求；修订农膜标准，提高厚度要求，研究制定可降解农膜标准；修订农药包装标准，增加防止农药包装废弃物污染土壤的要求。适时修订污染物排放标准，进一步明确污染物特别排放限值要求。完善土壤中污染物分析测试方法，研制土壤环境标准样品。各地可制定严于国家标准的地方土壤环境质量标准。(环境保护部牵头，工业和信息化部、国土资源部、住房城乡建设部、水利部、农业部、质检总局、国家林业局等参与)

(六)全面强化监管执法。明确监管重点。重点监测土壤中镉、汞、砷、铅、铬等重金属和多环芳烃、石油烃等有机污染物，重点监管有色金属矿采选、有色金属冶炼、石油开采、石油加工、化工、焦化、电镀、制革等行业，以及产粮(油)大县、地级以上城市建成区等区域。(环境保护部牵头，工业和信息化部、国土资源部、住房城乡建设部、农业部等参与)

加大执法力度。将土壤污染防治作为环境执法的重要内容，充分利用环境监管网格，加强土壤环境日常监管执法。严厉打击非法排放有毒有害污染物、违法违规存放危险化学品、非法处置危险废物、不正常使用污染治理设施、监测数据弄虚作假等环境违法行为。开展重点行业企业专项环境执法，对严重污染土壤环境、群众反映强烈的企业进行挂牌督办。改善基层环境执法条件，配备必要的土壤污染快速检测等执法装备。对全国环境执法人员每3年开展1轮土壤污染防治专业技术培训。提高突发环境事件应急能力，完善各级环境污染事件应急预案，加强环境应急管理、技术支撑、处置救援能力建设。（环境保护部牵头，工业和信息化部、公安部、国土资源部、住房城乡建设部、农业部、安全监管总局、国家林业局等参与）

三、实施农用地分类管理，保障农业生产环境安全

（七）划定农用地土壤环境质量类别。按污染程度将农用地划为三个类别，未污染和轻微污染的划为优先保护类，轻度和中度污染的划为安全利用类，重度污染的划为严格管控类，以耕地为重点，分别采取相应管理措施，保障农产品质量安全。2017年底前，发布农用地土壤环境质量类别划分技术指南。以土壤污染状况详查结果为依据，开展耕地土壤和农产品协同监测与评价，在试点基础上有序推进耕地土壤环境质量类别划定，逐步建立分类清单，2020年底前完成。划定结果由各省级人民政府审定，数据上传全国土壤环境信息化管理平台。根据土地利用变更和土壤环境质量变化情况，定期对各类别耕地面积、分布等信息进行更新。有条件的地区要逐步开展林地、草地、园地等其他农用地土壤环境质量类别划定等工作。（环境保护部、农业部牵头，国土资源部、国家林业局等参与）

（八）切实加大保护力度。各地要将符合条件的优先保护类耕地划为永久基本农田，实行严格保护，确保其面积不减少、土壤环境质量不下降，除法律规定的重点建设项目选址确实无法避让外，其他任何建设不得占用。产粮（油）大县要制定土壤环境保护方案。高标准农田建设项目向优先保护类耕地集中的地区倾斜。推行秸秆还田、增施有机肥、少耕免耕、粮豆轮作、农膜减量与回收利用等措施。继续开展黑土地保护利用试点。农村土地流转的受让方要履行土壤保护的责任，避免因过度施肥、滥用农药等掠夺式农业生产方式造成土壤环境质量下降。各省级人民政府要对本行政区域内优先保护类耕地面积减少或土壤环境质量下降的县（市、区），进行预警提醒并依法采取环评限批等限制性措施。（国土资源部、农业部牵头，国家发展改革委、环境保护部、水利部等参与）

防控企业污染。严格控制在优先保护类耕地集中区域新建有色金属冶炼、石油加工、化工、焦化、电镀、制革等行业企业，现有相关行业企业要采用新技术、新工艺，加快提标升级改造步伐。（环境保护部、国家发展改革委牵头，工业和信息化部参与）

（九）着力推进安全利用。根据土壤污染状况和农产品超标情况，安全利用类耕地集中的县（市、区）要结合当地主要作物品种和种植习惯，制定实施受污染耕地安全利用方案，采取农艺调控、替代种植等措施，降低农产品超标风险。强化农产品质量检测。加强对农民、农民合作社的技术指导和培训。2017年底前，出台受污染耕地安全利用技术指南。到2020年，轻度和中度污染耕地实现安全利用的面积达到4000万亩。（农业部牵头，国土资源部等参与）

（十）全面落实严格管控。加强对严格管控类耕地的用途管理，依法划定特定农产品禁止生产区域，严禁种植食用农产品；对威胁地下水、饮用水水源安全的，有关县（市、区）要制定环境风险管控方案，并落实有关措施。研究将严格管控类耕地纳入国家新一轮退耕还林还草实施范围，制定实施重度污染耕地种植结构调整或退耕还林还草计划。继续在湖南长株潭地区开展重金属污染耕地修复及农作物种植结构调整试点。实行耕地轮作休耕制度试点。到2020年，重度污染耕地种植结构调整或退耕还林还草面积力争达到2000万亩。（农业部牵头，国家发展改革委、财政部、国土资源部、环境保护部、水利部、国家林业局参与）

（十一）加强林地草地园地土壤环境管理。严格控制林地、草地、园地的农药使用量，禁止使用高毒、高残留农药。完善生物农药、引诱剂管理制度，加大使用推广力度。优先将重度污染的牧草地集中区域纳入禁牧休牧实施范围。加强对重度污染林地、园地产出食用农（林）产品质量检测，发现超标的，要采取种植结构调整等措施。（农业部、国家林业局负责）

四、实施建设用地准入管理，防范人居环境风险

（十二）明确管理要求。建立调查评估制度。2016年底前，发布建设用地土壤环境调查评估技术规定。自2017年起，对拟收回土地使用权的有色金属冶炼、石油加工、化工、焦化、电镀、制革等行业企业用地，以及用途拟变更为居住和商业、学校、医疗、养老机构等公共设施的上述企业用地，由土地使用权人负责开展土壤环境状况调查评估；已经收回的，由所在地市、县级人民政府负责开展调查评估。自2018年起，重度污染农用地转为城镇建设用地的，由所在地市、县级人民政府负责组织开展调查评估。调查评估结果向所在地环境保护、城乡规划、国土资源部门备案。（环境保护部牵头，国土资源部、住房城乡建设部参与）

分用途明确管理措施。自2017年起，各地要结合土壤污染状况详查情况，根据建设用地土壤环境调查评估结果，逐步建立污染地块名录及其开发利用的负面清单，合理确定土地用途。符合相应规划用地土壤环境质量要求的地块，可进入用地程序。暂不开发利用或现阶段不具备治理修复条件的污染地块，由所在地县级人民政府组织划定管控区域，设立标识，发布公告，开展土壤、地表水、地下水、空气环境监测；发现污染扩散的，有关责任主体要及时采取污染物隔离、阻断等环境风险管控措施。（国土资源部牵头，环境保护部、住房城乡建设部、水利部等参与）

（十三）落实监管责任。地方各级城乡规划部门要结合土壤环境质量状况，加强城乡规划论证和审批管理。地方各级国土资源部门要依据土地利用总体规划、城乡规划和地块土壤环境质量状况，加强土地征收、收回、收购以及转让、改变用途等环节的监管。地方各级环境保护部门要加强对建设用地土壤环境状况调查、风险评估和污染地块治理与修复活动的监管。建立城乡规划、国土资源、环境保护等部门间的信息沟通机制，实行联动监管。（国土资源部、环境保护部、住房城乡建设部负责）

（十四）严格用地准入。将建设用地土壤环境管理要求纳入城市规划和供地管理，土地开发利用必须符合土壤环境质量要求。地方各级国土资源、城乡规划等部门在编制土地利用总体规划、城市总体规划、控制性详细规划等相关规划时，应充分考虑污染地块的环境风险，合理确定土地用途。（国土资源部、住房城乡建设部牵头，环境保护部参与）

五、强化未污染土壤保护，严控新增土壤污染

（十五）加强未利用地环境管理。按照科学有序原则开发利用未利用地，防止造成土壤污染。拟开发为农用地的，有关县（市、区）人民政府要组织开展土壤环境质量状况评估；不符合相应标准的，不得种植食用农产品。各地要加强纳入耕地后备资源的未利用地保护，定期开展巡查。依法严查向沙漠、滩涂、盐碱地、沼泽地等非法排污、倾倒有毒有害物质的环境违法行为。加强对矿山、油田等矿产资源开采活动影响区域内未利用地的环境监管，发现土壤污染问题的，要及时督促有关企业采取防治措施。推动盐碱地土壤改良，自2017年起，在新疆生产建设兵团等地开展利用燃煤电厂脱硫石膏改良盐碱地试点。（环境保护部、国土资源部牵头，国家发展改革委、公安部、水利部、农业部、国家林业局等参与）

（十六）防范建设用地新增污染。排放重点污染物的建设项目，在开展环境影响评价时，要增加对土壤环境影响的评价内容，并提出防范土壤污染的具体措施；需要建设的土壤污染防治设施，要与主体工程同时设计、同时施工、同时投产使用;有关环境保护部门要做好有关措施落实情况的监督管理工作。自2017年起,有关地方人民政府要与重点行业企业签订土壤污染防治责任书,明确相关措施和责任,责任书向社会公开。(环境保护部负责)

(十七)强化空间布局管控。加强规划区划和建设项目布局论证,根据土壤等环境承载能力,合理确定区域功能定位、空间布局。鼓励工业企业集聚发展,提高土地节约集约利用水平,减少土壤污染。严格执行相关行业企业布局选址要求,禁止在居民区、学校、医疗和养老机构等周边新建有色金属冶炼、焦化等行业企业;结合推进新型城镇化、产业结构调整和化解过剩产能等,有序搬迁或依法关闭对土壤造成严重污染的现有企业。结合区域功能定位和土壤污染防治需要,科学布局生活垃圾处理、危险废物处置、废旧资源再生利用等设施和场所,合理确定畜禽养殖布局和规模。(国家发展改革委牵头,工业和信息化部、国土资源部、环境保护部、住房城乡建设部、水利部、农业部、国家林业局等参与)

六、加强污染源监管,做好土壤污染预防工作

(十八)严控工矿污染。加强日常环境监管。各地要根据工矿企业分布和污染排放情况,确定土壤环境重点监管企业名单,实行动态更新,并向社会公布。列入名单的企业每年要自行对其用地进行土壤环境监测,结果向社会公开。有关环境保护部门要定期对重点监管企业和工业园区周边开展监测,数据及时上传全国土壤环境信息化管理平台,结果作为环境执法和风险预警的重要依据。适时修订国家鼓励的有毒有害原料(产品)替代品目录。加强电器电子、汽车等工业产品中有害物质控制。有色金属冶炼、石油加工、化工、焦化、电镀、制革等行业企业拆除生产设施设备、构筑物和污染治理设施,要事先制定残留污染物清理和安全处置方案,并报所在地县级环境保护、工业和信息化部门备案;要严格按照有关规定实施安全处理处置,防范拆除活动污染土壤。2017年底前,发布企业拆除活动污染防治技术规定。(环境保护部、工业和信息化部负责)

严防矿产资源开发污染土壤。自2017年起,内蒙古、江西、河南、湖北、湖南、广东、广西、四川、贵州、云南、陕西、甘肃、新疆等省(区)矿产资源开发活动集中的区域,执行重点污染物特别排放限值。全面整治历史遗留尾矿库,完善覆膜、压土、排洪、堤坝加固等隐患治理和闭库措施。有重点监管尾矿库的企业要开展环境风险评估,完善污染治理设施,储备应急物资。加强对矿产资源开发利用活动的辐射安全监管,有关企业每年要对本矿区土壤进行辐射环境监测。(环境保护部、安全监管总局牵头,工业和信息化部、国土资源部参与)

加强涉重金属行业污染防控。严格执行重金属污染物排放标准并落实相关总量控制指标，加大监督检查力度，对整改后仍不达标的企业，依法责令其停业、关闭，并将企业名单向社会公开。继续淘汰涉重金属重点行业落后产能，完善重金属相关行业准入条件，禁止新建落后产能或产能严重过剩行业的建设项目。按计划逐步淘汰普通照明白炽灯。提高铅酸蓄电池等行业落后产能淘汰标准，逐步退出落后产能。制定涉重金属重点工业行业清洁生产技术推行方案，鼓励企业采用先进适用生产工艺和技术。2020 年重点行业的重点重金属排放量要比 2013 年下降 10%。（环境保护部、工业和信息化部牵头，国家发展改革委参与）

加强工业废物处理处置。全面整治尾矿、煤矸石、工业副产石膏、粉煤灰、赤泥、冶炼渣、电石渣、铬渣、砷渣以及脱硫、脱硝、除尘产生固体废物的堆存场所，完善防扬散、防流失、防渗漏等设施，制定整治方案并有序实施。加强工业固体废物综合利用。对电子废物、废轮胎、废塑料等再生利用活动进行清理整顿，引导有关企业采用先进适用加工工艺、集聚发展，集中建设和运营污染治理设施，防止污染土壤和地下水。自 2017 年起，在京津冀、长三角、珠三角等地区的部分城市开展污水与污泥、废气与废渣协同治理试点。（环境保护部、国家发展改革委牵头，工业和信息化部、国土资源部参与）

（十九）控制农业污染。合理使用化肥农药。鼓励农民增施有机肥，减少化肥使用量。科学施用农药，推行农作物病虫害专业化统防统治和绿色防控，推广高效低毒低残留农药和现代植保机械。加强农药包装废弃物回收处理，自 2017 年起，在江苏、山东、河南、海南等省份选择部分产粮（油）大县和蔬菜产业重点县开展试点；到 2020 年，推广到全国 30% 的产粮（油）大县和所有蔬菜产业重点县。推行农业清洁生产，开展农业废弃物资源化利用试点，形成一批可复制、可推广的农业面源污染防治技术模式。严禁将城镇生活垃圾、污泥、工业废物直接用作肥料。到 2020 年，全国主要农作物化肥、农药使用量实现零增长，利用率提高到 40% 以上，测土配方施肥技术推广覆盖率提高到 90% 以上。（农业部牵头，国家发展改革委、环境保护部、住房城乡建设部、供销合作总社等参与）

加强废弃农膜回收利用。严厉打击违法生产和销售不合格农膜的行为。建立健全废弃农膜回收贮运和综合利用网络，开展废弃农膜回收利用试点；到 2020 年，河北、辽宁、山东、河南、甘肃、新疆等农膜使用量较高省份力争实现废弃农膜全面回收利用。（农业部牵头，国家发展改革委、工业和信息化部、公安部、工商总局、供销合作总社等参与）

强化畜禽养殖污染防治。严格规范兽药、饲料添加剂的生产和使用，防止过量使用，促进源头减量。加强畜禽粪便综合利用，在部分生猪大县开展种养业有机结合、循环发展试点。鼓励支持畜禽粪便处理利用设施建设，到2020年，规模化养殖场、养殖小区配套建设废弃物处理设施比例达到75%以上。（农业部牵头，国家发展改革委、环境保护部参与）

加强灌溉水水质管理。开展灌溉水水质监测。灌溉用水应符合农田灌溉水水质标准。对因长期使用污水灌溉导致土壤污染严重、威胁农产品质量安全的，要及时调整种植结构。（水利部牵头，农业部参与）

（二十）减少生活污染。建立政府、社区、企业和居民协调机制，通过分类投放收集、综合循环利用，促进垃圾减量化、资源化、无害化。建立村庄保洁制度，推进农村生活垃圾治理，实施农村生活污水治理工程。整治非正规垃圾填埋场。深入实施“以奖促治”政策，扩大农村环境连片整治范围。推进水泥窑协同处置生活垃圾试点。鼓励将处理达标后的污泥用于园林绿化。开展利用建筑垃圾生产建材产品等资源化利用示范。强化废氧化汞电池、镍镉电池、铅酸蓄电池和含汞荧光灯管、温度计等含重金属废物的安全处置。减少过度包装，鼓励使用环境标志产品。（住房城乡建设部牵头，国家发展改革委、工业和信息化部、财政部、环境保护部参与）

七、开展污染治理与修复，改善区域土壤环境质量

（二十一）明确治理与修复主体。按照“谁污染，谁治理”原则，造成土壤污染的单位或个人要承担治理与修复的主体责任。责任主体发生变更的，由变更后继承其债权、债务的单位或个人承担相关责任；土地使用权依法转让的，由土地使用权受让人或双方约定的责任人承担相关责任。责任主体灭失或责任主体不明确的，由所在地县级人民政府依法承担相关责任。（环境保护部牵头，国土资源部、住房城乡建设部参与）

（二十二）制定治理与修复规划。各省（区、市）要以影响农产品质量和人居环境安全的突出土壤污染问题为重点，制定土壤污染治理与修复规划，明确重点任务、责任单位和分年度实施计划，建立项目库，2017年底前完成。规划报环境保护部备案。京津冀、长三角、珠三角地区要率先完成。（环境保护部牵头，国土资源部、住房城乡建设部、农业部等参与）

（二十三）有序开展治理与修复。确定治理与修复重点。各地要结合城市环境质量提升和发展布局调整，以拟开发建设居住、商业、学校、医疗和养老机构等项目的污染地块为重点，开展治理与修复。在江西、湖北、湖南、广东、广西、四川、贵州、云南等省份污染耕地集中区域优先组织开展治理与修复；其他省份要根据耕地土壤污染程度、环境风险及其影响范围，确定治理与修复的重点区域。到2020年，受污染耕地治理与修复面积达到1000万亩。（国土资源部、农业部、环境保护部牵头，住房城乡建设部参与）

强化治理与修复工程监管。治理与修复工程原则上在原址进行，并采取必要措施防止污染土壤挖掘、堆存等造成二次污染；需要转运污染土壤的，有关责任单位要将运输时间、方式、线路和污染土壤数量、去向、最终处置措施等，提前向所在地和接收地环境保护部门报告。工程施工期间，责任单位要设立公告牌，公开工程基本情况、环境影响及其防范措施；所在地环境保护部门要对各项环境保护措施落实情况进行检查。工程完工后，责任单位要委托第三方机构对治理与修复效果进行评估，结果向社会公开。实行土壤污染治理与修复终身责任制，2017 年底前，出台有关责任追究办法。（环境保护部牵头，国土资源部、住房城乡建设部、农业部参与）

（二十四）监督目标任务落实。各省级环境保护部门要定期向环境保护部报告土壤污染治理与修复工作进展；环境保护部要会同有关部门进行督导检查。各省（区、市）要委托第三方机构对本行政区域各县（市、区）土壤污染治理与修复成效进行综合评估，结果向社会公开。2017 年底前，出台土壤污染治理与修复成效评估办法。（环境保护部牵头，国土资源部、住房城乡建设部、农业部参与）

八、加大科技研发力度，推动环境保护产业发展

（二十五）加强土壤污染防治研究。整合高等学校、研究机构、企业等科研资源，开展土壤环境基准、土壤环境容量与承载能力、污染物迁移转化规律、污染生态效应、重金属低积累作物和修复植物筛选，以及土壤污染与农产品质量、人体健康关系等方面基础研究。推进土壤污染诊断、风险管控、治理与修复等共性关键技术研究，研发先进适用装备和高效低成本功能材料（药剂），强化卫星遥感技术应用，建设一批土壤污染防治实验室、科研基地。优化整合科技计划（专项、基金等），支持土壤污染防治研究。（科技部牵头，国家发展改革委、教育部、工业和信息化部、国土资源部、环境保护部、住房城乡建设部、农业部、国家卫生计生委、国家林业局、中科院等参与）

（二十六）加大适用技术推广力度。建立健全技术体系。综合土壤污染类型、程度和区域代表性，针对典型受污染农用地、污染地块，分批实施 200 个土壤污染治理与修复技术应用试点项目，2020 年底前完成。根据试点情况，比选形成一批易推广、成本低、效果好的适用技术。（环境保护部、财政部牵头，科技部、国土资源部、住房城乡建设部、农业部等参与）

加快成果转化应用。完善土壤污染防治科技成果转化机制，建成以环保为主导产业的高新技术产业开发区等一批成果转化平台。2017 年底前，发布鼓励发展的土壤污染防治重大技术装备目录。开展国际合作研究与技术交流，引进消化土壤污染风险识别、土壤污染物快速检测、土壤及地下水污染阻隔等风险管控先进技术和管理经验。(科技部牵头,国家发展改革委、教育部、工业和信息化部、国土资源部、环境保护部、住房城乡建设部、农业部、中科院等参与)

(二十七)推动治理与修复产业发展。放开服务性监测市场,鼓励社会机构参与土壤环境监测评估等活动。通过政策推动,加快完善覆盖土壤环境调查、分析测试、风险评估、治理与修复工程设计和施工等环节的成熟产业链,形成若干综合实力雄厚的龙头企业,培育一批充满活力的中小企业。推动有条件的地区建设产业化示范基地。规范土壤污染治理与修复从业单位和人员管理,建立健全监督机制,将技术服务能力弱、运营管理水平低、综合信用差的从业单位名单通过企业信用信息公示系统向社会公开。发挥"互联网+"在土壤污染治理与修复全产业链中的作用,推进大众创业、万众创新。(国家发展改革委牵头,科技部、工业和信息化部、国土资源部、环境保护部、住房城乡建设部、农业部、商务部、工商总局等参与)

九、发挥政府主导作用,构建土壤环境治理体系

(二十八)强化政府主导。完善管理体制。按照"国家统筹、省负总责、市县落实"原则,完善土壤环境管理体制,全面落实土壤污染防治属地责任。探索建立跨行政区域土壤污染防治联动协作机制。(环境保护部牵头,国家发展改革委、科技部、工业和信息化部、财政部、国土资源部、住房城乡建设部、农业部等参与)

加大财政投入。中央和地方各级财政加大对土壤污染防治工作的支持力度。中央财政整合重金属污染防治专项资金等,设立土壤污染防治专项资金,用于土壤环境调查与监测评估、监督管理、治理与修复等工作。各地应统筹相关财政资金,通过现有政策和资金渠道加大支持,将农业综合开发、高标准农田建设、农田水利建设、耕地保护与质量提升、测土配方施肥等涉农资金,更多用于优先保护类耕地集中的县(市、区)。有条件的省(区、市)可对优先保护类耕地面积增加的县(市、区)予以适当奖励。统筹安排专项建设基金,支持企业对涉重金属落后生产工艺和设备进行技术改造。(财政部牵头,国家发展改革委、工业和信息化部、国土资源部、环境保护部、水利部、农业部等参与)

完善激励政策。各地要采取有效措施,激励相关企业参与土壤污染治理与修复。研究制定扶持有机肥生产、废弃农膜综合利用、农药包装废弃物回收处理等企业的激励政策。在农药、化肥等行业,开展环保领跑者制度试点。(财政部牵头,国家发展改革委、工业和信息化部、国土资源部、环境保护部、住房城乡建设部、农业部、税务总局、供销合作总社等参与)

建设综合防治先行区。2016 年底前,在浙江省台州市、湖北省黄石市、湖南省常德市、广东省韶关市、广西壮族自治区河池市和贵州省铜仁市启动土壤污染综合防治先行区建设，重点在土壤污染源头预防、风险管控、治理与修复、监管能力建设等方面进行探索，力争到2020年先行区土壤环境质量得到明显改善。有关地方人民政府要编制先行区建设方案，按程序报环境保护部、财政部备案。京津冀、长三角、珠三角等地区可因地制宜开展先行区建设。（环境保护部、财政部牵头，国家发展改革委、国土资源部、住房城乡建设部、农业部、国家林业局等参与）

（二十九）发挥市场作用。通过政府和社会资本合作（PPP）模式，发挥财政资金撬动功能，带动更多社会资本参与土壤污染防治。加大政府购买服务力度，推动受污染耕地和以政府为责任主体的污染地块治理与修复。积极发展绿色金融，发挥政策性和开发性金融机构引导作用，为重大土壤污染防治项目提供支持。鼓励符合条件的土壤污染治理与修复企业发行股票。探索通过发行债券推进土壤污染治理与修复，在土壤污染综合防治先行区开展试点。有序开展重点行业企业环境污染强制责任保险试点。（国家发展改革委、环境保护部牵头，财政部、人民银行、银监会、证监会、保监会等参与）

（三十）加强社会监督。推进信息公开。根据土壤环境质量监测和调查结果，适时发布全国土壤环境状况。各省（区、市）人民政府定期公布本行政区域各地级市（州、盟）土壤环境状况。重点行业企业要依据有关规定，向社会公开其产生的污染物名称、排放方式、排放浓度、排放总量，以及污染防治设施建设和运行情况。（环境保护部牵头，国土资源部、住房城乡建设部、农业部等参与）

引导公众参与。实行有奖举报，鼓励公众通过“12369”环保举报热线、信函、电子邮件、政府网站、微信平台等途径，对乱排废水、废气，乱倒废渣、污泥等污染土壤的环境违法行为进行监督。有条件的地方可根据需要聘请环境保护义务监督员，参与现场环境执法、土壤污染事件调查处理等。鼓励种粮大户、家庭农场、农民合作社以及民间环境保护机构参与土壤污染防治工作。（环境保护部牵头，国土资源部、住房城乡建设部、农业部等参与）

推动公益诉讼。鼓励依法对污染土壤等环境违法行为提起公益诉讼。开展检察机关提起公益诉讼改革试点的地区，检察机关可以以公益诉讼人的身份，对污染土壤等损害社会公共利益的行为提起民事公益诉讼；也可以对负有土壤污染防治职责的行政机关，因违法行使职权或者不作为造成国家和社会公共利益受到侵害的行为提起行政公益诉讼。地方各级人民政府和有关部门应当积极配合司法机关的相关案件办理工作和检察机关的监督工作。（最高人民检察院、最高人民法院牵头，国土资源部、环境保护部、住房城乡建设部、

水利部、农业部、国家林业局等参与)

(三十一)开展宣传教育。制定土壤环境保护宣传教育工作方案。制作挂图、视频,出版科普读物,利用互联网、数字化放映平台等手段,结合世界地球日、世界环境日、世界土壤日、世界粮食日、全国土地日等主题宣传活动,普及土壤污染防治相关知识,加强法律法规政策宣传解读,营造保护土壤环境的良好社会氛围,推动形成绿色发展方式和生活方式。把土壤环境保护宣传教育融入党政机关、学校、工厂、社区、农村等的环境宣传和培训工作。鼓励支持有条件的高等学校开设土壤环境专门课程。(环境保护部牵头,中央宣传部、教育部、国土资源部、住房城乡建设部、农业部、新闻出版广电总局、国家网信办、国家粮食局、中国科协等参与)

十、加强目标考核,严格责任追究

(三十二)明确地方政府主体责任。地方各级人民政府是实施本行动计划的主体,要于2016年底前分别制定并公布土壤污染防治工作方案,确定重点任务和工作目标。要加强组织领导,完善政策措施,加大资金投入,创新投融资模式,强化监督管理,抓好工作落实。各省(区、市)工作方案报国务院备案。(环境保护部牵头,国家发展改革委、财政部、国土资源部、住房城乡建设部、农业部等参与)

(三十三)加强部门协调联动。建立全国土壤污染防治工作协调机制,定期研究解决重大问题。各有关部门要按照职责分工,协同做好土壤污染防治工作。环境保护部要抓好统筹协调,加强督促检查,每年2月底前将上年度工作进展情况向国务院报告。(环境保护部牵头,国家发展改革委、科技部、工业和信息化部、财政部、国土资源部、住房城乡建设部、水利部、农业部、国家林业局等参与)

(三十四)落实企业责任。有关企业要加强内部管理,将土壤污染防治纳入环境风险防控体系,严格依法依规建设和运营污染治理设施,确保重点污染物稳定达标排放。造成土壤污染的,应承担损害评估、治理与修复的法律责任。逐步建立土壤污染治理与修复企业行业自律机制。国有企业特别是中央企业要带头落实。(环境保护部牵头,工业和信息化部、国务院国资委等参与)

(三十五)严格评估考核。实行目标责任制。2016年底前,国务院与各省(区、市)人民政府签订土壤污染防治目标责任书,分解落实目标任务。分年度对各省(区、市)重点工作进展情况进行评估,2020年对本行动计划实施情况进行考核,评估和考核结果作为对领导班子和领导干部综合考核评价、自然资源资产离任审计的重要依据。(环境保护部牵头,中央组织部、审计署参与)

评估和考核结果作为土壤污染防治专项资金分配的重要参考依据。(财

政部牵头，环境保护部参与）

对年度评估结果较差或未通过考核的省（区、市），要提出限期整改意见，整改完成前，对有关地区实施建设项目环评限批；整改不到位的，要约谈有关省级人民政府及其相关部门负责人。对土壤环境问题突出、区域土壤环境质量明显下降、防治工作不力、群众反映强烈的地区，要约谈有关地市级人民政府和省级人民政府相关部门主要负责人。对失职渎职、弄虚作假的，区分情节轻重，予以诫勉、责令公开道歉、组织处理或党纪政纪处分；对构成犯罪的，要依法追究刑事责任，已经调离、提拔或者退休的，也要终身追究责任。（环境保护部牵头，中央组织部、监察部参与）

我国正处于全面建成小康社会决胜阶段，提高环境质量是人民群众的热切期盼，土壤污染防治任务艰巨。各地区、各有关部门要认清形势，坚定信心，狠抓落实，切实加强污染治理和生态保护，如期实现全国土壤污染防治目标，确保生态环境质量得到改善、各类自然生态系统安全稳定，为建设美丽中国、实现“两个一百年”奋斗目标和中华民族伟大复兴的中国梦作出贡献。

国务院部门规章

代理记账管理办法

（2016年2月16日财政部令第80号公布　自2016年5月1日起施行）

第一条　为了加强代理记账资格管理，规范代理记账活动，促进代理记账行业健康发展，根据《中华人民共和国会计法》等法律、行政法规，制定本办法。

第二条　代理记账资格的申请、取得和管理，以及代理记账机构从事代理记账业务，适用本办法。

本办法所称代理记账机构是指依法取得代理记账资格，从事代理记账业务的机构。

本办法所称代理记账是指代理记账机构接受委托办理会计业务。

第三条　除会计师事务所以外的机构从事代理记账业务应当经县级以上地方人民政府财政部门（以下简称审批机关）批准，领取由财政部统一规定样式的代理记账许可证书。具体审批机关由省、自治区、直辖市、计划单列市人民政府财政部门确定。

会计师事务所及其分所可以依法从事代理记账业务。

第四条　符合下列条件的机构可以申请代理记账资格：

（一）为依法设立的企业；

（二）持有会计从业资格证书的专职从业人员不少于3名；

（三）主管代理记账业务的负责人具有会计师以上专业技术职务资格且为专职从业人员；

（四）有健全的代理记账业务内部规范。

第五条　申请代理记账资格的机构，应当向所在地的审批机关提交申请报告并附送下列材料：

（一）营业执照复印件；

（二）从业人员会计从业资格证书，主管代理记账业务的负责人具备会计师以上专业技术职务资格的证明；

（三）专职从业人员在本机构专职从业的书面承诺；

（四）代理记账业务内部规范。

第六条 审批机关审批代理记账资格应当按照下列程序办理：

（一）申请人提交的申请材料不齐全或不符合规定形式的，应当在5日内一次告知申请人需要补正的全部内容，逾期不告知的，自收到申请材料之日起即视为受理；申请人提交的申请材料齐全、符合规定形式的，或者申请人按照要求提交全部补正申请材料的，应当受理申请。

（二）受理申请后应当按照规定对申请材料进行审核，并自受理申请之日起20日内作出批准或者不予批准的决定。20日内不能作出决定的，经本审批机关负责人批准可延长10日，并应当将延长期限的理由告知申请人。

（三）作出批准决定的，应当自作出决定之日起10日内向申请人发放代理记账许可证书，并向社会公示。

（四）作出不予批准决定的，应当自作出决定之日起10日内书面通知申请人。书面通知应当说明不予批准的理由，并告知申请人享有依法申请行政复议或者提起行政诉讼的权利。

第七条 申请人应当自取得代理记账许可证书之日起20日内通过企业信用信息公示系统向社会公示。

第八条 代理记账机构名称、主管代理记账业务的负责人发生变更，设立或撤销分支机构，跨原审批机关管辖地迁移办公地点的，应当自作出变更决定或变更之日起30日内依法向审批机关办理变更登记，并应当自变更登记完成之日起20日内通过企业信用信息公示系统向社会公示。

代理记账机构变更名称的，应当向审批机关提交营业执照复印件，领取新的代理记账许可证书，并同时交回原代理记账许可证书。

代理记账机构跨原审批机关管辖地迁移办公地点的，迁出地审批机关应当及时将代理记账机构的相关信息及材料移交迁入地审批机关。

第九条 代理记账机构设立分支机构的，分支机构应当及时向其所在地的审批机关办理备案登记。

分支机构名称、主管代理记账业务的负责人发生变更的，分支机构应当按照要求向其所在地的审批机关办理变更登记。

代理记账机构应当在人事、财务、业务、技术标准、信息管理等方面对其设立的分支机构进行实质性的统一管理，并对分支机构的业务活动、执业质量和债务承担法律责任。

第十条 未设置会计机构或配备会计人员的单位，应当委托代理记账机构办理会计业务。

第十一条 代理记账机构可以接受委托办理下列业务：

（一）根据委托人提供的原始凭证和其他相关资料，按照国家统一的会计制度的规定进行会计核算，包括审核原始凭证、填制记账凭证、登记会计账簿、编制财务会计报告等；

（二）对外提供财务会计报告；

（三）向税务机关提供税务资料；

（四）委托人委托的其他会计业务。

第十二条 委托人委托代理记账机构代理记账，应当在相互协商的基础上，订立书面委托合同。委托合同除应具备法律规定的基本条款外，应当明确下列内容：

（一）双方对会计资料真实性、完整性各自应当承担的责任；

（二）会计资料传递程序和签收手续；

（三）编制和提供财务会计报告的要求；

（四）会计档案的保管要求及相应的责任；

（五）终止委托合同应当办理的会计业务交接事宜。

第十三条 委托人应当履行下列义务：

（一）对本单位发生的经济业务事项，应当填制或者取得符合国家统一的会计制度规定的原始凭证；

（二）应当配备专人负责日常货币收支和保管；

（三）及时向代理记账机构提供真实、完整的原始凭证和其他相关资料；

（四）对于代理记账机构退回的，要求按照国家统一的会计制度的规定进行更正、补充的原始凭证，应当及时予以更正、补充。

第十四条 代理记账机构及其从业人员应当履行下列义务：

（一）遵守有关法律、法规和国家统一的会计制度的规定，按照委托合同办理代理记账业务；

（二）对在执行业务中知悉的商业秘密予以保密；

（三）对委托人要求其作出不当的会计处理，提供不实的会计资料，以及其他不符合法律、法规和国家统一的会计制度行为的，予以拒绝；

（四）对委托人提出的有关会计处理相关问题予以解释。

第十五条 代理记账机构为委托人编制的财务会计报告，经代理记账机构负责人和委托人负责人签名并盖章后，按照有关法律、法规和国家统一的会计制度的规定对外提供。

第十六条 县级以上人民政府财政部门对代理记账机构及其从事代理记账业务情况实施监督检查。

第十七条 代理记账机构应当于每年4月30日之前,向审批机关报送下列材料:

(一)代理记账机构基本情况表(附表);

(二)专职从业人员变动情况。

代理记账机构设立分支机构的,分支机构应当于每年4月30日之前向其所在地的审批机关报送上述材料。

第十八条 代理记账机构采取欺骗、贿赂等不正当手段取得代理记账资格的,由审批机关撤销其资格。

第十九条 代理记账机构在经营期间达不到本办法规定的资格条件的,审批机关发现后,应当责令其在60日内整改;逾期仍达不到规定条件的,由审批机关撤销其代理记账资格。

第二十条 代理记账机构有下列情形之一的,审批机关应当办理注销手续,收回代理记账许可证书并予以公告:

(一)代理记账机构依法终止的;

(二)代理记账资格被依法撤销或撤回的;

(三)法律、法规规定的应当注销的其他情形。

第二十一条 代理记账机构违反本办法第七条、第八条、第九条、第十四条、第十七条规定,以及违反第五条第三项规定、作出不实承诺的,由县级以上人民政府财政部门责令其限期改正,拒不改正的,列入重点关注名单,并向社会公示,提醒其履行有关义务;情节严重的,由县级以上人民政府财政部门按照有关法律、法规给予行政处罚,并向社会公示。

第二十二条 代理记账机构从业人员在办理业务中违反会计法律、法规和国家统一的会计制度的规定,造成委托人会计核算混乱、损害国家和委托人利益的,由县级以上人民政府财政部门依据《中华人民共和国会计法》等有关法律、法规的规定处理。

代理记账机构有前款行为的,县级以上人民政府财政部门应当责令其限期改正,并给予警告;有违法所得的,可以处违法所得3倍以下罚款,但最高不得超过3万元;没有违法所得的,可以处1万元以下罚款。

第二十三条 委托人故意向代理记账机构隐瞒真实情况或者委托人会同代理记账机构共同提供虚假会计资料的,应当承担相应法律责任。

第二十四条 未经批准从事代理记账业务的,由县级以上人民政府财政部门按照有关法律、法规予以查处。

第二十五条 县级以上人民政府财政部门及其工作人员在代理记账资格管理过程中,滥用职权、玩忽职守、徇私舞弊的,依法给予行政处分;涉嫌犯罪的，移送司法机关处理。

第二十六条 代理记账机构依法成立的行业组织，应当维护会员合法权益，建立会员诚信档案，规范会员代理记账行为，推动代理记账信息化建设。

代理记账行业组织应当接受县级以上人民政府财政部门的指导和监督。

第二十七条 本办法规定的“5日”、“10日”、“20日”、“30日”均指工作日。

第二十八条 省级人民政府财政部门可以根据本办法制定具体实施办法，报财政部备案。

第二十九条 外商投资企业申请代理记账资格，从事代理记账业务按照本办法和其他有关规定办理。

第三十条 本办法自2016年5月1日起施行，财政部2005年1月22日发布的《代理记账管理办法》（财政部令第27号）同时废止。

附表

代理记账机构基本情况表

______年度

代理记账机构（分支机构）基本信息			
代理记账许可证书编号		发证日期	
机构名称		组织形式	
注册号/统一社会信用代码		成立日期	
注册资本/出资总额（万元）		企业类型	
办公地址（与注册地不一致时填写实际办公地址）		邮政编码	
机构负责人姓名		机构负责人身份证号	
股东/合伙人数量		机构人员数量	
联系人姓名		联系电话	
传真号码		电子邮箱	
本年度业务总收入（万元）		其中：代理记账业务收入（万元）	

续表

<table>
<tr><td colspan="2">代理客户数量</td><td colspan="2"></td><td colspan="2">分支机构数量</td><td></td></tr>
<tr><td colspan="7">代理记账业务负责人信息</td></tr>
<tr><td colspan="2">业务负责人姓名</td><td></td><td>会计专业技术资格证书管理</td><td></td><td>资格等级</td><td></td></tr>
<tr><td colspan="7">专职从业人员信息</td></tr>
<tr><td>姓名</td><td colspan="2">会计从业资格证书档案号</td><td colspan="2">会计专业技术资格证书管理号</td><td colspan="2">资格等级</td></tr>
<tr><td></td><td colspan="2"></td><td colspan="2"></td><td colspan="2"></td></tr>
<tr><td></td><td colspan="2"></td><td colspan="2"></td><td colspan="2"></td></tr>
<tr><td></td><td colspan="2"></td><td colspan="2"></td><td colspan="2"></td></tr>
<tr><td colspan="7">我机构保证本表所填内容全部属实
代理记账机构负责人签名(或签章):
代理记账机构盖章
年　月　日</td></tr>
</table>

注:1.“组织形式”栏根据以下选择填写:有限责任公司、股份有限公司、分公司、非公司企业法人、企业非法人分支机构、个人独资企业、普通合伙企业、特殊普通合伙企业、有限合伙企业。

2.“企业类型”栏根据以下选择填写:内资企业、外商投资企业、港澳商投资企业、台商投资企业。

3. 分支机构填写时,代理记账许可证书编号及发证日期填写总部机构的证书信息;表中部分栏目对分支机构不适用的,分支机构可不用填写。

医疗器械临床试验质量管理规范

（2016年3月1日国家食品药品监督管理总局、国家卫生和计划生育委员会令第25号公布　自2016年6月1日起施行）

第一章　总　　则

第一条　为加强对医疗器械临床试验的管理，维护医疗器械临床试验过程中受试者权益，保证医疗器械临床试验过程规范，结果真实、科学、可靠和可追溯，根据《医疗器械监督管理条例》，制定本规范。

第二条　在中华人民共和国境内开展医疗器械临床试验，应当遵循本规范。

本规范涵盖医疗器械临床试验全过程，包括临床试验的方案设计、实施、监查、核查、检查，以及数据的采集、记录，分析总结和报告等。

第三条　本规范所称医疗器械临床试验，是指在经资质认定的医疗器械临床试验机构中，对拟申请注册的医疗器械在正常使用条件下的安全性和有效性进行确认或者验证的过程。

第四条　医疗器械临床试验应当遵循依法原则、伦理原则和科学原则。

第五条　省级以上食品药品监督管理部门负责对医疗器械临床试验的监督管理。

卫生计生主管部门在职责范围内加强对医疗器械临床试验的管理。

食品药品监督管理部门、卫生计生主管部门应当建立医疗器械临床试验质量管理信息通报机制，加强第三类医疗器械、列入国家大型医用设备配置管理品目的医疗器械开展临床试验审批情况以及相应的临床试验监督管理数据的信息通报。

第二章　临床试验前准备

第六条　进行医疗器械临床试验应当有充分的科学依据和明确的试验目的，并权衡对受试者和公众健康预期的受益以及风险，预期的受益应当超过可能出现的损害。

第七条　临床试验前，申办者应当完成试验用医疗器械的临床前研究，包括产品设计(结构组成、工作原理和作用机理、预期用途以及适用范围、适用的技术要求)和质量检验、动物试验以及风险分析等,且结果应当能够支持该项临床试验。质量检验结果包括自检报告和具有资质的检验机构出具的一年内的产品注册检验合格报告。

第八条 临床试验前,申办者应当准备充足的试验用医疗器械。试验用医疗器械的研制应当符合适用的医疗器械质量管理体系相关要求。

第九条 医疗器械临床试验应当在两个或者两个以上医疗器械临床试验机构中进行。

所选择的试验机构应当是经资质认定的医疗器械临床试验机构,且设施和条件应当满足安全有效地进行临床试验的需要。研究者应当具备承担该项临床试验的专业特长、资格和能力,并经过培训。

医疗器械临床试验机构资质认定管理办法由国家食品药品监督管理总局会同国家卫生和计划生育委员会另行制定。

第十条 临床试验前,申办者与临床试验机构和研究者应当就试验设计、试验质量控制、试验中的职责分工、申办者承担的临床试验相关费用以及试验中可能发生的伤害处理原则等达成书面协议。

第十一条 临床试验应当获得医疗器械临床试验机构伦理委员会的同意。列入需进行临床试验审批的第三类医疗器械目录的,还应当获得国家食品药品监督管理总局的批准。

第十二条 临床试验前,申办者应当向所在地省、自治区、直辖市食品药品监督管理部门备案。

接受备案的食品药品监督管理部门应当将备案情况通报临床试验机构所在地的同级食品药品监督管理部门以及卫生计生主管部门。

第三章　受试者权益保障

第十三条 医疗器械临床试验应当遵循《世界医学大会赫尔辛基宣言》确定的伦理准则。

第十四条 伦理审查与知情同意是保障受试者权益的主要措施。

参与临床试验的各方应当按照试验中各自的职责承担相应的伦理责任。

第十五条 申办者应当避免对受试者、临床试验机构和研究者等临床试验参与者或者相关方产生不当影响或者误导。

临床试验机构和研究者应当避免对受试者、申办者等临床试验参与者或者相关方产生不当影响或者误导。

第十六条　申办者、临床试验机构和研究者不得夸大参与临床试验的补偿措施,误导受试者参与临床试验。

第十七条　临床试验前,申办者应当通过研究者和临床试验机构的医疗器械临床试验管理部门向伦理委员会提交下列文件:

(一)临床试验方案;

(二)研究者手册;

(三)知情同意书文本和其他任何提供给受试者的书面材料;

(四)招募受试者和向其宣传的程序性文件;

(五)病例报告表文本;

(六)自检报告和产品注册检验报告;

(七)研究者简历、专业特长、能力、接受培训和其他能够证明其资格的文件;

(八)临床试验机构的设施和条件能够满足试验的综述;

(九)试验用医疗器械的研制符合适用的医疗器械质量管理体系相关要求的声明;

(十)与伦理审查相关的其他文件。

伦理委员会应当秉承伦理和科学的原则,审查和监督临床试验的实施。

第十八条　在临床试验过程中发生下列情况之一的,研究者应当及时向临床试验机构的医疗器械临床试验管理部门报告,并经其及时通报申办者、报告伦理委员会:

(一)严重不良事件;

(二)进度报告,包括安全性总结和偏离报告;

(三)对伦理委员会已批准文件的任何修订,不影响受试者权益、安全和健康,或者与临床试验目的或终点不相关的非实质性改变无需事前报告,但事后应当书面告知;

(四)暂停、终止或者暂停后请求恢复临床试验;

(五)影响受试者权益、安全和健康或者临床试验科学性的临床试验方案偏离,包括请求偏离和报告偏离。

为保护受试者权益、安全和健康,在紧急情况下发生的偏离无法及时报告的,应当在事后以书面形式尽快按照相关规定报告。

第十九条　临床试验过程中,如修订临床试验方案以及知情同意书等文件、请求偏离、恢复已暂停临床试验,应当在获得伦理委员会的书面批准后方可继续实施。

第二十条　应当尽量避免选取未成年人、孕妇、老年人、智力障碍人员、处于生命危急情况的患者等作为受试者；确需选取时，应当遵守伦理委员会提出的有关附加要求，在临床试验中针对其健康状况进行专门设计，并应当有益于其健康。

第二十一条 在受试者参与临床试验前，研究者应当充分向受试者或者无民事行为能力人、限制民事行为能力人的监护人说明临床试验的详细情况，包括已知的、可以预见的风险和可能发生的不良事件等。经充分和详细解释后由受试者或者其监护人在知情同意书上签署姓名和日期，研究者也需在知情同意书上签署姓名和日期。

第二十二条 知情同意书一般应当包括下列内容以及对事项的说明：

（一）研究者的姓名以及相关信息；

（二）临床试验机构的名称；

（三）试验名称、目的、方法、内容；

（四）试验过程、期限；

（五）试验的资金来源、可能的利益冲突；

（六）预期受试者可能的受益和已知的、可以预见的风险以及可能发生的不良事件；

（七）受试者可以获得的替代诊疗方法以及其潜在受益和风险的信息；

（八）需要时，说明受试者可能被分配到试验的不同组别；

（九）受试者参加试验应当是自愿的，且在试验的任何阶段有权退出而不会受到歧视或者报复，其医疗待遇与权益不受影响；

（十）告知受试者参加试验的个人资料属于保密，但伦理委员会、食品药品监督管理部门、卫生计生主管部门或者申办者在工作需要时按照规定程序可以查阅受试者参加试验的个人资料；

（十一）如发生与试验相关的伤害，受试者可以获得治疗和经济补偿；

（十二）受试者在试验期间可以随时了解与其有关的信息资料；

（十三）受试者在试验期间可能获得的免费诊疗项目和其他相关补助。

知情同意书应当采用受试者或者监护人能够理解的语言和文字。知情同意书不应当含有会引起受试者放弃合法权益以及免除临床试验机构和研究者、申办者或者其代理人应当负责任的内容。

第二十三条 获得知情同意还应当符合下列要求：

（一）对无行为能力的受试者，如果伦理委员会原则上同意、研究者认为受试者参加临床试验符合其自身利益时，也可以进入临床试验，但试验前应当由其监护人签名并注明日期；

（二）受试者或者其监护人均无阅读能力时，在知情过程中应当有一名见证人在场，经过详细解释知情同意书后，见证人阅读知情同意书与口头知情内容一致，由受试者或者其监护人口头同意后，见证人在知情同意书上签名并注明日期，见证人的签名与研究者的签名应当在同一天；

（三）未成年人作为受试者，应当征得其监护人的知情同意并签署知情同意书，未成年人能对是否参加试验作出意思表示的，还应当征得其本人同意；

（四）如发现涉及试验用医疗器械的重要信息或者预期以外的临床影响，应当对知情同意书相关内容进行修改，修改的知情同意书经伦理委员会认可后，应当由受试者或者其监护人重新签名确认。

第二十四条 知情同意书应当注明制定的日期或者修订后版本的日期。如知情同意书在试验过程中有修订，修订版的知情同意书执行前需再次经伦理委员会同意。修订版的知情同意书报临床试验机构后，所有未结束试验流程的受试者如受影响，都应当签署新修订的知情同意书。

第二十五条 受试者有权在临床试验的任何阶段退出并不承担任何经济责任。

第四章 临床试验方案

第二十六条 开展医疗器械临床试验，申办者应当按照试验用医疗器械的类别、风险、预期用途等组织制定科学、合理的临床试验方案。

第二十七条 未在境内外批准上市的新产品，安全性以及性能尚未经医学证实的，临床试验方案设计时应当先进行小样本可行性试验，待初步确认其安全性后，再根据统计学要求确定样本量开展后续临床试验。

第二十八条 医疗器械临床试验方案应当包括下列内容：

（一）一般信息；

（二）临床试验的背景资料；

（三）试验目的；

（四）试验设计；

（五）安全性评价方法；

（六）有效性评价方法；

（七）统计学考虑；

（八）对临床试验方案修正的规定；

（九）对不良事件和器械缺陷报告的规定；

（十）直接访问源数据、文件；

（十一）临床试验涉及的伦理问题和说明以及知情同意书文本；

（十二）数据处理与记录保存；

（十三）财务和保险；

（十四）试验结果发表约定。

上述部分内容可以包括在方案的其他相关文件如研究者手册中。临床试验机构的具体信息、试验结果发表约定、财务和保险可以在试验方案中表述，也可以另行制定协议加以规定。

第二十九条 多中心临床试验由多位研究者按照同一试验方案在不同的临床试验机构中同期进行。其试验方案的设计和实施应当至少包括以下内容：

（一）试验方案由申办者组织制定并经各临床试验机构以及研究者共同讨论认定，且明确牵头单位临床试验机构的研究者为协调研究者；

（二）协调研究者负责临床试验过程中各临床试验机构间的工作协调，在临床试验前期、中期和后期组织研究者会议，并与申办者共同对整个试验的实施负责；

（三）各临床试验机构原则上应当同期开展和结束临床试验；

（四）各临床试验机构试验样本量以及分配、符合统计分析要求的理由；

（五）申办者和临床试验机构对试验培训的计划与培训记录要求；

（六）建立试验数据传递、管理、核查与查询程序，尤其明确要求各临床试验机构试验数据有关资料应当由牵头单位集中管理与分析；

（七）多中心临床试验结束后，各临床试验机构研究者应当分别出具临床试验小结，连同病历报告表按规定经审核后交由协调研究者汇总完成总结报告。

第五章 伦理委员会职责

第三十条 医疗器械临床试验机构伦理委员会应当至少由5名委员组成，包括医学专业人员、非医学专业人员，其中应当有不同性别的委员。非医学专业委员中至少有一名为法律工作者，一名为该临床试验机构以外的人员。伦理委员会委员应当具有评估和评价该项临床试验的科学、医学和伦理学等方面的资格或者经验。所有委员应当熟悉医疗器械临床试验的伦理准则和相关规定，并遵守伦理委员会的章程。

第三十一条 医疗器械伦理委员会应当遵守《世界医学大会赫尔辛基宣言》伦理准则和食品药品监督管理部门的规定，建立相应的工作程序并形成文件，按照工作程序履行职责。

伦理委员会中独立于研究者和申办者的委员有权发表意见并参与有关试验的表决。

第三十二条 伦理委员会召开会议应当事先通知，参加评审和表决人数不能少于5人，作出任何决定应当由伦理委员会组成成员半数以上通过。

研究者可以提供有关试验的任何方面的信息，但不应当参与评审、投票或者发表意见。

伦理委员会在审查某些特殊试验时，可以邀请相关领域的专家参加。

第三十三条 伦理委员会应当从保障受试者权益的角度严格审议试验方案以及相关文件，并应当重点关注下列内容：

（一）研究者的资格、经验以及是否有充分的时间参加该临床试验。

（二）临床试验机构的人员配备以及设备条件等是否符合试验要求。

（三）受试者可能遭受的风险程度与试验预期的受益相比是否合适。

（四）试验方案是否充分考虑了伦理原则，是否符合科学性，包括研究目的是否适当、受试者的权益是否得到保障、其他人员可能遭受风险的保护以及受试者入选的方法是否科学。

（五）受试者入选方法，向受试者或者其监护人提供的有关本试验的信息资料是否完整、受试者是否可以理解，获取知情同意书的方法是否适当；必要时，伦理委员会应当组织受试人群代表对资料的可理解程度进行测试，评估知情同意是否适当，评估结果应当书面记录并保存至临床试验结束后10年。

（六）受试者若发生与临床试验相关的伤害或者死亡，给予的治疗和保险措施是否充分。

（七）对试验方案提出的修改意见是否可以接受。

（八）是否能够在临床试验进行中定期分析评估对受试者的可能危害。

（九）对试验方案的偏离可能影响受试者权益、安全和健康，或者影响试验的科学性、完整性，是否可以接受。

第三十四条 多中心临床试验的伦理审查应当由牵头单位伦理委员会负责建立协作审查工作程序，保证审查工作的一致性和及时性。

各临床试验机构试验开始前应当由牵头单位伦理委员会负责审查试验方案的伦理合理性和科学性，参加试验的其他临床试验机构伦理委员会在接受牵头单位伦理委员会审查意见的前提下，可以采用会议审查或者文件审查的方式，审查该项试验在本临床试验机构的可行性，包括研究者的资格与经验、设备与条件等，一般情况下不再对试验方案设计提出修改意见，但是有权不批准在其临床试验机构进行试验。

第三十五条 伦理委员会接到医疗器械临床试验的申请后应当召开会

议，审阅讨论，签发书面意见、盖章，并附出席会议的人员名单、专业以及本人签名。伦理委员会的意见可以是：

（一）同意；

（二）作必要的修改后同意；

（三）不同意；

（四）暂停或者终止已批准的试验。

第三十六条 伦理委员会应当对本临床试验机构的临床试验进行跟踪监督，发现受试者权益不能得到保障等情形，可以在任何时间书面要求暂停或者终止该项临床试验。

被暂停的临床试验，未经伦理委员会同意，不得恢复。

第三十七条 伦理委员会应当保留全部有关记录至临床试验完成后至少10年。

第六章 申办者职责

第三十八条 申办者负责发起、申请、组织、监查临床试验，并对临床试验的真实性、可靠性负责。申办者通常为医疗器械生产企业。申办者为境外机构的，应当按规定在我国境内指定代理人。

第三十九条 申办者负责组织制定和修改研究者手册、临床试验方案、知情同意书、病例报告表、有关标准操作规程以及其他相关文件，并负责组织开展临床试验所必需的培训。

第四十条 申办者应当根据试验用医疗器械的特性，在经资质认定的医疗器械临床试验机构中选择试验机构及其研究者。申办者在与临床试验机构签署临床试验协议前，应当向临床试验机构和研究者提供最新的研究者手册以及其他相关文件，以供其决定是否可以承担该项临床试验。

第四十一条 研究者手册应当包括下列主要内容：

（一）申办者、研究者基本信息；

（二）试验用医疗器械的概要说明；

（三）支持试验用医疗器械预期用途和临床试验设计理由的概要和评价；

（四）试验用医疗器械的制造符合适用的医疗器械质量管理体系要求的声明。

第四十二条 申办者在组织临床试验方案的制定中不得夸大宣传试验用医疗器械的机理和疗效。

第四十三条 在临床试验过程中，申办者得到影响临床试验的重要信息时，应当及时对研究者手册以及相关文件进行修改，并通过临床试验机构的医疗器械临床试验管理部门提交伦理委员会审查同意。

第四十四条 申办者应当与临床试验机构和研究者就下列事项达成书面协议：

（一）按照相关法律法规和临床试验方案实施临床试验，并接受监查、核查和检查；

（二）遵循数据记录和报告程序；

（三）保留与试验有关的基本文件不少于法定时间，直至申办者通知临床试验机构和研究者不再需要该文件为止；

（四）申办者得到伦理委员会批准后，负责向临床试验机构和研究者提供试验用医疗器械，并确定其运输条件、储存条件、储存时间、有效期等；

（五）试验用医疗器械应当质量合格，具有易于识别、正确编码以及贴有“试验用”的特殊标识，并按照临床试验方案要求进行适当包装和保存；

（六）申办者应当制定临床试验质量控制相关的标准操作规程，如试验用医疗器械的运输、接收、储存、分发、处理、回收等，供临床试验机构和研究者遵循。

第四十五条 申办者对试验用医疗器械在临床试验中的安全性负责。当发现可能影响受试者安全或者试验实施可能改变伦理委员会对继续试验的批准情况时，申办者应当立即通知所有临床试验机构和研究者，并作出相应处理。

第四十六条 申办者决定暂停或者终止临床试验的，应当在 5 日内通知所有临床试验机构医疗器械临床试验管理部门，并书面说明理由。临床试验机构医疗器械临床试验管理部门应当及时通知相应的研究者、伦理委员会。对暂停的临床试验，未经伦理委员会同意，不得恢复。临床试验结束后，申办者应当书面告知其所在地省、自治区、直辖市食品药品监督管理部门。

第四十七条 申办者应当保证实施临床试验的所有研究者严格遵循临床试验方案，发现临床试验机构和研究者不遵从有关法律法规、本规范和临床试验方案的，应当及时指出并予以纠正；如情况严重或者持续不改，应当终止试验，并向临床试验机构所在地省、自治区、直辖市食品药品监督管理部门和国家食品药品监督管理总局报告。

第四十八条 申办者应当为发生与临床试验相关的伤害或者死亡的受试者承担治疗的费用以及相应的经济补偿，但在诊疗活动中由医疗机构及其医务人员过错造成的损害除外。

第四十九条 申办者应当对临床试验承担监查责任，并选择符合要求的监查员履行监查职责。

监查员人数以及监查的次数取决于临床试验的复杂程度和参与试验的临床试验机构数目。

第五十条 监查员应当有相应的临床医学、药学、生物医学工程、统计学等相关专业背景,并经过必要的培训,熟悉有关法规和本规范,熟悉有关试验用医疗器械的非临床和同类产品临床方面的信息、临床试验方案及其相关的文件。

第五十一条 监查员应当遵循由申办者制定的试验用医疗器械临床试验监查标准操作规程,督促临床试验按照方案实施。具体职责包括:

(一)在试验前确认临床试验机构已具有适当的条件,包括人员配备与培训符合要求,实验室设备齐全、工作情况良好,预期有足够数量的受试者,参与研究人员熟悉试验要求。

(二)在试验前、中、后期监查临床试验机构和研究者是否遵循有关法规、本规范和临床试验方案。

(三)确认每位受试者在参与临床试验前签署知情同意书,了解受试者的入选情况以及试验的进展状况;对研究者未能做到的随访、未进行的试验、未做的检查,以及是否对错误、遗漏做出纠正等,应当清楚、如实记录;对修订的知情同意书,确认未结束临床试验流程并受影响的受试者重新签署。

(四)确认所有病例报告表填写正确,并与原始资料一致;所有错误或者遗漏均已改正或者注明,经研究者签名并注明日期;每一试验的病种、病例总数和病例的性别、年龄、治疗效果等均应当确认并记录。

(五)确认受试者退出临床试验或者不依从知情同意书规定要求的情况记录在案,并与研究者讨论此种情况。

(六)确认所有不良事件、并发症和其他器械缺陷均记录在案,严重不良事件和可能导致严重不良事件的器械缺陷在规定时间内作出报告并记录在案。

(七)监查试验用医疗器械样品的供给、使用、维护以及运输、接收、储存、分发、处理与回收。

(八)监督临床试验过程中相关设备的定期维护和校准。

(九)确保研究者收到的所有临床试验相关文件为最新版本。

(十)每次监查后应当书面报告申办者,报告应当包括监查员姓名、监查日期、监查时间、监查地点、监查内容、研究者姓名、项目完成情况、存在的问题、结论以及对错误、遗漏做出的纠正等。

第五十二条 申办者为保证临床试验的质量,可以组织独立于临床试验、并具有相应培训和经验的核查员对临床试验开展情况进行核查,评估临床试验是否符合试验方案的要求。

核查可以作为申办者临床试验质量管理常规工作的一部分，也可以用于评估监查活动的有效性，或者针对严重的或者反复的临床试验方案偏离、涉嫌造假等情况开展核查。

第五十三条 核查员应当根据临床试验的重要性、受试者数量、临床试验的类型以及复杂性、受试者风险水平等制定核查方案和核查程序。

第五十四条 对于严重不良事件和可能导致严重不良事件的器械缺陷，申办者应当在获知后5个工作日内向所备案的食品药品监督管理部门和同级卫生计生主管部门报告，同时应当向参与试验的其他临床试验机构和研究者通报，并经其医疗器械临床试验管理部门及时通知该临床试验机构的伦理委员会。

第五十五条 申办者若采用电子临床数据库或者远程电子临床数据系统，应当确保临床数据的受控、真实，并形成完整的验证文件。

第五十六条 对于多中心临床试验，申办者应当保证在临床试验前已制定文件，明确协调研究者和其他研究者的职责分工。

第五十七条 对于多中心临床试验，申办者应当按照临床试验方案组织制定标准操作规程，并组织对参与试验的所有研究者进行临床试验方案和试验用医疗器械使用和维护的培训，确保在临床试验方案执行、试验用医疗器械使用方面的一致性。

第五十八条 在多中心临床试验中，申办者应当保证病例报告表的设计严谨合理，能够使协调研究者获得各分中心临床试验机构的所有数据。

第七章 临床试验机构和研究者职责

第五十九条 临床试验机构在接受临床试验前，应当根据试验用医疗器械的特性，对相关资源进行评估，以决定是否接受该临床试验。

第六十条 临床试验机构应当按照与申办者的约定妥善保存临床试验记录和基本文件。

第六十一条 负责临床试验的研究者应当具备下列条件：

（一）在该临床试验机构中具有副主任医师、副教授、副研究员等副高级以上相关专业技术职称和资质；

（二）具有试验用医疗器械所要求的专业知识和经验，必要时应当经过有关培训；

（三）熟悉申办者要求和其所提供的与临床试验有关的资料、文献；

（四）有能力协调、支配和使用进行该项试验的人员和设备，且有能力处理试验用医疗器械发生的不良事件和其他关联事件；

（五）熟悉国家有关法律、法规以及本规范。

第六十二条 临床试验前，临床试验机构的医疗器械临床试验管理部门应当配合申办者向伦理委员会提出申请，并按照规定递交相关文件。

第六十三条 研究者应当确保参与试验的有关工作人员熟悉试验用医疗器械的原理、适用范围、产品性能、操作方法、安装要求以及技术指标，了解该试验用医疗器械的临床前研究资料和安全性资料，掌握临床试验可能产生风险的防范以及紧急处理方法。

第六十四条 研究者应当保证所有临床试验参与人员充分了解临床试验方案、相关规定、试验用医疗器械特性以及与临床试验相关的职责，并确保有足够数量并符合临床试验方案入选标准的受试者进入临床试验、确保有足够的时间在协议约定的试验期内，按照相关规定安全地实施和完成临床试验。

第六十五条 研究者应当保证将试验用医疗器械只用于该临床试验的受试者，并不得收取任何费用。

第六十六条 研究者应当严格遵循临床试验方案，未经申办者和伦理委员会的同意，或者未按照规定经国家食品药品监督管理总局批准，不得偏离方案或者实质性改变方案。但在受试者面临直接危险等需要立即消除的紧急情况下，也可以事后以书面形式报告。

第六十七条 研究者负责招募受试者、与受试者或者其监护人谈话。研究者有责任向受试者说明试验用医疗器械以及临床试验有关的详细情况，告知受试者可能的受益和已知的、可以预见的风险，并取得受试者或者其监护人签字和注明日期的知情同意书。

第六十八条 研究者或者参与试验的其他人员，不应当强迫或者以其他不正当方式诱使受试者参加试验。

第六十九条 研究者在临床试验中发现试验用医疗器械预期以外的不良事件时，应当和申办者共同对知情同意书相关内容进行修改，按照相关工作程序报伦理委员会审查同意后，由受影响的受试者或者其监护人对修改后的知情同意书进行重新签名确认。

第七十条 研究者负责作出与临床试验相关的医疗决定，在发生与临床试验相关的不良事件时，临床试验机构和研究者应当保证为受试者提供足够、及时的治疗和处理。当受试者出现并发疾病需要治疗和处理时，研究者应当及时告知受试者。

第七十一条 在临床试验中出现严重不良事件的，研究者应当立即对受试者采取适当的治疗措施,同时书面报告所属的临床试验机构医疗器械临床试验管理部门,并经其书面通知申办者。医疗器械临床试验管理部门应当在24小时内书面报告相应的伦理委员会以及临床试验机构所在地省、自治区、直辖市食品药品监督管理部门和卫生计生主管部门。对于死亡事件,临床试验机构和研究者应当向伦理委员会和申办者提供所需要的全部资料。

第七十二条 研究者应当记录临床试验过程中发生的所有不良事件和发现的器械缺陷,并与申办者共同分析事件原因,形成书面分析报告,提出继续、暂停或者终止试验的意见,经临床试验机构医疗器械临床试验管理部门报伦理委员会审查。

第七十三条 研究者应当保证将临床试验数据准确、完整、清晰、及时地载入病例报告表。病例报告表由研究者签署姓名,任何数据的更改均应当由研究者签名并标注日期,同时保留原始记录,原始记录应当清晰可辨识。

第七十四条 临床试验机构和研究者应当确保临床试验所形成数据、文件和记录的真实、准确、清晰、安全。

第七十五条 临床试验机构和研究者应当接受申办者的监查、核查以及伦理委员会的监督,并提供所需的与试验有关的全部记录。食品药品监督管理部门、卫生计生主管部门派检查员开展检查的,临床试验机构和研究者应当予以配合。

第七十六条 临床试验机构和研究者发现风险超过可能的受益,或者已经得出足以判断试验用医疗器械安全性和有效性的结果等,需要暂停或者终止临床试验时,应当通知受试者,并保证受试者得到适当治疗和随访,同时按照规定报告,提供详细书面解释。必要时,报告所在地省、自治区、直辖市食品药品监督管理部门。

研究者接到申办者或者伦理委员会需要暂停或者终止临床试验的通知时,应当及时通知受试者,并保证受试者得到适当治疗和随访。

第七十七条 临床试验机构和研究者对申办者违反有关规定或者要求改变试验数据、结论的,应当向申办者所在地省、自治区、直辖市食品药品监督管理部门或者国家食品药品监督管理总局报告。

第七十八条 临床试验结束时,研究者应当确保完成各项记录、报告。同时,研究者还应当确保收到的试验用医疗器械与所使用的、废弃的或者返还的数量相符合,确保剩余的试验用医疗器械妥善处理并记录存档。

第七十九条 研究者可以根据临床试验的需要,授权相应人员进行受试者招募、与受试者持续沟通、临床试验数据记录、试验用医疗器械管理等。研究者应当对其授权的人员进行相关的培训并形成相应的文件。

第八章　记录与报告

第八十条　在临床试验中，研究者应当确保将任何观察与发现均正确完整地予以记录，并认真填写病例报告表。记录至少应当包括：

（一）所使用的试验用医疗器械的信息，包括名称、型号、规格、接收日期、批号或者系列号等；

（二）每个受试者相关的病史以及病情进展等医疗记录、护理记录等；

（三）每个受试者使用试验用医疗器械的记录，包括每次使用的日期、时间、试验用医疗器械的状态等；

（四）记录者的签名以及日期。

第八十一条　临床试验记录作为原始资料，不得随意更改；确需作更改时应当说明理由，签名并注明日期。

对显著偏离临床试验方案或者在临床可接受范围以外的数据应当加以核实，由研究者作必要的说明。

第八十二条　申办者应当准确、完整地记录与临床试验相关的信息，内容包括：

（一）试验用医疗器械运送和处理记录，包括名称、型号、规格、批号或者序列号，接收人的姓名、地址，运送日期，退回维修或者临床试验后医疗器械样品回收与处置日期、原因和处理方法等；

（二）与临床试验机构签订的协议；

（三）监查报告、核查报告；

（四）严重不良事件和可能导致严重不良事件的器械缺陷的记录与报告。

第八十三条　研究者应当按照临床试验方案的设计要求，验证或者确认试验用医疗器械的安全性和有效性，并完成临床试验报告。多中心临床试验的临床试验报告应当包含各分中心的临床试验小结。

第八十四条　对于多中心临床试验，各分中心临床试验小结应当至少包括临床试验概况、临床一般资料、试验用医疗器械以及对照用医疗器械的信息描述、安全性和有效性数据集、不良事件的发生率以及处理情况、方案偏离情况说明等，并附病例报告表。

第八十五条　临床试验报告应当与临床试验方案一致，主要包括：

（一）一般信息；

（二）摘要；

（三）简介；

（四）临床试验目的；

（五）临床试验方法；

（六）临床试验内容；

（七）临床一般资料；

（八）试验用医疗器械和对照用医疗器械或者对照诊疗方法；

（九）所采用的统计分析方法以及评价方法；

（十）临床评价标准；

（十一）临床试验的组织结构；

（十二）伦理情况说明；

（十三）临床试验结果；

（十四）临床试验中发现的不良事件以及其处理情况；

（十五）临床试验结果分析、讨论，尤其是适应症、适用范围、禁忌症和注意事项；

（十六）临床试验结论；

（十七）存在问题以及改进建议；

（十八）试验人员名单；

（十九）其他需要说明的情况。

第八十六条 临床试验报告应当由研究者签名、注明日期，经临床试验机构医疗器械临床试验管理部门审核出具意见、注明日期并加盖临床试验机构印章后交申办者。

多中心临床试验中，各分中心临床试验小结应当由该中心的研究者签名并注明日期，经该中心的医疗器械临床试验管理部门审核、注明日期并加盖临床试验机构印章后交牵头单位。

第九章 试验用医疗器械管理

第八十七条 申办者应当参照国家食品药品监督管理总局有关医疗器械说明书和标签管理的规定，对试验用医疗器械作适当的标识，并标注“试验用”。

第八十八条 试验用医疗器械的记录包括生产日期、产品批号、序列号等与生产有关的记录，与产品质量和稳定性有关的检验记录，运输、维护、交付各临床试验机构使用的记录，以及试验后回收与处置日期等方面的信息。

第八十九条 试验用医疗器械的使用由临床试验机构和研究者负责，研究者应当保证所有试验用医疗器械仅用于该临床试验的受试者，在试验期间按照要求储存和保管试验用医疗器械，在临床试验后按照国家有关规定和与申办者的协议对试验用医疗器械进行处理。上述过程需由专人负责并记录。研究者不得把试验用医疗器械转交任何非临床试验参加者。

第十章　基本文件管理

第九十条　临床试验机构、研究者、申办者应当建立基本文件保存制度。临床试验基本文件按临床试验阶段分为三部分：准备阶段文件、进行阶段文件和终止或者完成后文件。

第九十一条　临床试验机构应当保存临床试验资料至临床试验结束后10年。申办者应当保存临床试验资料至无该医疗器械使用时。

第九十二条　临床试验基本文件可以用于评价申办者、临床试验机构和研究者对本规范和食品药品监督管理部门有关要求的执行情况。食品药品监督管理部门可以对临床试验基本文件进行检查。

第十一章　附　　则

第九十三条　本规范下列用语的含义：

医疗器械临床试验机构，是指经国家食品药品监督管理总局会同国家卫生和计划生育委员会认定的承担医疗器械临床试验的医疗机构。如无特别说明，本规范中“临床试验机构”即指“医疗器械临床试验机构”。

试验用医疗器械，是指临床试验中对其安全性、有效性进行确认或者验证的拟申请注册的医疗器械。

申办者，是指临床试验的发起、管理和提供财务支持的机构或者组织。

研究者，是指在临床试验机构中负责实施临床试验的人。如果在临床试验机构中是由一组人员实施试验的，则研究者是指该组的负责人，也称主要研究者。

伦理委员会，是指临床试验机构设置的对医疗器械临床试验项目的科学性和伦理性进行审查的独立的机构。

医疗器械临床试验管理部门，是指临床试验机构内设置的负责医疗器械临床试验组织管理和质量控制的处室或者部门。

多中心临床试验，是指按照同一临床试验方案，在三个以上（含三个）临床试验机构实施的临床试验。

受试者，是指被招募接受医疗器械临床试验的个人。

知情同意，是指向受试者告知临床试验的各方面情况后，受试者确认自愿参加该项临床试验的过程，应当以签名和注明日期的知情同意书作为证明文件。

知情同意书，是指受试者表示自愿参加临床试验的证明性文件。

监查，是指申办者为保证开展的临床试验能够遵循临床试验方案、标准操作规程、本规范和有关适用的管理要求，选派专门人员对临床试验机构、研究者进行评价调查，对临床试验过程中的数据进行验证并记录和报告的活动。

监查员，是指申办者选派的对医疗器械临床试验项目进行监查的专门人员。

核查，是指由申办者组织的对临床试验相关活动和文件进行系统性的独立检查，以确定此类活动的执行、数据的记录、分析和报告是否符合临床试验方案、标准操作规程、本规范和有关适用的管理要求。

核查员，是指受申办者委托对医疗器械临床试验项目进行核查的人员。

检查，是指监管部门对临床试验的有关文件、设施、记录和其他方面进行的监督管理活动。

检查员，是指监管部门选派的对医疗器械临床试验项目进行检查的人员。

偏离，是指有意或者无意地未遵循临床试验方案要求的情形。

病例报告表，是指按照临床试验方案所规定设计的文件，用以记录试验过程中获得的每个受试者的全部信息和数据。

终点，是指用于评估临床试验假设的指标。

源数据，是指临床试验中的临床发现、观察和其他活动的原始记录以及其经核准的副本中的所有信息，可以用于临床试验重建和评价。

源文件，是指包含源数据的印刷文件、可视文件或者电子文件等。

不良事件，是指在临床试验过程中出现的不利的医学事件，无论是否与试验用医疗器械相关。

严重不良事件，是指临床试验过程中发生的导致死亡或者健康状况严重恶化，包括致命的疾病或者伤害、身体结构或者身体功能的永久性缺陷、需住院治疗或者延长住院时间、需要进行医疗或者手术介入以避免对身体结构或者身体功能造成永久性缺陷；导致胎儿窘迫、胎儿死亡或者先天性异常、先天缺损等事件。

器械缺陷，是指临床试验过程中医疗器械在正常使用情况下存在可能危及人体健康和生命安全的不合理风险，如标签错误、质量问题、故障等。

标准操作规程，是指为有效地实施和完成临床试验中每项工作所拟定的标准和详细的书面规程。

临床数据,是指在有关文献或者医疗器械的临床使用中获得的安全性、性能的信息。

第九十四条 医疗器械临床试验伦理审查申请审批表等文书的格式范本由国家食品药品监督管理总局另行制定。

第九十五条 本规范不适用于按照医疗器械管理的体外诊断试剂。

第九十六条 本规范自2016年6月1日起施行。2004年1月17日发布的《医疗器械临床试验规定》(国家食品药品监督管理局令第5号)同时废止。

特殊医学用途配方食品注册管理办法

(2016年3月7日国家食品药品监督管理总局令第24号公布自2016号7月1日施行)

第一章 总 则

第一条 为规范特殊医学用途配方食品注册行为,加强注册管理,保证特殊医学用途配方食品质量安全,根据《中华人民共和国食品安全法》等法律法规,制定本办法。

第二条 在中华人民共和国境内生产销售和进口的特殊医学用途配方食品的注册管理,适用本办法。

第三条 特殊医学用途配方食品注册,是指国家食品药品监督管理总局根据申请,依照本办法规定的程序和要求,对特殊医学用途配方食品的产品配方、生产工艺、标签、说明书以及产品安全性、营养充足性和特殊医学用途临床效果进行审查,并决定是否准予注册的过程。

第四条 特殊医学用途配方食品注册管理,应当遵循科学、公开、公平、公正的原则。

第五条 国家食品药品监督管理总局负责特殊医学用途配方食品的注册管理工作。

国家食品药品监督管理总局行政受理机构(以下简称受理机构)负责特殊医学用途配方食品注册申请的受理工作。

国家食品药品监督管理总局食品审评机构(以下简称审评机构)负责特殊医学用途配方食品注册申请的审评工作。

国家食品药品监督管理总局审核查验机构(以下简称核查机构)负责特殊医学用途配方食品注册审评过程中的现场核查工作。

第六条 国家食品药品监督管理总局组建由食品营养、临床医学、食品安全、食品加工等领域专家组成的特殊医学用途配方食品注册审评专家库。

第七条 国家食品药品监督管理总局应当加强信息化建设，提高特殊医学用途配方食品注册管理信息化水平。

第二章 注 册

第一节 申请与受理

第八条 特殊医学用途配方食品注册申请人（以下简称申请人）应当为拟在我国境内生产并销售特殊医学用途配方食品的生产企业和拟向我国境内出口特殊医学用途配方食品的境外生产企业。

申请人应当具备与所生产特殊医学用途配方食品相适应的研发、生产能力，设立特殊医学用途配方食品研发机构，配备专职的产品研发人员、食品安全管理人员和食品安全专业技术人员，按照良好生产规范要求建立与所生产食品相适应的生产质量管理体系，具备按照特殊医学用途配方食品国家标准规定的全部项目逐批检验的能力。

研发机构中应当有食品相关专业高级职称或者相应专业能力的人员。

第九条 申请特殊医学用途配方食品注册，应当向国家食品药品监督管理总局提交下列材料：

（一）特殊医学用途配方食品注册申请书；

（二）产品研发报告和产品配方设计及其依据；

（三）生产工艺资料；

（四）产品标准要求；

（五）产品标签、说明书样稿；

（六）试验样品检验报告；

（七）研发、生产和检验能力证明材料；

（八）其他表明产品安全性、营养充足性以及特殊医学用途临床效果的材料。

申请特定全营养配方食品注册，还应当提交临床试验报告。

申请人应当对其申请材料的真实性负责。

第十条 受理机构对申请人提出的特殊医学用途配方食品注册申请，应当根据下列情况分别作出处理：

（一）申请事项依法不需要进行注册的，应当即时告知申请人不受理；

（二）申请事项依法不属于国家食品药品监督管理总局职权范围的，应当即时作出不予受理的决定，并告知申请人向有关行政机关申请；

（三）申请材料存在可以当场更正的错误的，应当允许申请人当场更正；

（四）申请材料不齐全或者不符合法定形式的，应当当场或者在5个工作日内一次告知申请人需要补正的全部内容，逾期不告知的，自收到申请材料之日起即为受理；

（五）申请事项属于国家食品药品监督管理总局职权范围，申请材料齐全、符合法定形式，或者申请人按照要求提交全部补正申请材料的，应当受理注册申请。

受理机构受理或者不予受理注册申请，应当出具加盖国家食品药品监督管理总局行政许可受理专用章和注明日期的书面凭证。

第二节　审查与决定

第十一条　审评机构应当对申请材料进行审查，并根据实际需要组织对申请人进行现场核查、对试验样品进行抽样检验、对临床试验进行现场核查和对专业问题进行专家论证。

第十二条　核查机构应当自接到审评机构通知之日起20个工作日内完成对申请人的研发能力、生产能力、检验能力等情况的现场核查，并出具核查报告。

核查机构应当通知申请人所在地省级食品药品监督管理部门参与现场核查，省级食品药品监督管理部门应当派员参与现场核查。

第十三条　审评机构应当委托具有法定资质的食品检验机构进行抽样检验。

检验机构应当自接受委托之日起30个工作日内完成抽样检验。

第十四条　核查机构应当自接到审评机构通知之日起40个工作日内完成对临床试验的真实性、完整性、准确性等情况的现场核查，并出具核查报告。

第十五条　审评机构可以从特殊医学用途配方食品注册审评专家库中选取专家，对审评过程中遇到的问题进行论证，并形成专家意见。

第十六条　审评机构应当自收到受理材料之日起60个工作日内根据核查报告、检验报告以及专家意见完成技术审评工作，并作出审查结论。

审评过程中需要申请人补正材料的，审评机构应当一次告知需要补正的全部内容。申请人应当在6个月内一次补正材料。补正材料的时间不计算在审评时间内。

特殊情况下需要延长审评时间的，经审评机构负责人同意，可以延长30个工作日，延长决定应当及时书面告知申请人。

第十七条 审评机构认为申请材料真实,产品科学、安全,生产工艺合理、可行和质量可控,技术要求和检验方法科学、合理的,应当提出予以注册的建议。

审评机构提出不予注册建议的,应当向申请人发出拟不予注册的书面通知。申请人对通知有异议的,应当自收到通知之日起 20 个工作日内向审评机构提出书面复审申请并说明复审理由。复审的内容仅限于原申请事项及申请材料。

审评机构应当自受理复审申请之日起 30 个工作日内作出复审决定。改变不予注册建议的,应当书面通知注册申请人。

第十八条 国家食品药品监督管理总局应当自受理申请之日起 20 个工作日内对特殊医学用途配方食品注册申请作出是否准予注册的决定。

现场核查、抽样检验、复审所需要的时间不计算在审评和注册决定的期限内。

对于申请进口特殊医学用途配方食品注册的,应当根据境外生产企业的实际情况,确定境外现场核查和抽样检验时限。

第十九条 国家食品药品监督管理总局作出准予注册决定的,受理机构自决定之日起 10 个工作日内颁发、送达特殊医学用途配方食品注册证书;作出不予注册决定的,应当说明理由,受理机构自决定之日起 10 个工作日内发出特殊医学用途配方食品不予注册决定,并告知申请人享有依法申请行政复议或者提起行政诉讼的权利。

特殊医学用途配方食品注册证书有效期限为 5 年。

第二十条 特殊医学用途配方食品注册证书及附件应当载明下列事项:

(一)产品名称;

(二)企业名称、生产地址;

(三)注册号及有效期;

(四)产品类别;

(五)产品配方;

(六)生产工艺;

(七)产品标签、说明书。

特殊医学用途配方食品注册号的格式为:国食注字 TY+4 位年号+4 位顺序号,其中 TY 代表特殊医学用途配方食品。

第三节 变更与延续注册

第二十一条 申请人需要变更特殊医学用途配方食品注册证书及其附件

载明事项的，应当向国家食品药品监督管理总局提出变更注册申请，并提交下列材料：

（一）特殊医学用途配方食品变更注册申请书；

（二）变更注册证书及其附件载明事项的证明材料。

第二十二条 申请人变更产品配方、生产工艺等可能影响产品安全性、营养充足性以及特殊医学用途临床效果的事项，国家食品药品监督管理总局应当进行实质性审查，并在本办法第十八条规定的期限内完成变更注册工作。

申请人变更企业名称、生产地址名称等不影响产品安全性、营养充足性以及特殊医学用途临床效果的事项，国家食品药品监督管理总局应当进行核实，并自受理之日起10个工作日内作出是否准予变更注册的决定。

第二十三条 国家食品药品监督管理总局准予变更注册申请的，向申请人换发注册证书，原注册号不变，证书有效期不变；不予批准变更注册申请的，应当作出不予变更注册决定。

第二十四条 特殊医学用途配方食品注册证书有效期届满，需要继续生产或者进口的，应当在有效期届满6个月前，向国家食品药品监督管理总局提出延续注册申请，并提交下列材料：

（一）特殊医学用途配方食品延续注册申请书；

（二）特殊医学用途配方食品质量安全管理情况；

（三）特殊医学用途配方食品质量管理体系自查报告；

（四）特殊医学用途配方食品跟踪评价情况。

第二十五条 国家食品药品监督管理总局根据需要对延续注册申请进行实质性审查，并在本办法第十八条规定的期限内完成延续注册工作。逾期未作决定的，视为准予延续。

第二十六条 国家食品药品监督管理总局准予延续注册的，向申请人换发注册证书，原注册号不变，证书有效期自批准之日起重新计算；不批准延续注册申请的，应当作出不予延续注册决定。

第二十七条 有下列情形之一的，不予延续注册：

（一）注册人未在规定时间内提出延续注册申请的；

（二）注册产品连续12个月内在省级以上监督抽检中出现3批次以上不合格的；

（三）企业未能保持注册时生产、检验能力的；

（四）其他不符合法律法规以及产品安全性、营养充足性和特殊医学用途临床效果要求的情形。

第二十八条 特殊医学用途配方食品变更注册与延续注册程序，本节未作规定的，适用本章第一节、第二节的相关规定。

第三章 临床试验

第二十九条 特定全营养配方食品需要进行临床试验的，由申请人委托符合要求的临床试验机构出具临床试验报告。临床试验报告应当包括完整的统计分析报告和数据。

第三十条 临床试验应当按照特殊医学用途配方食品临床试验质量管理规范开展。

特殊医学用途配方食品临床试验质量管理规范由国家食品药品监督管理总局发布。

第三十一条 申请人组织开展多中心临床试验的，应当明确组长单位和统计单位。

第三十二条 申请人应当对用于临床试验的试验样品和对照样品的质量安全负责。

用于临床试验的试验样品应当由申请人生产并经检验合格，生产条件应当符合特殊医学用途配方食品良好生产规范。

第四章 标签和说明书

第三十三条 特殊医学用途配方食品的标签，应当依照法律、法规、规章和食品安全国家标准的规定进行标注。

第三十四条 特殊医学用途配方食品的标签和说明书的内容应当一致，涉及特殊医学用途配方食品注册证书内容的，应当与注册证书内容一致，并标明注册号。

标签已经涵盖说明书全部内容的，可以不另附说明书。

第三十五条 特殊医学用途配方食品标签、说明书应当真实准确、清晰持久、醒目易读。

第三十六条 特殊医学用途配方食品标签、说明书不得含有虚假内容，不得涉及疾病预防、治疗功能。生产企业对其提供的标签、说明书的内容负责。

第三十七条 特殊医学用途配方食品的名称应当反映食品的真实属性，使用食品安全国家标准规定的分类名称或者等效名称。

第三十八条 特殊医学用途配方食品标签、说明书应当按照食品安全国家标准的规定在醒目位置标示下列内容：

（一）请在医生或者临床营养师指导下使用；

（二）不适用于非目标人群使用；

（三）本品禁止用于肠外营养支持和静脉注射。

第五章　监督检查

第三十九条　特殊医学用途配方食品生产企业应当按照批准注册的产品配方、生产工艺等技术要求组织生产，保证特殊医学用途配方食品安全。

特殊医学用途配方食品生产企业提出的变更注册申请未经批准前，应当严格按照已经批准的注册证书及其附件载明的内容组织生产，不得擅自改变生产条件和要求。

特殊医学用途配方食品生产企业提出的变更注册申请经批准后，应当严格按照变更后的特殊医学用途配方食品注册证书及其附件载明的内容组织生产。

第四十条　参与特殊医学用途配方食品注册申请受理、技术审评、现场核查、抽样检验、临床试验等工作的人员和专家，应当保守注册中知悉的商业秘密。

申请人应当按照国家有关规定对申请材料中的商业秘密进行标注并注明依据。

第四十一条　有下列情形之一的，国家食品药品监督管理总局根据利害关系人的请求或者依据职权，可以撤销特殊医学用途配方食品注册：

（一）工作人员滥用职权、玩忽职守作出准予注册决定的；

（二）超越法定职权作出准予注册决定的；

（三）违反法定程序作出准予注册决定的；

（四）对不具备申请资格或者不符合法定条件的申请人准予注册的；

（五）食品生产许可证被吊销的；

（六）依法可以撤销注册的其他情形。

第四十二条　有下列情形之一的，国家食品药品监督管理总局应当依法办理特殊医学用途配方食品注册注销手续：

（一）企业申请注销的；

（二）有效期届满未延续的；

（三）企业依法终止的；

（四）注册依法被撤销、撤回，或者注册证书依法被吊销的；

（五）法律法规规定应当注销注册的其他情形。

第六章　法律责任

第四十三条　申请人隐瞒真实情况或者提供虚假材料申请注册的，国家食品药品监督管理总局不予受理或者不予注册，并给予警告；申请人在1年内不得再次申请注册。

第四十四条　被许可人以欺骗、贿赂等不正当手段取得注册证书的，由国家食品药品监督管理总局撤销注册证书，并处1万元以上3万元以下罚款；申请人在3年内不得再次申请注册。

第四十五条　伪造、涂改、倒卖、出租、出借、转让特殊医学用途配方食品注册证书的，由县级以上食品药品监督管理部门责令改正，给予警告，并处1万元以下罚款；情节严重的，处1万元以上3万元以下罚款。

第四十六条　注册人变更不影响产品安全性、营养充足性以及特殊医学用途临床效果的事项，未依法申请变更的，由县级以上食品药品监督管理部门责令改正，给予警告；拒不改正的，处1万元以上3万元以下罚款。

注册人变更产品配方、生产工艺等影响产品安全性、营养充足性以及特殊医学用途临床效果的事项，未依法申请变更的，由县级以上食品药品监督管理部门依照食品安全法第一百二十四条第一款的规定进行处罚。

第四十七条　食品药品监督管理部门及其工作人员对不符合条件的申请人准予注册，或者超越法定职权准予注册的，依照食品安全法第一百四十四条的规定给予处理。

食品药品监督管理部门及其工作人员在注册审批过程中滥用职权、玩忽职守、徇私舞弊的，依照食品安全法第一百四十五条的规定给予处理。

第七章　附　　则

第四十八条　特殊医学用途配方食品，是指为满足进食受限、消化吸收障碍、代谢紊乱或者特定疾病状态人群对营养素或者膳食的特殊需要，专门加工配制而成的配方食品，包括适用于0月龄至12月龄的特殊医学用途婴儿配方食品和适用于1岁以上人群的特殊医学用途配方食品。

第四十九条　适用于0月龄至12月龄的特殊医学用途婴儿配方食品包括无乳糖配方食品或者低乳糖配方食品、乳蛋白部分水解配方食品、乳蛋白深度水解配方食品或者氨基酸配方食品、早产或者低出生体重婴儿配方食品、氨基酸代谢障碍配方食品和母乳营养补充剂等。

第五十条 适用于1岁以上人群的特殊医学用途配方食品,包括全营养配方食品、特定全营养配方食品、非全营养配方食品。

全营养配方食品,是指可以作为单一营养来源满足目标人群营养需求的特殊医学用途配方食品。

特定全营养配方食品,是指可以作为单一营养来源满足目标人群在特定疾病或者医学状况下营养需求的特殊医学用途配方食品。常见特定全营养配方食品有:糖尿病全营养配方食品,呼吸系统疾病全营养配方食品,肾病全营养配方食品,肿瘤全营养配方食品,肝病全营养配方食品,肌肉衰减综合征全营养配方食品,创伤、感染、手术及其他应激状态全营养配方食品,炎性肠病全营养配方食品,食物蛋白过敏全营养配方食品,难治性癫痫全营养配方食品,胃肠道吸收障碍、胰腺炎全营养配方食品,脂肪酸代谢异常全营养配方食品,肥胖、减脂手术全营养配方食品。

非全营养配方食品,是指可以满足目标人群部分营养需求的特殊医学用途配方食品,不适用于作为单一营养来源。常见非全营养配方食品有:营养素组件(蛋白质组件、脂肪组件、碳水化合物组件),电解质配方,增稠组件,流质配方和氨基酸代谢障碍配方。

第五十一条 医疗机构配制供病人食用的营养餐不适用本办法。

第五十二条 本办法自2016年7月1日起施行。

外国航空运输企业在中国境内指定的销售代理直接进入和使用外国计算机订座系统许可管理暂行规定

(2016年3月28日交通运输部令2016年第22号公布 自2016年4月28日起施行)

第一章 总 则

第一条 为实施外国航空运输企业在中国境内指定的销售代理直接进入和使用外国计算机订座系统许可,维护计算机订座系统服务市场秩序,保障消费者、外国航空运输企业、销售代理和外国计算机订座系统服务提供商的合法权益,根据相关法律、法规,制定本规定。

第二条 外国航空运输企业及其在中国境内指定的销售代理直接进入和

使用外国计算机订座系统以及外国计算机订座系统服务提供商提供服务时应当遵守本规定。

第三条 中国民用航空局(以下简称民航局)负责办理外国航空运输企业在中国境内指定的销售代理直接进入和使用外国计算机订座系统的许可,并对外国航空运输企业及其销售代理直接进入和使用外国计算机订座系统,以及外国计算机订座系统服务提供商提供服务进行监督检查。

中国民用航空地区管理局(以下简称民航地区管理局)依据授权对本辖区内的外国航空运输企业及其销售代理直接进入和使用外国计算机订座系统,以及外国计算机订座系统服务提供商提供服务进行监督检查。

第四条 本规定中下列用语的定义:

(一)外国航空运输企业(以下简称外航)是指有权在我国和外国之间从事定期国际航空运输业务的外国航空承运人。

(二)外国航空运输企业在中国境内指定的销售代理(以下简称外航销售代理)是指在中国境内依法注册,取得国际航空运输客运销售代理业务资格,接受外国航空运输企业委托,依照双方签订的委托销售代理合同,在委托业务范围内从事客票销售代理活动的企业法人。

(三)计算机订座系统是指能够为销售代理提供包括航空承运人的航班班期时刻、座位、票价和定价规则信息,并可通过该系统进行客票预订或出票的计算机系统。

(四)外国计算机订座系统服务提供商(以下简称外国系统提供商)是指能够提供前项所规定服务的外国计算机订座系统服务企业。

第五条 外航经过民航局许可,可以委托其销售代理直接进入和使用外国计算机订座系统并使用该外航票证销售以下国际客票:

(一)含由其实际承运的中国境内和境外间国际航段,但不包括未与中国航空承运人实施代码共享的国内航段的国际客票;

(二)经过批准的与中国航空承运人或其他外国承运人代码共享的国际客票。

第六条 外航为其在中国境内指定的销售代理申请直接进入和使用外国计算机订座系统应当具备下列条件:

(一)外航应当满足以下要求:

1. 依据双边航空运输协议或其他有关协议,获得相应经营定期国际航空运输业务资格;

2. 依法在中国境内设立办事机构;

3. 与外国系统提供商签订的系统服务协议书;

4. 民航局规定的其他必要条件。

（二）外航销售代理应当满足以下要求：

1. 在中国境内依法设立，取得中华人民共和国企业法人资格；

2. 具有国际航空客运销售代理资格；

3. 与外航直接签订销售代理合同；

4. 与外国系统提供商签订的系统服务协议书；

5. 民航局规定的其他必要条件。

（三）外国系统提供商应当满足以下要求：

1. 在所在国依法注册。注册地应为世界贸易组织成员国或地区。外国系统提供商的注册地为非世界贸易组织成员国或地区的，应在互惠基础上适用本管理规定；

2. 过去三年的经营状况良好；

3. 符合计算机订座系统运营的相关要求及标准；

4. 在中国境内指定地点按照技术标准和有关要求建设用于存放外航销售代理使用外国计算机订座系统在中国境内进行预订和出票的销售代理信息、航班信息、旅客信息等销售数据的备份查询系统。

5. 民航局规定的其他必要条件。

第七条 外航、外航销售代理、外国系统提供商应当依照中国有关法律、法规和技术标准提供公开、公平、公正的服务，不得擅自提供直接进入和使用外国计算机订座系统的服务。

第二章 许可证的申请与颁发

第八条 外航申请其销售代理直接进入和使用外国计算机订座系统的，应当以书面形式向民航局提交以下申请材料：

（一）外航授权代表签字的申请书；

（二）外航与其销售代理直接签订的委托销售代理合同；

（三）外航销售代理在中国境内注册登记的证明及其复印件；

（四）外航销售代理的有效资格证书及其复印件；

（五）外国系统提供商的注册证明复印件；

（六）外国系统提供商最近三年经审计的财务报告；

（七）外国系统提供商在中国境内指定地点设立数据备份查询系统的证明材料；

（八）外航与外国系统提供商签订的系统服务协议书；

（九）外航销售代理与外国系统提供商订立的直接进入和使用该系统的协议书；

（十）具体的直接进入和使用方案；

（十一）民航局规定的其他文件和资料。

第九条 本规定第八条第十项规定的具体直接进入和使用方案应当包括以下内容：

（一）外航名称；

（二）外国计算机订座系统名称、接入方式、接入地点、系统代码；

（三）销售代理的名称、联系方式、办公场所城市代码、身份代码、营业场所；

（四）销售代理终端系统识别代码；

（五）销售代理营业员所在地最近城市或机场的三字代码；

（六）用户类型要求设置为“T”，国际标准化国家代码要求设置为“CN”，国际标准化客票支付货币类型代码要求设置为“CNY”。

（七）民航局规定的其他内容。

上述信息经许可后，不得擅自修改。

第十条 外航应当对其所提交的全部申请材料的真实性负责。

第十一条 民航局应当对外航提交的申请材料进行审查，申请材料齐全、符合法定形式的，民航局受理申请。

申请材料不齐全或者不符合法定形式的，民航局应当自接到申请材料之日起五个工作日内告知外航需要补正的内容。外航按要求补齐全部材料后，民航局受理申请。

申请材料经补正后仍不符合本规定要求的，民航局作出不予受理的决定并告知该外航；同时出具不予受理的书面决定。

第十二条 民航局应当在受理外航申请之日起五个工作日内，将该申请发送至销售代理所在地民航地区管理局征求意见，地区管理局应当于接到申请材料之日起五个工作日内反馈意见。

第十三条 民航局和民航地区管理局在许可过程中应当遵循以下基本原则：

（一）坚持公开、公平、公正原则；

（二）提高航空运输服务质量和维护市场秩序；

（三）维护消费者、外国航空运输企业、外航销售代理、外国系统提供商等的合法权益；

（四）维护公共安全、信息安全和航空运输安全。

第十四条 民航局应当自受理申请之日起二十个工作日内依法作出是否准予许可的书面决定。二十个工作日内不能作出决定的,经民航局负责人批准,可以延长十个工作日,并应当将延长期限的理由告知外航。

第十五条 民航局依法作出准予许可决定的,应当自作出决定之日起十个工作日内向外航颁发许可证。

民航局依法决定不予颁发许可证的,应当向外航出具书面决定并说明理由;同时告知外航享有依法申请行政复议或提起行政诉讼的权利。

第十六条 依法颁发的许可证应当载明下列内容:

(一)外航名称;

(二)外航销售代理名称;

(三)外国计算机订座系统名称;

(四)业务范围;

(五)接入地点、接入方式、接入终端的数量、终端号、设置要求等;

(六)许可证有效期;

(七)其他必要的内容。

第十七条 获得许可证的外航应当向其销售代理提供由外航负责人签字并加盖公章的许可证复印件,并对复印件编号登记。

外航销售代理开展外航销售代理业务时,应当将复印件置于营业场所醒目位置。

第十八条 民航局定期对外公布许可证目录清单、允许直接进入和使用外国计算机订座系统的外航销售代理名单及其代理外航业务的范围。

第三章 许可证管理

第十九条 经许可核发的许可证有效期与外航在中国境内经营许可证有效期应保持一致。

外航销售代理丧失国际航空客运销售代理资格的,许可证相应对其失效。

第二十条 一个许可证只适用于该许可证所列明的外航销售代理直接进入和使用该许可证上列明的外国计算机订座系统销售该外航客票的行为。

外航销售代理应当按照许可证载明的业务范围开展客票销售业务。

第二十一条 外航应当于许可证有效期满前三十日,以书面形式向民航局提出延期申请,并按本法第八条、第九条规定,提供有关材料。民航局经审查后,办理许可证延期手续。

外航未按上述规定办理延期手续的,许可证期满后自动失效。

第二十二条 许可事项发生变更的，外航应当就变更事项向民航局提出变更申请，经核准后办理许可证相应的变更手续，并交回原许可证。

第二十三条 民航局对外航提出延长或者变更许可的申请，在本规定第十四条、第十五条规定的期限内作出决定。

第二十四条 许可证有效期内，外航或外国系统提供商一年内累计受到2次（含）以上罚款处罚，或累计受到5次（含）以上罚款处罚的，许可证延期时，民航局可以作出不予延期的决定。

许可证有效期内，外航销售代理一年内累计受到2次（含）以上罚款处罚，或累计受到5次（含）以上罚款处罚的，该许可证延期时，民航局可以作出对该外航销售代理不予延期的决定。

第二十五条 外航、外国系统提供商终止、解散或破产的，许可证自终止、解散或破产之日起自动失效，许可证持有人应当在十日内到民航局办理注销手续。

第二十六条 任何单位和个人不得涂改、出租、出借、转让、买卖、伪造和冒用许可证。

第四章 行为规范

第二十七条 外航、外航销售代理、外国系统提供商应保守旅客个人隐私等信息及相关材料，不得将涉及旅客个人信息及双方约定的其他内容泄露给任何第三方。

第二十八条 外航应当遵守以下行为规范：

（一）在许可证载明的范围内开展经营活动；

（二）未经许可不得擅自委托其销售代理直接进入和使用外国计算机订座系统；

（三）准确地向计算机订座系统提供经停点、航班、承运人或机场等信息；

（四）准确地向计算机订座系统提供代码共享航班的实际承运人信息；

（五）按规定向机场离港系统以及安检系统等近期实时传输旅客订座、出票记录信息；

（六）外航应当遵守的其他行为。

第二十九条 外航销售代理应当遵守以下行为规范：

（一）在许可证载明的范围内开展经营活动；

（二）如实向消费者提供所订航班的信息；

（三）如实告知代码共享航班实际承运人；

（四）不得擅自直接进入和使用未经许可或许可失效的外国计算机订座系统；

（五）不得利用计算机订座系统重复订座或出票；

（六）不得向其他公民、法人或组织转让、转接或提供外国计算机订座系统数据接入端口；

（七）不得擅自接入和使用非法的外国计算机订座系统进行客票预订、变更、取消和销售等；

（八）不得暗中收取回扣、佣金等，扰乱市场经营秩序；

（九）外航销售代理应当遵守的其他行为。

第三十条 外国系统提供商应当遵守以下行为：

（一）在许可证载明的范围内开展经营活动；

（二）公平地显示计算机订座信息；

（三）完整、准确地显示接入信息，不得擅自修改接入信息；

（四）实际接入地点与许可证许可地点相符；

（五）保证所备份信息的准确、完整；

（六）公平地推广承运人的产品；

（七）不得擅自为销售代理接入该系统；

（八）不得以暗扣、低于服务成本价或其他不正当手段直接或间接地要求或引导销售代理使用其计算机订座系统；

（九）外国系统提供商应当遵守的其他行为。

第五章 监督检查

第三十一条 民航局、民航地区管理局（以下统称为民航管理部门）依据职责对外航及其销售代理直接进入和使用外国计算机订座系统，以及外国系统提供商提供服务实施监督检查。

第三十二条 民航管理部门进行监督检查时，有权随时检查备份查询系统，外国系统提供商应当予以配合。必要时，外国系统商应当提供相应的检查手段协助检查其他相关系统。

第三十三条 民航管理部门实施监督检查，不得妨碍外航、外航销售代理和外国系统提供商正常的经营活动，不得泄漏商业秘密和旅客个人信息。

第六章 法律责任

第三十四条 外国系统提供商违反本规定第七条的规定，擅自为外航销售代理提供直接进入和使用其系统服务的，民航局或民航地区管理局依法对该外国系统提供商给予警告，可以并处一万元以上三万元以下罚款。

第三十五条 外航违反本规定第八条、第九条、第十条的规定，隐瞒有关情况或者提供虚假材料申请许可，或者以欺骗、贿赂等不正当手段取得接入许可的，民航局依照《行政许可法》的有关规定予以处理。

第三十六条 外航违反本规定第九条的规定，擅自修改直接进入和使用外国计算机订座系统方案的，民航局或民航地区管理局应当依法对外航给予警告，可以并处一万元以上三万元以下的罚款。

第三十七条 外航销售代理违反本规定第十七条的规定，未将许可证复印件置于营业场所醒目位置的，民航局或民航地区管理局依法对外航销售代理给予警告，可以并处一万元以上三万元以下的罚款。

第三十八条 外航违反本规定第二十六条的规定，涂改、出租、出借、转让、买卖、伪造和冒用许可证的，由民航局按规定责令其停止违法行为，限期改正，并处以一万元以上三万元以下的罚款。

第三十九条 外航、外航销售代理、外国系统提供商违反本规定第二十七条的规定，向任何第三方泄露旅客个人隐私等信息及相关材料的，民航局或民航地区管理局依法对负有责任的外航、外航销售代理、外国系统提供商给予警告，可以并处一万元以上三万元以下罚款。构成犯罪的，依法追究刑事责任。

第四十条 违反本规定第四章的第二十八条、第二十九条、第三十条的规定，未履行所规定的行为规范的，民航局或民航地区管理局依法对负有责任的外航、外航销售代理、外国系统提供商给予警告，可以并处一万元以上三万元以下罚款。

第四十一条 外国系统提供商违反本规定第三十二条的规定，拒不配合检查备份查询系统以及其他相关系统，或其他形式监督检查的，民航局或民航地区管理局应当依法责令其改正，予以警告；拒不改正的，处以一万元以上三万元以下的罚款。

第四十二条 民航局或民航地区管理局工作人员违反本规定行使职权的，由民航局监察部门责令改正；情节严重的，对直接负责的主管人员和其他直接责任人员依法给予行政处分。构成犯罪的，依法追究刑事责任。

第七章　附　　则

第四十三条 香港特别行政区、澳门特别行政区、台湾地区的航空运输企业在中国境内指定的销售代理直接进入和使用外国计算机订座系统参照本规定执行。

外国航空运输企业在香港特别行政区、澳门特别行政区、台湾地区指定的销售代理直接进入和使用外国计算机订座系统不适用本规定。

第四十四条 本规定自2016年4月28日起施行。1995年颁布的《外国空运企业及其销售代理人在中国境内使用计算机旅客定座系统的暂行管理办法》(民航运发〔1995〕51号)自本规定施行之日起废止。

中国民用航空气象工作规则

(2016年3月28日交通运输部令2016年第23号公布 自2016年4月28日起施行)

第一章 总 则

第一条 为规范民用航空气象工作,保障民用航空活动的安全、正常和效率,根据《中华人民共和国民用航空法》《中华人民共和国气象法》,制定本规则。

第二条 本规则适用于中华人民共和国领域内的民用航空气象工作。从事民用航空气象工作及与民用航空气象有关的单位和个人,应当遵守本规则。

第三条 民用航空气象工作基本内容包括观测与探测气象要素,收集与处理气象资料,制作与发布航空气象产品,提供航空气象服务。

提供航空气象服务的范围包括中华人民共和国领域内以及根据我国缔结或者参加的国际条约规定的区域。

第四条 民用航空气象服务机构依照本规则履行民用航空气象工作职责。民用机场应当设置民用航空气象服务机构。本规则所称的民用航空气象服务机构包括机场气象站、机场气象台、民航地区气象中心、民航气象中心。

第五条 民用航空气象服务机构应当配备满足履行职责要求的气象专业人员和气象设施设备,建立相应的气象工作制度。

第六条 中国民用航空局(以下简称民航局)负责统一管理全国民用航空气象工作,民航地区管理局(以下简称地区管理局)负责监督管理本地区民用航空气象工作。

第七条 民用航空气象发展和建设规划由民航局统一制定。规划应当服从国家和民航发展总体规划,以运行和用户需求为引导,坚持统一规划、科学合理、资源共享的原则。

第八条 中华人民共和国领域内以及根据我国缔结或者参加的国际条约规定的民用航空气象情报的交换,由民航局空中交通管理局负责组织实施。

第九条 民用航空气象服务机构应当按照气象探测资料共享、共用的原则,与国内从事气象工作的机构交换气象探测资料,向航空气象用户提供气象情报。

第十条 民航局鼓励和支持民用航空气象科学技术研究与技术创新。

第十一条 本规则所用术语的含义在本规则附件一《定义》中规定。

第二章 气象服务机构

第一节 机构的设立与职责

第十二条 民航气象中心、民航地区气象中心由民航局批准设立。

民用运输机场应当设置机场气象台,民用通用机场根据需要设置机场气象台或气象站。民用机场设置气象台或气象站的,应当按照《民用机场使用许可规定》的要求取得民用机场使用许可证后方可运行。

民航地区气象中心可以承担机场气象台的职责。

第十三条 民航局在每个飞行情报区内指定一个民航地区气象中心或者机场气象台承担气象监视台的职责。

第十四条 民航气象中心应当履行下列职责:

(一)收集、处理、分发和交换国内气象情报和与国际飞行有关的气象情报并保存相关气象资料;根据民用航空气象用户实际运行需要,索取与国际飞行有关的气象情报;

(二)制作和发布中、高层区域预报;

(三)制作并向各地区气象中心和全国机场气象台发布业务指导产品;

(四)向民用航空气象用户提供气象服务;

(五)向各机场气象部门开放民用航空气象信息系统;

(六)收集、处理民航地区气象中心汇交的民用航空气象地面观测总簿、《民航机场气候志》和《民航机场气候概要》;根据民用航空气象用户实际运行需要,向其提供《民航机场气候志》和《民航机场气候概要》;

(七)维护民用航空气象信息系统,指导有关气象设备的维护维修;

(八)开展民用航空气象技术的研究、开发、应用;

(九)向民航地区气象中心和民用航空气象用户提供业务运行、人员培训以及研究与开发等方面的技术支持。

第十五条 民航地区气象中心应当履行下列职责:

（一）收集、处理、分发和交换本地区及与之相关的气象情报并保存相关气象资料；

（二）制作本地区中层区域预报；

（三）制作和发布本地区低层区域预报；

（四）制作并向本地区机场气象台、机场气象站发布业务指导产品；

（五）向各机场气象部门开放民用航空气象信息系统；

（六）向民用航空气象用户提供气象服务；

（七）收集、处理本地区机场气象台、机场气象站汇交的民用航空气象地面观测总簿、《民航机场气候志》和《民航机场气候概要》，并报送民航气象中心；

（八）维护本地区民用航空气象信息系统，指导本地区有关气象设备的维护维修；

（九）开展民用航空气象技术的研究、开发、应用；

（十）向本地区机场气象台、机场气象站和民用航空气象用户提供业务运行、人员培训以及研究与开发等方面的技术支持。

第十六条 气象监视台应当履行下列职责：

（一）监视本飞行情报区内影响飞行的天气情况；

（二）编制与本飞行情报区有关的重要气象情报、低空气象情报和其他有关情报；

（三）向有关空中交通服务部门提供重要气象情报、低空气象情报和其他有关气象情报；

（四）向有关民用航空气象服务机构发布重要气象情报、低空气象情报和其他有关情报。

第十七条 机场气象台应当履行下列职责：

（一）实施本机场的天气观测与探测，监视本机场的天气情况；

（二）收集和分析各种气象资料；

（三）制作和发布本机场的机场天气报告、机场预报、着陆预报、机场警报和风切变警报；

（四）向民用航空气象用户提供讲解、咨询、展示和飞行气象文件等气象服务；

（五）制作和发布本机场的起飞预报；

（六）按照规定进行飞行气象情报交换；

（七）维护维修本机场气象业务系统和气象设施设备；

（八）处理与保存有关气象资料；

（九）编制本机场的《机场气候志》或《机场气候概要》。

第十八条　机场气象站应当履行下列职责：

（一）实施本机场的天气观测与探测，监视本机场的天气情况；

（二）制作和发布本机场的机场天气报告；

（三）向民用航空气象用户提供气象服务；

（四）收集和交换飞行气象情报；

（五）维护维修本机场气象业务系统和气象设施设备；

（六）处理与保存有关气象资料；

（七）编制本机场的《机场气候志》或《机场气候概要》。

第二节　机构的运行条件

第十九条　民用航空气象服务机构的运行应当具备以下条件：

（一）确定服务机构的负责人，明确其工作职责；

（二）按照规定的职责设置业务岗位，配备满足服务机构运行需要和要求并持有有效执照的气象人员；

（三）建立完善的业务部门，并且制定运行手册；

（四）气象设备配置和技术要求符合相关规定；

（五）气象探测环境符合相关规定；

（六）具有实施气象工作所必需的供电、防雷、通信等业务环境；

（七）具有履行职责所需的气象情报。

第三节　机构的运行要求

第二十条　民航气象中心、民航地区气象中心、国际机场的气象台应当提供24小时不间断的民用航空气象服务；其他民用航空气象服务机构应当按规定的时间为航空器飞行提供航空气象服务。

民用航空气象服务机构应当安排气象人员在规定的服务时间内值勤。

第二十一条　民用航空气象服务机构不得安排未持有有效民用航空气象人员执照的人员独立从事民用航空气象观测、气象探测、气象预报及气象设备维护维修工作。

第二十二条　民用航空气象服务机构不得在民用航空气象观测、气象探测、气象预报及气象情报交换和发布过程中使用不符合民用航空气象设备技术要求的气象业务系统、设备。

第二十三条　民用航空气象服务机构应当建立制定、发布、修订和补充运行手册的制度，并保持运行手册持续有效。

第二十四条　民用航空气象服务机构的运行手册至少包括以下内容：

（一）组织机构及其职责、岗位职责；

（二）值班工作制度、天气会商制度；

（三）设备管理制度、资料管理制度、信息管理制度；

（四）工作程序与流程；

（五）培训管理制度、质量管理制度；

（六）运行风险管理制度；

（七）专机保障制度、应急管理制度及预案。

第二十五条 民用航空气象服务机构应当保存完整有效的运行手册，保存地点和方式应当便于气象人员查阅。

第二十六条 民用航空气象服务机构应当对发布的气象产品及设备的运行情况持续监控。

第二十七条 民用航空气象服务机构应当以适当的方式记录如下工作情况：

（一）人员值班情况；

（二）气象产品的制作与发布情况；

（三）设备的运行及维护维修情况；

（四）天气会商情况；

（五）服务情况；

（六）质量检查、评定、评估情况。

第二十八条 民用航空气象服务机构应当按照规定保存与飞行事故或者其他航空不安全事件相关的记录和资料。

第二十九条 民用航空气象服务机构应当按照规定统计和上报运行信息。

第三十条 民用航空气象服务机构应当开展应急预案的培训与应急演练以及应急后评估工作，机场气象台、机场气象站的气象工作应急预案应当与所在机场的应急预案相衔接。

第三十一条 在以下情况下，民用航空气象服务机构应当组织实施试运行：

（一）本规则第十四条至第十八条中的职责发生重大调整；

（二）重要气象设施设备，包括自动气象观测系统及自动气象站和民用航空气象信息系统新建或改造；

（三）气象情报发布格式、方式改变。

第三十二条 民用航空气象服务机构组织实施试运行时应当完成以下工作：

（一）进行人员培训和考核；

（二）制定、修改相关的工作程序；

（三）新建自动气象观测系统或自动气象站的，按照规定进行对比观测，制定或修改本机场特殊天气观测报告标准；

（四）制定试运行期间的安全保障方案；

（五）制定其他必要的措施。

第三十三条 民用航空气象服务机构应当对试运行的情况进行评估，评估结果符合相关要求后方可业务运行。

第三章 气象人员资质与培训

第三十四条 在民用航空气象服务机构从事民用航空气象服务工作的人员，应当按照《民用航空气象人员执照管理规则》的要求，取得民用航空气象人员执照，并按规定保持有效。未持有有效执照的人员，不得在民用航空气象服务机构独立从事要求持照上岗的航空气象工作。

第三十五条 民用航空气象人员所在单位应当按照规定组织对民用航空气象人员的专业培训，民用航空气象人员应当按照规定接受岗前、岗位培训和考核。

第三十六条 符合下列条件的气象培训机构，可以从事与执照申请和执照注册相关的民用航空气象人员培训：

（一）具有持照二年以上的民用航空气象专业技术人员或气象专业教员；

（二）具有符合民用航空气象人员培训大纲的教材；

（三）具有与民用航空气象人员培训相适应的场所、设施设备等资源和质量管理体系。

民用航空气象人员的岗前培训应在持有相应执照的专业技术人员的指导下进行。

第三十七条 民用航空气象人员的岗前、岗位培训的时间和内容应当符合相关规定。

第三十八条 民航地区气象中心及有关气象台应当按规定承担其他民用航空气象服务机构的专业技术人员在本单位的岗位实习。

第三十九条 民用航空气象人员所在单位应当有计划地补充、培养专业技术人才，不断提高民用航空气象人员的业务素质。

第四十条 民用航空气象服务机构应当为所属专业技术人员建立气象专业人员技术档案，气象专业人员技术档案主要包括人员执照、培训记录、业务考核等内容。

第四章　气象观测与探测

第一节　民用航空气象地面观测

第四十一条　民用航空气象地面观测是由气象观测员在地面通过人工方式或利用设备对本机场及其跑道、进近着陆及起飞爬升地带的气象要素及其变化过程所进行的系统、连续地观察和测定的活动。

第四十二条　民用航空气象地面观测的项目包括云、主导能见度、垂直能见度、跑道视程、气象光学视程、天气现象、地面风、气压、气温、湿度、最高气温、最低气温、降水量和积雪深度等气象要素或量值。

第四十三条　民用航空气象地面观测的方式分为人工观测和自动观测，其中人工观测又包括目测和器测。

第四十四条　民用航空气象地面观测由机场气象台或者机场气象站组织，由气象观测员在观测值班室、观测平台或者观测场实施。观测环境和设备安装应符合探测环境的要求。

第四十五条　机场气象台、机场气象站应当设置气象观测室，气象观测室及其气象观测员的职责如下：

（一）制定与观测工作有关的工作制度、程序以及业务图表，拟定本机场的特殊天气报告标准；

（二）观测、记录本机场的气象要素，按规定进行本机场的事故观测；

（三）按规定及时收集、附加着陆预报，编制、发布本机场的天气报告；

（四）按规定进行观测对时；

（五）维护气象观测场的环境；

（六）按照相关规定记录和报告观测设备的运行情况；

（七）检查、评定本机场的观测工作质量；

（八）编制《民用航空气象地面观测月总簿》（以下简称月总簿）、《民用航空气象地面观测年总簿》（以下简称年总簿）和《民用航空气象地面观测档案簿》，参与本机场气候志或气候概要的编写。

第四十六条　民用航空气象地面观测按观测内容分为例行观测、特殊观测和事故观测。

（一）例行观测是按固定的时间间隔对观测项目进行的观测；

（二）特殊观测是在两次例行观测时间内，当观测项目达到规定的标准时进行的观测；

（三）事故观测是当本机场或其附近区域发生飞行事故后所进行的观测。

第四十七条 民用航空气象服务机构应当依据本机场的最低运行标准、运行方式、航空运营人的运行标准等，与机场运行管理部门、空中交通服务部门、航空运营人共同协商制定或修订本机场特殊天气报告标准，并报所属地区管理局备案。

第四十八条 民用航空气象地面观测按观测时次分为24小时观测、非24小时观测。

（一）运输机场气象台应当实施24小时观测。国际机场及参与国际气象情报交换的运输机场气象台应当实施24小时有人值守的观测；其他运输机场气象台可以在飞行活动结束后实施无人值守的观测；

（二）通用机场可以实施非24小时观测，并且根据本机场的飞行需要确定气象观测的时次。

第四十九条 气象观测人员应按照先室外后室内、先目测后器测的程序，遵照《民用航空气象地面观测规范》的规定进行观测。气象观测的数据应当具有代表性、准确性和比较性。

第五十条 气象观测人员应当按照民用航空气象地面观测记录的规定将观测记录分别记录在例行观测簿、特殊观测簿及事故观测簿。

第五十一条 机场气象台、机场气象站应当按照民用航空气象地面观测和报告的规定以电码格式和缩写明语形式编制、发布机场天气报告。

（一）实施24小时有人值守观测的机场气象台、机场气象站应当每日24小时连续发布时间间隔为1小时非自动生成的机场例行天气报告；

（二）在飞行活动结束后实施无人值守24小时观测的机场气象台、机场气象站，应当在与本机场相关的本日首次飞行任务起飞前3小时至本机场飞行活动结束，发布非自动生成的机场例行天气报告；其他时间可以发布由自动气象观测系统或者自动气象站自动生成的机场例行天气报告；

（三）实施非24小时观测的通用机场的机场气象台、机场气象站应当根据本机场的飞行需要确定发布机场例行天气报告的频次；

（四）按照规定每半小时发布机场例行天气报告的机场气象台、机场气象站应当每日24小时连续发布时间间隔为半小时的机场例行天气报告。

机场气象台、机场气象站应当检查已发布的机场天气报告，及时更正发现的错误。

第五十二条 民用航空气象服务机构应当按照民用航空气象自动气象观测系统数据输出格式的有关规定采集和存储自动气象观测系统、自动气象站的数据。

第二节 气象探测与航空器观测

第五十三条 气象探测是民用航空气象服务机构利用天气雷达、风廓线雷达、激光雷达、气象卫星、雷电探测、风切变探测等设备或者系统对气象要素以及天气系统所进行的观察和测量。

第五十四条 气象探测设施设备的安装地点及其环境应当符合有关规定,满足探测气象要素的要求。

第五十五条 民用航空气象服务机构应当根据天气状况、用户需求及业务工作的需要实施探测。

第五十六条 在中华人民共和国领域内飞行的航空器,在飞行过程中应当按照有关规定进行气象观测和报告;具有中华人民共和国国籍的航空器,在国际航线上飞行时,应当按照有关规定进行气象观测和报告。航空器观测分为例行观测、特殊观测和其他非例行观测:

(一)航空器在飞行过程中,应当按照规定位置和时间间隔对气温、湿度、风向、风速以及颠簸、积冰等进行例行观测和报告;

(二)航空器在飞行过程中,遇到或者发现严重颠簸、严重积冰、严重的山地波、伴有(或者不伴有)冰雹的雷暴、强尘暴或者强沙暴、火山灰云以及火山喷发前的活动或者火山喷发时,应当进行特殊观测和报告,并尽快通知有关的空中交通服务部门;

(三)航空器在飞行过程中,当出现未列入航空器特殊观测项目的天气现象,如风切变等,并且机长认为会影响航空器安全和运行效率时,应当进行非例行观测,并尽快通知有关的空中交通服务部门。

第五十七条 空中交通服务部门收到航空器观测报告,应当及时通报给相应的民用航空气象服务机构。

第五十八条 机场气象台、机场气象站收到话音方式的航空器观测报告,应当通过传真或者其他有效方式立即发送给本飞行情报区气象监视台、本地区气象中心。地区气象中心收到话音方式的航空器观测报告应当通过传真或者其他有效方式发送给民航气象中心。

第五章 航空天气预报

第一节 一般规定

第五十九条 航空天气预报是气象预报员对机场、飞行情报区、管制区域等飞行空域预期气象要素的发生及变化所作出的分析和说明。航空天气预报包括机场预报、着陆预报、起飞预报、区域预报。

第六十条 航空天气预报应当由民用航空气象服务机构按规定制作和发布。

第六十一条 除机场气象站以外的民用航空气象服务机构应当设置气象预报室。气象预报室及其气象预报员的职责如下：

（一）制订与天气预报工作有关的工作制度、程序；

（二）收集相关的资料和产品；

（三）分析和研究相关资料和产品，制作和发布航空天气预报及相关产品；

（四）提供飞行气象文件；

（五）提供与航空活动有关的咨询、展示、预报、警报等气象服务；

（六）检查、评定预报工作质量；

（七）记录值班期间的工作情况。

第六十二条 民用航空气象服务机构应当获取制作天气预报所需的如下主要资料和产品：

（一）地面观测资料、探测资料；

（二）天气图资料、气候资料；

（三）数值天气预报产品、天气预报指导产品；

（四）重要气象情报、低空气象情报；

（五）接收到的航空器观测报告。

第六十三条 民用航空气象服务机构应当至少采取以下措施提高民用航空气象预报质量：

（一）组织对重要天气的监视和预报，根据本单位的天气会商制度组织天气会商；

（二）组织预报人员对重要天气过程进行季度、年度的天气预报经验总结；

（三）安排气象预报人员每年加入飞行机组进行航线实习。

第六十四条 民用航空气象服务机构发布一份新的预报，即自动取消以前所发布的同类的、同一地点的、同一时段或者该时段的某一部分以及该时段的某一时刻的任何预报。

第六十五条 民用航空气象服务机构应当持续检查已发布的航空天气预报，按规定及时更正、修订发布的预报。

第二节 机场预报

第六十六条 机场气象台制作的机场预报应当对其预报时段内机场预期的地面风、主导能见度、天气现象、云和气温进行分析和说明。

第六十七条 机场气象台以TAF电码格式制作、发布的机场预报及其修订报、更正报应当符合相关规定。

第六十八条 机场气象台应当按规定时间发布有效时段为9小时的机场预报(FC)。

第六十九条 机场气象台应当在与本机场相关的本日首次飞行任务起飞前3小时发布第一份机场预报(FC),之后按规定时间连续发布机场预报(FC),直至当日飞行活动结束。

第七十条 为国际和地区飞行提供服务的机场气象台应当按规定时间发布有效时段为24小时或者30小时的机场预报(FT)。

第七十一条 机场气象台对其发布的机场预报不能持续检查时,应当对已发布机场预报予以取消。

第七十二条 机场气象台发布的机场预报修订报、机场预报更正报的有效时段应当与所修订的、所更正的机场预报的有效时段一致。

第三节 着陆预报

第七十三条 着陆预报应当指明机场地面风、主导能见度、天气现象、云和垂直能见度中的一个或者几个气象要素的重大变化,以满足本场民用航空气象用户和距离本场1小时以内飞行时间的航空器的需要。

第七十四条 机场气象台以趋势预报形式发布的着陆预报应当符合相关规定。

第七十五条 着陆预报应当由附加在非自动生成的机场例行天气报告或者特殊天气报告之后的该机场气象情况预期趋势的简要说明组成。着陆预报的有效时段应当为2小时。

第四节 起飞预报

第七十六条 起飞预报应当描述机场跑道及爬升区域特定时段内预期的地面风向和风速及其变化、气温、修正海平面气压以及民用航空气象服务机构与航空运营人之间协定的任何其他要素的情况。

第七十七条 机场气象台提供的起飞预报应当符合相关规定。

第七十八条 起飞预报应当在航空器预计起飞前3小时内向航空运营人和飞行机组提供。

第七十九条 机场气象台应当不断检查已发布的起飞预报,达到修订条件时,及时发布修订预报。

第五节　区 域 预 报

第八十条　区域预报应当对航空器飞行的时间和空间范围内的大气温度、风、重要天气现象及与之结合的云进行分析和说明。

第八十一条　区域预报应当以缩写明语形式或者图表形式发布，主要包括：

（一）高层、中层和低层高空风和高空温度；

（二）高层、中层和低层重要天气。

第八十二条　民航气象中心制作和发布的中、高层区域预报应当符合相关规定。

第八十三条　民航地区气象中心制作的本地区中层区域预报、制作和发布的低层区域预报应当符合相关规定。

第八十四条　民航气象中心以预告图形式发布的区域预报应当至少包括全国范围内的高层高空风和温度预告图、中层高空风和温度预告图、高层重要天气预告图、中层重要天气预告图。

第八十五条　民航地区气象中心以预告图形式发布的区域预报应当包括低层高空风和温度预告图和低层重要天气预告图。以缩写明语形式发布的低层区域预报应当采用GAMET格式。

第八十六条　民航气象中心应当收集民航地区气象中心发布的区域预报。

第八十七条　高空风、高空温度预告图的发布间隔不大于12小时，重要天气预告图的发布间隔不大于6小时，GAMET形式的区域预报发布间隔不大于6小时。

第六章　重要气象情报、低空气象情报、机场警报、风切变警报和告警

第一节　重要气象情报

第八十八条　重要气象情报应当对有关航路上发生或预期发生可能影响航空器飞行安全的天气现象，以及这些天气现象在时间和空间上的发展作出简要说明。

第八十九条　气象监视台应当按照气象情报制作的规定以缩写明语形式制作、发布重要气象情报。重要气象情报应当以“SIGMET”标明。

第九十条　重要气象情报应当在有效时段开始前4小时内发布。有关火

山灰云和热带气旋的重要气象情报,应当在有效时段开始前 12 小时内尽早发布。火山灰云和热带气旋的重要气象情报应当至少每 6 小时更新一次。

第九十一条 重要气象情报的有效时段应当不超过 4 小时,在出现火山灰云和热带气旋的情况下,重要气象情报的有效时段应当延长到 6 小时。

第九十二条 当有关的天气现象在该地区不再出现或预期不再出现,气象监视台应当发布一份重要气象情报以取消相应的重要气象情报。

第九十三条 气象监视台应当与相关航空情报部门保持密切合作,以保证重要气象情报中和航行通告中包含的火山灰情报一致。

第二节 低空气象情报

第九十四条 低空气象情报应当对未包括在已发布的低空飞行区域预报中有关航路上可能影响低空飞行安全的天气现象,以及这些现象在时间和空间上的发展作出简要说明。

第九十五条 气象监视台应当按照气象情报制作的规定以缩写明语形式制作、发布低空气象情报。低空气象情报应当以“AIRMET”标明。

第九十六条 低空气象情报的有效时段应当不超过 4 小时。

第九十七条 当有关的天气现象在该地区不再出现或预期不再出现时,气象监视台应当发布一份低空气象情报以取消相应的低空气象情报。

第三节 机场警报

第九十八条 机场警报应当对可能严重影响地面航空器和机场设备、设施安全的气象情况作出简要说明。

第九十九条 机场气象台应当依据机场警报的发布规定和本机场的最低运行标准、运行方式、航空运营人的运行标准等,与机场运行管理部门、空中交通服务部门、航空运营人共同协商制定本机场的机场警报发布标准。

第一百条 当机场范围内发生或者预期发生达到发布机场警报标准的重要天气时,机场气象台应当按照机场警报的制作规定制作发布机场警报。

第一百零一条 机场警报应当以缩写明语形式或与航空气象用户协商的格式发布。

第一百零二条 当所涉及的天气现象不再出现或预期不再出现时,机场气象台应当取消相应的机场警报。

第四节 风切变警报和告警

第一百零三条 风切变警报应当对观测到的或者预期出现的风切变作出

简要说明,对可能严重影响跑道道面及其上空500米以下的处于着陆滑跑或起飞滑跑阶段、进近着陆、起飞爬升或盘旋进近的航空器的风切变作出简要说明。

第一百零四条 机场跑道区、进近着陆区及起飞爬升区发生或者预期发生风切变时,机场气象台应当按照相关规定制作发布风切变警报。

第一百零五条 风切变警报应当以缩写明语形式或与航空气象用户协商的格式发布。

第一百零六条 当风切变不再出现或者预期不再出现时,机场气象台应当取消相应的风切变警报。

第一百零七条 在使用自动探测设备探测风切变的机场气象台应当按照相关规定,由自动探测设备分发风切变告警。

第一百零八条 风切变告警应当提供关于观测到的如下风切变的最新简要情报:可能对最后进近航径上或最初起飞航径上的航空器以及在跑道上进行着陆滑跑或起飞滑跑的航空器造成不利影响的,风的变化达到风切变告警标准的风切变。

第七章 飞行气象情报交换

第一节 一般规定

第一百零九条 飞行气象情报的种类如下:

(一)机场天气报告:机场例行天气报告、机场特殊天气报告;

(二)航空器观测报告:例行观测报告、特殊观测报告和其他非例行观测报告;

(三)航空天气预报:机场预报、着陆预报、起飞预报、区域预报;

(四)重要气象情报、低空气象情报、机场警报、风切变警报和告警。

第一百一十条 发布的飞行气象情报包括机场天气报告、机场预报、着陆预报、起飞预报、区域预报、重要气象情报、低空气象情报、机场警报和风切变警报。

第一百一十一条 交换的飞行气象情报包括电码格式的机场天气报告、航空器观测报告、机场预报、着陆预报、区域预报、重要气象情报和低空气象情报。

第一百一十二条 民用航空气象服务机构应当按照民用航空气象情报发布与交换的规定,通过航空固定电信网、民用航空气象信息系统、网络等有效手段交换飞行气象情报。

第一百一十三条 机场气象站、机场气象台、地区气象中心、民航气象中心应当承担回复有关机场气象站、机场气象台索取飞行气象情报的义务。

由民航气象中心回复境外有关气象服务机构索取境内的飞行气象情报。

由民航气象中心索取境外有关气象服务机构的飞行气象情报。

第一百一十四条 民航华北地区气象中心、民航华东地区气象中心、民航中南地区气象中心接收的世界区域预报中心发送的飞行气象情报应当存入民用航空气象信息系统。

第二节 机场气象台、机场气象站的飞行气象情报交换

第一百一十五条 机场气象台应当将本机场电码格式的机场天气报告、机场预报发往本地区的民航地区气象中心和民航气象中心；机场气象站应当将本机场电码格式的机场天气报告发往本地区的民航地区气象中心和民航气象中心。

参加境外双边气象情报交换的机场气象台应当将机场天气报告、机场预报同时发往相关的境外气象服务机构；参加境外双边气象情报交换的机场气象站应当将机场天气报告同时发往相关的境外气象服务机构。

第一百一十六条 机场气象台应当将着陆预报及附着该着陆预报的机场天气报告一起发往本地区的民航地区气象中心和民航气象中心。

第三节 民航地区气象中心的飞行气象情报交换

第一百一十七条 民航地区气象中心收到境内和境外有关的机场天气报告、机场预报后，应当立即按规定向本地区的机场气象台、机场气象站转发。

第一百一十八条 民航地区气象中心应当收集本地区民用机场的机场天气报告、机场预报，并分别编辑成例行天气报告公报、机场预报公报。

第一百一十九条 民航地区气象中心应当将获得的国内例行航空器观测报告公报，向本地区的机场气象台、机场气象站转发。

第一百二十条 民航地区气象中心应当向本地区的机场气象台、机场气象站发布本地区低层高空风和高空温度预告图、低层重要天气预告图及其修订或者更正的预告图，并发往民航气象中心。

第一百二十一条 民航地区气象中心应当将制作的本地区中层重要天气预告图及其修订或者更正的预告图发往民航气象中心。

第一百二十二条 民航地区气象中心应当将收到的有关的重要气象情报和低空气象情报，立即向民航气象中心、本地区机场气象台和机场气象站

转发。

第四节　民航气象中心的飞行气象情报交换

第一百二十三条　民航气象中心收到境内和境外有关的机场天气报告、机场预报后，应当立即按规定向民航地区气象中心、机场气象台、机场气象站转发。

第一百二十四条　民航气象中心收到参加国际交换的国内机场例行天气报告后，应当编辑成例行天气报告公报，不迟于整点后五分钟或者半点后五分钟发往境外有关飞行气象情报收集中心。

民航气象中心应当在机场例行天气报告公报发出后收到的机场例行天气报告，按规定立即转发；机场天气报告的更正报应当立即转发。

第一百二十五条　民航气象中心应当每小时将国内的例行航空器观测报告编辑成公报，向境内民航地区气象中心、机场气象台、机场气象站转发；收到特殊航空器观测报告，应当立即转发。

第一百二十六条　民航气象中心应当将参加国际交换的有效时段为24或30小时的机场预报编辑成机场预报公报，并不迟于预报有效起始时间前2小时发往境外有关飞行气象情报收集中心。

第一百二十七条　民航气象中心应当按规定立即转发机场预报更正报、机场预报修订报、机场预报公报发出后收到的参加国际交换的机场预报。

第一百二十八条　民航气象中心应当根据国内业务需求向境外有关飞行气象情报收集中心或者气象服务机构索取所需的机场天气报告、机场预报。

第一百二十九条　民航气象中心应当对收到的世界区域预报中心的区域预报产品进行处理，向民航地区气象中心、机场气象台、机场气象站转发。

第一百三十条　民航气象中心应当处理收到的各民航地区气象中心制作的中层重要天气预告图及其修订或者更正的预告图，发布全国范围的中层和高层重要天气预告图及其修订或者更正的预告图并向民航地区气象中心、机场气象台、机场气象站转发。

第一百三十一条　民航气象中心应当向民航地区气象中心、机场气象台、机场气象站发布规定范围的中层和高层高空风和高空温度预告图。

第一百三十二条　民航气象中心应当将收到的各地区气象中心制作的低层高空风和高空温度预告图以及低层重要天气预告图及其修订或者更正的预告图，向民航地区气象中心、机场气象台、机场气象站转发。

第一百三十三条　民航气象中心应当将收到的各地区气象中心发布的GAMET格式区域预报向民航地区气象中心、机场气象台、机场气象站转发。

第一百三十四条 民航气象中心应当将收到的有关重要气象情报和低空气象情报和其他有关情报，立即向民航地区气象中心、机场气象台、机场气象站转发。

第五节 气象监视台的飞行气象情报交换

第一百三十五条 气象监视台应当按照民用航空飞行气象情报发布与交换的规定将重要气象情报和低空气象情报及其他有关情报发往本飞行情报区的机场气象台、机场气象站、境内气象监视台、民航气象中心和境外相关气象监视台。

第八章 气象服务

第一节 一般规定

第一百三十六条 民用航空气象服务是民用航空气象服务机构向民用航空气象用户提供气象情报的过程。

第一百三十七条 民用航空气象用户包括：

（一）公共航空运输运营人；

（二）空中交通服务部门；

（三）机场运行管理部门；

（四）搜寻与救援部门；

（五）航空情报服务部门；

（六）通用航空运营人或通用航空活动主体；

（七）其他与民用航空活动有关的部门。

第一百三十八条 民用航空气象服务机构向民用航空气象用户提供的气象情报应当适时、有效。当已经提供的气象情报出现修订或者更正时，应当及时向民用航空气象用户提供修订或者更正的气象情报。

第一百三十九条 民用航空气象服务机构向航空气象用户提供的气象情报应当至少保存三十天。

第一百四十条 民用航空气象服务分为基本气象服务和特订气象服务。

基本气象服务是民用航空气象服务机构按照民用航空气象服务管理规定向民用航空气象用户提供气象情报的过程。特订气象服务是民用航空气象服务机构根据民用航空气象用户特定需求向其提供基本气象服务以外的特订气象服务的过程。

第一百四十一条 民用航空气象服务机构应当向民用航空气象用户提供

基本气象服务。民用航空气象服务机构应当根据用户特定需求按照服务协议向民用航空气象用户提供特订气象服务。

第一百四十二条 民用航空特订气象服务协议的主要内容应当包括：

（一）依据与目的；

（二）服务内容、方式和标准；

（三）权利与义务；

（四）协议有效期。

第一百四十三条 民用航空气象服务机构应当使用下列一种或几种方式提供气象情报：

（一）网络；

（二）打印或书写的气象资料；

（三）电话；

（四）传真；

（五）视频；

（六）对空气象广播；

（七）其他有效方式。

第一百四十四条 本章下述各节所规定的气象服务均为基本气象服务。

第二节 为民用航空运营人提供的服务

第一百四十五条 民用航空气象服务机构应当按规定向民用航空运营人提供相应的气象情报。

第一百四十六条 机场气象台应当为所在机场起飞的飞行机组提供天气讲解、咨询和飞行气象文件及展示气象资料；机场气象站应当为由本机场起飞的飞行机组提供天气讲解和飞行气象文件。

第一百四十七条 机场气象台为飞行机组提供的高空风和高空温度预告图应当至少包括巡航高度上的或者巡航高度以上和以下最接近巡航高度的高空风和高空温度预告图。

第一百四十八条 机场气象台为国际航班飞行机组提供的重要天气预告图应当至少包括民航气象中心发布的中国区的重要天气预告图。

第一百四十九条 民用航空气象服务机构向公共航空运输运营人展示的情报包括：

（一）自动气象观测系统的实时显示观测数据；

（二）天气雷达资料和其他探测资料；

（三）卫星云图；

(四)天气图;

(五)机场例行天气报告和特殊天气报告;

(六)机场预报和着陆预报;

(七)区域预报;

(八)风切变警报;

(九)航空器特殊观测报告;

(十)机场警报;

(十一)重要气象情报、低空气象情报;

(十二)收到的火山灰和热带气旋咨询报。

第一百五十条 机场气象台为公共航空运输运营人提供的气象情报包括:

(一)起飞机场、目的地机场,以及起飞、航路和目的地备降机场的机场天气报告、着陆预报和机场预报;

(二)起飞预报;

(三)区域预报;

(四)重要气象情报、有关的低空气象情报、本机场的机场警报和风切变警报;

(五)有关的航空器观测报告;

(六)卫星云图资料;

(七)天气雷达资料;

(八)收到的火山灰和热带气旋咨询报。

第一百五十一条 机场气象台根据民用航空运营人的需要提供来自世界区域预报中心的区域预报产品。

第一百五十二条 机场气象台、机场气象站在讲解时认为机场气象情况的变化与飞行气象文件中所包括的机场预报有差异时,应提示飞行机组成员注意这种差异。讲解时涉及差异的部分必须予以记录,该记录应提供给运营人。

第一百五十三条 机场气象台应当不迟于航空器预计起飞前 3 小时向民用航空运营人提供飞行计划所需的高空风、高空温度、重要天气现象等区域预报,其他气象情报应当尽快提供。

第一百五十四条 机场气象台、机场气象站向由本机场离场的飞行机组提供起飞前的飞行气象情报应当以飞行气象文件的形式提供。飞行气象情报包括下列内容:

(一)高空风、高空温度的预报;

（二）预期的航路上重要天气现象的情报；

（三）起飞机场、目的地机场、备降机场的机场预报；

（四）起飞机场、目的地机场、备降机场的机场天气报告；

（五）有关的重要气象情报；

（六）有关的低空气象情报；

（七）有关的航空器观测报告。

第一百五十五条 机场气象台、机场气象站应当采用下列形式向本机场离场的飞行机组提供飞行气象文件：

（一）高空风、高空温度的预报和航路上预期的重要天气现象情报用预告图形式，低空区域预报也可以采用缩写明语形式；

（二）机场预报采用电码格式；

（三）机场天气报告采用电码格式；

（四）重要气象情报、低空气象情报采用缩写明语形式；

（五）航空器观测报告采用表格形式。

第一百五十六条 民用航空气象服务机构为通用航空运营人或其他通用航空活动主体提供的气象情报：

（一）预期的区域内的高空风、高空温度的情报；

（二）预期的区域内的重要天气现象情报；

（三）起飞机场、目的地机场和备降机场的机场天气报告；

（四）重要气象情报和与整个航路有关的尚未编入重要气象情报电报的航空器观测报告；

（五）与低空飞行有关的低空气象情报。

第三节 为空中交通服务部门提供的服务

第一百五十七条 机场气象台、机场气象站应当向有关空中交通服务部门提供如下气象情报：

（一）机场气象台、机场气象站向机场管制塔台提供的气象情报应包括：

1. 机场管制塔台所在机场的电码格式、明语格式的机场天气报告、趋势预报、机场预报、实时的气压、风向、风速、温度、湿度、跑道视程数据；

2. 重要气象情报、低空气象情报、机场警报和风切变警报及告警；

3. 收到的尚未包含在已发布的重要气象情报中的火山灰云的情报；

4. 收到的关于喷发前火山活动或者火山喷发的情报。

（二）机场气象台、机场气象站向进近管制室提供的气象情报应包括：

1. 与进近管制区域有关机场的电码格式、明语格式的机场天气报告、趋势预报、机场预报及其修订预报；

2. 与进近管制区域有关的重要气象情报、低空气象情报、风切变警报及告警、机场警报、航空器观测报告；

3. 收到的尚未包含在已发布的重要气象情报中的火山灰云的情报；

4. 收到的关于喷发前火山活动或者火山喷发的情报。

（三）机场气象台向区域管制中心提供的气象情报应包括：

1. 管制区内各机场的电码格式的机场天气报告、趋势预报、机场预报及其修订预报和飞行情报区或管制区内其他的气象情报；

2. 管制区的区域预报、重要气象情报、低空气象情报和航空器观测报告；

3. 收到的尚未包含在已发布的重要气象情报中的火山灰云的情报；

4. 收到的关于喷发前火山活动或者火山喷发的情报。

（四）遇到紧急情况时，空中交通服务单位请求提供的气象情报。

第四节　为机场运行管理部门提供的服务

第一百五十八条　机场气象台、机场气象站应当向机场运行管理部门提供与机场运行有关的如下气象情报：

（一）机场天气报告、起飞预报、着陆预报和机场预报；

（二）重要气象情报、有关的低空气象情报、本机场的机场警报和风切变警报；

（三）卫星云图资料；

（四）天气雷达资料；

（五）遇到紧急情况时，机场运行管理部门请求提供的气象情报。

第五节　为搜寻和援救单位提供的服务

第一百五十九条　民用航空气象服务机构应当组织收集并向搜寻和援救单位提供如下气象情报：

（一）失踪航空器最后已知位置的气象情报和航空器预计航路上的气象情报：

1. 航路上的重要天气现象；

2. 云量，云状，云底高和云顶高，尤其是积雨云的情况；

3. 能见度和导致能见度降低的天气现象；

4. 地面风和高空风；

5. 地面状况，尤其是积雪或积水状况；

6. 与搜寻地区相关的海面温度、海面状况、浮冰和海流；

7. 海平面气压数据。

(二)搜寻和援救单位请求的其他气象情报,包括:

1. 搜寻区域内实时的和预期的天气状况;

2. 进行搜寻的航空器的起、降机场及备降场至搜寻区域飞行航路上实时的和预期的天气状况;

3. 从事搜寻援救活动的船舶所需要的气象情报。

第一百六十条 为搜寻救援提供气象服务的民用航空气象服务机构应当在整个搜寻救援活动中与搜寻和救援部门保持联系。

第六节 为航空情报服务机构提供的服务

第一百六十一条 民用航空气象服务机构应当向航空情报服务机构提供如下气象情报:

(一)用于编写航行资料汇编所需的气象情报:

1. 机场气象特征和气候资料;

2. 民用航空气象服务、设施和设备等情况及其预期的重要变更;

3. 其他信息;

(二)用于编制航行通告或火山灰通告的情报应至少包括:

1. 民用航空气象服务工作的建立、撤销和重要变更;

2. 火山活动的情况。

第九章 气象设施设备

第一节 设施设备的建设

第一百六十二条 机场气象台、机场气象站应当按照民用航空气象设备配备的规定配置相应的气象设备。

第一百六十三条 民用航空气象设备应当符合民用航空气象设备技术要求。

属于国务院气象主管部门气象设备许可管理范围的民用航空气象设备在未取得相应许可前不得投入使用。

第一百六十四条 机场气象台、机场气象站的建设应当符合机场气象台、机场气象站建设规范的要求。

第一百六十五条 机场气象台应当配置基本的气象探测和观测、气象资料收集处理、气象产品制作、飞行气象情报交换与气象服务等气象设施设备:

(一)基本的气象探测和观测设备是指包括测量、处理、显示能见度、风向、风速、云高、温度、气压、湿度、跑道视程和降水等气象要素量值的设备及附属设备和软件；

(二)基本的气象资料收集处理设备包括机场气象观测资料处理系统、气象资料接收处理系统、气象卫星资料接收处理系统、资料存储设施；

(三)基本的气象产品制作设备包括机场天气报告编制发布系统、机场预报制作系统、气候志或者气候概要编制系统；

(四)基本的飞行气象情报交换与气象服务设备包括民用航空气象信息系统、图文传真设备。

第一百六十六条 机场气象台、机场气象站应当设置气象观测场，并符合有关技术规范。

第一百六十七条 民用航空气象服务机构使用的气象设施、设备、运行系统应当具有符合有关防雷规范的防雷设施。

第一百六十八条 民用航空气象服务机构应当具有必要的通信设施设备用于：

(一)向空中交通服务单位、相关的飞行情报区、搜寻与救援服务单位提供所需的气象情报；

(二)向航空运营人和其他用户提供所需的气象情报；

(三)民用航空气象服务机构内部及民用航空气象服务机构之间情报和资料的处理和交换；

(四)与当地气象部门之间气象资料的共享。

第二节　设备的开放和运行

第一百六十九条 为民用航空气象提供通信服务的部门，应当保证飞行气象情报和资料传递渠道的畅通，以满足民用航空气象服务机构的工作需求。

第一百七十条 民用航空气象服务机构使用的气象设备应当持续符合规定的技术要求，安装在机场飞行区的气象设备应当在设备开放运行前按规定获得批准。

第一百七十一条 民用航空气象服务机构应当建立设备维护和维修管理制度，保持设施设备运行的技术性能符合民用航空气象设备技术要求的规定。

第一百七十二条 民用航空气象服务机构的气象探测设施、气象情报收集与交换专用设施和航空天气预报制作专用设施不得在无安全隔离措施的情况下与非民用航空气象服务机构的设备直接连接。

第一百七十三条 民用航空气象服务机构应当按照民用航空气象计量器具检定与校准的规定对所属设备、仪器、仪表进行检定或校准。

第一百七十四条 民用航空气象服务机构不得使用未经检定或校准、检定不合格和超过检定期限的设备、仪器、仪表。

第一百七十五条 民用航空气象服务机构应当建立气象设备技术档案，气象设备技术档案主要包括设备的组成、启用时间、维护维修记录、检定或者校准记录等内容。

第一百七十六条 民用航空气象服务机构应当按照有关规定选择民用航空气象设施设备环境，相关单位和个人应当依照有关规定保护民用航空气象设施设备探测环境。

第三节 设备实验运行

第一百七十七条 为了促进民用航空气象先进技术的发展，首次应用于民用航空气象探测和观测的设备，应当进行实验运行。

通过实验运行并经民航局组织的专家组测试或评估，能满足运行要求的设备，方可用于民用航空气象工作。

第一百七十八条 实验运行一般采用实验验证或者试验验证的方式进行。

实验验证是指通过仿真手段对设备的性能和指标进行验证。实验验证应当在民航局或者地区管理局指定的实验场所进行。

试验验证是指利用实际运行环境对设备的性能和指标进行验证。试验验证周期一般不少于6个月。

实验验证由民航局组织的专家组实施，试验验证由设备生产厂家提出，由科研机构、院校或民用航空气象服务机构具体实施。试验验证不得影响正常的民用航空气象服务工作。

第十章 气象资料管理

第一节 一 般 规 定

第一百七十九条 民用航空气象资料是指在有关民用航空气象工作中涉及的各种载体形态的资料。

第一百八十条 民航气象中心、民航地区气象中心、机场气象台和机场气象站应当设置民用航空气象资料管理所需的固定场所并且配备专用设备，指定专人负责资料的管理。

第一百八十一条 民用航空气象服务机构应当按照《中华人民共和国保守国家秘密法》和有关规定保存、处理、使用涉密的民用航空气象资料。

第二节　资料的获取和处理

第一百八十二条　民用航空气象服务机构应当根据工作需要，获取国务院气象主管部门所属各级气象机构的常规气象资料、自动气象站资料、天气雷达资料、数值预报产品资料、航危报以及其他各种气象资料。

第一百八十三条　民用航空气象服务机构应当根据工作需要，通过民用航空气象信息系统、航空固定电信网或者其他有效方式获取其他民用航空气象服务机构的各种气象资料。

第一百八十四条　机场气象台、机场气象站应当按照民用航空气象地面观测规范的要求编制民用航空气象地面观测总簿，地面观测总簿分为月总簿、年总簿。

第一百八十五条　凡配备自动观测设备的机场气象服务机构，应当进行24小时全项或缺项统计，并按照相关规定编制月总簿和年总簿。

第一百八十六条　机场气象台、机场气象站应当按照民用航空气象气候资料整编与分析的规定编制机场气候志或机场气候概要：

（一）具有五年或者五年以上24小时气象观测资料的机场气象台或者机场气象站应当编制机场气候志。

（二）具有五年或者五年以上非24小时观测资料的机场气象台或者机场气象站，应当编制机场气候概要。

第一百八十七条　首次编制机场气候志和机场气候概要所用资料的起始年份应当是观测的起始年份。

第一百八十八条　机场气象台、机场气象站应当每五年续编一次机场气候志或者机场气候概要。

第一百八十九条　迁建机场的例行气象观测资料不足五年时，相应机场气象台、机场气象站应当保留原机场至少最近十年的机场气候志或者机场气候概要。

第一百九十条　机场气象台、机场气象站应当按照民用航空气象地面观测规范的要求编制《民用航空气象地面观测档案簿》。

第一百九十一条　机场建设单位应当按照民用航空气象气候资料整编与分析的规定在机场运行前完成临时气象观测资料的整理和统计工作，并将资料移交给机场气象台或机场气象站。

第一百九十二条　机场气象台、机场气象站应当按照民用航空气象地面观测规范的要求将民用航空气象地面观测总簿、机场气候志或者机场气候概要以电子文档形式汇交至所在地区的民航地区气象中心。

第一百九十三条 民航地区气象中心应当将本地区各机场气象台、机场气象站的民用航空气象地面观测总簿、机场气候志和机场气候概要以电子文档形式汇交至民航气象中心。

第一百九十四条 民航气象中心、民航地区气象中心应当对汇交的民用航空气象地面观测总簿、机场气候志和机场气候概要按照规定进行处理。

第一百九十五条 机场气象台、机场气象站撤销时,应当将保存的全部资料向所在地区的民航地区气象中心移交。

移交单位应当编制移交清单。经交接双方核查后,在清单上签名盖章。移交清单由接收单位永久保存。

第三节　资料的保存

第一百九十六条 民用航空气象服务机构应当按照有关规定保存气象资料。

第一百九十七条 民用航空气象资料保存的期限分为:永久、长期、短期、暂时四个档次。长期保存的期限为 30 年,短期保存的期限为 5 年,暂时保存的期限至少 30 天。

第一百九十八条 民用航空气象服务机构应当将永久、长期、短期保存的资料登记造册,并编制必要的索引,由资料管理人员和送交人员共同签名。暂时保存的资料应当由专人在保存期限内妥善保管。

第一百九十九条 民用航空气象服务机构应当采用纸质形式或者机读载体形式保存民用航空气象资料,永久保存的纸质资料应当以机读载体形式备份。

第二百条 民用航空气象资料的分类、立卷要遵循其形成规律,保持其有机的联系,一般按类别进行整理、立卷,按不同载体,分别存放在专用的固定场所和设施内;保存范围内的资料应当完整、准确、连续、清晰。

第二百零一条 以磁带、磁盘、光盘、计算机硬盘等保存的机读载体资料,其读取设备及程序至少应当保留至资料保存结束期限。

第二百零二条 民用航空气象服务机构应当对机读载体资料备份保存,并根据存放资料载体的介质使用期限、物理化学属性和软硬件环境定期检查,进行清洁、复制或者迁移,并做好记录。在复制或者迁移过程中要注意对资料的保护,防止资料丢失和计算机病毒侵害。

第二百零三条 存放民用航空气象资料的固定场所和设备应当具有温度和湿度控制、防火、防水、防有害生物、防尘、防污染、防晒、防磁、防雷、防盗等功能。

存放纸质资料，应当根据保存环境的情况定期检查，进行除尘、除湿、杀虫、修复或者复制等技术处理，并做好记录。

第二百零四条 民用航空气象服务机构所保存的民用航空气象资料受到损害或者发生丢失时，应当及时修复或者弥补。

第二百零五条 民用航空气象服务机构应当定期查验民用航空气象资料的保存期限，对已超过保存期限的资料按照规定实施销毁。

第二百零六条 民用航空气象服务机构销毁资料应当填制销毁清册。清册应当包括：销毁资料的序号、名称、编号、密级、数量、来源、编制单位、编制时间、销毁理由、销毁时间和销毁方式以及相关人的签名栏等项。销毁清册应当永久保存。

第二百零七条 民航气象中心、民航地区中心、机场气象台、机场气象站应当按照民用航空气象信息系统业务运行管理的规定保存民用航空气象信息系统的资料。

第二百零八条 有关飞行事故或者不安全事件的民用航空气象资料，民用航空气象服务机构应当按照有关要求保存。

第四节 资料的使用

第二百零九条 民用航空气象人员使用资料时应当遵守民用航空气象服务机构资料管理的规定要求。

第二百一十条 民用航空气象服务机构应当按照相关要求提供有关飞行事故或者不安全事件的民用航空气象资料。

第十一章 质量管理

第二百一十一条 民用航空气象服务机构应当根据职责建立质量管理的目标、程序、过程以及质量管理资源为主要内容的质量管理体系。

第二百一十二条 民用航空气象服务机构建立的质量管理体系应当保证航空气象服务机构所提供的气象情报在地域和空间范围、格式和内容、时间和发布频次、有效时段以及测量、观测的精确度和预报的准确度、情报交换等方面符合相关规定的要求。

第二百一十三条 民用航空气象服务机构确立的质量管理目标的内容主要包括：

（一）民用航空气象用户的满意度；

（二）年平均重要天气预报准确率；

（三）观测错情率；
（四）漏、错、迟发布飞行气象情报的数量；
（五）飞行气象文件提供的及时性。

第二百一十四条 民用航空气象服务机构应当建立下列主要制度：
（一）值班制度、天气会商制度、重要天气总结制度；
（二）设备管理制度、资料管理制度、信息管理制度；
（三）培训及管理制度、工作质量检查、评定以及评估制度；
（四）预报工作制度、观测工作制度、设备运行维护维修制度；
（五）专机保障制度、应急管理制度；
（六）用户需求与响应制度；
（七）气象服务协议管理制度。

第二百一十五条 民用航空气象服务机构应当建立下列主要工作程序：
（一）专业人员的技术及工作能力评价程序；
（二）资料的获取和交换程序；
（三）产品的制作程序；
（四）产品的发布程序；
（五）服务工作程序；
（六）资料的保存和处理程序；
（七）设备的监控、维护维修程序；
（八）质量检查、评定以及评估程序。

第二百一十六条 民用航空气象服务机构应当对以下主要工作过程进行质量控制：
（一）获取和处理气象资料的过程；
（二）观测和报告的过程；
（三）预报制作的过程；
（四）产品的发布过程；
（五）气象情报的交换过程；
（六）气象服务的过程。

第二百一十七条 民用航空气象服务机构的质量管理资源主要包括组织机构、人力资源、设施设备、工作环境等。

第十二章　法律责任

第二百一十八条 民用航空机场未按第十二条规定设置气象服务机构

的，地区管理局应当责令其限期设置，逾期未设置的，对该民用航空机场处以1万元以上3万元以下罚款。

第二百一十九条 机场气象台、机场气象站的气象观测人员违反第五十一条规定发布机场天气报告的，地区管理局应当责令其所在的单位限期改正，错或漏发布机场天气报告并造成不良后果的，对气象台、气象站所在的单位处以3万元以下罚款。

第二百二十条 气象监视台违反第八十九条规定发布重要气象情报的，地区管理局应当责令其限期改正，人为责任原因错或漏发布重要气象情报并造成不良后果的，对气象监视台所在的单位处以3万元以下罚款。

第二百二十一条 机场气象台违反第一百条、第一百零四条规定发布机场警报和风切变警报的，地区管理局应当责令其限期改正，人为责任原因漏发布机场警报和风切变警报并造成不良后果的，对气象台所在的单位处以3万元以下罚款。

第二百二十二条 机场气象台违反第六十七条、第六十八条、第六十九、第七十条规定发布机场预报的，地区管理局应当责令其限期改正，机场气象台迟发或漏发布机场预报并造成不良后果的，对机场气象台所在单位处以1万元以上3万元以下罚款。

第二百二十三条 民航气象中心、民航地区气象中心违反第八十二条、第八十三条规定发布区域预报的，地区管理局应当责令其限期改正，民航气象中心、民航地区气象中心迟发或漏发布区域预报并造成不良后果的，对民航气象中心、民航地区气象中心所在单位处以1万元以上3万元以下罚款。

第二百二十四条 民用航空气象服务机构违反第一百一十二条规定交换民用航空气象情报的，地区管理局应当责令其限期改正，民用航空气象服务机构错误或漏交换民用航空气象情报并造成不良后果的，对民用航空气象服务机构所在单位处以1万元以上3万元以下罚款。

第二百二十五条 民用航空气象服务机构违反第一百四十一条规定未向民用航空气象用户提供基本气象服务的，地区管理局应当责令其限期改正，逾期未改正或者造成不良后果的，对民用航空气象服务机构所在单位处以3万元以下罚款。

第二百二十六条 民用机场气象服务机构违反第一百六十三条、第一百六十五条、第一百七十条、第一百七十四条、第一百七十六条、第一百七十七条规定配备和使用气象设备的，地区管理局应当责令其限期改正，逾期未改正或者造成严重后果的，对民用机场气象服务机构所在单位处以1万元以上3万元以下罚款。

第二百二十七条 民用航空气象服务机构违反本规则第十九条规定运行的，地区管理局应当责令其改正；民用航空气象服务机构运行存在重大安全风险的，地区管理局应当责令其停止运行。

第十三章 附 则

第二百二十八条 本规则自2016年4月28日起施行。2005年6月27日中国民用航空总局令第146号发布的《中国民用航空气象工作规则》同时废止。

附件一

定 义

一、垂直能见度 垂直方向上大气的最大能见距离。

二、低空气象情报 气象监视台发布的可能影响航空器低空飞行安全的特定航路天气现象的出现或预期出现的情报，该情报中的天气现象未包含在为有关的飞行情报区（或其分区）的低空飞行发布的情报中。

三、飞行气象情报 与飞行有关的现在的或预期的气象情况的报告、分析、预报和任何其他说明。

四、飞行气象文件 为飞行用的气象情报的文件，包括各种图表。

五、机场气象站 为民用航空进行观测和制作机场天气报告的机构。

六、航空器观测 飞行中的航空器对一个或几个气象要素的测定。

七、航空器观测报告 飞行中的航空器遵照位置报告、航务和气象报告的要求而作的报告。

八、机场气候概要 根据统计资料，对某一机场上规定的气象要素的简明概述。

九、机场气象台 位于机场并被指定为民用航空提供气象服务的机构。

十、民用航空气象计量器具 单独或连同辅助设备用于民用航空气象测量的器具。

十一、民用航空气象信息系统 具有气象情报和气象资料的收集、处理、交换、备供、存贮、显示等功能的系统，包括通信子系统、数据库子系统、信息处理子系统、网络子系统、监控子系统、应用和服务子系统等。

十二、民用航空气象用户 航空运营人、空中交通服务部门、搜寻与援救服务部门、航空情报服务部门、机场运行管理部门以及其他航空活动主体及有关部门。

十三、能见度 观测人员在正常视力情况下，在白天，以天空作背景，能看到和辨认出在地面附近一个大小适度的黑色目标物的最大距离；在夜间，则为能看到和识别中等强度的灯光的最大距离。

十四、预告图 在地理图上用绘图方式表明特定时间或时段和特定的面或空域的特定部分的特定气象要素的预报。

十五、预报 对某一特定区域或空域，在某一特定时间或时段的预期气象情况的说明。

十六、跑道视程（RVR） 在跑道中线的航空器上，飞行员能够看到跑道面上的标志或者跑道边界灯或中线灯的最大距离。

十七、气象要素 表示大气状况的各种物理量和天气现象的统称，主要有：气压、气温、湿度、风、云、能见度和各种天气现象。

十八、气象资料 气象观测、气象探测、气候资料以及天气预报产品的统称。

十九、气象情报 有关现在的或预期的气象情况的气象报告、分析、预报和任何其他说明。

二十、气象报告 对某一特定时间和地点观测到的气象情况的报告。

二十一、气象观测 一项或几项气象要素的估测。

二十二、气象产品 民用航空气象服务机构向气象用户提供的气象情报和气象资料。

二十三、气象监视台 指定为飞行区域提供气象服务的部门，该部门负责将出现或预期出现在航路上危及航空器飞行安全的特殊危险天气情报（重要气象情报和低空气象情报）及其他气象情报提供给空中交通管制部门或其他有关部门。

二十四、气象探测 利用科技手段对大气和近地层的大气物理过程、现象及其化学性质等进行的系统观察和测量。

二十五、气象设备 用于民用航空气象工作的设施和设备、仪器、仪表，以及软件系统。

二十六、世界区域预报中心（WAFC） 编制和发布全球的数字式重要天气预报和高空预报，它通过航空固定电信服务的适当手段直接提供给各国。

二十七、世界区域预报系统（WAFS） 各个世界区域预报中心使用统一标准的形式，提供航空气象预报的世界范围的系统。

二十八、特殊观测 当规定的观测要素的变化达到规定的标准时所进行的观测。

二十九、重要气象情报(SIGMET)　气象监视台发布的可能影响航空器飞行安全的特定航路天气现象的出现或预期出现的情报。

三十、重要气象设施设备　直接测量飞行气象情报有关的气象要素的设备、仪器、仪表、系统和制作、发布及提供飞行气象情报的设备和系统。

三十一、主导能见度　观测到的至少在四周一半或机场地面一半的范围内所达到的最大能见度值。这些区域可由连续的或不连续的扇区组成。

三十二、国内从事气象工作的机构　在中华人民共和国领域和中华人民共和国管辖的其他海域依法从事气象探测、预报、服务和气象灾害防御、气候资源利用、气象科学技术研究等活动的机构。

三十三、天气会商　由一名以上气象预报员经过对所得到的气象资料进行分析、讨论得出统一天气预报结论的过程。

三十四、精确度　观测值与观测对象的真值之间的一致程度。

三十五、准确度　预报值与实际值的一致程度和概率。

三十六、GAMET 区域预报　使用缩写明语,为在飞行情报区(或分区)的低空飞行所作的区域预报,由有关气象当局指定的气象台制作,并按有关的气象当局间的协议与邻近飞行情报区中的气象台进行交换。

三十七、机场预报制作系统　民用航空气象服务机构利用所得到的气象资料制作天气预报及其产品的系统。

三十八、机场气候志　某一机场上观测的一个或几个气象要素的统计资料表及文字描述。

三十九、航危报　航空天气报告、危险天气通报的简称。

四十、对比观测　新建的自动观测系统与气象观测员人工观测或已开放的自动观测系统/自动观测站同步进行观测,并对所得数据的一致性进行分析的过程。

四十一、业务指导产品　民航气象中心和地区气象中心制作并发布的用于指导地区气象中心或机场气象台制作有关飞行气象情报的预报产品。

民用航空导航设备开放与运行管理规定

（2016 年 3 月 28 日交通运输部令 2016 年第 24 号公布　自 2016 年 4 月 28 日起施行）

第一章　总　　则

第一条　为了加强对民用航空导航设备的运行管理，保障飞行安全，依据《中华人民共和国民用航空法》《中华人民共和国飞行基本规则》制定本规定。

第二条　本规定所称导航设备是指与民用航空飞行活动密切相关的，为航空器运行提供引导信息与位置数据的仪表着陆系统（包含航向信标、下滑信标）、全向信标、测距仪、无方向信标、指点信标、卫星导航地面设备等地面无线电设备。

第三条　本规定适用于民用航空运输机场（包括军民合用机场民用部分）导航设备，以及提供航路、航线使用的导航设备开放与运行管理。

第四条　导航设备的投产和特殊开放实行许可管理，定期开放实行备案管理。

第五条　中国民用航空局（以下简称民航局）对导航设备开放、运行实行统一监督管理，负责导航设备投产开放的许可和导航设备开放、运行工作的监督检查。

民航地区管理局（以下简称地区管理局）对本地区导航设备开放、运行实行监督管理，负责导航设备投产开放申请的受理与审核、特殊开放申请的许可，并对导航设备定期开放实行备案管理。

第六条　本规定中所用部分术语的含义如下：

导航设备的投产开放，是指新建、迁建或更新的导航设备首次投入实际运行的开放使用。

导航设备的特殊开放，是指导航设备经特殊校验后的重新开放使用。

导航设备的定期开放，是指导航设备实际运行后按照规定的飞行校验周期完成校验后的开放使用。

导航设备的关闭，是指导航设备不提供服务。

第二章　导航设备的开放

第一节　投产开放

第七条　新建、迁建或更新的导航设备首次投入实际运行,应当进行投产校验,并取得投产开放许可。

第八条　申请投产开放许可的导航设备应当满足下列条件:

(一)设备安装符合国家和民航有关规定,并且验收合格;

(二)设备经飞行校验后符合相关的技术规定和标准;

(三)设备试运行结果正常、稳定、可靠;

(四)设备台(站)址已经批准;

(五)设备的频率、呼号已经批准;

(六)设备型号符合民航局有关规定。

第九条　申请导航设备投产开放许可,应当向所在地的地区管理局提交下列材料:

(一)按照本规定附件填写的导航设备投产开放申请表和导航设备资料增改表;

(二)飞行校验机构出具的飞行校验报告;

(三)设备台(站)址批复文件;

(四)设备频率呼号批复文件;

(五)设备工程建设竣工验收报告;

(六)设备试运行用户报告和记录数据;

(七)民航局规定需要提交的其他材料。

第十条　地区管理局受理申请后,应当在收到申请材料之日起20个工作日内对申请人的申请材料进行初步审查并提出审查意见,并将初步审查意见和申请材料一并上报民航局审核。

第十一条　民航局自收到地区管理局上报的申请材料和初步审查意见后20个工作日内,对申请材料进行审核并作出决定。符合条件的,应当在作出决定之日起10个工作日内,将许可决定文件送达申请人并通知受理申请的地区管理局。不符合条件的,不予许可,并将书面决定通知申请人和受理申请的地区管理局。

第二节　特殊开放

第十二条　下列情况下导航设备应当进行特殊校验,并取得特殊开放许可：

（一）飞行事故调查需要时；

（二）设备大修、重大调整或重大功能升级，包括设备的工作频率、天线系统、场地保护区域、电磁环境等因素发生改变，或者设备主要参数发生变化、导航完好性监视信号基准发生改变以及其他可能导致系统运行风险增大并无法通过地面测试调整进行有效控制时；

（三）停用超过90天的设备重新投入使用时；

（四）设备维护人员、管制人员、飞行人员等发现设备或信号有不正常现象，不能提供正常导航服务时；

（五）通信导航监视运行保障单位认为有必要进行特殊校验时；

（六）其他需要特殊校验的情况。

第十三条 通信导航监视运行保障单位申请导航设备特殊开放，应当向所在地的地区管理局提交下列资料：

（一）按照本规定附件填写的导航设备特殊开放申请表和导航资料增改表；

（二）设备特殊开放的情况说明；

（三）合格的特殊校验报告。

第十四条 地区管理局受理导航设备特殊开放的申请后，应当在15个工作日内完成许可，并根据情况作出是否准予开放的决定。符合条件的，应当自作出决定之日起5个工作日内将准予开放的决定文件送达申请人；不符合条件的，不予开放，并说明理由。

第三节 定期开放

第十五条 导航设备应当按照规定的飞行校验周期进行定期校验。

通信导航监视运行保障单位应当自定期校验结论作出后10个工作日内将按照本规定附件填写的导航设备定期开放备案表和定期校验报告报所在地的地区管理局备案。

第十六条 地区管理局在收到导航设备定期开放的备案材料后，应当在15个工作日内进行核查，对因校验结论限用而影响飞行程序正常使用的情况，应当及时作出是否继续开放使用的结论。同意继续开放使用的，予以备案。不同意继续开放使用的，不予备案，并责令通信导航监视运行保障单位关闭该设备。

第十七条 导航设备在规定的飞行校验周期内完成定期校验，结论为合格的，予以备案，可继续使用。

第十八条 导航设备定期校验结论不合格的，不予备案。

第十九条 导航设备定期校验结论存在限用，但不影响飞行程序正常使用的，予以备案。通信导航监视运行保障单位应当按照校验结论开放使用该设备的同时，通知航空情报服务机构公布其限用范围。通信导航监视运行保障单位应当对导航设备限用状况以及对安全运行造成的影响进行评估，并采取相应措施。

第四节 技术论证

第二十条 导航设备开放与运行管理过程中，针对存在重大安全隐患的技术问题，民航局或地区管理局应直接组织或者要求通信导航监视运行保障单位组织专家进行技术论证。

第二十一条 在导航设备开放许可审查过程中进行的专家技术论证，其时间不计入审查时限。

第二十二条 参与技术论证的专家应当从空管技术专家库中选取。

第三章 导航设备的关闭

第二十三条 取得开放许可和批准并处于正常运行的导航设备不得擅自关闭。

第二十四条 通信导航监视运行保障单位需要按有关规定和技术标准对设备进行维护、检修，在征得相关运行单位同意后，可以临时关闭设备。但应当提前制定维护、检修计划，尽量缩短设备关闭时间。

通信导航监视运行保障单位临时关闭导航设备前，应当评估其可能造成的影响，制定应急预案并且做好应急准备。

第二十五条 导航设备有下列情形之一的，通信导航监视运行保障单位应当立即关闭该设备：

（一）导航设备不能提供正常服务的；

（二）导航设备不能提供准确、连续、可靠的引导信号的；

（三）导航设备超过规定飞行校验周期或者定期校验结论为不合格的。

第二十六条 导航设备在实施飞行校验期间应当关闭。

第二十七条 本规定第二十四条、第二十五条、第二十六条规定的关闭情形消失后（需申请特殊开放的情况除外），通信导航监视运行保障单位应当立即恢复设备正常运行。

第二十八条 导航设备不再提供使用的，应当按照有关规定关闭并撤除。

第二十九条 有下列情形之一的，由地区管理局责令通信导航监视运行保障单位关闭相应的导航设备：

（一）未取得导航设备投产开放许可将设备投入使用的；

（二）依照本规定第二十五条，导航设备应当关闭，但通信导航监视运行保障单位未予关闭的；

（三）导航设备应当特殊校验而未进行特殊校验的；

（四）导航设备特殊校验后未经地区管理局许可开放使用的；

（五）导航设备定期校验限用结论影响飞行程序正常使用，不予备案的。

第三十条 依照第二十九条第（一）款规定关闭后需要重新开放使用的导航设备，应当按本规定要求申请投产开放许可。

第三十一条 依照第二十九条第（二）（三）（四）（五）款规定关闭后需要重新开放使用的导航设备，应当按本规定要求申请特殊开放许可。

第四章 导航设备的运行和监督

第三十二条 通信导航监视运行保障单位应当保证导航设备运行符合民用航空有关规定和技术标准，保持导航设备的持续适用。

第三十三条 遇有下列情况之一，通信导航监视运行保障单位应当及时通知相关运行单位采取相应措施，并通知航空情报服务机构公布：

（一）导航设备的开放、关闭、中断、恢复工作或工作不正常；

（二）导航设备频率、呼号、位置、工作时间或信号覆盖范围的改变；

（三）导航设备处于飞行校验期间；

（四）导航设备飞行校验结论限用，经评估对安全运行造成影响；

（五）其他影响飞行的定期维修活动。

第三十四条 民航局和地区管理局通过定期或者不定期方式对导航设备运行情况及导航台电磁环境与场地保护情况实施监督检查。

第五章 法律责任

第三十五条 通信导航监视运行保障单位通过隐瞒有关情况、提供虚假申请材料等不正当手段取得开放许可的，由地区管理局对其主要负责人处以500元以上1000元以下罚款，并对单位处以20000元以上30000元以下的罚款，并由民航局依据《中华人民共和国行政许可法》第六十九条的规定撤销其已经取得的许可。

第三十六条 通信导航监视运行保障单位违反本规定第四条规定,未取得导航设备开放许可将设备投入使用的,由地区管理局予以制止,并建议有关单位对直接责任者和相应主管人员给予行政处分。

第三十七条 通信导航监视运行保障单位有下列情形之一的,由地区管理局责令改正,并给予警告;逾期未改正或者造成严重后果的,对其主要负责人处以200元以上1000元以下罚款,并对单位处以20000元以上30000元以下的罚款:

(一)违反本规定第十二条规定,应当进行特殊校验而未进行的;

(二)违反本规定第二十三条规定,擅自关闭处于正常运行的导航设备的;

(三)违反本规定第二十五条规定,导航设备应当关闭未予关闭的;

(四)违反本规定第二十六条规定,导航设备在实施飞行校验期间开放使用的。

第三十八条 通信导航监视运行保障单位有下列情形之一的,由地区管理局责令改正,并给予警告;逾期未改正或者造成严重后果的,对其主要负责人处以200元以上1000元以下罚款,并对单位处以10000元以上20000元以下的罚款:

(一)违反本规定第十五条规定,未按照规定的飞行校验周期完成定期校验,未在规定时间内向地区管理局备案或者提供虚假材料进行备案的;

(二)违反本规定第十九条规定,未及时通知航空情报服务机构在航行通告中公布导航设备限用范围的;

(三)违反本规定第二十四条规定,临时关闭设备前未征得相关运行单位同意或未按应急预案做好应急准备的;

(四)未按照本规定第三十二条规定保持导航设备的持续适用的,或在导航设备出现故障时,未及时采取有效措施的;

(五)违反本规定第三十三条规定,未及时通知航空情报服务机构的。

第六章　附　　则

第三十九条 通用机场导航设备的开放与运行管理参照本规定实施。

第四十条 本规定自2016年4月28日起施行。2006年10月20日中国民用航空总局令第172号公布的《民用航空空中交通管理设备开放与运行管理规则》(CCAR—85)同时废止。

附件 1

民航导航设备投产开放申请表

本部分由申请人填写

<table>
<tr><td colspan="2">Ⅰ 基 本 信 息</td></tr>
<tr><td>1 申请单位</td><td></td></tr>
<tr><td>2 设备类型</td><td>□仪表着陆系统　□全向信标　□测距仪
□无方向信标　□指点信标　□卫星导航地面设备</td></tr>
<tr><td>3 台站名称</td><td></td></tr>
<tr><td>4 设备型号</td><td></td></tr>
<tr><td>5 设备生产厂家</td><td></td></tr>
<tr><td>6 设备安装地点</td><td></td></tr>
<tr><td>7 持有该类设备执照人数</td><td></td></tr>
<tr><td>8 场地及电磁环境符合情况</td><td></td></tr>
<tr><td>9 设备产权单位</td><td></td></tr>
<tr><td>10 设备维护单位</td><td></td></tr>
<tr><td>11 投产校验日期</td><td></td></tr>
<tr><td colspan="2">Ⅱ 申 请 材 料</td></tr>
<tr><td colspan="2">12 申请材料列表</td></tr>
<tr><td colspan="2">□校验报告
□台址批复文件
□频率呼号批复文件
□验收报告
□试运行用户报告和记录数据
□资料增改表
其他 1 ____________</td></tr>
<tr><td colspan="2">Ⅲ 声明:本单位保证上述填写内容属实,如有不实后果本单位负责。</td></tr>
<tr><td>13 联系人:

联系电话:</td><td>14 申请单位(盖章)

年　月　日</td></tr>
</table>

本部分由民航地区管理局填写

Ⅳ 地区管理局初审	
15 地区管理局 □华北 □东北 □华东 □中南 □西南 □西北 □新疆	
16 受理决定	
□该申请事项属于本机关职权范围，提供的申请材料齐全、符合法定形式，予以受理。 □不予受理，退回申请人。并告知申请人如下事项：_______________	
17 受理人	18 受理日期 年 月 日
19 初审结论	
□经初步审查，该申请事项符合颁发投产开放许可的条件，上报民航局最终审核。 □经初步审查，该申请事项不符合颁发投产开放许可的条件，退回处理。 理由：_______________	
20 初审人签字： 年 月 日	21 负责人签字： 年 月 日

附件2

民航导航设备特殊开放申请表

本部分由申请人填写

<table>
<tr><td colspan="2">Ⅰ 基 本 信 息</td></tr>
<tr><td>1 申请单位</td><td></td></tr>
<tr><td>2 设备类型</td><td>□仪表着陆系统 □全向信标 □测距仪
□无方向信标 □指点信标 □卫星导航地面设备</td></tr>
<tr><td>3 台(站)名称</td><td></td></tr>
<tr><td>4 设备型号</td><td></td></tr>
<tr><td>5 设备生产厂家</td><td></td></tr>
<tr><td>6 设备安装地点</td><td></td></tr>
<tr><td>7 场地及电磁环境符合情况</td><td></td></tr>
<tr><td>8 设备产权单位</td><td></td></tr>
<tr><td>9 设备维护单位</td><td></td></tr>
<tr><td>10 校验日期</td><td></td></tr>
<tr><td colspan="2">Ⅱ 申 请 材 料</td></tr>
<tr><td colspan="2">11 附下述哪些文件</td></tr>
<tr><td colspan="2">□校验报告
□特殊开放的情况说明
其他 1 ____________________
其他 2 ____________________</td></tr>
<tr><td colspan="2">Ⅲ 声明:本单位保证上述填写内容属实,如有不实后果本单位负责。</td></tr>
<tr><td>12 联系人:

联系电话:</td><td>13 申请单位(盖章)

年 月 日</td></tr>
</table>

本部分由民航地区管理局填写

<table>
<tr><td colspan="2">Ⅳ 地区管理局初审</td></tr>
<tr><td colspan="2">14 受理决定</td></tr>
<tr><td colspan="2">□该申请事项属于本机关职权范围,提供的申请材料齐全、符合法定形式,予以受理。
□不予受理,退回申请人。并告知申请人如下事项:
____
____
____
____
______________________________</td></tr>
<tr><td>15 受理人</td><td>16 受理日期

年 月 日</td></tr>
<tr><td colspan="2">17 审核意见</td></tr>
<tr><td>□经初步审查,该申请事项符合特殊开放许可的条件,建议批准其特殊开放。</td><td>□经初步审查,该申请事项不符合特殊开放许可的条件,建议不予批准特殊开放。理由如下:
理由:____________________
____
____
____
____
____
____
____________________</td></tr>
<tr><td>18 审核人</td><td>19 审核日期

年 月 日</td></tr>
<tr><td>20 开放许可管理部门负责人</td><td>21 签发日期

年 月 日</td></tr>
</table>

附件 3

民航导航设备定期开放备案表

本部分由备案人填写

<table>
<tr><td colspan="3">Ⅰ 备 案 信 息</td></tr>
<tr><td>1 备案单位</td><td colspan="2"></td></tr>
<tr><td>2 设备类型</td><td colspan="2">□仪表着陆系统　□全向信标　□测距仪
□无方向信标　□指点信标　□卫星导航地面设备</td></tr>
<tr><td colspan="2">3 设备名称/型号</td><td></td></tr>
<tr><td colspan="2">4 设备生产厂家</td><td></td></tr>
<tr><td colspan="2">5 设备安装地点</td><td></td></tr>
<tr><td colspan="2">6 台站名称</td><td></td></tr>
<tr><td colspan="2">7 场地及电磁环境符合情况</td><td></td></tr>
<tr><td colspan="2">8 设备产权单位</td><td></td></tr>
<tr><td colspan="2">9 设备维护单位</td><td></td></tr>
<tr><td colspan="2">10 校验完成日期</td><td></td></tr>
<tr><td colspan="2">11 下次检验日期</td><td></td></tr>
<tr><td colspan="3">Ⅱ 备 案 材 料</td></tr>
<tr><td colspan="3">12 附下述哪些文件
□校验报告
其他 1________________</td></tr>
<tr><td colspan="3">Ⅲ 声明:本单位保证上述填写内容属实,如有不实后果本单位负责。</td></tr>
<tr><td>13 联系人:

联系电话:</td><td colspan="2">14 申请单位(盖章)

年　月　日</td></tr>
</table>

附件 4

民航导航设备资料增改表

1. 仪表着陆系统：

类别：______类，跑道号码：________________，着陆方向由______向______。

跑道可用起飞滑跑距离：________米。跑道可用着陆距离：________米。

(1)航向信标：

频率/呼号	MHz/	天线高度	米
天线阵类型（单、双频）		天线阵子数	
天线阵距跑道末端距离	米	天线阵距跑道入口端距离	米
天线阵距跑道中线垂直距离	米		
机房位置（偏置）			
覆盖范围			
天线中心点大地坐标 1：1954 年北京坐标系，1956 年黄海高程系。			
东　经	度　分　秒		
北　纬	度　分　秒	地面高程	米
大地坐标 2：WGS—84 坐标系。			
东　经	度　分　秒		
北　纬	度　分　秒	地面高程	米

注：经纬度精确到 0.01 秒，高度和高程精确到 0.1 米。

(2)下滑信标：

下滑角	度	入口高度	米
天线阵类型		下天线高度	米
上天线高度	米	天线铁塔高度	米
距跑道入口端内撤距离	米		

续表

距跑道中线垂距	米	位于跑道中心线何侧	侧
覆盖范围			
大地坐标 1:1954 年北京坐标系,1956 年黄海高程系。			
东　经	度　分　秒		
北　纬	度　分　秒	地面高程	米
大地坐标 2:WGS—84 坐标系。			
东　经	度　分　秒		
北　纬	度　分　秒	地面高程	米

注:经纬度精确到 0.01 秒,高度和高程精确到 0.1 米。

2. 指点信标:

台站名称		对应跑道号	
鉴别信号		调制频率	Hz
端　距	米	天线高度	米
配套设备	□仪表着陆系统　□无方向信标　□单独安装		
指点信标类型	□内指　□中指　□外指　□航路		
覆盖范围	米		
大地坐标 1:1954 年北京坐标系,1956 年黄海高程系。			
东　经	度　分　秒		
北　纬	度　分　秒	地面高程	米
大地坐标 2:WGS—84 坐标系或其他。			
东　经	度　分　秒		
北　纬	度　分　秒	地面高程	米

注:经纬度精确到 0.01 秒,高度和高程精确到 0.1 米。

3. 无方向信标、全向信标和测距仪

台站名称		频率/波道号	
呼号		天线高度	米
监控器方位	度	磁偏差	度
地网直径	米	地网高度	米
地网类型	□钢架构　□混凝土		
功　能	□进近　□航路	对应跑道号	
端距(进近)			
地理位置(航路)			
配套设备	□仪表着陆系统　□无方向性信标　□单独安装		
覆盖范围			
大地坐标 1:1954 年北京坐标系,1956 年黄海高程系。			
东　经	度　分　秒		
北　纬	度　分　秒	地面高程	米
大地坐标 2:WGS—84 坐标系。			
东　经	度　分　秒		
北　纬	度　分　秒	地面高程	米

注:经纬度精确到 0.01 秒,高度和高程精确到 0.1 米。

4. 卫星导航地面设备

台站名称		设备名称	
工作频率		发射功率	
功　能	□进近　□航路	发射天线高度	米
调制方式		定位精度	米

续表

端距(进近)			
地理位置(航路)			
配套设备			
覆盖范围			
大地坐标 1:1954 年北京坐标系,1956 年黄海高程系。			
东　经	度　　分　　秒		
北　纬	度　　分　　秒	地面高程	米
大地坐标 2:WGS—84 坐标系。			
东　经	度　　分　　秒		
北　纬	度　　分　　秒	地面高程	米

注:经纬度精确到 0.01 秒,高度和高程精确到 0.1 米。

填表人/联系电话:　　　　　　　　日期:

申请单位:(盖章)

民用航空通信导航监视设备飞行校验管理规则

（2016年3月28日交通运输部令2016年第25号公布 自2016年4月28日起施行）

第一章 总 则

第一条 为了规范民用航空飞行校验工作，根据《中华人民共和国民用航空法》和《民用航空通信导航监视工作规则》，制定本规则。

本规则所称民用航空通信导航监视设备飞行校验（以下简称“飞行校验”）是指为保证飞行安全，使用装有专门校验设备的飞行校验飞机，按照飞行校验的有关标准、规范，检查、校准和评估各种通信、导航、监视设备的空间信号质量、容限及系统功能，并依据检查、校准和评估结果出具飞行校验报告的过程。

第二条 本规则适用于民用航空通信导航监视设备的飞行校验，校验对象为地面通信导航监视设备。

新技术应用中涉及通信导航监视设备验证的飞行校验及军民合用机场中涉及民用航空的通信导航监视设备的飞行校验工作参照本规则实施。

第三条 校验对象在投产使用前应当进行飞行校验。

第四条 中国民用航空局（以下简称民航局）负责飞行校验工作的统一管理。

民航地区管理局（以下简称地区管理局）负责监督本辖区的飞行校验工作。

飞行校验工作由民航局飞行校验机构（以下简称校验机构）和校验对象的运行管理单位具体实施。

第二章 飞行校验的基本要求

第一节 飞行校验的种类和优先次序

第五条 飞行校验分为投产校验、监视性校验、定期校验、特殊校验四类。

第六条 投产校验是指校验对象新建、迁建或更新后,为获取校验对象全部技术参数和信息而进行的飞行校验。

第七条 监视性校验是指投产校验后的符合性飞行校验,或者民航局、地区管理局认为其他必要的情况下,对运行中的校验对象进行的不定期飞行校验。

第八条 定期校验是指为确定校验对象是否符合技术标准和满足持续运行要求,按照规定的校验周期对运行中的校验对象所进行的飞行校验。

第九条 特殊校验是指在出现下列特殊情况之一时,对校验对象受影响部分进行有针对性的飞行校验:

(一)飞行事故调查需要时;

(二)设备大修、重大调整或重大功能升级,包括设备的工作频率、天线系统、场地保护区域、电磁环境等因素发生改变,或者设备主要参数发生变化、导航完好性监视信号基准发生改变以及其他可能导致系统运行风险增大并无法通过地面测试调整进行有效控制时;

(三)停用超过90天的设备重新投入使用时;

(四)设备维护人员、管制人员、飞行人员等发现设备或信号有不正常现象,不能提供正常导航服务时;

(五)校验对象的运行管理单位认为有必要实施飞行校验时;

(六)其他需要特殊校验的情况。

第十条 飞行校验应当按照飞行校验种类的优先次序安排。一般情况下,飞行校验种类的优先次序由高至低依次为特殊校验,定期校验,投产校验,监视性校验。

第二节 飞行校验项目

第十一条 投产校验、定期校验项目应当按照有关民用航空通信导航监视设备飞行校验标准执行。

第十二条 监视性校验中的符合性飞行检查项目应当按照有关民用航空通信导航监视设备飞行校验标准执行。其他监视性校验项目由飞行校验机构根据民航局或者地区管理局的要求制定。

第十三条 对于本规则第九条第一、二、四、五、六项所列的情况，校验机构和校验对象的运行管理单位应根据具体情况制定相应的特殊校验方案，确定校验项目，或直接执行等同于投产校验的项目，以确保校验对象的安全运行。

对于本规则第九条第二项所列的情况，重新投入使用的仪表着陆系统应在特殊校验后 90 天内增加一次监视性校验。

对于本规则第九条第三项所列的情况，非设备、非场地原因造成设备停用少于 270 天的应当执行等同于定期校验的项目，超过 270 天（含）的应当执行等同于投产校验的项目。其他原因造成设备停用的应当执行等同于投产校验的项目。

第三节 校验对象和周期

第十四条 校验对象包括通信设备、导航设备和监视设备。

通信设备包括甚高频地空通信系统。

导航设备包括航向信标、下滑信标、全向信标、测距仪、无方向信标、指点信标、卫星导航地面设备。

监视设备包括一次监视雷达、二次监视雷达、多点相关定位系统、自动相关监视系统、空中交通管制自动化系统。

第十五条 通信和监视设备投产使用后不进行定期校验，必要时进行特殊校验或监视性校验。

导航设备投产使用后应当按照规定的校验周期进行飞行校验。

第十六条 导航设备飞行校验的周期如下：

（一）仪表着陆系统定期校验周期为 180 天；投产校验后 90 天内执行一次监视性校验。

（二）全向信标、无方向信标、单独安装的测距仪和航向信标，在承担进近导航功能时，定期校验周期为 540 天；投产校验后 270 天内执行一次监视性校验。

（三）全向信标、无方向信标、单独安装的测距仪，在承担航路航线导航功能时,定期校验周期为 1080 天;投产校验后 540 天内执行一次监视性校验。

(四)测距仪、指点信标与其他导航设备配合使用时,与该导航设备同周期校验。

(五)卫星导航地面设备的校验周期参照国际民航组织相关规定执行,或根据应用情况由民航局另行规定。

第十七条 对于不能全天候满足飞行校验要求的情况,可以缩短校验周期。

第十八条 校验周期按照以下方法进行计算:

(一)除本条第二款所列情况外,校验周期按照投产校验或上一次定期校验完成的日期开始计算。

(二)在特殊校验中,执行等同于定期或投产校验项目的导航设备,其校验周期从此次校验完成日期起重新计算;未执行等同于定期或投产校验项目的导航设备,此次特殊校验不影响其校验周期。

(三)监视性校验不列入校验周期计算。

(四)导航设备同时承担航路航线和进近功能时,其校验周期应按照功能分别计算。

第十九条 民航局可以根据国际民航组织有关规定、所采用的设备情况以及我国飞行校验的实际情况等,对校验对象和校验周期适时做出调整。

第三章 飞行校验的实施机构

第一节 校验机构

第二十条 校验机构负责校验任务的执行和保障,应当按照相关规定、标准执行飞行校验任务,确保飞行校验顺利实施,并对飞行校验记录数据和飞行校验结论负责。

第二十一条 飞行校验机组由执行校验任务的机上飞行人员和校验人员组成。

第二十二条 执行飞行校验任务的航空器,应当配备适合执行飞行校验任务的飞行校验系统。

第二十三条 校验机构应当按照国家和民航的有关规定,对飞行校验所使用的飞行校验系统、测试仪器、仪表及其备件进行管理,确保其符合使用要求。

飞行校验系统应当按照维护手册的技术要求和有关规定进行检测和校准，以保证校验系统本身的准确度。

第二十四条 校验机构应当制定完备的校验实施程序，并建立相关的校验技术档案。

第二十五条 校验机构应当每年定期向民航局报告本年度飞行校验的执行情况和下一年度的飞行校验计划。

第二节 校验对象的运行管理单位

第二十六条 校验对象的运行管理单位负责飞行校验任务的组织保障和协调，调试地面设备，联系并配合相关单位协调飞行校验所需的空域，以确保校验对象具备校验条件。

第二十七条 校验对象的运行管理单位应当安排人员主动配合校验机构共同完成飞行校验任务。

第二十八条 校验对象的运行管理单位应当针对校验任务，协调各有关单位，明确协调程序和相关要求，共同保障校验任务的顺利完成。

第二十九条 校验对象的运行管理单位应当向校验机构提供飞行校验所需的航空情报、设备、勘测、气象等资料，并确保其准确、有效。

第三十条 校验对象的运行管理单位按照规定的频率保持地面与机上校验人员间的地空通信畅通，并且不应当影响相关管制单位的正常工作。

第四章 飞行校验的实施

第三十一条 校验机构应当与校验对象的运行管理单位建立协调机制，共同采取必要的保障措施，完成校验对象的飞行校验任务。

第三十二条 校验机构按照规定的校验周期和要求安排定期校验和监视性校验，并提前通知校验对象的运行管理单位。

第三十三条 通信导航监视设备需进行特殊校验时，校验对象的运行管理单位应当及时向校验机构提出申请，校验机构应当及时予以答复。

第三十四条 投产校验应当在校验对象具备有关民用航空通信导航监视设备飞行校验标准中规定的投产飞行校验条件后，向校验机构提出申请。

投产校验申请应当至少提前 10 个工作日。

第三十五条 校验机构应当至少提前 5 个工作日将飞行计划和校验方案通知校验对象的运行管理单位。

第三十六条 校验对象的运行管理单位应当在飞行校验实施前组织召开由校验机组、相关空管单位和其他有关单位参加的协调会议,确定飞行校验实施细节,指定专人负责协调飞行校验的实施。

第三十七条 校验对象在实施飞行校验期间不得提供使用,其运行管理单位应当按照规定通知所在地的航空情报服务机构发布航行通告。

第三十八条 飞行校验期间,空中和地面人员应当加强配合,提高效率。机上校验人员应当及时通报飞行校验情况,校验对象的运行管理单位应当及时调整设备,使校验数据达到最佳值。

第三十九条 校验机构应当依据有关民用航空通信导航监视设备飞行校验标准的要求执行飞行校验,并确保校验结论准确。

第四十条 飞行校验期间,出现以下情形之一的应当中断本次飞行校验:

(一)校验对象出现不正常情况且 48 小时内不能排除的;

(二)因校验航空器或校验系统故障且 48 小时内不能排除的;

(三)因恶劣天气、空域限制或其他不可抗力,造成飞行校验无法在 48 小时内继续进行的。

第四十一条 飞行校验中断后,执行本次飞行校验的飞行校验机组应当出具已完成项目的书面报告,并且说明具体情况。

第四十二条 由于第四十条(一)导致飞行校验中断的,校验对象应当立即停止提供使用。

由于第四十条(二)和(三)导致飞行校验中断的,在校验对象没有超出定期校验周期情况下,校验对象的运行管理单位应当与飞行校验机组对校验对象状况和未校验项目进行研究,如果双方认定校验对象的调整部分已经恢复正常,已校验项目数据正常,未调整部分数据正常,且地面设备导航完好性监视信号基准和告警门限正确,该校验对象可在定期校验周期内继续提供使用。若校验对象不满足上述要求,则该校验对象应当停止提供使用。

第四十三条 校验机构发现校验对象存在严重安全隐患时,应当立即向校验对象的运行管理单位和地区管理局报告隐患情况与原因。

第四十四条 校验机构应当在飞行校验完成后 24 小时内出具校验报告。

第五章 飞行校验结果管理

第四十五条 飞行校验记录数据和飞行校验报告是每次飞行校验结果的基本证明文件。

第四十六条 飞行校验机组应根据校验对象及其种类、项目实施飞行校验,准确记录每个测量参数的检查结果。在飞行校验结束后,应当根据各参数记录的最终结果,结合其所对应的运行标准,分析飞行校验记录数据,出具校验结论,提出校验建议,填写飞行校验报告。

第四十七条 校验结论分为合格、限用和不合格。

合格是指校验对象的所有技术参数均符合有关民用航空通信导航监视设备飞行校验标准中规定的标准值和容差。

限用是指校验对象的技术参数不能在标准覆盖区域内全部符合有关民用航空通信导航监视设备飞行校验标准中规定的标准值和容差,但在部分区域内符合上述规定的标准值和容差。

不合格是指校验对象的主要技术参数不符合有关民用航空通信导航监视设备飞行校验标准中规定的标准值和容差,不能提供安全可靠的引导或存在安全隐患,信号质量不可靠。

第四十八条 飞行校验结束后,校验结论为限用或者不合格的,校验对象的运行管理单位应当立即向所在地的空中交通管制部门通报,并依据校验机构的书面校验报告,按照规定向所在地的航空情报服务机构通报;属于监视性校验的,应当同时报告所在地的地区管理局。

第四十九条 校验机构和校验对象的运行管理单位应妥善保存飞行校验记录数据和飞行校验报告,直至校验对象退出使用或被撤销。

第六章 监督检查

第五十条 民航局和地区管理局对校验机构、校验对象的运行管理单位飞行校验的执行情况进行监督检查。

第五十一条 校验机构和校验对象的运行管理单位应当建立质量管理制度,分别对飞行校验过程和设备运行状况实施持续监控,对于发现的问题应当及时解决或者通报有关部门。

第五十二条 任何单位和个人有权向民航局或者地区管理局举报违反本规则的行为。

第七章 法律责任

第五十三条 校验对象的运行管理单位违反本规则第三条规定将未经飞行校验的设备投入使用的，由地区管理局给予警告，造成严重后果的，对单位处以1万元以上3万元以下罚款，对其主要负责人处以200元以上1000元以下罚款。

第五十四条 校验对象的运行管理单位违反本规则第十五条规定未按规定周期进行飞行校验的，由地区管理局给予警告，造成严重后果的，对单位处以1万元以上3万元以下罚款，对其主要负责人处以200元以上1000元以下罚款。

第五十五条 校验机构违反本规则第二十条、二十四条、二十五条、三十五条、四十四条规定，未按要求执行飞行校验管理制度的，由地区管理局给予警告并对单位处以人民币1万元以上2万元以下的罚款，对其主要负责人处以200元以上500元以下罚款。情节严重的，对单位处以2万元以上3万元以下的罚款，对其主要负责人处以500元以上1000元以下罚款。

第五十六条 校验机构违反本规则第二十三条规定，使用未按照规定检测和校准的飞行校验系统执行飞行校验任务的，由地区管理局给予警告，造成严重后果的，对单位处以1万元以上3万元以下罚款，对其主要负责人处以200元以上1000元以下罚款。

第五十七条 校验对象的运行管理单位违反本规则第二十九条导致飞行校验结论错误的，由地区管理局给予警告，造成严重后果的，对单位处以1万元以上3万元以下罚款，对其主要负责人处以200元以上1000元以下罚款。

第五十八条 校验机构违反本规则第三十二条、第三十九条影响校验对象正常对外提供使用的，由地区管理局给予警告，造成严重后果的，对单位处以1万元以上3万元以下罚款，对其主要负责人处以200元以上1000元以下罚款。

第五十九条 校验对象的运行管理单位违反本规则第三十七条规定的，

在实施飞行校验期间使用校验对象的或者未按要求通知航空情报服务机构发布航行通告的，由地区管理局给予警告，造成严重后果的，对单位处以 1 万元以上 3 万元以下罚款，对其主要负责人处以 200 元以上 1000 元以下罚款。

第六十条 校验机构违反本规则第四十三条规定，发现校验对象存在严重安全隐患，未及时通知报告的，由地区管理局给予警告并对单位处以人民币 1 万元以上 2 万元以下的罚款，对其主要负责人处以 200 元以上 500 元以下罚款。造成严重后果的，对单位处以 2 万元以上 3 万元以下的罚款，对其主要负责人处以 500 元以上 1000 元以下罚款。

第六十一条 校验机构违反本规则第四十六条规定，提供虚假、错误的飞行校验数据、结论的，由地区管理局给予警告并对单位处以 2 万元以上 3 万元以下的罚款，对其主要负责人处以 500 元以上 1000 元以下罚款。

第六十二条 校验对象的运行管理单位违反本规则第四十八条规定，未即时报告、通报有关情况的，由地区管理局责令改正，并给予警告；逾期未改正或者造成严重后果的，对单位处以 1 万元以上 3 万元以下罚款，对其主要负责人处以 200 元以上 1000 元以下罚款。

第八章 附 则

第六十三条 本规则自 2016 年 4 月 28 日起施行。

中国民用航空监察员管理规定

（2016年3月28日交通运输部令2016年第26号公布　自2016年4月28日起施行）

第一章　总　　则

第一条　为了加强对民用航空行政执法人员的管理，提高依法行政能力，根据《中华人民共和国民用航空法》等法律、行政法规，制定本规定。

第二条　本规定适用于民用航空行政执法人员。

民用航空行政执法人员，称为中国民用航空监察员（以下简称监察员），是指按照本规定取得监察员资格的民航各级行政机关公务员。

第三条　中国民用航空局（以下简称民航局）统一颁发中国民用航空监察员证，并按照本规定对监察员实施监督管理。

中国民用航空地区管理局（以下简称民航地区管理局）负责本地区监察员证申请人的资格初审，并按照本规定对本地区监察员实施监督管理。

第四条　监察员证是民航各级行政机关公务员依法对公民、法人或者其他组织从事民用航空活动实施行政管理，行使行政执法权的资格证明。

第五条　监察员实施行政检查、调查、行政强制和行政处罚等行政执法工作时应当出示监察员证。未出示监察员证的，公民、法人或者其他组织可以拒绝接受。

未持有有效监察员证的，不得从事民航行政执法工作，但是可以在监察员的带领下，协助实施行政检查。

第六条　监察员所在单位应当根据执法工作需要为其配备行政检查、调查、行政强制和行政处罚等行政执法工作所需的设施设备。

第二章　监察员的职责和权限

第七条　监察员依法履行下列基本职责：

（一）对民航法律、法规、规章的贯彻执行情况进行检查监督；

（二）按职责分工主持或者参与事故、事故征候的现场调查；

（三）对违法行为进行检查处理，并按照职责分工办理行政强制、行政处罚等有关事项；

（四）承办法律规定的或者上级交办的其他工作。

监察员履行上述职责，应当及时向所在部门或者单位报告情况。

第八条 监察员履行职责时的权限如下：

（一）制止违法行为；

（二）监督检查民用航空活动；

（三）约见或者询问受监察单位负责人和其他有关人员；

（四）依法调阅、摘抄、复制有关资料，调查取证，依法实施行政强制措施；

（五）向所在部门或者单位提出行政处罚建议或者依法作出当场处罚决定；

（六）法律、法规、规章规定的其他权限。

第九条 监察员应当严格依照监察类别和职责执法，属于职责范围内的，不得推诿。

监察员发现行政执法事项超出职责范围的，应当及时向所在单位报告。

第十条 监察员履行职责，与行政执法事项或者当事人有利害关系的，应当回避。

第十一条 监察员应当廉洁行政、公平执法，不得利用职权谋取私利。

监察员应当依法为当事人保守技术秘密和商业秘密。

监察员应当文明执法，不得侵犯当事人的合法权益。

第三章 监察员的分类与分级

第十二条 监察员设下列监察类别：

（一）安全监管类；

（二）经济监管类；

（三）综合监管类；

（四）督导类。

第十三条 安全监管类下设航空安全监管专业、飞行标准监管专业、航空器适航监管专业、机场监管专业、航空安保监管专业、空中交通管理监管专业、应急管理监管专业、网络和信息安全监管专业，经济监管类下设航空运输监管专业、统计价格监管专业、票据监管专业，综合监管类和督导类不划分专业。

因执行新颁布的法律、行政法规、规章，需要新增监管专业的，由民航局有关部门报民航局法制职能部门初审通过后报民航局批准。

民航局有关部门根据职责分工，按照本规定对各监管专业监察员进行管理。

第十四条 监察员分为初级监察员、中级监察员和高级监察员三个级别。督导类监察员不划分级别。

监察员应当逐级晋升,不得越级。

第十五条 监察员证申请人自取得监察员证之日起,即成为初级监察员。

第十六条 初级监察员取得监察员证满三年,经审验合格的,可以申请中级监察员级别。

申请中级监察员级别,应当填写《民航中级监察员申请表》,经所在民航局有关部门或者民航地区管理局审查同意,晋升中级监察员,并由审查部门或者单位报民航局法制职能部门备案。

第十七条 中级监察员申请高级监察员级别,或者高级监察员变更监察类别时申请保留级别的,应当填写《民航高级监察员申请表》,经所在单位初审合格、民航局有关部门同意,民航局法制职能部门复审合格后报民航局批准。

高级监察员数量应当控制在监察员总数的百分之十。

第十八条 初级监察员和中级监察员变更类别的,延续原级别。高级监察员变更类别时未申请保留原级别,或者申请后未获批准的,转为所变更类别的中级监察员。

第十九条 监察员在原监察类别下变更监管专业的,应当经过该监管专业的专业培训、通过考试或考核,或者由民航局有关部门对其专业能力予以认可,并应当在变更后的两个月内向民航地区管理局和民航局有关部门备案。

第二十条 高级监察员应当具备以下条件:

(一)爱岗敬业,廉洁自律,自觉遵守职业道德规范;

(二)熟悉民航法律、法规、规章,业务能力突出,具有较高的监管水平;

(三)工作成绩突出,执法工作数量与质量居本单位前列;

(四)担任本类别中级监察员五年以上。

第四章 培训管理

第二十一条 监察员培训分为初始培训和持续培训。

初始培训,是指为取得监察员资格而接受的民航行政执法所需的基本法律知识、专业知识方面的培训。初始培训包括初始法律培训和初始业务培训。

持续培训,是指监察员定期接受的民航行政执法所需法律知识、专业知识方面的培训。持续培训包括持续法律培训和持续业务培训。

第二十二条 民航局法制职能部门负责初始法律培训,民航局有关部门负责相应监管专业的初始业务培训。

初始培训应当组织考试或考核。学员有作弊行为的,取消成绩,一年内不得申请监察员证。

第二十三条 民航局和民航地区管理局的法制职能部门分别负责本单位的持续法律培训。民航局有关部门负责相应监管专业的持续业务培训。

除督导类监察员外,监察员每两年持续法律培训和持续业务培训时间均不得少于四十学时。督导类监察员的培训另行规定。

第二十四条 初始培训应当制定培训大纲。

民航局有关部门和民航地区管理局应当根据每年的培训计划和培训完成情况,填写《民航监察员年度培训情况报表》,并报民航局法制职能部门。

第二十五条 培训主办部门或者单位可以根据教学设备设施、师资力量等情况选择培训机构,对不同级别的监察员可以实施差异化培训。

培训机构应当依据培训大纲编制培训方案,经培训主办单位或部门批准后实施。培训考核、考试合格的,由培训机构出具合格证明并保存培训记录。

第二十六条 初始培训和持续培训所需的经费列入民航局和民航地区管理局年度行政预算,专款专用。

第五章 监察员证的申请和颁发

第二十七条 申请取得监察员资格,应当具备下列条件:

(一)遵纪守法,廉洁奉公,品行良好;

(二)为民航各级行政机关中从事行政执法工作的公务员,且具有一年以上民航行业工作经验;

(三)热爱本职工作,熟悉相关法律、法规和规章;

(四)两年内参加过初始培训,通过考核或考试;

(五)两年内不存在第四十条(一)、(二)或者(三)项所列情形。

第二十八条 申请人应当申请与其岗位职责相关的一个类别的监察员证。

申请人应当如实提供申请材料,并对其申请材料的真实性负责。

第二十九条 民航局公务员申请监察员证的,按照下列程序办理:

(一)申请人填写《民航监察员证申请表》(以下简称申请表),申请人所在部门按本规定第二十七条审查;

(二)申请人将所在部门同意的申请表及初始培训的考核、考试合格证明(以下简称申请材料)报民航局法制职能部门;

(三)民航局法制职能部门审查合格后,报民航局批准,统一办理监察员证。

第三十条 民航地区管理局公务员申请监察员证的,按照下列程序办理:

(一)申请人所在部门将申请材料送民航地区管理局法制职能部门初审,合格后报民航地区管理局审查;

(二)民航地区管理局审查合格后,报民航局法制职能部门;

(三)民航局法制职能部门审查合格后,报民航局批准,统一办理监察员证。

第六章 监察员证的管理

第三十一条 监察员证载明监察员姓名、所在单位或部门、发证日期和监察类别等信息,附有持证人的一寸免冠蓝底彩色照片,并盖具民航局印章。

第三十二条 监察员证统一编号。编号以监察类别英文代码和四位阿拉伯数字组成。

第三十三条 监察员证不得转借他用,不得涂改。经涂改的监察员证无效。

第三十四条 因监察员证信息变动需要换发监察员证的,监察员应当填写《民航监察员证变更申请表》。

监察类别变更应当按照监察员证申请程序办理。

第三十五条 监察员证应当妥善保管。监察员证遗失,或者因污损、破损影响使用的,监察员应当及时向所在单位法制职能部门书面报告并申请补发、换发。

申请补发、换发的,应当填写《民航监察员证补发、换发申请表》。经审核同意换发的,将旧证交回民航局法制职能部门后领取新证。

第三十六条 监察员证每两年审验一次。监察员应当于审验年度的 1 月 31 日前将《民航监察员证审验登记表》报所在单位法制职能部门审验。经审验合格的监察员证继续有效。

第三十七条 民航局和民航地区管理局的法制职能部门根据以下标准予以审验:

(一)监察员依照本规定完成持续培训;

(二)监察员执法工作考核合格;

(三)监察员岗位与监管专业相符;

(四)民航局规定的其他标准。

未能符合上述标准之一的,审验即为不合格。

未按期审验的监察员证,自行失效,不得继续使用。监察员有正当理由需要延期审验的,由其所在部门向所在单位法制职能部门提交延期审验申请,经核实情况属实的,可以延期至理由消失后一个月内进行审验。

第三十八条 监察员有下列情形之一的,由民航局和民航地区管理局的法制职能部门收留其监察员证:

(一)审验不合格的;

(二)因违法违纪或者执法过错等原因处于被调查期间的。

存在前款第(一)项情况的,两年内重新符合审验标准的,可以发还证件。

存在前款第(二)项情况的,调查结束,未被追究任何责任或者受到的警告处分解除并恢复执法岗位的,可以发还证件。

第三十九条 高级监察员审验不合格的,变更为中级监察员。

第四十条 监察员有下列情形之一,由民航局注销其监察员证:

(一)违反本规定第二十八条,隐瞒有关情况或者提供虚假材料取得监察员证的;

(二)违反本规定第三十三条,转借、涂改或者违法使用监察员证的;

(三)因违反本规定或者执法过错等原因,被给予记过或以上处分的;

(四)未按期审验、离开行政执法工作岗位导致监察员证自行失效的;

(五)监察员证自收留之日起两年内,仍不符合重新发还条件的。

对其他不宜继续担任监察员的人员,民航局有关部门或者民航地区管理局可以建议民航局法制职能部门注销其监察员证。

第四十一条 监察员因工作调动、辞职、退休或者被辞退等原因,离开行政执法工作岗位的,将监察员证交回所在单位法制职能部门后,人事部门方可为其办理相应手续。

经人事部门按照前款规定办理相应手续后,其监察员证自行失效。

第四十二条 民航局和民航地区管理局的法制职能部门负责本单位监察员有关资料信息的管理,如实记录监察员证的核发、补发、换发、审验、收留、注销及持证人员培训考试考核、执法责任追究等情况。

依照本规定第四十条应当注销监察员证的,民航局有关部门或者民航地区管理局应当及时将名单报民航局法制职能部门。

第四十三条 民航局定期对监察员证进行清理和销毁,并公布被注销监察员证的人员名单。

第七章 法律责任

第四十四条 监察员行政执法中的违法行为导致行政赔偿的,民航行政机关在承担行政赔偿义务后，应当责令有故意或者重大过失的监察员承担部分或者全部赔偿费用。

第四十五条 监察员滥用职权、玩忽职守、徇私舞弊构成犯罪的，依法追究刑事责任。

第四十六条 伪造监察员证构成犯罪的，依法追究刑事责任。

第四十七条 监察员有违反本规定其他情形的，由民航局或者民航地区管理局依法追究其法律责任。

第八章 附 则

第四十八条 本规定自 2016 年 4 月 28 日起施行。《中国民用航空监察员规定》(CCAR—18R2)同时废止。

第四十九条 民航地区管理局可以依据本规定制定实施细则。

附件：1. 民航监察员证样式
2. 各类别监察员职责
3. 民航监察员证申请表
4. 民航监察类别英文代码
5. 民航监察员证编号方法
6. 民航中级监察员申请表
7. 民航高级监察员申请表
8. 民航监察员年度培训情况报表
9. 民航监察员证变更申请表
10. 民航监察员证补发、换发申请表
11. 民航监察员证审验登记表

附件 1

民航监察员证样式

民航监察员证页面尺寸为 6.4cm×9.6cm

民航监察员证夹封面

中国民用航空

CHINA CIVIL AVIATION

（局徽）

监

察

员

INSPECTOR

民航监察员证正面

（民航局公务员）

中国民用航空

监察员

CHINA CIVIL AVIATION

INSPECTOR

姓名：＿＿＿＿＿＿ No.

Name：＿＿＿＿＿＿

所在部门：＿＿＿＿＿＿

Dept.：＿＿＿＿＿＿

发证日期：＿＿＿＿＿＿

Date：＿＿＿＿＿＿

监察类别：＿＿＿＿＿＿

Category：＿＿＿＿＿＿

（一寸免冠蓝底彩色照片）

（防伪标记）

民航监察员证正面

（民航地区管理局公务员）

中国民用航空

监察员

CHINA CIVIL AVIATION

INSPECTOR

姓名：＿＿＿＿＿＿ No.

Name：＿＿＿＿＿＿

所在单位：＿＿＿＿＿＿

Dept.：＿＿＿＿＿＿

发证日期：＿＿＿＿＿＿

Date：＿＿＿＿＿＿

监察类别：＿＿＿＿＿＿

Category：＿＿＿＿＿＿

（一寸免冠蓝底彩色照片）

（防伪标记）

民航监察员证背面

使用说明

1. 本证根据《中国民用航空监察员管理规定》颁发，用于证明持证人的行政执法资格。
2. 本证只限本人使用，不得转借他人。
3. 伪造本证者，依法追究法律责任。

附件 2

各类别监察员职责

（一）安全监管类

监督和指导民航不安全事件的调查处理工作，并组织对事故和重大事件调查处理，综合协调管理航空安全；监督检查民用航空器运营人、航空人员训练机构及设备、民用航空器维修单位，监督机场飞行程序和运行最低标准、航空卫生政策及标准的执行；监督检查民用航空产品的设计、制造和使用；负责民航机场建设和安全运行的监督管理；监督检查航空安保工作；负责民航空中交通管理工作的安全监管；监督检查和指导民航企事业单位的应急工作；负责民航行业网络和信息安全监督管理工作。

（二）经济监管类

负责航空运输、通用航空市场监督管理和危险品航空运输监督管理；监督检查民航企事业单位统计工作、民航行业价格收费政策的实施；监督检查民航运输凭证的印制和使用情况。

（三）综合监管类

调查民用航空活动中遵守法律、法规、规章的情况，依法实施行政处罚，负责行政执法指导和监督。

（四）督导类

对民用航空执法活动进行综合管理，检查其他各类别监察员履行职责情况。

附件 3

民航监察员证申请表

<table>
<tr><td>姓　　名</td><td></td><td>性　　别</td><td></td><td>电话</td><td></td><td rowspan="4">一寸彩照</td></tr>
<tr><td>出生年月</td><td></td><td>政治面貌</td><td></td><td>职务</td><td></td></tr>
<tr><td>工作单位及部门</td><td colspan="5"></td></tr>
<tr><td>毕业院校及专业</td><td colspan="3"></td><td>学历</td><td></td></tr>
<tr><td>身 份 证 号 码</td><td colspan="6"></td></tr>
<tr><td>申　请　项　目</td><td>监察类别</td><td colspan="2"></td><td>监管专业</td><td colspan="2"></td></tr>
<tr><td>工
作
简
历</td><td colspan="6"></td></tr>
<tr><td rowspan="2">初始业务培训</td><td>培训名称</td><td>培训时间</td><td>培训地点</td><td>学时</td><td colspan="2">主办机构</td></tr>
<tr><td></td><td></td><td></td><td></td><td colspan="2"></td></tr>
<tr><td rowspan="2">初始法律培训</td><td>培训名称</td><td>培训时间</td><td>培训地点</td><td>学时</td><td colspan="2">主办机构</td></tr>
<tr><td></td><td></td><td></td><td></td><td colspan="2"></td></tr>
<tr><td colspan="3">所在单位/民航局部门意见

（盖章）
年　　月　　日</td><td colspan="4">民航局法制职能部门意见

（盖章）
年　　月　　日</td></tr>
</table>

申请人签字：　　　　　　　　　　　　　　年　　月　　日

注：1. 表格不敷，可以附页；2. 初始业务培训证明、初始法律培训证明附后。

附件 4

民航监察类别英文代码

监察类别

(一)安全监管类:SS;

(二)经济监管类:ES;

(三)综合监管类:LR;

(四)督导类:SD。

附件 5

民航监察员证编号方法

监察员证编号由监察类别英文代码和四位数序号组成。

监察员证四位数序号由阿拉伯数字组成。其中:

0001—0009 为民航局领导监察员证编号;

0010—0999 为民航局监察员证编号;

1001—7999 为各地区管理局监察员证编号,其千位数字按下列规定:

华北地区管理局:1;

华东地区管理局:2;

中南地区管理局:3;

西南地区管理局:4;

西北地区管理局:5;

东北地区管理局:6;

新疆管理局:7。

例如:华北管理局　安全监管类飞行标准监管专业 SS1201

附件 6

民航中级监察员申请表

<table>
<tr><td>姓　　名</td><td></td><td>性　　别</td><td></td><td>职　　务</td><td></td><td rowspan="5">一寸彩照</td></tr>
<tr><td>出生年月</td><td></td><td>政治面貌</td><td></td><td>电　　话</td><td></td></tr>
<tr><td colspan="2">工作单位及部门</td><td colspan="4"></td></tr>
<tr><td colspan="2">身份证号码</td><td colspan="2"></td><td>监察类别/
监管专业</td><td></td></tr>
<tr><td colspan="2">监察员证取得日期</td><td colspan="2"></td><td>证件号码</td><td></td></tr>
<tr><td>执法工作
情况</td><td colspan="6"></td></tr>
<tr><td colspan="3">所在部门意见

（盖章）
年　　月　　日</td><td colspan="4">所在单位意见

（盖章）
年　　月　　日</td></tr>
</table>

申请人签字：　　　　　　　　　　　　年　月　日

附件 7

民航高级监察员申请表

<table>
<tr><td>姓　　名</td><td></td><td>性　　别</td><td></td><td>职　　务</td><td></td><td rowspan="5">一寸彩照</td></tr>
<tr><td>出生年月</td><td></td><td>政治面貌</td><td></td><td>电　　话</td><td></td></tr>
<tr><td>工作单位及部门</td><td colspan="5"></td></tr>
<tr><td>身份证号码</td><td colspan="3"></td><td>监察类别/
监管专业</td><td></td></tr>
<tr><td>中级/高级监察员
级别起始日期</td><td colspan="3"></td><td>证件号码</td><td></td></tr>
<tr><td>执法工作
总结</td><td colspan="6"></td></tr>
<tr><td colspan="2">所在单位/民航局部门意见

（盖章）
年　月　日</td><td colspan="3">民航局部门意见

（盖章）
年　月　日</td><td colspan="2">民航局法制职能部门意见

（盖章）
年　月　日</td></tr>
</table>

申请人签字：　　　　　　　　　　　　年　月　日

附件 8

民航监察员年度培训情况报表

填报单位：　　　　　　　　　　　　　　　　　　　　　　日期：　年　月　日

序号	姓　名	证件号码	监管专业	培训项目名称	学时	主办机构	培训时间	备注

附件 9

民航监察员证变更申请表

姓　　名		性　　别		职　　务		一寸彩照
出生年月		政治面貌		电　　话		
工作单位及部门						
身份证号码				监察类别/ 监管专业		
证件号码				发证时间		
申请变更 事项及原因						
所在单位/民航局部门意见 （盖章） 年　　月　　日				民航局法制职能部门意见 （盖章） 年　　月　　日		

申请人签字：　　　　　　　　　　　　年　　月　　日

附件 10

民航监察员证换发、补发申请表

<table>
<tr><td>姓　　名</td><td></td><td>性　　别</td><td></td><td>职　　务</td><td></td><td rowspan="4">一寸彩照</td></tr>
<tr><td>出生年月</td><td></td><td>政治面貌</td><td></td><td>电　话</td><td></td></tr>
<tr><td>工作单位及部门</td><td colspan="5"></td></tr>
<tr><td>身份证号码</td><td colspan="3"></td><td>监察类别/
监管专业</td><td></td></tr>
<tr><td>监察员证号码</td><td colspan="3"></td><td>发证时间</td><td colspan="2"></td></tr>
<tr><td>证件换发/
补发原因</td><td colspan="6"></td></tr>
<tr><td colspan="3">所在单位/民航局部门意见

（盖章）
年　月　日</td><td colspan="4">民航局法制职能部门意见

（盖章）
年　月　日</td></tr>
</table>

申请人签字：　　　　　　　　　　年　月　日

附件 11

民航监察员证审验登记表

<table>
<tr><td>姓　　名</td><td colspan="2"></td><td>工作部门</td><td>职　　务</td><td></td></tr>
<tr><td>证件号码</td><td colspan="2"></td><td>监察类别/监管专业</td><td>监察员级别</td><td></td></tr>
<tr><td>身份证号码</td><td colspan="3"></td><td>电　　话</td><td></td></tr>
<tr><td>执法工作考核情况</td><td colspan="5">（盖章）
年　　月　　日</td></tr>
<tr><td rowspan="3">持续业务培训</td><td>培训名称</td><td>培训时间</td><td>培训地点</td><td>学时</td><td>主办机构</td></tr>
<tr><td></td><td></td><td></td><td></td><td></td></tr>
<tr><td></td><td></td><td></td><td></td><td></td></tr>
<tr><td rowspan="3">持续法律培训</td><td>培训名称</td><td>培训时间</td><td>培训地点</td><td>学时</td><td>主办机构</td></tr>
<tr><td></td><td></td><td></td><td></td><td></td></tr>
<tr><td></td><td></td><td></td><td></td><td></td></tr>
<tr><td>审验结果</td><td colspan="5">（盖章）
年　　月　　日</td></tr>
</table>

注：业务培训证明、法律培训证明附后。

民用航空财经信息管理办法

（2016年3月28日交通运输部令2016年第27号公布　自2016年4月28日起施行）

第一章　总　　则

第一条　为了规范民用航空行业财经信息管理，加强行业经济运行监测分析，完善民航财经调控机制，根据《中华人民共和国民用航空法》《中华人民共和国会计法》制定本办法。

第二条　本办法适用于在中华人民共和国境内注册登记的从事民用航空活动企业（以下简称民航企业）的财经信息管理工作。

民航企业包括公共航空运输企业（集团）（以下简称航空运输企业）、通用航空企业（集团）（以下简称通航企业）、民用机场（集团）（以下简称机场）和航空运输服务保障企业（集团）（以下简称保障企业）以及上述企业（集团）的所属企业。

第三条　本办法所称财经信息是指为满足民用航空行业管理需要，由民航企业提供的反映企业某一特定日期财务状况和某一会计期间经营成果、收支状况、现金流量、财政资金缴拨和使用情况等的财务会计报表，以及其他财经信息资料。

第四条　中国民用航空局（以下简称民航局）负责民航全行业财经信息综合管理工作。

中国民用航空地区管理局（以下简称民航地区管理局）按照本办法的规定负责组织和指导辖区内民航企业财经信息的编报工作。

第五条　民航企业应当按照《企业财务会计报告条例》《企业会计准则》和《企业财务通则》等财务会计制度的规定和本办法的要求，及时、准确、真实、完整地向民航局和民航地区管理局提供财务会计报告及其他财经信息资料。

第六条　负责财经信息工作相关人员应当定期参加民航局组织的培训，努力提高业务素质和工作水平。民航企业应当为相关人员参加培训创造良好条件。

第七条　民航局组织对各单位每一年度财经信息编报情况进行综合考评。对认真执行本办法，在财经信息编报工作中做出显著成绩的单位和个人可以给予适当奖励。

第二章 财经信息的构成

第八条 财经信息包括定期报送的财经信息和不定期报送的财经信息。定期报送的财经信息包括年度财务会计报告（以下简称年报）和月度财务报告（以下简称财务快报）；不定期报送的财经信息是指按民航局和民航地区管理局要求报送的其他财经信息资料。

第九条 年报应当包括下列内容：

（一）会计报表，包括国家统一会计制度规定的报表和本办法规定的附表。

（二）会计报表附注，是为便于使用人理解会计报表的内容而对会计报表的编制基础、编制依据、编制原则和方法及主要项目等所作的解释。

（三）财务情况说明书，是对企业生产经营的基本情况、利润实现和分配情况、资金增减和周转情况、所有者权益（或股东权益）增减变动情况，以及对企业的财务状况、经营成果和现金流量有重大影响的其他事项等作出说明，并针对企业经营管理中存在的问题提出改进建议。

（四）审计报告，是指注册会计师根据《中国注册会计师独立审计准则》规定，在实施审计工作的基础上对被审计单位会计报表发表审计意见的书面文件。

第十条 财务快报包括快报报表和财务情况分析说明。

快报报表是指民航企业按照本办法规定的格式，在对本企业当月和截至当月的生产、财务指标完成情况进行合理预测基础上编制的报表。

财务情况分析说明应当反映当月和截至当月影响企业经济效益的重要信息，对变动较大的财务指标应当予以解释。

第三章 财经信息的编报、保管和使用

第十一条 民航企业应当以真实的交易事项和完整账簿记录以及相关生产统计资料为依据，在全面做好清查资产、核实债务和权益、正确结转损益、依法进行年终审计等工作的基础上，按照有关规定的格式编制年度会计报表。

第十二条 民航企业应当根据生产统计资料和会计核算资料，按照有关规定的格式如实填报财务快报。财务快报中无法准确核算的财务指标，应当合理预估填报。

第十三条 民航企业应当按民航局和民航地区管理局的要求填报不定期

报送的财经信息。

第十四条 根据《企业财务会计报告条例》、《企业会计准则》等有关规定应当编制合并会计报表的企业集团,应当采用合并方式汇总会计报表,其他则采用简单叠加汇总方式。

第十五条 企业年报应当依次编定页码,加具封面,装订成册,加盖公章。封面上应当注明《企业财务会计报告条例》中规定的有关信息,并由企业负责人、主管会计工作的负责人和会计机构负责人(会计主管人员)签名并盖章;设置总会计师的企业,还应当由总会计师签名并盖章。

第十六条 财务快报和不定期报送的财经信息应当经企业负责人和会计机构负责人审阅、批准后报送。

第十七条 民航地区管理局应当根据本办法和民航局的要求,收集、审核和汇总辖区内各机场、通航企业的财经信息,并报民航局财务职能部门。航空运输企业、保障企业的财经信息直接由民航局财务职能部门收集、审核和汇总。

第十八条 民航企业应当确定财经信息密级,并按照规定的数据传输方式报送。

第十九条 机场、通航企业的年报应当于每年3月31日前报送所在地民航地区管理局,民航地区管理局汇总后于4月20日前报送民航局。航空运输企业和保障企业的年报应当于每年4月20日前报送民航局。

民航地区管理局应于每月5日前将汇总的机场、通航企业的财务快报报送民航局。航空运输企业和保障企业的财务快报应当于每月5日前报送民航局。如遇国家法定节假日,以具体通知时间为准。

第二十条 负责民航企业财经信息管理的单位应当对企业报送的财经信息资料建立存储、保管和查询制度,并按照国家有关保密工作规定做好各类财经信息的保管和保密工作。

第二十一条 民航局确定并统一对外公布行业财经信息。

民航局在行业内部实行财经信息反馈制度,为民航企业管理决策提供依据。

第四章 重组改制企业财经信息的编报和保管

第二十二条 除本章另有规定外,民航企业在重组改制期间,应当遵守本办法的各项有关规定。

第二十三条 重组改制企业应当对重组改制前会计报表的期末数与重组

改制后会计报表期初数进行对比，并作说明。

企业采取吸收合并改制的，由合并后存续的企业负责改制当年及以后年度本单位及其控股企业会计报表及财经信息资料编报的组织工作；采取新设合并改制的，由新设成立的企业负责。

企业分立改制的，由承担原企业主营业务的新设企业负责编制当年改制前企业的财务会计报表及财经信息资料；主营业务分割的，由各方协商共同编制。改制后由各方自行编制。

第二十四条 企业重组改制后，原企业会计信息资料应当按国家关于财务会计档案管理的有关规定由有关各方保管。国家对企业重组改制财务会计档案管理未作明确规定，企业合并改制的，原企业财经信息资料可以由合并后存续的公司保管并负责对外提供；企业分立改制的，原企业财经信息资料由相关各方协商后指定单位保存。

第五章 法律责任

第二十五条 对拒绝提供财经信息资料的民航企业，由民航局或民航地区管理局责令改正，逾期不改的，处以三万元以下罚款。

第二十六条 对未按规定程序报送或提供不真实、不完整财经信息资料的民航企业，由民航局或民航地区管理局责令改正，逾期不改的，视情节轻重处以三万元以下罚款。

第二十七条 对未按规定保管、使用企业财经信息，造成涉密信息泄漏的民航行政单位或个人，由上级民航主管部门责令改正，对直接负责的主管人员和其他直接责任人依法给予行政处分。

第六章 附则

第二十八条 民用航空财经信息报表的格式和编制说明由民航局另行制定，并公布执行。

第二十九条 本办法自2016年4月28日起施行。2005年4月5日施行的《民用航空财经信息采集办法》（民航总局令第142号）同时废止。

民用航空通信导航监视工作规则

（2016年3月28日交通运输部令2016年第29号公布　自2016年4月28日起施行）

第一章　总　　则

第一条　为了规范民用航空通信导航监视（以下简称通信导航监视）工作，保障民用航空活动的安全、正常和高效，依据《中华人民共和国民用航空法》《中华人民共和国飞行基本规则》和《民用机场管理条例》，制定本规则。

第二条　本规则适用于在中华人民共和国领域内以及根据我国缔结或者参加的国际条约的规定，提供通信导航监视服务以及与通信导航监视服务有关的活动。

本规则是组织实施通信导航监视工作的依据。提供通信导航监视服务的单位以及其他与通信导航监视工作有关的单位和个人，应当遵守本规则。

第三条　中国民用航空局（以下简称民航局）负责统一管理全国通信导航监视工作，民航地区管理局（以下简称地区管理局）负责监督管理本地区通信导航监视工作。

第四条　通信导航监视工作的主要任务是通过配置和管理相应的人员及设施设备，为民用航空活动提供准确、及时、连续、可靠的通信导航监视服务。

第五条　组织与实施通信导航监视工作，贯彻安全第一、保障可靠、服务优质的方针，遵循科学配置、协调运行、集中统一、分工负责的原则。

第六条　民航局鼓励和支持通信导航监视领域的科学技术研究与应用、人才培养、国际合作与交流，不断提高通信导航监视服务水平。对通信导航监视工作做出突出贡献的单位和个人，给予奖励。

第七条　本规则所用术语的含义在本规则附件一《定义》中规定。

第二章　机构与人员

第一节　机　　构

第八条　通信导航监视服务由通信导航监视运行保障单位提供。通信导航监视运行保障单位应当在指定的职责范围内提供通信导航监视服务。

第九条 通信导航监视运行保障单位应当具备下列基本条件：

(一)具有健全的组织机构和管理制度；

(二)具有满足通信导航监视服务保障工作需要的，持有有效执照的民用航空电信人员；

(三)具有开展通信导航监视服务保障工作所需的设施设备，以及必备的仪器仪表、备件、器材和工具；

(四)具有必备的有关通信导航监视资料。

第十条 通信导航监视服务保障组织体系由全国、地区和机场通信导航监视运行保障单位等三级运行保障单位组成。

(一)全国通信导航监视运行保障单位负责全国通信导航监视服务及设施设备的运行与管理，以及全国范围内民航专用航空电信网络的运行保障、状态监控和应急处置等工作，负责统一组织协调并提供国家间的相应通信导航监视服务。

(二)地区通信导航监视运行保障单位提供本地区范围内的通信导航监视服务，负责本地区通信导航监视设施设备的运行与管理、应急处置和维护维修等运行保障工作。

(三)机场通信导航监视运行保障单位提供本单位所承担的通信导航监视服务，负责本单位通信导航监视设施设备的运行与管理、应急处置和维护维修等运行保障工作。

全国和地区通信导航监视运行保障单位由民航局设立或者批准设立。

民用运输机场应当设置通信导航监视运行保障单位，民用通用机场根据运行需要设置通信导航监视运行保障单位。民用机场设置通信导航监视运行保障单位的，应当按照《民用机场使用许可规定》的要求取得民用机场使用许可证后方可提供通信导航监视服务。

地区通信导航监视运行保障单位可以同时承担所在机场的通信导航监视运行保障单位的工作职责。

第十一条 各级通信导航监视运行保障单位根据工作职责，可以承担通信、导航、监视专业中的一项或者多项服务保障工作。

第十二条 空中交通管理单位、民用航空企业、机场以及其他与民用航空安全生产运行相关的单位应当按照民用航空有关法律、法规、规章和标准的要求，积极配合通信导航监视服务保障工作的实施。

第二节 人员执照

第十三条 从事通信导航监视服务保障工作的技术人员(以下简称航空

电信人员)实行执照管理制度。航空电信人员执照由民航局统一管理。

第十四条 航空电信人员应当按照《民用航空电信人员执照管理规则》要求取得电信人员执照,并按照规定保持其有效。未持有有效执照的人员,不得独立从事通信导航监视服务保障工作。

第十五条 航空电信人员执照类别包括通信专业、导航专业和监视专业三类。

第十六条 航空电信人员执照的申请、颁发、管理和监督,按照《民用航空电信人员执照管理规则》执行。

第三节 人员培训

第十七条 航空电信人员应当按照规定接受岗位培训和考核。

通信导航监视运行保障单位应当按照民航局有关规定组织航空电信人员岗位培训和考核。

第十八条 航空电信人员岗位培训由通信导航监视运行保障单位或者民航局指定的培训机构实施。

第十九条 民航局指定的航空电信人员岗位培训机构目录,由民航局制定并定期公布。

第二十条 通信导航监视运行保障单位应当每年组织通信导航监视从业人员进行专业培训,确保其专业知识更新。

专业培训考试(核)记录应当记入个人技术档案。

第三章 设施与设备

第一节 设备准入

第二十一条 使用直接关系民用航空飞行活动安全的通信导航监视设备,应当符合民航局有关规定。

第二十二条 购置和使用实行使用许可管理的通信导航监视设备,应当从民航局定期公布的《民用航空通信导航监视设备使用许可目录》中选取。

购置和使用不实行使用许可管理的通信导航监视设备,应当符合国家和民用航空有关法律、法规、规章、规范性文件和技术标准的要求,确保设备的安全性、可用性和可靠性。

第二节 规划与建设

第二十三条 通信导航监视的发展与建设由民航局组织制定相关规划。

第二十四条 通信导航监视发展与建设应当服从国家和民航发展总体规划，以运行需求为引导，坚持统一规划、科学合理、资源共享的原则，提高系统综合保障服务能力，确保飞行安全。

第二十五条 通信导航监视运行保障单位以及与通信导航监视服务有关的单位负责提出通信导航监视服务发展和建设相关规划的需求和建议。

通信导航监视运行保障单位负责通信导航监视发展和建设相关规划的组织实施。

第二十六条 新建、改建、扩建通信导航监视设施设备时，应当符合通信导航监视发展和建设的相关规划，并按有关规定建设防雷设施、安全保卫设施、消防设施以及环境监控和告警装置等设施设备。

第二十七条 民航局和地区管理局对通信导航监视工程的立项、可行性研究、初步设计、工程实施和验收实施管理。

第二十八条 通信导航监视工程的建设管理应当按照民航局有关规定执行。

第二十九条 新建、改建、扩建的通信导航监视设施设备投入使用后的评估按照民航局有关规定执行。

民航局或者地区管理局可以根据需要组织评估。

第三节 设施设备的设置

第三十条 通信导航监视运行保障单位应当根据运行需求和民航局相关规定，配置通信导航监视设施设备，并保证设施设备在规定使用周期内正常运行。

设施设备根据其使用年限和实际工作状况以及技术发展进行更新改造时，应当按照有关规定执行。

第三十一条 通信导航监视运行保障单位应当根据空中交通管制运行需求、空中航行服务需求及飞行程序设计方案要求设置或者迁移无线电通信导航监视台（站）。

第三十二条 用于提供应急服务或通用航空保障等非固定台（站）址的无线电通信导航监视台（站）应当在批准的范围内设置和使用。

第三十三条 无线电通信导航监视台（站）的选址工作由通信导航监视运行保障单位或者空管项目建设单位负责并自行或会同从事民航专业工程设计、咨询的单位组织实施。

第三十四条 通信导航监视运行保障单位设置或者迁移无线电通信导航监视台（站）址时，应当向所在地地区管理局提交台（站）址选址报告。

第三十五条 无线电通信导航监视台（站）的选址报告应当包括以下主要内容：

（一）编制依据；

（二）台（站）运行需求分析；

（三）电磁环境和地理环境分析；

（四）预选台（站）址的设备信号覆盖分析；

（五）新建台（站）条件（供电、通信等）分析；

（六）结论；

（七）附件。

第三十六条 无线电导航台（站）址应当同时满足导航台（站）场地设置规范、电磁环境要求和飞行程序设计方案。不能同时满足的，负责选址的单位应当与飞行程序设计单位会商，对飞行程序设计方案或者比选台（站）址进行调整，直至符合运行需求为止。

第三十七条 无线电通信导航监视台（站）或设备的频率、呼号、地址等代码资源由民航局统一规划和管理。

无线电通信导航监视台（站）无线电频率、呼号的指配和使用应当遵守《中国民用航空无线电管理规定》及其他有关规定。

其他代码资源的使用和指配应当遵守民航局有关规定。

第三十八条 通信导航监视运行保障单位需要撤销无线电通信导航监视台（站）时，应当向审批机关申请办理撤销手续。

第四节 新技术应用

第三十九条 通信导航监视新技术应用（以下简称新技术应用）政策、规划、规章和标准由民航局统一制定和发布。民航局负责统一组织指导和管理新技术应用活动，地区管理局负责监督管理本地区新技术应用活动。

通信导航监视新技术是指用于通信导航监视服务，支持一种或者多种新的运行概念、运行方式，所使用的技术、设备、系统以及它们的集成。

第四十条 通信导航监视运行保障单位实施新技术应用，应当贯彻和执行有关新技术应用的政策、规划、规章和标准。并建立相应的管理程序和制度。

第四十一条 新技术应用前，应当按照民航局相关规定进行验证。

未通过验证的新技术不得用于提供通信导航监视服务。

第四十二条 实施新技术应用的单位应当具备应用条件，制定安全保证措施，并对应用活动的安全负责。

第五节　设备开放与运行

第四十三条　用于民用航空导航设备的开放与运行管理，按照《民用航空导航设备开放与运行管理规定》执行。

用于民用航空通信和监视设备的开放与运行管理按照民航局有关规定执行。

第四十四条　通信导航监视运行保障单位应当执行国家和民用航空的有关规定，保证通信导航监视设备的开放、运行和关闭符合民航局的相关规定和标准，保持通信导航监视设备的持续适用。

第四十五条　通信导航监视运行保障单位应当会同航空情报服务机构保证开放运行的通信导航监视设备资料的完整性、准确性、及时性和一致性。

第六节　设施设备及其电磁环境保护

第四十六条　通信导航监视设施设备及其电磁环境的保护工作应当按照国家和民用航空的有关规定具体实施。

通信导航监视设备正常运行所需的场地和设施应当满足电磁环境保护要求。

第四十七条　任何单位或者个人不得侵占、破坏或者擅自移动通信导航监视设施设备。

禁止任何危害通信导航监视设施设备及无线电通信导航监视设施设备电磁环境的行为。

第四十八条　通信导航监视运行保障单位应当按照国家和民用航空有关法律、法规、规章和标准的要求，对通信导航监视设施设备及其电磁环境保护区域采取必要的防护措施。

第四十九条　通信导航监视运行保障单位应当向地方政府提出对有关无线电通信导航监视台(站)的电磁环境保护的范围和要求。

无线电通信导航监视台(站)的电磁环境保护工作应当由设施设备所在地地区管理局协调所在地地方政府按照国家和民用航空的有关规定和标准执行。

第五十条　通信导航监视设备的无线电频率受到有害干扰时，通信导航监视运行保障单位在进行自查后，应当及时报告所在地地方无线电管理机构和地区管理局，并配合所在地地方无线电管理机构排除有害干扰。

第五十一条　在民用航空无线电台(站)电磁环境保护区域内进行工程施工或者设置使用各类设施设备，应当按照国家和民用航空有关台(站)设置和电磁环境保护规定执行。

第四章 通信导航监视服务

第一节 一般规定

第五十二条 通信导航监视设施设备的系统配置、参数设置和运行,应该遵照国家和民用航空的相关规定和标准执行。

第五十三条 通信导航监视设备应当使用协调世界时,并使用统一的授时系统;独立设置的通信导航监视设施中的设备可以使用独立的授时系统,并定期校准。

第五十四条 通信导航监视运行保障单位应当确保通信导航监视服务的持续提供。因故无法提供服务时,通信导航监视运行保障单位应当及时通知相关运行单位,并按照航空情报服务相关规定,及时通知航空情报服务机构发布航行通告。

在指定时段内提供通信导航监视服务的设施设备,通信导航监视运行保障单位应当按照规定发布服务时间,需要变更服务时间的,应在变更前及时通知航空情报服务机构发布航行通告。

第五十五条 通信导航监视设备因维护、维修、检测、调试、飞行校验需要暂时停止提供相应服务的,通信导航监视运行保障单位应当:

(一)提前协调相关单位,确定暂停服务的时间周期;

(二)涉及空中交通服务运行模式和飞行方式调整的,事先通知有关单位;

(三)按照规定通知航空情报服务机构发布航行通告;

(四)会同有关单位制定相关保障措施和应急预案;

(五)暂停服务时间周期发生变更的,及时通知航空情报服务机构发布航行通告。

第五十六条 通信导航监视设备运行的正常率和完好率应当符合民航局有关规定。

第五十七条 未经授权的单位或者个人不得对通信导航监视设备进行本地或者远程操作。

第五十八条 通信导航监视服务应当使用规定的缩略语和代码。在服务中提供的含有非标准缩略语和代码的,应当对其所使用的缩略语和代码提供相应的解释和解码。

第二节 通 信

第五十九条 通信的任务是利用通信网络或者通信终端传输、交换和处理民用航空生产信息，为民用航空活动提供语音或者数据通信，使其能够安全、高效运行。

第六十条 通信包括地空通信和地地通信。

第六十一条 地空通信主要包括空中交通服务通信、航务管理通信、站坪管理通信和对空气象广播等。

地地通信主要包括航空固定业务通信、民航专用电话通信、机场移动通信和管制中心间通信等。

第六十二条 按照不同的职责和业务类型，空中交通服务地空通信分为塔台地空通信、起飞线地空通信、地面放行通信、地面管制通信、进近或终端区地空通信、航路地空通信、搜寻救援通信、通用航空通信、航站情报通播等。

第六十三条 地空通信可使用无线电语音和数据通信等方式。

第六十四条 民用航空地地通信方式可使用民航专用通信网和公用通信网方式实现语音与数据的交换与传输。

第六十五条 通信导航监视运行保障单位应当根据飞行和空中交通管制运行的需求，及时提供和开放地空通信服务。

第六十六条 民用航空专用航空电信网络由民航局指定的通信导航监视运行保障单位统一管理。

第六十七条 通信设备发生故障时，通信导航监视运行保障单位应当及时采取措施，避免或者减少对相应通信服务的影响。

第六十八条 地空通信、管制中心间通信和安全运行所需的民航专用电话通信，应当配置语音和数据记录设备，并完整记录通信内容。记录内容的保存和重放应当符合《民用航空空中交通管理规则》和本规则第一百二十八条的规定。

第六十九条 通用航空飞行的通信服务，由从事通用航空活动的单位或者个人负责提供，并制定相应的服务保障措施。

第七十条 所有在中华人民共和国领域内活动的民用航空器，应当按照国家和民用航空的有关规定实施通信。

第三节 导 航

第七十一条 导航的任务是为航空器提供飞行引导信息，使其能够安全、正常飞行。

第七十二条 导航服务包括机场(终端区)导航服务和航路、航线导航服务。

第七十三条 机场(终端区)导航设施包括无方向信标台、指点信标台、全向信标台、测距台、仪表着陆系统、卫星导航地面设施以及其他导航设施等。

第七十四条 机场(终端区)导航设施的设置应当根据机场等级和运行标准、空域方案和飞行程序、机场区域的地理环境和场地条件等确定。

第七十五条 航路、航线导航设施包括全向信标台、测距台、无方向信标台、卫星导航地面设施等。

第七十六条 航路、航线导航设施的设置应当根据空域方案和飞行程序、当地地理环境和场地条件等确定。

第七十七条 导航设备发生故障或不能提供有效导航信号时,通信导航监视运行保障单位应当及时采取措施,同时通知相关单位,并按照规定发布航行通告,减少对航空器安全飞行的影响。

第七十八条 通用航空飞行的导航服务,由从事通用航空活动的单位或者相关通信导航监视运行保障单位负责提供,并制定相应的服务保障措施。

第七十九条 所有为航空器提供服务的各类型无线电导航设施设备,应当按照有关规定进行飞行校验或者验证。

第四节 监 视

第八十条 监视的任务是对航空器及其他目标进行可靠的探测,提供准确的航空器及其他探测目标的位置、状态和告警信息。

第八十一条 监视设备包括信息探测系统、信息处理与显示系统。

第八十二条 信息探测系统包括一次监视雷达、二次监视雷达、场面监视雷达、自动相关监视系统、多点相关定位系统等。

第八十三条 信息探测系统的设置和布局应当根据其覆盖范围、机场运行和空中交通服务需求等确定。

第八十四条 信息处理与显示系统包括空中交通管制自动化系统及其他自动化系统。

第八十五条 信息处理与显示系统的设置,应当根据机场运行和空中交通服务需求以及民航局的相关规定等确定。

第八十六条 信息处理与显示系统应当配置记录设备。记录内容的保存和重放应当符合《民用航空空中交通管理规则》和本规则第一百二十八条的规定。

第八十七条 监视设备发生故障时,通信导航监视运行保障单位应当及时采取措施,避免或者减少对空中交通服务和飞行的影响。

第八十八条 通用航空飞行的监视服务,由从事通用航空活动的单位或者相关通信导航监视运行保障单位负责提供,并制定相应的服务保障措施。

第五章 运行管理

第一节 一般规定

第八十九条 通信导航监视运行保障单位应当依据国家和民用航空有关规定建立质量管理体系。

第九十条 通信导航监视服务质量管理体系应当包括通信导航监视服务机构、设施设备、人员、技术标准、规范规程、工作制度、运行程序、质量考核及改进措施等。

第九十一条 通信导航监视服务质量管理体系应当保证通信导航监视服务的有效性、完整性、及时性和准确性符合国家和民用航空的有关规定,并能有效监控服务质量。

第九十二条 通信导航监视运行保障单位应当依据有关的民用航空法律、法规、规章、规范性文件、技术标准以及质量管理体系要求及时制定和修订运行手册,并保持运行手册的持续有效。

第九十三条 运行手册应当包括以下主要内容:

(一)服务范围和服务内容;

(二)岗位职责和工作规范;

(三)运行管理和工作程序;

(四)设备管理和操作程序;

(五)安全管理和应急处置;

(六)服务协议和工作资料等。

第九十四条 运行手册应当在相关的工作场所设置和保存,便于使用和查阅。

第二节 运行管理制度

第九十五条 通信导航监视运行保障单位应当制定运行管理制度。运行管理制度应当至少包括:

(一)岗位值班工作制度;

(二)机房管理制度;

(三)设备管理制度;

（四）备件管理制度；
（五）器材和工具管理制度；
（六）技术资料管理制度；
（七）设备和人员安全操作制度；
（八）运行检查制度。

第九十六条 岗位值班工作制度应当至少包括：
（一）值班要求；
（二）交接班程序；
（三）信息通报规定；
（四）设备机房巡视规定；
（五）设备现场维护规定；
（六）值班记录规定；
（七）资料管理规定；
（八）应急处置程序。

第九十七条 机房管理制度应当至少包括：
（一）机房安全保卫规定；
（二）机房设备管理规定；
（三）机房环境保持规定。

第九十八条 设备管理制度应当至少包括：
（一）设备登记统计规定；
（二）设备采购、使用和报废管理规定。

第九十九条 备件管理制度应当至少包括：
（一）备件登记统计规定；
（二）备件采购、使用和报废管理规定；
（三）备件保管规定；
（四）备件调配使用规定。

第一百条 器材和工具管理制度应当至少包括：
（一）器材和工具登记统计规定；
（二）器材和工具采购、使用和报废规定；
（三）器材和工具保管规定；
（四）仪器仪表等器材定期校准规定。

第一百零一条 技术资料管理制度应当至少包括：
（一）技术资料登记统计规定；
（二）技术资料保管与移交规定。

第一百零二条 设备和人员安全操作制度应当至少包括：

（一）设备使用安全操作程序；

（二）设备维护和维修安全操作程序；

（三）电信人员安全用电防护规定；

（四）设施设备和人员防雷保护规定。

第一百零三条 运行检查制度应当至少包括：

（一）运行检查内容、周期和程序的规定；

（二）运行检查记录管理规定。

第三节 维护和维修管理

第一百零四条 通信导航监视运行保障单位应当按照国家和民用航空有关规定建立通信导航监视设备维护和维修管理制度，组织实施设备维护和维修，保证设备安全正常运行。

第一百零五条 通信导航监视设备维护管理制度应当至少包括：

（一）设备维护内容、周期和程序的规定；

（二）设备维护记录管理规定。

第一百零六条 通信导航监视设备维修管理制度应当至少包括：

（一）设备维修内容和程序的规定；

（二）设备维修计划和实施程序；

（三）设备维修记录管理规定。

第一百零七条 通信导航监视设备维修由各级通信导航监视运行保障单位组织实施。

第一百零八条 通信导航监视运行保障单位组织实施设备维修应当具备下列基本条件：

（一）具有满足通信导航监视设备维修要求并持有电信人员执照的人员；

（二）具有开展通信导航监视设备维修工作所需的设施设备，以及必备的仪器仪表、备件、器材和工具；

（三）具有健全的维修管理制度；

（四）具有相关的通信导航监视设备维修技术资料。

第一百零九条 委托其他通信导航监视运行保障单位实施本单位通信导航监视设备维护和维修时，应当签署有关服务协议，并明确服务内容、责任、权利和义务。

第四节 运行监控

第一百一十条 通信导航监视运行保障单位应当具备通信导航监视设备

运行监控手段,对设备运行进行实时有效的监控。

第一百一十一条 通信导航监视运行保障单位应当建立设备运行监控制度。设备运行监控制度应当至少包括:

(一)运行监控岗位工作职责;

(二)运行监控内容和工作程序;

(三)运行监控记录管理规定;

(四)应急处置和工作程序;

(五)安全和运行信息报告制度。

第一百一十二条 实行本地集中监控和异地设备运行监控的,应当建立可靠的通信联络,保障监控数据的安全可靠传输。

第五节 信息引接管理

第一百一十三条 通信导航监视信息引接管理主要是针对民用航空通信导航监视信息的提供和使用进行的管理。

本规则所称通信导航监视信息是指由通信导航监视设备产生、处理、传输和集成的信息。

第一百一十四条 通信导航监视运行保障单位应当建立通信导航监视信息引接管理制度。

第一百一十五条 通信导航监视运行保障单位应当满足空中交通管制单位、民用航空企业、机场等民航安全生产运行单位对必要的通信导航监视信息引接使用的要求,并根据需要签订信息引接使用协议,明确信息引接内容、使用期限以及双方的权利、责任和义务。

第一百一十六条 通信导航监视信息需要引接至社会公共机构、服务机构、研究机构使用的,不得影响通信导航监视保障的安全正常,并按照有关规定签订信息引接使用协议,明确信息内容、使用期限以及双方的权利、责任和义务。

第一百一十七条 通信导航监视运行保障单位应当采取措施保证通信导航监视信息引接的安全使用。

第一百一十八条 对外提供涉及保密要求的通信导航监视信息应当按照国家和民用航空的有关规定执行。

第六节 应急管理

第一百一十九条 通信导航监视设备发生重大故障时,通信导航监视运行保障单位应当采取有力措施避免或减少对飞行安全的影响。

第一百二十条 通信导航监视运行保障单位应当建立设备重大故障应急管理机制,明确应急处置工作程序。

第一百二十一条 通信导航监视运行保障单位应当制定设备重大故障应急预案,并按规定向有关管理部门备案。

第一百二十二条 设备重大故障应急管理制度应当至少包括:

(一)应急预案;

(二)应急后评估工作规定;

(三)应急培训和演练规定。

第一百二十三条 设备重大故障应急预案应当至少包括:

(一)应急管理机构与职责分工;

(二)应急措施和应急处置程序;

(三)应急信息通报内容和程序。

第一百二十四条 通信导航监视运行保障单位处置设备重大故障时,应当加强与相关单位的协调配合,并按照应急预案的操作程序进行处置。

第一百二十五条 通信导航监视运行保障单位在完成设备重大故障处置,恢复正常通信导航监视服务后,应当及时分析评估本单位应急处置工作,总结经验教训,修订完善应急预案,并报民航局或地区管理局备案。

第一百二十六条 通信导航监视运行保障单位应当组织电信人员进行应急预案培训和模拟演练,定期配合运行单位实施应急综合演练,加强相关单位之间的协调配合。

第七节 运行记录

第一百二十七条 通信导航监视运行保障单位应当设立工作日志,记录通信导航监视服务运行基本情况。工作日志应当至少记录如下内容:

(一)岗位人员值班与交接班情况;

(二)通信导航监视设备运行基本情况(开机与关机时间、运行数据等);

(三)设备维护情况;

(四)设备故障与维修情况;

(五)有害干扰情况;

(六)设备应急处置情况;

(七)违反规章和运行手册的情况;

(八)与设备运行有关的其他情况。

第一百二十八条 通信导航监视设备运行数据和操作情况应当予以完整记录,记录至少保存30天。与事故、事故征候或者其他民用航空不安全事件调查有关的记录,应当按照有关要求保存。

第八节　不安全事件管理

第一百二十九条　通信导航监视服务不安全事件分为事故、事故征候和其他不安全事件。

第一百三十条　通信导航监视服务事故是指由于通信导航监视服务保障原因导致通信导航监视服务异常造成的民用航空器事故。

通信导航监视服务事故征候是指由于通信导航监视服务保障原因导致通信导航监视服务异常造成的民用航空器事故征候。

通信导航监视服务事故和事故征候按照国家和民用航空有关规定确定。

第一百三十一条　其他不安全事件是指通信导航监视服务异常出现下列情况之一的:

(一)造成空中交通管制运行方式和飞行方式改变,并且导致航班取消或者中断正常进近,但不构成民用航空器事故征候的;

(二)遗漏或丢失各种原始记录,直接影响事故或事故征候调查的。

第一百三十二条　通信导航监视运行保障单位应当建立不安全事件管理制度。

第一百三十三条　通信导航监视运行保障单位发生不安全事件时,应当根据事件的性质和影响,及时、如实报告。

第一百三十四条　通信导航监视运行保障单位发生不安全事件后,应当及时分析原因,制定整改措施,并按规定将有关情况上报。

第一百三十五条　通信导航监视运行保障单位应当配合事故、事故征候调查,如实反映相关情况,提供相关资料和数据。

第九节　安全保卫

第一百三十六条　通信导航监视运行保障单位应当制定安全保卫制度和措施,保证人员和通信导航监视设施设备的安全。

第一百三十七条　安全保卫工作应当包括以下主要内容:

(一)采取有效措施,防止或者预防通信导航监视服务设施设备及人员遭受损害;

(二)协调地方政府加强通信导航监视设施设备的安全保卫工作;

(三)防止未经许可人员进入通信导航监视运行保障单位。

第六章　飞行校验与验证

第一百三十八条　通信导航监视设备应当按照有关规定进行飞行校验与验证。

第一百三十九条　飞行校验由民航局飞行校验机构和通信导航监视运行保障单位具体实施。通信导航监视设备验证工作由符合民航局规定条件的验证机构实施。

第一百四十条　通信导航监视设备的飞行校验管理按照《民用航空通信导航监视设备飞行校验管理规则》执行。

第一百四十一条　通信导航监视设备验证工作按照民用航空的有关规定执行。

第七章　资 料 管 理

第一百四十二条　通信导航监视资料是指与提供通信导航监视服务以及其他与通信导航监视工作有关的资料,应当包括以下主要内容:

(一)电信人员基本情况、培训考核记录、持照情况等技术档案;

(二)运行手册、应急管理方案、设备技术说明书、设备操作手册、设备图纸等技术资料;

(三)设备运行记录、人员操作记录、维护维修记录、仪器仪表档案、器材和工具档案、备件保管和使用记录等资料;

(四)服务协议;

(五)与通信导航监视工程建设有关的文件、资料、图纸等工程档案;

(六)民航局颁发的通信导航监视资料;

(七)其他与通信导航监视工作有关的资料。

第一百四十三条　通信导航监视运行保障单位应当建立资料管理制度,实施分层、分类管理并定期清点校对。

第一百四十四条　通信导航监视运行保障单位应当按照民航局要求定期将设备统计资料报地区管理局备案。

第一百四十五条　通信导航监视运行保障单位应当指定专人负责资料的管理,并配备必要的设备。

第一百四十六条　通信导航监视资料的保密和保存期限按照国家和民用航空的有关规定执行。

第八章 监督检查

第一百四十七条 民航局和地区管理局依据职责对通信导航监视服务有关的单位实施监督检查,以确保其符合:

(一)本规则的规定;

(二)本单位通信导航监视工作的规定;

(三)其他有关通信导航监视工作的规定。

第一百四十八条 通信导航监视运行保障单位应当对民航局和地区管理局执法人员的监督检查给予积极配合,不得向执法人员隐瞒情况或者提供虚假情况。

第一百四十九条 任何单位和个人有权向民航局或者地区管理局举报违反本规则的行为。

第九章 法律责任

第一百五十条 通信导航监视运行保障单位违反本规则第八条规定,超越指定的职责范围提供通信导航监视服务的,由地区管理局责令限期改正,给予警告;逾期未改正或者造成严重后果的,对单位处以 1 万元以上 3 万元以下罚款。

第一百五十一条 民用机场违反本规则第九条和第十条规定,未按要求设置通信导航监视运行保障单位,或者未按要求取得机场使用许可而提供通信导航监视服务的,由地区管理局责令限期改正,给予警告;逾期未改正或者造成严重后果的,对单位处以 1 万元以上 3 万元以下罚款。

第一百五十二条 通信导航监视运行保障单位违反本规则第十七条规定,未按要求组织开展相应的培训,由地区管理局责令限期改正,给予警告;逾期未改正的,对单位处以 5000 元以上 1 万元以下罚款。

第一百五十三条 通信导航监视运行保障单位违反本规则第二十二条规定,未按要求购置和使用通信导航监视设备的,由地区管理局责令限期改正,给予警告;逾期未改正的,对单位处以 1 万元以上 3 万元以下罚款。

第一百五十四条 通信导航监视运行保障单位违反本规则第二十六条规定,未按要求配备防雷设施、安全保卫设施、消防设施以及环境监控和告警装置等设施设备的,地区管理局应当责令限期改正,给予警告;逾期未改正或者造成严重后果的,对单位处以 1 万元以上 3 万元以下罚款。

第一百五十五条 通信导航监视运行保障单位违反本规则第三十条规定，未按要求配备通信导航监视设施设备或者未能保证设施设备正常运行的，地区管理局应当责令限期改正，给予警告；逾期未改正或者造成严重后果的，对单位处以1万元以上3万元以下罚款。

第一百五十六条 通信导航监视运行保障单位违反本规则第四十条规定，实施新技术应用时未按要求建立相应的管理程序和制度的，由地区管理局责令限期改正，给予警告；逾期未改正或者造成严重后果的，对单位处以1万元以上3万元以下罚款。

第一百五十七条 通信导航监视运行保障单位违反本规则第四十一条规定，未经验证实施新技术应用的，由地区管理局责令改正，给予警告；未改正或者造成严重后果的，对单位处以1万元以上3万元以下罚款。

第一百五十八条 违反本规则第四十七条规定，危害通信导航监视设施设备的单位和个人，由地区管理局责令立即停止危害行为或者限期改正，给予警告；逾期未改正或者情节严重的，对单位处以1万元以上3万元以下罚款，对个人处以200元以上1000元以下罚款。

第一百五十九条 通信导航监视运行保障单位违反本规则第四十八条规定，未按要求对通信导航监视设施设备及其电磁环境采取必要防护措施的，由地区管理局责令改正，给予警告；情节严重的，对单位处以1万元以上3万元以下罚款。

第一百六十条 通信导航监视运行保障单位违反本规则第四章的规定，有下列情形之一的，由地区管理局责令改正，给予警告；未改正或者造成严重后果的，对单位处以1万元以上3万元以下罚款：

（一）未按相关规定和标准进行系统配置、参数设置和运行的；

（二）未按要求使用授时系统的，或者未按要求对授时系统进行校准的；

（三）未能持续提供通信导航监视服务的，或者因故无法提供服务，未能采取有效措施的；

（四）未经授权对通信导航监视设备进行本地或者远程操作的；

（五）未按要求使用缩略语与代码的。

第一百六十一条 通信导航监视运行保障单位违反本规则第五章的规定，有下列情形之一的，由地区管理局责令改正，给予警告；未改正或者造成严重后果的，对单位处以1万元以上3万元以下罚款：

（一）未按要求建立质量管理体系的；

（二）未按要求建立运行管理制度的；

（三）未按要求建立设备维护和维修管理制度的；

（四）未按要求建立设备运行监控制度或者实施监控的；

（五）未按要求建立信息引接制度或者违规进行信息引接的；

（六）未按要求建立应急管理制度的；

（七）未按要求建立运行记录并保存的；

（八）未按要求建立不安全事件管理制度的；

（九）未按要求建立安全保卫制度的。

第一百六十二条 通信导航监视服务保障单位违反本规则第一百四十三条规定，未按要求建立资料管理制度或者未按要求保存相应资料的，由地区管理局责令改正，给予警告；逾期未改正的，对单位处以5000元以上1万元以下罚款。

第一百六十三条 通信导航监视运行保障单位违反本规则第一百四十八条的规定，不接受民航局和地区管理局监督检查的，或在监督检查过程中向执法人员隐瞒情况或者提供虚假情况的，由地区管理局责令改正，给予警告；情节严重的，对单位处以1万元以下罚款。

第十章 附 则

第一百六十四条 本规则自2016年4月28日起实施。1990年5月26日发布，1990年11月1日起施行的《中国民用航空通信导航雷达工作规则》（中国民航总局令第5号，CCAR—115TM）同时废止。

附件一

定 义

本规则中所用部分术语的含义如下：

通信台（站）：设置于地面固定点用于提供航空固定通信服务的电台（站），以及设置于地面、民用航空器上、船上或海洋平台上用于提供航空移动通信服务的移动电台（站）。

航空器电台：设置于民用航空器上用于提供航空移动通信服务的移动电台。

地空通信：民用航空地空通信台（站）与航空器电台或航空器电台之间的双向通信。

地地通信：民用航空地面固定通信台（站）之间或地面移动通信台（站）之间的双向通信。

航空固定业务通信:在民航各地面通信台(站)之间传递飞行计划与预报、飞行动态、航空情报;气象、运输生产以及其他保障民用航空生产运行信息的通信。

民航专用电话通信:民航各运行单位之间、运行单位与外部有关单位之间通过民航有线通信网或卫星通信网建立的、用于民用航空运行管理的电话通信。

机场移动通信:民用机场范围内的有关单位、人员和民用航空专用流动车辆之间建立的,用于传递保障飞行以及其他运输生产信息的无线通信。

管制中心间通信:民用航空空中交通服务单位之间、境内民用航空空中交通服务单位与境外空中交通服务单位之间、民用航空空中交通服务单位与其他有关单位之间建立的,用于有关空中交通服务信息交换的语音或者数据通信。

空中交通服务地空通信:空中交通服务单位与航空器之间或者航空器之间建立的,用于空中交通服务、飞行情报服务、告警服务、搜寻援救服务等业务的通信。

航务管理地空通信:民用航空企业运行管理部门与航空器之间建立的,用于飞行签派等航务管理业务的通信。

站坪管理地空通信:机场运行管理部门与航空器之间建立的、用于机场站坪服务等业务的通信。

对空气象广播通信:气象服务机构为飞行中的航空器提供例行广播的通信。

民用航空标准化管理规定

(2016 年 3 月 28 日交通运输部令 2016 年第 30 号公布　自 2016 年 4 月 28 日起施行)

第一章　总　　则

第一条　为了规范民用航空标准化活动,加强民用航空标准化工作的管理,推动行业技术进步,保证航空安全,促进民用航空事业发展,根据《中华人民共和国民用航空法》《中华人民共和国标准化法》《中华人民共和国标准化法实施条例》,制定本规定。

第二条　在中华人民共和国境内从事民用航空(以下简称民航)标准化活

动，适用本规定。

第三条 民航标准化工作的任务是制定标准、组织实施标准及对标准的实施进行监督。

第四条 民航标准化工作应当遵循统一管理、分工负责、共同推进的原则。

第五条 民航标准化工作应当纳入民航发展规划和年度计划。

第六条 民航标准分为国家标准、行业标准和企业标准。国家标准、行业标准按标准性质分为强制性标准和推荐性标准。

第七条 制定民航标准应当遵循下列原则：

（一）有利于保障飞行安全、空防安全、生产安全、人体健康、人身财产安全和环境卫生，保护国家利益和消费者的正当权益；

（二）有利于合理利用国家资源，推广科学技术成果，提高经济效益，满足民航生产、经营、监督、管理的需要；

（三）有利于对外经济技术合作和国际交往；

（四）符合法律、法规和规章的规定；

（五）有关标准之间协调配套。

第八条 中国民用航空局（以下简称民航局）鼓励积极采用国际标准和国外先进标准，积极参与国际标准的制定工作。

第二章 组织机构和职责

第九条 民航局依法对民航标准化工作实施统一管理。

第十条 民航局标准化管理职能部门负责统筹组织管理民航标准化工作，履行下列职责：

（一）贯彻国家标准化工作的法律、法规和规章，起草、制定民航标准化工作的规范性文件；

（二）组织制定、实施民航标准化年度工作计划、中长期规划；

（三）组织起草国家标准；组织起草、审查、复审行业标准；

（四）组织收集民航行业范围内标准的实施信息，开展标准适用性评价；

（五）管理民航标准化信息工作；

（六）指导民航局各职能部门、民航各单位的标准化工作；

（七）代表民航行业，组织、参与相应国际、国内标准化活动；

（八）履行民航局赋予的其他标准化工作职责。

第十一条 民航局各职能部门具体分工管理本部门业务范围内的标准化

工作，履行下列职责：

（一）组织制定本部门业务范围内的标准化工作计划、中长期规划；

（二）组织起草本部门业务范围内的国家标准，组织起草、复审本部门业务范围内的行业标准；

（三）组织实施与本部门业务有关的标准，并对标准实施情况进行监督检查；

（四）组织推广本部门业务范围内的标准化示范工作；

（五）负责本部门业务范围内的国际标准和国外先进标准的信息收集与跟踪；

（六）履行民航局赋予的其他标准化工作职责。

第十二条 民航标准化技术归口单位履行下列职责：

（一）开展民航标准化基础理论和政策研究，提出标准化工作的建议；

（二）受理并初审行业标准项目的立项申请，提出年度立项计划建议；

（三）初审、复核国家标准和行业标准草案，参加国家标准和行业标准的审查；

（四）负责行业标准的出版、发行；

（五）起草专项基础标准；

（六）负责标准信息资料管理、技术咨询和人员培训工作；

（七）协助民航局标准化管理职能部门和各职能部门组织实施有关标准；

（八）组织、参加与本行业有关的专业标准化技术委员会活动，开展技术交流，跟踪国内、外标准化发展动态；

（九）履行民航局委托的其他标准化工作职责。

第十三条 民航各企业应贯彻落实国家和民航局有关标准化的规定，开展标准化工作。

第三章 标准的制定

第十四条 国家标准的制定、修订按照国家法律、行政法规和国务院标准化管理部门的有关规定执行。

第十五条 行业标准的范围包括：

（一）民航通用、基础标准；

（二）公共航空运输、通用航空标准；

（三）飞行安全、飞行技术、飞行保障、民用航空器事故及事故征候的调查与预防标准；

（四）航空器维修工程标准；

（五）空中交通管理与设备标准；

（六）民用机场管理与设备标准；

（七）民航专用产品标准；

（八）安全保卫标准；

（九）卫生、环境监测、航空医学和劳动保护标准；

（十）其他标准。

第十六条 对于没有国家标准和行业标准的领域，民航企业应当制定企业标准。已有国家标准、行业标准的，鼓励企业制定严于国家标准和行业标准要求的企业标准。

第十七条 强制性标准或强制性条文的内容应当限制在下列范围：

（一）有关国家安全的技术要求；

（二）保护人体健康和人身财产安全的要求；

（三）产品及产品生产、储运和使用中的安全、卫生、环境保护等技术要求；

（四）污染物排放限值和环境质量要求；

（五）保护动植物生命安全和健康的要求；

（六）防止欺诈、保护消费者利益的要求；

（七）维护国家经济秩序的重要产品的技术要求。

除强制性标准以外的其他标准为推荐性标准。

第十八条 行业标准的制定、修订实行计划管理。每年由民航各单位向民航局标准化管理职能部门提出标准申报项目，由民航局标准化管理职能部门确定计划项目，并与标准起草单位签订任务委托协议。

第十九条 标准制定应当公开、透明，制定过程中应当广泛征求意见。标准起草单位应当将标准征求意见稿发送相关单位征求意见，或者通过网络向社会公开征求意见。征求意见的期限一般不少于一个月。

被征求意见的单位应当在规定期限内回复意见，逾期不回复按无异议处理。对比较重大的意见，应当说明理由。

标准起草单位对征集的意见进行分析、研究，按采纳的意见对标准征求意见稿进行修改，形成标准送审稿。

第二十条 行业标准由民航局标准化管理职能部门组织审查，经民航局批准后由民航局标准化管理职能部门统一编号、发布，由民航标准化技术归口单位负责出版、发行。民航局标准化管理职能部门负责将相关材料报国务院标准化管理部门备案。

第二十一条 民航标准实施后，应当根据科技进步、经济和社会发展的需要，适时对标准的适用性进行复审。复审周期一般不超过五年。

第四章　标准的实施与监督

第二十二条　强制性标准发布实施后，民航各单位必须贯彻执行。

第二十三条　推荐性标准发布实施后，鼓励民航各单位积极执行。

第二十四条　标准发布后，民航局各职能部门应当组织本部门业务范围内标准的宣传贯彻。

第二十五条　民航局各职能部门应当对本部门业务范围内标准的实施情况组织监督检查，并适时开展标准实施效益的评价工作。

第二十六条　任何单位和个人均有权向民航局标准化管理职能部门反映标准的实施情况和存在的问题，有权投诉、举报违反强制性标准的行为，相关部门应当及时答复或在其职能范围内做出相应处理。

第二十七条　标准属于科技成果，对具有技术创新或自主知识产权、技术水平高以及取得显著效益的国家标准和行业标准，应当纳入相关科技奖励范围，予以奖励。

第五章　法律责任

第二十八条　对违反本规定或有关标准的单位及个人，依据《中华人民共和国标准化法》和《中华人民共和国标准化法实施条例》等法律法规给予处罚。

第二十九条　民航局标准化管理职能部门、民航标准化技术归口单位工作人员，因失职、渎职造成重大损失的，由有关主管部门给予处理，构成犯罪的依法追究刑事责任。

第六章　附　　则

第三十条　民航工程建设标准化活动按照国家工程建设标准化管理的有关规定实施。

第三十一条　本规定自2016年4月28日起施行。1998年7月20日发布的《中国民用航空标准化管理规定》（CCAR—375SE—R1）同时废止。

出入境检疫处理单位和人员管理办法

（2016 年 3 月 31 日国家质量监督检验检疫总局令第 181 号公布 自 2016 年 7 月 1 日起施行）

第一章　总　　则

第一条　为规范出入境检疫处理单位和人员的管理，根据《中华人民共和国进出境动植物检疫法》及其实施条例、《中华人民共和国国境卫生检疫法》及其实施细则等相关法律法规规定，制定本办法。

第二条　本办法适用于对出入境检疫处理单位和人员的核准以及监督管理。

第三条　本办法所称：

“出入境检疫处理”是指利用生物、物理、化学的方法，对出入境货物、交通工具、集装箱及其他检疫对象采取的消除疫情疫病风险或者潜在危害，防止人类传染病传播、动植物病虫害传入传出的措施。

“出入境检疫处理单位”（以下简称检疫处理单位）是指经直属出入境检验检疫局（以下简称直属检验检疫局）核准从事出入境检疫处理工作的单位。

“出入境检疫处理人员”（以下简称检疫处理人员）是指经直属检验检疫局核准，在检疫处理单位从事出入境检疫处理工作的人员。

第四条　国家质检总局主管全国检疫处理单位和人员管理工作。

国家质检总局设在各地的出入境检验检疫部门（以下简称检验检疫部门）负责所辖地区检疫处理单位和人员的日常监督管理。

第五条　出入境检疫处理按照实施方式和技术要求，分为 A 类、B 类、C 类、D 类、E 类、F 类和 G 类。

（一）A 类，熏蒸（出入境船舶熏蒸、疫麦及其他大宗货物熏蒸）；

（二）B 类，熏蒸（A 类熏蒸除外）；

（三）C 类，消毒处理（熏蒸方式除外）；

（四）D 类，药物及器械除虫灭鼠（熏蒸方式除外）；

（五）E 类，热处理；

（六）F 类，辐照处理；

（七）G 类，除上述类别外，采用冷处理、微波处理、除污处理等方式实施的出入境检疫处理。

检疫处理单位和人员可以申请从事一类或者多类出入境检疫处理工作。

第六条 检疫处理单位和人员应当在核准范围内从事出入境检疫处理工作;未经核准,不得从事或者超范围从事出入境检疫处理工作。

检验检疫部门根据相关法律法规或者输入国家(地区)要求,对需要实施检疫处理的对象,向货主或者其代理人签发检验检疫处理通知书。货主或者其代理人应当委托有资质的检疫处理单位实施检疫处理。

第二章 检疫处理单位申请条件

第七条 申请从事出入境检疫处理工作的单位(以下简称申请单位),应当具备下列基本条件:

(一)具有独立法人资格;

(二)具有满足条件的办公场所;

(三)申请从事的检疫处理类别需要使用危险化学品的,其从业人员及危险化学品的运输、储存、使用应当符合国家有关规定;

(四)使用的出入境检疫处理器械、药剂以及计量器具应当符合国家有关规定;

(五)具有必要的出入境检疫处理安全防护装备、急救药品和设施;

(六)建立有效的质量控制、效果评价、安全保障以及突发事件应急机制等管理制度;

(七)建立完整的出入境检疫处理业务档案、技术培训档案和职工职业健康档案管理制度;

(八)配备经直属检验检疫局核准的检疫处理人员;

(九)配备专职或者兼职安全员,法律法规有规定的,还应当具备相应的资质。

第八条 申请从事A类出入境检疫处理工作的单位,除应当具备本办法第七条所列条件以外,还应当符合下列条件:

(一)具有B类出入境检疫处理资质3年以上,近3年无安全和质量事故;

(二)药品、仪器、设备、材料、专用药品库及操作规范符合法律法规、标准和技术规范的要求;

(三)配备检疫处理熏蒸气体浓度测定仪器、残留毒气检测仪器、大气采样仪器等设备。

第九条 申请从事B类出入境检疫处理工作的单位,除应当具备本办法第七条所列条件以外,还应当符合下列条件:

（一）处理场所、药品、仪器、设备、材料、专用药品库及操作规范符合法律法规、标准和技术规范的要求；

（二）配备检疫处理熏蒸气体浓度测定仪器、残留毒气检测仪器、大气采样仪器等设备。

第十条 申请从事C类出入境检疫处理工作的单位，除应当具备本办法第七条所列条件以外，还应当符合下列条件：

（一）药品、仪器、设备、材料、专用药品库及操作规范符合法律法规、标准和技术规范的要求；

（二）配备消毒效果评价相关检测设备。

第十一条 申请从事D类出入境检疫处理工作的单位，除应当具备本办法第七条所列条件以外，还应当符合下列条件：

（一）药品、仪器、设备、材料、专用药品库及操作规范符合法律法规、标准和技术规范的要求；

（二）配备除虫灭鼠试验室相关检测设备等。

第十二条 申请从事E类出入境检疫处理工作的单位，除应当具备本办法第七条所列条件以外，还应当符合下列条件：

（一）处理场所、库房、处理设备及操作规范符合法律法规、标准和技术规范的要求；

（二）使用特种设备的，持有特种设备许可证。

第十三条 申请从事F类出入境检疫处理工作的单位，除应当具备本办法第七条所列条件以外，还应当符合下列条件：

（一）处理场所、仪器、设备、放射性物品购置及存放、操作规范符合法律法规、标准和技术规范的要求；

（二）持有放射性设备使用许可证。

第十四条 申请从事G类出入境检疫处理工作的单位，除应当具备本办法第七条所列条件以外，还应当符合下列条件：

（一）处理场所、库房、处理设备及操作规范符合法律法规、标准和技术规范的要求；

（二）使用特种设备的，持有特种设备许可证。

第三章 检疫处理单位

第十五条 申请单位应当向所在地直属检验检疫局提出申请并提交下列材料：

(一)《出入境检疫处理单位核准申请表》;

(二)工商营业执照复印件并同时交验原件;

(三)申请单位所在地地方政府对检疫处理单位实施职业卫生安全许可的,提交职业卫生安全许可证复印件并同时交验原件;

(四)申请单位章程、质量管理体系、安全保障体系、突发事件应急机制、检疫处理操作规范等文件材料;

(五)申请单位所属检疫处理人员《检疫处理人员从业资格证》(以下简称《从业证》)的复印件并同时交验原件。

第十六条 直属检验检疫局对申请单位提出的申请,应当根据下列情况分别作出处理:

(一)申请材料存在可以当场更正的错误的,应当允许申请单位当场更正;

(二)申请材料不齐全或者不符合法定形式的,应当当场或者在5日内一次告知申请单位需要补正的全部内容,逾期不告知的,自收到申请材料之日起即为受理;

(三)申请材料齐全、符合法定形式,或者申请单位按照要求提交全部补正申请材料的,应当受理申请。

直属检验检疫局受理或者不予受理申请,应当出具加盖本单位专用印章和注明日期的书面凭证。

第十七条 受理申请后,直属检验检疫局应当自受理申请之日起5日内组成评审专家组,并将评审所需时间书面告知申请单位,评审所需时间不计算在行政许可办理的期限内。

专家组应当按照国家质检总局的规定,对申请单位进行现场考核评审,并提交书面评审报告。

第十八条 直属检验检疫局应当自受理申请之日起20日内作出是否核准的决定。

20日内不能作出决定的,经直属检验检疫局负责人批准,可以延长10日,并将延长期限的理由书面告知申请单位。

第十九条 直属检验检疫局作出核准决定的,应当自作出决定之日起10日内颁发并送达《出入境检疫处理单位核准证书》(以下简称《核准证书》)。

不予核准的,应当书面通知申请单位并说明理由。

直属检验检疫局作出的核准决定,应当予以公开。

第四章 检疫处理人员

第二十条 年满十八周岁,身体健康,具有完全民事行为能力,具备检疫处理基本知识，掌握检疫处理操作技能的人员，可以参加检疫处理人员从业资格考试。

第二十一条 检疫处理人员资格分为两类，即熏蒸处理类（A类、B类）、其他类（C类、D类、E类、F类、G类）。

第二十二条 国家质检总局负责制定考试大纲，直属检验检疫局负责考试的组织实施工作。

直属检验检疫局每年至少组织一次检疫处理人员从业资格考试，同时可根据本辖区市场和业务需求，适当增加考试频次。

第二十三条 检疫处理人员从业资格考试内容包括出入境检疫处理基础知识和操作技能。

基础知识包括：法律法规、标准、技术规范等。

操作技能包括：药品、仪器、设备的操作运用，出入境检疫处理现场操作、安全防护、应急处理等。

第二十四条 通过检疫处理人员从业资格考试的人员，由直属检验检疫局颁发《从业证》。

第二十五条 《从业证》有效期3年，有效期内全国通用。检疫处理人员需要延续《从业证》有效期的，应当在有效期届满3个月前向颁发《从业证》的直属检验检疫局提出延续申请。直属检验检疫局应当在有效期届满前作出是否准予延续的决定。

第二十六条 检疫处理人员应当严格按照法律法规、标准、技术规范以及检疫处理单位制定的工作方案实施检疫处理，做好安全防护，保证处理效果。

第五章 监督管理

第二十七条 直属检验检疫局应当建立检疫处理单位和人员管理档案，将检疫处理单位纳入企业信用管理，并针对不同信用等级的检疫处理单位制定差异化的监管措施。

检验检疫部门应当定期组织对所辖地区检疫处理单位和人员及其操作进行监督检查，对检疫处理单位的检疫处理效果进行监督和评价，并将监督检查结果向直属检验检疫局报告。

检疫处理单位和人员应当配合检验检疫部门的监督检查工作。

第二十八条 检验检疫部门按照“安全、高效、环保”的原则，定期开展检疫处理药品、器械等口岸适用性评价工作，确定适用于口岸使用的药品、器械名录。检疫处理单位实施口岸检疫处理工作时应选用目录内药品、器械，按照有关要求科学规范用药。

第二十九条 检验检疫部门对未取得相应《核准证书》的单位、未获得相应《从业证》的人员及未按照法律法规、标准和技术规范实施的检疫处理结果不予认可。

第三十条 检疫处理单位应当在《核准证书》核准范围内,根据出入境检验检疫处理通知书要求,严格按照法律法规、标准和技术规范实施检疫处理。

实施处理前,检疫处理单位应当根据不同类型的处理任务制定具体的实施方案并留档备查。处理期间,检疫处理单位应当在现场设置明显的警示标志,对处理过程进行记录。处理完毕后,检疫处理单位应当准确填写检疫处理结果报告单,交检验检疫部门。

第三十一条 检疫处理单位应当开展处理控制和处理效果评价,保证检疫处理效果,保护环境和生态安全,并承担相应的法律责任。

第三十二条 检疫处理单位应当建立检疫处理业务档案,真实完整地记录其检疫处理业务。

第三十三条 检疫处理单位应当于每年 1 月底前向其所在地直属检验检疫局提交上一年度检疫处理情况工作报告。

第三十四条 有下列情形之一的,检疫处理单位应当自变更之日起 30 日内向颁发《核准证书》的直属检验检疫局申请办理变更手续:

(一)法定代表人变更;

(二)检疫处理人员变更;

(三)其他重大事项变更。

符合规定要求的,直属检验检疫局应当在收到相关资料后 20 日内完成变更手续。

第三十五条 检疫处理单位《核准证书》有效期 6 年。检疫处理单位需要延续《核准证书》有效期的,应当于有效期届满 3 个月前向颁发《核准证书》的直属检验检疫局申请延续。直属检验检疫局应当在有效期届满前作出是否准予延续的决定,准予延续的,换发《核准证书》。

第三十六条 有下列情形之一的,直属检验检疫局根据利害关系人的请求或者依据职权,可以撤销《核准证书》或者《从业证》:

(一)检验检疫部门人员滥用职权、玩忽职守颁发《核准证书》或者《从业证》的;

(二)超越法定职权颁发《核准证书》或者《从业证》的;

(三)违反法定程序颁发《核准证书》或者《从业证》的;

(四)对不具备申请资格或者不符合法定条件的申请人颁发《核准证书》

或者《从业证》的；

（五）检疫处理单位或者检疫处理人员以欺骗、贿赂等不正当手段取得《核准证书》或者《从业证》的；

（六）依法可以撤销《核准证书》或者《从业证》的其他情形。

第三十七条 有下列情形之一的，直属检验检疫局应当依据职权注销《核准证书》或者《从业证》：

（一）检疫处理单位《核准证书》或者检疫处理人员《从业证》有效期届满未申请延续的；

（二）检疫处理单位依法终止的；

（三）检疫处理人员死亡或者丧失行为能力的；

（四）《核准证书》或者《从业证》依法被撤销、撤回或者吊销的；

（五）因不可抗力导致许可事项无法实施的；

（六）法律、法规规定的应当注销的其他情形。

第三十八条 申请从事检疫处理的单位或者人员隐瞒有关情况或者提供虚假申请材料的，直属检验检疫局不予受理或者不予颁发《核准证书》或者《从业证》，申请单位或者人员 1 年内不得再次申请。

以欺骗、贿赂等不正当手段取得《核准证书》或者《从业证》的，申请单位或者人员 3 年内不得再次申请。

第六章 法律责任

第三十九条 检疫处理单位有下列情形之一的，检验检疫部门可以给予警告，并可以并处 3 万元以下罚款：

（一）未按照技术要求和操作规程进行操作的；

（二）出入境检疫处理质量未达到检验检疫技术要求的；

（三）发生安全、质量事故并负有管理责任的；

（四）聘用未取得《从业证》人员或者检疫处理人员超出《从业证》核准范围实施出入境检疫处理工作的；

（五）超出《核准证书》核准范围从事出入境检疫处理工作的；

（六）出入境检疫处理业务档案、安全事故档案或者职工职业健康监护档案不完整、填写不规范，情节严重的；

（七）存在本办法第三十四条所列情形，未办理变更手续的。

第四十条 检疫处理单位有下列情形之一的，由直属检验检疫局吊销其《核准证书》：

（一）有本办法第三十九条第（一）至第（五）项所列情形，情节严重或者造成严重后果的；

（二）伪造、变造、恶意涂改出入境检疫处理业务档案、安全事故档案或者职工职业健康监护档案的；

（三）涂改、倒卖、出租、出借《核准证书》，或者以其他方式非法转让《核准证书》的；

（四）转委托其他单位进行检疫处理的；

（五）检疫处理单位和人员拒绝接受检验检疫部门监管或者整改不力的；

（六）检疫处理单位和人员拒不履行相关义务或者未按照相关规定实施检疫处理，处理效果评价多次不达标的。

第四十一条 检疫处理人员未按照技术要求和操作规程进行操作的，由检验检疫部门给予警告或者处以2000元以下罚款。有下列行为之一的，由直属检验检疫局吊销其《从业证》：

（一）造成重大安全、质量事故的；

（二）超出核准范围从事出入境检疫处理工作的。

第四十二条 尚未取得或者已被吊销《核准证书》《从业证》和营业执照，擅自从事出入境检疫处理工作的，由检验检疫部门责令改正，处以3万元以下罚款。

第四十三条 检验检疫人员徇私舞弊、滥用职权、玩忽职守，违反相关法律法规和本办法规定的，依法给予行政处分；情节严重，构成犯罪的，依法追究刑事责任。

第七章 附 则

第四十四条 检疫处理单位应当将检疫处理收费的依据、项目、标准等对外公布，并严格遵守。

第四十五条 检疫处理单位和检疫处理人员核准以及监管等信息应当及时录入有关信息化管理系统。

第四十六条 检疫处理单位信用管理按照国家企业信用信息管理的有关规定执行。

第四十七条 本办法施行前已经获得出入境检疫处理单位资质许可的检疫处理单位，应当依照本办法规定重新获得核准。申请从事A类检疫处理工作的，其此前从事检疫处理资质年限可连续计算。

第四十八条 出境木质包装标识企业对出境木质包装的检疫处理及进出

境货物生产企业在生产过程中进行的检疫处理不适用本办法。

第四十九条 《核准证书》《从业证》《出入境检疫处理单位核准申请表》由国家质检总局统一监制。

第五十条 本办法由国家质检总局负责解释。

第五十一条 本办法自2016年7月1日起施行。原国家检验检疫局于1998年12月24日发布的《熏蒸消毒监督管理办法(试行)》同时废止。

气象专用技术装备使用许可管理办法

(2016年4月2日中国气象局令第28号发布 自2016年6月1日起施行)

第一章 总 则

第一条 为了保证气象专用技术装备质量,满足气象业务和气象灾害防御的需要,规范气象专用技术装备使用许可行为,依据《中华人民共和国气象法》、《中华人民共和国行政许可法》和《人工影响天气管理条例》的规定,制定本办法。

第二条 在中华人民共和国领域和中华人民共和国管辖的其他海域内,气象专用技术装备使用许可的实施和监督管理,应当遵守本办法。

本办法所称气象专用技术装备,是指专门用于气象探测、预报、服务以及人工影响天气、空间天气等气象业务的气象设备、仪器、仪表、消耗器材及相应软件系统。

第三条 国务院气象主管机构负责气象专用技术装备使用许可的实施和监督管理。

地方各级气象主管机构负责本行政区域内气象专用技术装备使用的监督管理。

第四条 实施气象专用技术装备使用许可,应当遵循公开、公平、公正原则。

第五条 在气象业务、工程设计建设中,应当使用具备有效许可证的气象专用技术装备。

第六条 国务院气象主管机构应当定期公告气象专用技术装备目录和取得或者注销、撤销许可的名录。

第二章　申请与受理

第七条　气象专用技术装备使用许可应当由生产者提出申请，并具备下列条件：

(一)具有法人资格；

(二)通过质量管理体系认证；

(三)产品满足国家标准、气象行业标准或国务院气象主管机构规定的技术要求；

(四)具备与所生产产品相适应的生产、检测、销售、服务等体系；

(五)符合国家其他有关规定。

申请人工影响天气作业用火箭发射装置、炮弹、火箭弹三类设备使用许可证的，应当符合国家武器装备、民用爆炸物品的相关规定和国家有关强制性技术标准。

第八条　申请人应当向国务院气象主管机构提供下列申请材料的原件及复印件：

(一)气象专用技术装备使用许可证申请表；

(二)法人身份证明；

(三)质量管理体系认证证书；

(四)产品技术文件，应包括下列材料：产品技术指标和配置一览表、企业标准、成套技术图纸、工艺文件、标准化审查报告、经济分析报告、使用说明书、产品质量自测报告；

(五)第七条第三项到第五项的相关证明材料。

申请人应当对所提交的申请材料的真实性负责。

第九条　国务院气象主管机构应当在收到全部申请材料之日起五个工作日内，按照《中华人民共和国行政许可法》第三十二条和本办法规定的条件作出受理或者不予受理的书面决定。对不予受理的，应当书面说明理由。

第三章　审查与许可

第十条　国务院气象主管机构受理申请后，对申请材料进行审查并根据需要指派两名以上工作人员对申请材料的实质内容进行实地核查。

第十一条　对受理的申请，国务院气象主管机构应当委托符合下列基本条件的检测机构对产品进行检定、检测：

（一）具有国家法定授权的气象计量机构或者认证认可监督管理部门颁发资质的检测机构；

（二）具备技术标准要求的检验测试手段和基本环境条件；

（三）用于检测的标准、设备和仪器经过计量主管部门检定和校准；

（四）具有相应资格的测试技术人员；

（五）具有完善的运行和维护制度。

第十二条 检测机构应当按照国家有关标准或国务院气象主管机构规定的技术要求，完成检定和检测后，提交书面检测报告。检测机构应当对检测数据和结论的真实性负责，并对相关技术文件保密。

人工影响天气作业用火箭发射装置、炮弹、火箭弹，还应由国家级人工影响天气业务单位出具业务性试用报告。

第十三条 国务院气象主管机构应当依据检测机构出具的报告对申请材料进行全面审查，在受理之日起二十个工作日内作出是否准予行政许可的决定。审查合格的，依法作出准予行政许可的决定；审查不合格的，依法作出不予行政许可的书面决定，出具《不予行政许可决定书》，同时说明理由并告知申请人享有依法申请行政复议或者提起行政诉讼的权利。

第十四条 国务院气象主管机构作出准予行政许可决定的，应当自作出决定之日起十个工作日内向申请人颁发《气象专用技术装备使用许可证》。

《气象专用技术装备使用许可证》分正本和副本，应当载明产品名称、规格型号、生产单位、法定代表人、单位地址、许可证编号、有效期限、发证日期、产品配置清单等内容，并加盖国务院气象主管机构的印章。《气象专用技术装备使用许可证》的有效期为四年。

第十五条 《气象专用技术装备使用许可证》有效期届满需要延期的，被许可人应当在有效期届满六十日前，向国务院气象主管机构提出延续申请。国务院气象主管机构应当在有效期届满前完成审查。符合条件的，予以延续；不符合条件的，不予以延续，并书面告知申请人。

第十六条 取得《气象专用技术装备使用许可证》的单位在其证书有效期内，单位名称、地址、法定代表人等发生变更的，应当在工商行政管理部门变更登记后三十日内，向国务院气象主管机构提出变更申请。

第十七条 国务院气象主管机构应当将申请人办理《气象专用技术装备使用许可证》的有关资料按照档案管理的有关规定及时归档，公众有权查阅。

第四章 监督管理

第十八条 国务院气象主管机构应当对取得许可的气象专用技术装备进

行监督检查。

地方各级气象主管机构应当对气象业务使用的气象专用技术装备的购买和使用情况进行定期检查，并将检查情况逐级报告上级气象主管机构。

对监督检查中发现的问题，国务院气象主管机构责令被许可人或者购买、使用单位限期整改。

第十九条 任何组织和个人不得涂改、伪造、倒卖、出租、出借《气象专用技术装备使用许可证》。

第二十条 任何单位和个人对《气象专用技术装备使用许可证》发放和管理过程中的违法行为有权进行举报，国务院气象主管机构应当及时核实、处理。

第二十一条 产品出现重大质量问题、被许可人对存在的问题拒不整改或者整改达不到要求的，国务院气象主管机构应当根据利害关系人的申请或者依据职权作出撤销行政许可的决定。

第二十二条 有下列情形之一的，国务院气象主管机构应当依法办理有关行政许可的注销手续：

（一）许可有效期届满未申请延续的；

（二）法人依法终止的；

（三）许可依法被撤销的；

（四）法律、法规规定的应当注销许可的其他情形。

第五章 罚 则

第二十三条 申请人隐瞒有关情况，提供虚假材料，申请气象专用技术装备使用许可的，国务院气象主管机构不予受理或者不予许可，并给予警告。申请人在一年内不得再次申请该项许可。

第二十四条 被许可人以欺骗、贿赂等不正当手段取得气象专用技术装备使用许可的，国务院气象主管机构给予警告，撤销其许可，申请人在三年内不得再次申请该项许可；给他人造成损失的，依法承担赔偿责任；构成犯罪的，依法追究刑事责任。

第二十五条 违反本办法规定，涂改、伪造、倒卖、出租、出借《气象专用技术装备使用许可证》的，国务院气象主管机构给予警告，撤销其许可；给他人造成损失的，依法承担赔偿责任；构成犯罪的，依法追究刑事责任。

第二十六条 违反本办法规定，使用未经许可或者被注销、撤销许可后生产的气象专用技术装备，并造成危害的，对直接负责的主管人员和其他直接责任人员依法给予行政处分；情节严重构成犯罪的，依法追究刑事责任。

第六章　附　　则

第二十七条　本办法自2016年6月1日起施行。2006年11月22日中国气象局公布的《气象专用技术装备使用许可管理办法》(中国气象局令第14号)同时废止。

依据中国气象局令第14号已经取得的《气象专用技术装备使用许可证》在有效期内继续有效。

国土资源部关于委托山西省国土资源厅在山西省行政区域内实施部分煤层气勘查开采审批登记的决定

(2016年4月6日国土资源部令第65号公布　自公布之日起施行)

为探索完善煤层气矿业权审批登记制度，根据《中华人民共和国行政许可法》、《中华人民共和国矿产资源法》、《矿产资源勘查区块登记管理办法》和《矿产资源开采登记管理办法》，国土资源部决定委托山西省国土资源厅在山西省行政区域内实施部分煤层气勘查开采审批登记：

一、煤层气勘查审批登记以及已设煤层气探矿权的延续、变更、转让、保留和注销审批登记；

二、储量规模中型以下煤层气开采审批登记以及已设储量规模中型以下煤层气采矿权的延续、变更、转让和注销审批登记；

三、煤层气试采审批。

国土资源部对山西省国土资源厅实施上述行政许可的行为负责监督，并对该行为的后果承担法律责任。山西省国土资源厅应当严格依照《中华人民共和国矿产资源法》等有关法律、法规和国家有关规定，在委托事项范围内，以国土资源部的名义实施上述行政许可；不得再委托其他组织或者个人实施上述行政许可。山西省国土资源厅应当自作出准予煤层气勘查开采审批登记决定之日起十个工作日内将有关审批登记档案报送国土资源部。山西省国土资源厅应当加强对山西省行政区域内煤层气勘查开采行为的监督检查，协调煤层气与煤炭资源勘查开采时序，加强综合勘查开采管理，促进煤层气与煤炭合理开发利用，保护探矿权人、采矿权人的合法权益。

本决定自公布之日起施行，有效期两年。

新建扩建改建建设工程避免危害气象探测环境行政许可管理办法

（2016年4月7日中国气象局令第29号公布　自2016年9月1日起施行）

第一条　为规范新建、扩建、改建建设工程避免危害气象探测环境行政许可行为，保护公民、法人和其他组织的合法权益，保障和监督气象主管机构有效实施行政管理，根据《中华人民共和国气象法》、《中华人民共和国行政许可法》、《气象设施和气象探测环境保护条例》等有关法律法规，制订本办法。

第二条　在大气本底站、国家基准气候站、国家基本气象站、国家一般气象站、高空气象观测站、天气雷达站、气象卫星地面站气象探测环境保护范围内实施新建、扩建、改建建设工程避免危害气象探测环境的行政许可，适用本办法。

第三条　本办法规定的气象台站气象探测环境保护范围和建设工程类别应当按照相应的气象台站气象探测环境保护和建设工程的有关法律法规和国家标准执行。

省、自治区、直辖市气象主管机构应将本行政区域内各类气象台站的位置及其探测环境保护范围向社会公布。

第四条　国务院气象主管机构负责全国新建、扩建、改建建设工程避免危害气象探测环境行政许可的监督管理。

省、自治区、直辖市气象主管机构负责本行政区域内新建、扩建、改建建设工程避免危害气象探测环境行政许可的实施和管理工作。

设区的市气象主管机构或省直管县（市）气象主管机构负责本行政区域内新建、扩建、改建建设工程避免危害气象探测环境行政许可的初审和管理工作。

第五条　申请人提交以下书面材料，并对申请材料的真实性负责：

（一）新建、扩建、改建建设工程避免危害气象探测环境行政许可申请表；

（二）事业单位法人证书，企业法人营业执照的正、副本或申请人身份证明；

（三）新建、扩建、改建建设工程与气象探测设施或观测场的相对位置示意图；

（四）委托代理的，应出具委托协议。

申请人为法人或其他组织的，还应当提交新建、扩建、改建建设工程概况和规划总平面图。

第六条 新建、扩建、改建建设工程避免危害气象探测环境行政许可的申请由设区的市气象主管机构或省直管县（市）气象主管机构受理。

设区的市气象主管机构或省直管县（市）气象主管机构应当在收到全部申请材料之日起五个工作日内，按照《中华人民共和国行政许可法》第三十二条和本办法第五条的规定作出受理或者不予受理的决定，并出具书面凭证。

第七条 受理机构负责对申请材料进行初审，并组织现场踏勘。现场踏勘应当通知申请人或者其代理人到场，申请人或者其代理人应当在现场踏勘记录表上签署明确意见。

受理机构应当自受理之日起二十个工作日内将全部申请材料和初审意见报省、自治区、直辖市气象主管机构审批。

第八条 省、自治区、直辖市气象主管机构应当对申请材料进行全面审查，必要时可组织现场复查和专家论证。经审查符合有关法律法规和标准要求的，应当在收到全部申请材料和初审意见之日起二十个工作日内作出准予许可的书面决定；不符合要求的，作出不予许可的书面决定，并说明理由。

二十个工作日内不能作出决定的，经本级气象主管机构负责人批准，可以延长十个工作日，并应当将延长期限的理由书面告知申请人。

行政许可决定作出后，应当在十个工作日内送达申请人。

第九条 省、自治区、直辖市气象主管机构、设区的市气象主管机构或省直管县（市）气象主管机构在审批过程中需要按照《中华人民共和国行政许可法》第四十五条规定进行技术审查（含现场踏勘）的，所需时间不计入审批时间内。

技术审查（含现场踏勘）时间一般不超过一个月。省、自治区、直辖市气象主管机构、设区的市气象主管机构或省直管县（市）气象主管机构应当将所需时间书面告知申请人。

第十条 省、自治区、直辖市气象主管机构在作出许可决定前，应当告知申请人、利害关系人享有要求听证的权利。申请人要求听证的，应当自接到告知听证通知之日起五个工作日内以书面形式提出。听证程序按照《中华人民共和国行政许可法》第四十八条要求进行。

省、自治区、直辖市对听证另有规定的，从其规定。

第十一条 取得行政许可后，如果建设规划或工程设计发生变化的，申请人应当重新申请。

第十二条 地方各级气象主管机构应当对气象探测环境保护范围内的新建、扩建、改建建设工程避免危害气象探测环境行政许可事项的活动进行监督检查，及时了解情况并向省、自治区、直辖市气象主管机构报告。

第十三条 公民、法人或者其他组织发现在气象探测环境保护范围内违法从事新建、扩建、改建建设工程避免危害气象探测环境行政许可事项的活动，有权向气象主管机构举报，气象主管机构接到举报后应当及时核实、处理。

第十四条 未取得新建、扩建、改建建设工程避免危害气象探测环境行政许可的，或者取得许可后不按规定进行建设，造成气象探测环境遭到破坏的，按照《气象法》第三十五条、《气象设施和气象探测环境保护条例》第二十五条予以处罚。

第十五条 省、自治区、直辖市气象主管机构可以根据本办法制定实施细则，并报国务院气象主管机构备案。

第十六条 本办法自 2016 年 9 月 1 日起施行。

气象台站迁建行政许可管理办法

（2016 年 4 月 7 日中国气象局令第 30 号公布　自 2016 年 9 月 1 日起施行）

第一条 为规范气象台站迁建行政许可行为，保护公民、法人和其他组织的合法权益，保障和监督气象主管机构有效实施行政管理，根据《中华人民共和国行政许可法》、《中华人民共和国气象法》、《气象设施和气象探测环境保护条例》等有关法律法规，制定本办法。

第二条 本办法适用于因国家重点工程建设或者城市（镇）总体规划变化，确实无法避免影响气象探测环境，且无法采取补救措施，需要迁建气象台站的行政许可。

本办法所称迁建，是指将气象台站的观测场所、探测设施及配套的附属和基础设施等从现址迁移到新址的活动。

第三条 国务院气象主管机构负责大气本底站、国家基准气候站和国家基本气象站迁建行政许可的审批和管理，并对其他气象台站迁建行政许可行为进行监督管理。

省、自治区、直辖市气象主管机构负责本行政区域内其他气象台站迁建行政许可的审批和管理，并承担大气本底站、国家基准气候站和国家基本气象站迁建行政许可的初审和管理。

第四条 申请迁建气象台站的，应当由建设单位或者县级以上地方人民政府向本省、自治区、直辖市气象主管机构提出申请。

第五条 拟迁新址必须同时满足以下要求：

（一）能够代表现址所在区域的天气气候特征；

（二）符合全国气象观测站网布局；

（三）符合法律、法规、标准和国务院气象主管机构对气象探测环境的技术规范和管理规定；

（四）占地面积满足观测场地、探测设施、业务用房和辅助用房以及配套设施的布局要求，并预留与气象台站功能相适应的业务发展空间；

（五）具备必要的供电、供水、交通、通信等基础条件；

（六）涉及无线电业务的，符合《中华人民共和国无线电管理条例》的相关规定。

第六条 申请人在提出申请时，应向受理机构提供以下材料：

（一）气象台站迁建申请表；

（二）气象台站选址报告书；

（三）拟迁新址的土地使用权证。未取得土地使用权证的应当提供当地城乡规划、国土资源部门有关迁移气象台站新址用地的意见和当地国土资源部门出具的同意办理新址土地证的意见；

（四）当地人民政府编制拟迁新址的气象探测环境保护专项规划并纳入城市（镇）控制性详细规划的相关文件或承诺，落实迁建立项批复或所需经费的相关文件，提出现址气象探测环境保护工作情况报告；

（五）已批准或正在实施的拟迁新址所在地的城市（镇）总体规划图及其批复文件，或国家重点工程建设项目实施方案及其批复文件；

（六）事业单位法人证书或企业法人营业执照正、副本；

（七）委托代理的，应出具代理委托函、代理人的事业单位法人证书或企业法人营业执照正、副本；

（八）申请人对所提供材料真实性负责的承诺。

第七条 迁建气象台站的申请由省、自治区、直辖市气象主管机构受理。

省、自治区、直辖市气象主管机构应当在收到全部申请材料之日起五个工作日内，按照《中华人民共和国行政许可法》第三十二条的规定作出受理或者不予受理的书面决定，并出具书面凭证。对于不予受理的，应当书面说明理由。

第八条 申请迁建大气本底站、国家基准气候站和国家基本气象站的，省、自治区、直辖市气象主管机构应当自受理之日起二十个工作日内完成初审，并签署意见后报送国务院气象主管机构审批。国务院气象主管机构应当自收到申请材料后二十个工作日内作出决定。

申请迁建其他气象台站的，省、自治区、直辖市气象主管机构应当自受理之日起二十个工作日内作出决定。

二十个工作日内不能作出决定的，按照《中华人民共和国行政许可法》第四十二条规定执行。

第九条 国务院或省、自治区、直辖市气象主管机构在审批过程中需要按照《中华人民共和国行政许可法》第四十五条规定进行技术审查（含现场踏勘）的，所需时间不计入审批时间内。

技术审查（含现场踏勘）时间一般不超过三个月。国务院或省、自治区、直辖市气象主管机构应当将所需时间书面告知申请人。

第十条 申请人依法享有要求听证的权利，国务院或省、自治区、直辖市气象主管机构在作出直接涉及申请人与他人之间重大利益关系的许可决定前，应当告知申请人、利害关系人享有要求听证的权利；申请人、利害关系人在被告知听证权利之日起五个工作日内提出听证申请的，国务院或省、自治区、直辖市气象主管机构应当在二十个工作日内组织听证。听证程序按照《中华人民共和国行政许可法》第四十八条规定的程序进行。

省、自治区、直辖市对听证另有规定的，从其规定。

第十一条 国务院或省、自治区、直辖市气象主管机构作出行政许可决定，应当自作出决定之日起十个工作日内向申请人送达行政许可的书面决定。

第十二条 省、自治区、直辖市气象主管机构作出准予其他气象台站迁建的行政许可决定，应当自作出决定之日起十五个工作日内将行政许可审批材料报国务院气象主管机构备案。

第十三条 行政许可的有效期为三年。作出行政许可决定的气象主管机构，应当在行政许可决定中注明行政许可有效期的截止时间。申请人应当在行政许可有效期内按照基本建设程序和要求，完成气象台站建设工作，达到业务运行标准。

未在行政许可有效期内按照基本建设程序和要求，完成气象台站建设工作，达到业务运行标准的，申请人应当按照申请条件重新申请。

第十四条 申请人取得行政许可后，如果申请内容有变更，应当重新申请。

第十五条 地方各级气象主管机构应当对申请人从事气象台站迁建行政许可事项的活动进行监督检查。

第十六条 新址建设工程完成后,申请人应及时向省、自治区、直辖市气象主管机构提出验收的申请,由作出许可决定的气象主管机构按照国务院气象主管机构有关业务规定组织验收。

第十七条 迁建国家基准气候站、国家基本气象站和国家一般气象站的,应当按照国务院气象主管机构的规定,在新址与旧址之间进行至少一年的连续对比观测。

第十八条 新址正式启用应当符合国务院气象主管机构有关业务规定。

第十九条 新址启用和对比观测完成之前,应当按照《气象设施和气象探测环境保护条例》、国家有关标准和国务院气象主管机构有关要求严格保护旧址的气象探测环境。

第二十条 有下列情形之一的,作出行政许可决定的气象主管机构应当依法办理气象台站迁建行政许可的注销手续:

(一)未在行政许可有效期内完成气象台站迁建工作;

(二)申请人的法人资格依法被中止的;

(三)依照本办法被撤销行政许可的;

(四)因不可抗力导致行政许可事项无法实施的;

(五)法律、法规规定的应当注销行政许可的其他情形。

第二十一条 有下列情形之一的,作出行政许可决定的气象主管机构或者其上级气象主管机构,根据利害关系人的请求或者依据职权,可以撤销行政许可:

(一)气象主管机构工作人员滥用职权、玩忽职守做出准予行政许可决定的;

(二)超越法定职权作出准予行政许可决定的;

(三)违反法定程序作出准予行政许可决定的;

(四)对不具备申请资格或者不符合法定条件的申请人准予行政许可的;

(五)依法可以撤销行政许可的其他情形。

第二十二条 有下列情形之一的,作出行政许可决定的气象主管机构依据职权,应当撤销行政许可:

(一)被许可人以欺骗、贿赂等不正当手段取得行政许可的;

(二)取得许可后不按规定进行建设的或超越许可范围的;

(三)向负责监督检查的气象主管机构隐瞒有关情况、提供虚假材料或者拒绝提供反映其活动情况的真实材料的;

(四)法律、法规规定的其他违法行为。

第二十三条 省、自治区、直辖市气象主管机构可以根据本办法制定实施细则,并报国务院气象主管机构备案。

第二十四条 本办法自2016年9月1日起施行。

通用航空经营许可管理规定

(2016年4月7日交通运输部令2016年第31号公布 自2016年6月1日起施行)

第一章 总 则

第一条 为了规范对通用航空的行业管理,促进通用航空安全、有序、健康发展,根据《中华人民共和国民用航空法》《中华人民共和国行政许可法》和国家有关法律、行政法规,制定本规定。

第二条 本规定适用于中华人民共和国境内(港澳台地区除外)从事经营性通用航空活动的通用航空企业的经营许可及相应的监督管理。

第三条 从事通用航空经营活动,应当取得通用航空经营许可。

取得通用航空经营许可的企业,应当遵守国家法律、行政法规和规章的规定,在批准的经营范围内依法开展经营活动。

第四条 中国民用航空局(以下简称民航局)对通用航空经营许可及相应监督管理工作实施统一管理。中国民用航空地区管理局(以下简称民航地区管理局)负责实施辖区内的通用航空经营许可管理工作。

第五条 实施通用航空经营许可管理遵循下列基本原则:

(一)促进通用航空事业发展,维护社会公共利益,保护消费者合法权益;

(二)符合通用航空发展政策;

(三)符合科学规划、市场引导、协调发展的要求;

(四)保障飞行及作业安全。

第六条 开展以下经营项目的企业应当取得通用航空经营许可:

(一)甲类 通用航包机飞行、石油服务、直升机引航、医疗救护、商用驾驶员执照培训;

(二)乙类 空中游览、直升机机外载荷飞行、人工降水、航空探矿、航空摄影、海洋监测、渔业飞行、城市消防、空中巡查、电力作业、航空器代管,跳伞飞行服务;

（三）丙类　私用驾驶员执照培训、航空护林、航空喷洒（撒）、空中拍照、空中广告、科学实验、气象探测；

（四）丁类　使用具有标准适航证的载人自由气球、飞艇开展空中游览；使用具有特殊适航证的航空器开展航空表演飞行、个人娱乐飞行、运动驾驶员执照培训、航空喷洒（撒）、电力作业等经营项目。

其他需经许可的经营项目，由民航局确定。

抢险救灾不受上述项目的划分限制，按照民航局的有关规定执行。

第七条　民航局、民航地区管理局对从事经营性通用航空保障业务的企业实施监督管理。

第二章　经营许可条件和程序

第八条　取得通用航空经营许可，应当具备下列基本条件：

（一）从事通用航空经营活动的主体应当为企业法人，主营业务为通用航空经营项目；企业的法定代表人为中国籍公民；

（二）企业名称应当体现通用航空行业和经营特点；

（三）购买或租赁不少于两架民用航空器，航空器应当在中华人民共和国登记，符合适航标准；

（四）有与民用航空器相适应，经过专业训练，取得相应执照或训练合格证的航空人员；

（五）设立经营、运行及安全管理机构并配备与经营项目相适应的专业人员；

（六）企业高级管理人员应当完成通用航空法规标准培训，主管飞行、作业质量的负责人还应当在最近六年内具有累计三年以上相关专业领域工作经验；

（七）有满足民用航空器运行要求的基地机场（起降场地）及相应的基础设施；

（八）有符合相关法律、法规和标准要求，经检测合格的作业设施、设备；

（九）具备充分的赔偿责任承担能力，按规定投保地面第三人责任险等保险；

（十）民航局认为必要的其他条件。

第九条　具有下列情形之一的，民航地区管理局不予受理通用航空经营许可申请：

（一）不符合本规定第五条的；

（二）申请人因隐瞒有关情况或者提供虚假材料不予受理或者不予许可，一年内再次申请的；

（三）申请人因使用欺骗、贿赂等不正当手段被撤销通用航空经营许可证后，三年内再次申请的；

（四）申请人收到不予许可决定后，基于同样事实和材料再次提出经营许可申请的；

（五）法律、法规规定的不予受理的其他情形。

第十条 申请人应当向企业住所地民航地区管理局提出通用航空经营许可的申请，按规定的格式提交以下申请材料并确保其真实、完整、有效：

（一）通用航空经营许可申请书；

（二）企业章程；

（三）法定代表人以及经营负责人、主管飞行和作业技术质量负责人的任职文件、资历表、身份证明、无犯罪记录声明；公司董事、监事、经理的委派、选举或者聘用的证明文件；

（四）航空器购租合同，航空器的所有权、占有权证明文件；

（五）民用航空器国籍登记证、适航证以及按照民航规章要求装配的机载无线电台的执照；

（六）航空器喷涂方案批准文件以及喷涂后的航空器照片；

（七）航空人员执照以及与申请人签订的有效劳动合同；

（八）基地机场的使用许可证或者起降场地的技术说明文件；基地机场为非自有机场的，还应提供与机场管理方签署的服务保障协议；

（九）具备充分赔偿责任承担能力的证明材料，包括地面第三人责任险的投保文件等；

（十）企业经营管理手册；

（十一）企业及法定代表人（负责人）的通讯地址、联系方式，企业办公场所所有权或使用权证明材料；

（十二）有外商投资的，申请人应当按国家及民航外商投资有关规定提交外商投资项目核准或备案文件、外商投资企业批准证书；

（十三）申请材料全部真实、有效的声明文件。

第十一条 有下列情形之一的人员，不得担任通用航空企业法定代表人（负责人）：

（一）未履行《安全生产法》规定的安全生产管理职责，导致发生生产安全事故，受刑事处罚或者撤职处分，执行期满未逾五年的；

（二）因贪污、贿赂、侵占财产、挪用财产或者破坏社会主义市场经济秩序，

被判处刑罚,执行期满未逾五年的;

(三)担任因违法被吊销营业执照、责令关闭的公司、企业的法定代表人,并负有个人责任的,自该公司、企业被吊销营业执照之日起未逾三年的;

(四)法律、法规规定不得担任企业法定代表人(负责人)的其他情形。

对重大、特别重大生产安全事故负有责任的,终身不得担任通用航空企业法定代表人(负责人)。

第十二条 民航地区管理局应当自受理之日起二十日内作出是否准予许可的决定。二十日内不能作出决定的,经民航地区管理局负责人批准,可以延长十日,并应当将延长期限的理由告知申请人。准予许可的,应当自作出决定之日起十日内向申请人颁发通用航空经营许可证(以下简称经营许可证);不予许可的,应当自作出决定之日起十日内书面通知申请人,说明理由,并告知申请人享有依法申请行政复议或者提起行政诉讼的权利。

民航地区管理局应当将颁发经营许可证的相关审核材料报送民航局备案,民航局定期公告通用航空经营许可情况。

第十三条 通用航空经营许可证应当载明:

(一)许可证编号;

(二)企业名称;

(三)企业住所;

(四)基地机场(起降场地);

(五)企业类型;

(六)法定代表人;

(七)经营范围;

(八)有效期限;

(九)颁发日期;

(十)许可机关印章。

第十四条 取得经营许可证的申请人,应当按照民航规章的规定完成运行合格审定。

第三章 经营许可证的管理

第十五条 通用航空经营许可证所载的事项需变更的,通用航空经营许可证持有人(以下简称许可证持有人)应当自变更事项发生之日起十五日内向住所地民航地区管理局提出变更申请。

第十六条 通用航空经营许可证有效期限为三年。

许可证持有人应当于经营许可证有效期届满三十日前，以书面形式向民航地区管理局提出换证申请，并提交相关申请材料。

民航地区管理局接到申请材料后，应当自受理之日起二十日内作出是否准予换证的决定。准予换证的，应当自作出决定之日起十日内向申请人颁发新的经营许可证，许可证持有人领取新的经营许可证时，应当交回原经营许可证；不符合条件的，应当自作出决定之日起十日内书面通知申请人、说明理由，告知申请人享有依法申请行政复议或者提起行政诉讼的权利。

第十七条 民航地区管理局应当将经营许可证的变更、换发、注销等情形的相关审核材料及时报民航局备案，民航局定期公告。

第十八条 经营许可证不得涂改、出借、买卖或者转让。

发生遗失、损毁、灭失等情况的，许可证持有人应当自发生之日起十五日内向住所地民航地区管理局申请补发，并在相关媒体发布公告。

第四章 监督检查

第十九条 许可证持有人开展经营活动时，应当履行下列义务：

(一)遵守国家法律法规和规章的要求，采取有效措施确保飞行安全；

(二)持续符合经营许可条件；

(三)在经营许可证载明的经营范围内进行经营活动；

(四)《企业经营管理手册》内容应当涵盖其全部经营项目，并根据法律、法规、规章和标准的要求及时予以修订，持续符合民航局、民航地区管理局行业管理要求；

(五)开展经营活动前，应当将经营活动信息向所在地民航地区管理局备案；跨地区开展经营活动前还应当将经营活动信息向活动所在地区的民航地区管理局备案，并接受监督管理；

(六)履行飞行活动的申报手续，在规定的空域内活动；

(七)按照国家标准和民航行业标准开展作业与服务；

(八)采取符合规定的环境保护措施；

(九)向民航局和民航地区管理局及时、真实、完整地报送安全生产经营情况、行业统计数据以及申领民航财政补贴所需信息；

(十)向民航局和民航地区管理局及时报备对企业运营产生重大影响的相关信息，如股权结构变更、机队构成调整等；

(十一)公布服务合同样本及价格，明确与通用航空用户、机上乘客的权利义务关系；

（十二）确保持续具备赔偿责任承担能力，确保开展经营活动期间所投保的地面第三人责任险等强制保险足额、有效，鼓励投保航空器机身险、机上人员险等补充险种；

（十三）按照国家及民航有关规定，对参与飞行活动的人员进行有效的监督管理，并登记、保留相关人员资料；

（十四）未经监护人同意，不得允许未成年人参加飞行活动；

（十五）民航局规定的其他要求。

第二十条 许可证持有人拟设立分公司开展通用航空经营活动的，应当及时向住所地以及分公司所在地民航地区管理局备案。

第二十一条 许可证持有人办理分公司备案应当提交如下材料：

（一）分公司情况说明，包括航空器、航空人员等情况，分公司运营管理、安全管理等组织机构设立情况等；

（二）分公司负责人的书面任职文件、资质和身份证明；

（三）基地机场的使用许可证或者起降场地的技术说明文件。基地机场为非自有机场的，还应当提供与机场管理方签署的服务保障协议；

（四）已纳入分公司相关内容的《企业经营管理手册》；

（五）分公司及负责人的通讯地址和联系方式；

（六）民航局规定的其他资料。

第二十二条 许可证持有人应当按照有关规定完成国家下达的抢险救灾任务。

第二十三条 民航局建立健全通用航空经营许可及相应监督管理工作的监督检查制度，及时纠正通用航空经营许可和相应监督管理过程中的违法行为。

第二十四条 有下列情形之一的，民航局、民航地区管理局依法撤销已作出的行政许可决定：

（一）工作人员滥用职权、玩忽职守，违规审核通用航空经营许可申请的；

（二）超越法定职权颁发通用航空经营许可证的；

（三）违反法定程序颁发通用航空经营许可证的；

（四）向不具备申请资格或者不符合规定条件的申请人颁发通用航空经营许可证的；

（五）申请人以欺骗、贿赂等不正当手段取得通用航空经营许可证的；

（六）依法可以撤销通用航空经营许可的其他情形。

第二十五条 民航地区管理局建立健全本地区通用航空经营活动的监督检查制度，对本辖区内的通用航空经营活动实施监督检查，依法查处违法开展的通用航空经营活动。

对跨地区违法开展经营活动的许可证持有人，违法事实发生地民航地区管理局进行查处后，应当将违法事实、处理结果抄告其住所地民航地区管理局。

第二十六条 民航地区管理局应当每年组织不少于一次的对本地区许可证持有人的生产经营情况和生产经营场所的年度检查，并向其出具年度检查意见。检查过程中，民航地区管理局有权依法查阅或者要求许可证持有人提供有关材料。

民航地区管理局应当对其他地区许可证持有人在本地区设立的分公司进行年度检查，向其出具年度检查意见并抄送许可证持有人住所地民航地区管理局。许可证持有人住所地民航地区管理局汇总后形成对相关许可证持有人的年检结论。

第二十七条 许可证持有人应当配合民航局、民航地区管理局执法人员的监督检查，如实、完整地提供有关情况和材料，不得隐瞒或者提供虚假信息。

第二十八条 依据年度检查意见，许可证持有人需进行整改的，民航地区管理局应责令其限期改正或者依法采取有效措施督促其改正。

需要整改的，许可证持有人应当在年度检查意见所规定的期限内完成整改工作，并在完成整改工作后十日内向民航地区管理局书面反馈整改情况。

第二十九条 许可证持有人的年度检查结论分为合格、不合格两类。

民航地区管理局应当将年度检查结论书面告知被检查人，同时报民航局备案。民航局汇总后定期公告许可证持有人的年度检查情况。

第三十条 许可证持有人在年检周期内未发生违法违规行为，能够履行本规定设定义务的，其年检结论为合格。

第三十一条 有以下情形之一的，许可证持有人的年检结论为不合格：

（一）有违反本规定行为，情节严重，且对安全运行、市场秩序等产生重大影响的；

（二）拒不接受年检或故意隐瞒、提供虚假情况的；

（三）未能在期限内完成整改或整改期限需超过一年的。

第三十二条 对年度检查结论为不合格的经营许可证持有人，民航局暂停其享受当年民航财政补贴和其他扶持政策的资格。

第三十三条 许可证持有人有下列情形之一的，民航地区管理局应不予办理换证：

（一）许可证逾期后提交换证申请的；

（二）连续三年的年度检查结论均为不合格的；

（三）许可证有效期内不能持续符合经营许可条件的。

第三十四条 许可证持有人有下列情形之一的，民航地区管理局应当依法办理经营许可证的注销手续：

（一）经营许可证有效期届满未换证的；

（二）法定代表人死亡或者丧失行为能力，未申请变更的；

（三）因破产、解散等原因被终止法人资格的；

（四）经营许可证依法被撤销或吊销的；

（五）经营许可证所载明的经营项目均被撤回的；

（六）自行申请注销的；

（七）法律、法规规定的应当注销的其他情形。

第三十五条 任何组织或个人有权向民航局、民航地区管理局举报违法开展的通用航空经营活动；民航局、民航地区管理局应当依法予以核实、处理。

第五章 法律责任

第三十六条 违反本规定第三条第一款，未取得通用航空经营许可证擅自从事通用航空经营活动或经营许可证失效后仍从事通用航空经营活动的，民航局或民航地区管理局责令其停止违法活动，没收违法所得，并处二万元以下的罚款；规模较大，社会危害严重的，并处二万元以上二十万元以下的罚款；存在重大安全隐患、威胁公共安全，没收其用于从事无照经营活动的工具、设备等财物，并处五万元以上五十万元以下的罚款。

第三十七条 违反本规定第三条第二款、第十九条第（三）款，超出经营许可证载明的经营范围从事通用航空经营活动的，民航局或民航地区管理局责令该许可证持有人停止违法活动，没收其违法所得，并处二万元以下的罚款；规模较大，社会危害严重的，并处二万元以上二十万元以下罚款；存在重大安全隐患、威胁公共安全的，吊销经营许可证，没收其用于从事无照经营活动的工具、设备等财物，并处五万元以上五十万元以下的罚款，通报工商行政管理部门。

第三十八条 申请人隐瞒有关情况或者提供虚假材料申请经营许可的，民航地区管理局不予受理或者不予许可，并给予警告。

申请人以欺骗、贿赂等不正当手段取得经营许可的，由民航地区管理局撤销该经营许可，并处三万元以下的罚款。

第三十九条 违反本规定第十五条第一款，许可证持有人未按规定及时办理经营许可证变更手续的，由民航局或民航地区管理局给予警告，并处一万元以下的罚款。

第四十条 违反本规定第十八条,许可证持有人涂改、出借、买卖、转让经营许可证的,由民航局或民航地区管理局责令整改,并处一万元以下的罚款;有违法所得的,处违法所得一倍以上三倍以下但不超过三万元的罚款。

第四十一条 违反本规定第十九条第(八)或(十二)款,作业飞行未保护环境的,或者未按规定投保地面第三人责任险或取得相应责任担保的,由民航局或民航地区管理局责令整改,并处一万元以下的罚款;情节严重的,责处一万至三万元的罚款;情节特别严重的,吊销经营许可证,并处三万元的罚款,通报工商行政管理部门。

第四十二条 违反本规定第二十条,许可证持有人未按规定办理分公司备案的,由民航局或民航地区管理局责令整改,并处一万元以下的罚款;情节严重的,处一万元以上三万元以下的罚款。

第四十三条 违反本规定第二十七条,拒绝接受民航局、民航地区管理局监督检查,或故意隐瞒、提供虚假情况的,由民航局或民航地区管理局责令整改,并处三万元以下罚款。

第四十四条 许可证持有人不再具备安全生产条件的,民航局或民航地区管理局应及时撤销该许可证持有人的经营许可证,通报工商行政管理部门。构成犯罪的,依法追究刑事责任。

第六章　附　　则

第四十五条 外商投资从事经营性通用航空活动的,除适用本规定外,还应当符合相关规定。

境外通用航空企业在中华人民共和国境内开展经营活动的管理办法,由民航局另行规定。

使用民用无人驾驶航空器进行经营性通用航空活动的管理办法,由民航局另行规定。

第四十六条 本规定自2016年6月1日起施行。民航总局2007年2月14日发布的《通用航空经营许可管理规定》(中国民用航空总局令第176号)同时废止。

附录

本规定术语解释

通用航空包机飞行 通用航空企业使用三十座以下的民用航空器(初级类航空器除外),按照与用户所签订文本合同中确定的时间、始发地和目的地,为其提供的不定期载客及货邮运输服务。此类服务不对社会公众发售机票,不提前公布航班时刻,根据需要决定飞行频次。

石油服务 使用民用航空器在石油勘探开发的作业地至后勤保障基地间开展的人员物资运输以及空中吊装、空中消防灭火、搜寻救援等飞行服务活动。

直升机引航 使用民用直升机在轮船和港口之间运送引水员的飞行活动。

医疗救护 使用装有专用医疗救护设备的民用航空器,为紧急施救患者而进行的飞行活动。

商用、私用、运动驾驶员执照培训 使用民用航空器,以掌握飞行驾驶技术,获得商用驾驶员执照、私用驾驶员执照或运动驾驶员执照为目的而开展的飞行活动,包括正常教学飞行、教官带飞、学员在教官的指导下单飞,但不包括熟练飞行。

空中游览 使用民用航空器在以起降点为中心、半径 40 千米的空域内载运游客进行观赏、游览的飞行活动。

直升机机外载荷飞行 以民用直升机为起吊平台进行的吊装、吊运等飞行活动。

人工降水 在云中降水条件不足情况下,使用民用航空器向云层中喷撒催化剂以促进降水的飞行活动;或利用飞机向地表覆盖的冰雪喷撒吸热物质,提高冰雪温度,以促使冰雪融化的飞行活动。

航空探矿 航空地球物理勘探的简称,是指使用装有或搭载专用探测仪器的民用航空器,通过从空中测量地球各种物理场(磁场、电磁场、重力场、放射性场等)的变化,了解地下地质情况和矿藏分布状况的飞行活动。

航空摄影 使用民用航空器作为运载工具,通过搭载航空摄影仪、多光谱扫描仪、成像光谱仪和微波仪器(微波辐射计、散射计、合成孔径侧视雷达)等传感器对地观测,获取地球地表反射、辐射以及散射电磁波特性信息,用于测制各种比例尺的地形图、资源调查等的飞行活动。

海洋监测 使用装有或搭载专用仪器的民用航空器对领海和专属经济区

内海洋资源使用、海洋污染情况进行的空中监测、调查、取证等飞行活动。

渔业飞行 使用装有或搭载专用仪器的民用航空器对渔业资源分布、使用情况进行的监测、调查、取证等飞行活动。

城市消防 使用民用直升机开展对城市高层建筑物的空中喷液灭火和人员救援等的飞行活动。

空中巡查 使用装有或搭载专用仪器的民用航空器,对预先设计的区域和目标进行的空中观察、监测等飞行活动。

电力作业 使用民用航空器为电力建设、输电线路维护提供的飞行服务活动,包括输电线路基础施工、组装输电铁塔、施放导引绳、输电线路清洗、输电线路带电维修等项目。

航空器代管 通用航空企业为航空器所有人开展飞行活动提供的航空器管理及航空专业服务。

跳伞飞行服务 使用民用航空器运载跳伞人员到达指定空域的飞行服务活动。

航空护林 使用民用航空器并配备专用仪器设备、专业人员,以保护森林资源为目的实施的森林消防飞行活动,包括巡护飞行、索降灭火、机降灭火、喷液灭火、吊桶灭火等。

航空喷洒(撒) 使用民用航空器并配备专业喷洒(撒)设备或装置,将液体或固体干物料,按特定技术要求从空中向地面目标喷雾或撒播的飞行活动。

空中拍照 以民用航空器为搭载平台,使用摄影、摄像、照相机等专业设备,为影视制作、新闻报道、比赛转播等拍摄空中影像资料的飞行活动。

空中广告 使用民用航空器在空中开展的广告宣传飞行活动,包括机(艇)身广告、飞机拖曳广告、空中喷烟广告等。

科学实验 使用民用航空器为搭载平台,为开展各类科学实验提供空中环境的飞行活动。

气象探测 以民用航空器为搭载平台,装备相关专业设备对大气物理、大气化学和气象现象进行探察、测量的飞行活动。

航空表演飞行 使用民用航空器,以展示飞机性能、飞行技艺,普及航空知识和满足观众观赏为目的开展的飞行活动。

个人娱乐飞行 飞行驾驶执照拥有者为保持和提高飞行技术、体验飞行乐趣,从通用航空企业租用航空器开展的飞行活动。

企业高级管理人员 通用航空企业的法定代表人、总经理、副总经理、上市公司董事会秘书、主管飞行、经营、作业质量的负责人和其他对通用航空企业具有重大影响的工作人员。

民用航空器维修人员执照管理规则

(2016年4月7日交通运输部令2016年第32号发布　自2016年5月8日起施行)

第一章　总　　则

第66.1条　目的和依据

为了规范民用航空器维修人员执照的管理,保障民用航空器持续适航和飞行安全,根据《中华人民共和国民用航空法》《中华人民共和国民用航空器适航管理条例》,制定本规则。

第66.2条　适用范围

本规则适用于从事在中国注册的民用航空器的维修、部件修理工作的人员的执照的颁发和监督管理。

从事体育运动航空器维修工作的维修人员,由国务院体育主管部门按规定办理体育运动航空器维修人员合格证件。

第66.3条　执照类别

本规则所称执照包括下列类别:

(a)民用航空器维修人员执照;

(b)民用航空器部件修理人员执照。

第66.4条　管理机构

中国民用航空局(以下简称民航局)负责民用航空器维修人员执照、民用航空器部件修理人员执照基础部分的考试、颁发和监督管理工作。

中国民用航空地区管理局(以下简称民航地区管理局)负责民用航空器维修人员执照机型部分、民用航空器部件修理人员执照项目部分的签署和监督管理工作。

第66.5条　定义

本规则所用术语含义如下:

(a)涡轮式飞机,是指装有涡轮式发动机的固定翼航空器;

(b)涡轮式直升机,是指装有涡轮式发动机的旋翼航空器;

(c)活塞式飞机,是指装有活塞式发动机的固定翼航空器;

(d)活塞式直升机,是指装有活塞式发动机的旋翼航空器;

(e)民航局批准的培训机构,是指按照《民用航空器维修培训机构合格审

定规定》(以下简称CCAR—147部)获得了民航局颁发的民用航空器维修培训机构合格证的培训机构;

(f)民航局认可的培训机构,是指未按照CCAR—147部获得民航局颁发的民用航空器维修培训机构合格证,但民航局按照规定的程序认可其培训结论的机构。

第66.6条　执照的保存

民用航空器维修人员执照、民用航空器部件修理人员执照持有人应当将证件随身携带以便于接受检查。

第66.7条　涉及酒精或者药物的违禁行为

民用航空器维修人员执照、民用航空器部件修理人员执照持有人在饮用任何含酒精饮料之后的8小时之内,或处在酒精作用之下、血液中酒精含量等于或者大于0.04%,或受到任何药物影响损及工作能力时,不得从事第66.15条、第66.25条中所规定的工作。

第二章　民用航空器维修人员执照

第66.8条　专业和类别

民用航空器维修人员执照(以下简称维修人员执照)包括基础部分和机型部分。维修人员执照申请人经考试合格获得维修人员执照基础部分。申请维修人员执照机型部分的申请人应当首先取得维修人员执照基础部分。

维修人员执照基础部分包括航空机械和航空电子两个专业。

航空机械专业,其英文代码为ME;

航空电子专业,其英文代码为AV。

维修人员执照基础部分航空机械专业划分为以下类别:

(a)涡轮式飞机,其英文代码为TA;

(b)活塞式飞机,其英文代码为PA;

(c)涡轮式直升机,其英文代码为TH;

(d)活塞式直升机,其英文代码为PH。

第66.9条　基础部分的考试

维修人员执照基础部分的考试按照民航局颁发的考试大纲进行。

参加维修人员执照基础部分的考试申请人应当至少具备下列任一经历:

(a)从事所申请专业的航空器维修工作累计在2年(含)以上;

(b)经过民航局批准的培训机构培训并获得其颁发的所申请专业基础培训合格证书。

考试包括笔试、口试和基本技能考试。笔试、口试和基本技能考试成绩70分(含)以上为合格。考试科目按照考试大纲划分,考试不合格者可以在90天后参加补考,考试成绩有效期为5年。持有民航局批准的培训机构颁发的基础培训或基本技能培训合格证书等同于基本技能考试合格。

第66.10条　基础部分的申请条件

维修人员执照基础部分申请人,应当具备下列条件:

(a)年满18周岁,身体健康;

(b)通过维修人员执照基础部分的考试,成绩合格有效;

(c)最近3年内无严重维修差错;

(d)最近3年内无严重工作不诚信行为;

(e)至少具备下列任一经历:

(1)从事所申请专业的航空器维修工作累计在3年(含)以上,其中在申请之日前1年应当持续从事所申请专业的民用航空器维修工作。其维修经历应当包括民用航空器维修实践工作,内容应当涵盖基本技能和具有代表性的维修任务;

(2)经过民航局批准的培训机构培训并获得其颁发的所申请专业基础培训合格证书,且在毕业后至少累计从事1年所申请专业的民用航空器维修工作。其维修经历应当包括民用航空器维修实践工作,内容应当涵盖基本技能和具有代表性的维修任务。

(f)能正确读、写申请专业相关技术文件和管理程序使用的文字。

第66.11条　基础部分的审查与颁发

维修人员执照基础部分按照下列程序审查与颁发:

(a)具备本规则第66.10条规定条件的申请人,应当提交本规则附件一规定的《民用航空器维修人员执照初次颁发/续签申请书》(F66—1)以及申请书要求提供的材料;

(b)申请人的资格、申请人提交的申请书以及申请书要求提供的材料应依据本规则第66.10条进行审查。对符合规定的申请人,应当在收到申请书之日起20个工作日内颁发本规则附件二规定的《民用航空器维修人员执照》(F66—2);申请材料不齐全或者不符合法定形式的应当当场或者在5个工作日内一次告知申请人需要补正的全部内容。对不符合规定的申请人在20个工作日内作出不予颁发执照基础部分的书面通知,退回其申请材料并说明理由,告知申请人享有的法律权利。

第66.12条　机型部分的申请条件及维修经历要求

维修人员执照机型部分的签署划分为Ⅰ类和Ⅱ类,申请人应当分别满足下列要求：

(a)申请机型Ⅰ类签署，应当已经获得维修人员执照基础部分，并取得民航局批准的具有相应机型培训资格的培训机构颁发的Ⅰ类或Ⅱ类机型培训合格证书，或通过民航局认可的培训机构对其进行的相应机型培训。其工作经历应当符合本条的维修经历要求。

(b)申请机型Ⅱ类签署，应当已经获得维修人员执照基础部分，并取得民航局批准的具有相应机型培训资格的培训机构颁发的Ⅱ类机型培训合格证书，或通过民航局认可的培训机构对其进行的相应机型培训。其工作经历应当符合本条的维修经历要求。

维修人员执照机型部分的申请人应当具备下列维修经历：

(a)机型部分Ⅰ类的申请人在民用航空器上累计有至少4年的维修经历；

(b)机型部分Ⅱ类的申请人在民用航空器上累计有至少5年的维修经历；

(c)机型部分Ⅰ类和Ⅱ类的申请人，在最近2年内应当累计至少有1年在所申请的航空器机型和专业上工作，且在该1年内应当至少有6个月是在申请执照机型部分前1年内获得的。当不同机型的机身、发动机系统、电子系统的构造和操作在技术上相似时，在此类机型上的维修经历可以视为是在同一机型上的维修经历；

(d)最近2年内无严重维修差错；

(e)最近2年内无严重工作不诚信行为。

第66.13条　机型部分的审查与签署

维修人员执照机型部分按照下列程序审查与签署：

(a)具备本规则第66.12条规定条件的申请人，应当提交本规则附件三规定的《民用航空器维修人员执照机型部分签署申请书》(F66—3)以及申请书要求提供的材料；

(b)申请人的资格、申请人提交的申请书以及申请书要求提供的材料应依据本规则第66.12条进行审查。对符合规定的申请人，应当在收到申请书之日起20个工作日内予以签署机型部分；申请材料不齐全或者不符合法定形式的应当当场或者在5个工作日内一次告知申请人需要补正的全部内容。对不符合规定的申请人在20个工作日内作出不予签署机型部分的书面通知，退回其申请材料并说明理由，告知申请人享有的法律权利。

第66.14条　执照的有效期、续签及补发

(a)维修人员执照有效期为自颁发维修人员执照基础部分起5年，为保证维修人员执照连续有效，执照持有人应当在有效期满前获得民航局对执照有效性的续签。

(b)执照续签应当符合下列条件：

(1)持照人每2年内有累计至少6个月的航空器维修经历，或者有累计至少6个月与航空器维修有关的工作经历；

(2)持照人每2年至少完成一次有关工作程序和有关专项工作内容的再培训；

(3)维修人员执照持有人应当在执照失效前60天内提交本规则附件一规定的《民用航空器维修人员执照初次颁发/续签申请书》(F66—1)以及申请书要求提供的材料；

(4)最近5年内无严重维修差错；

(5)最近5年内无严重工作不诚信行为。

(c)执照丢失或者损坏后影响使用的，应当按照相关要求向民航局申请补办或者换发。

第66.15条　执照持有人的权利

获得维修人员执照基础部分及相应机型部分的人员具有下列权利：

(a)具有机型Ⅰ类部分的执照持有人具有以下权利：

(1)按照《民用航空器维修单位合格审定规定》(以下简称CCAR—145部)放行按照工作单完成航线维修工作的航空器；

(2)按照《维修和改装一般规则》(以下简称CCAR—43部)的规定，对航空器进行维修工作并批准其恢复使用。

(b)具有机型Ⅱ类部分的执照持有人具有以下权利：

除具有机型Ⅰ类部分的权利外，还可以放行按照CCAR—145部完成其他维修工作的航空器。

第66.16条　执照持有人的义务

维修人员执照持有人应当遵守下列规定：

(a)在执照持有人的权利范围内实施工作；

(b)在生理或者心理状况不适合行使放行权时，不得行使放行权；

(c)保证部件修理人员执照的完整和有效性；

(d)接受民航局、民航地区管理局的检查。

第66.17条　等效安全

维修人员执照持有人或者申请人不能达到本章规定的条件，但能够满足民航局确定的达到等效安全所必需的其他补充条件的，民航局可以对其豁免本规则中的相关要求。

第三章 民用航空器部件修理人员执照

第 66.18 条 专业和类别

民用航空器部件修理人员执照(以下简称部件修理人员执照)包括基础部分和项目部分。部件修理人员申请人经考试合格获得部件修理人员执照基础部分。申请部件修理人员执照项目部分的申请人应当首先取得部件修理人员执照基础部分。

部件修理人员执照基础部分按下列专业划分:

(a)航空器结构,其英文代码为 STR;

(b)航空器动力装置,其英文代码为 PWT;

(c)航空器起落架,其英文代码为 LGR;

(d)航空器机械附件,其英文代码为 MEC;

(e)航空器电子附件,其英文代码为 AVC;

(f)航空器电气附件,其英文代码为 ELC。

部件修理人员执照项目部分按《航空器部件项目通用代码表》划分。

第 66.19 条 基础部分的考试

部件修理人员执照基础部分的考试按照民航局颁发的考试大纲进行。

参加部件修理人员执照基础部分的考试申请人应当至少具备下列任一经历:

(a)从事所申请专业的航空器部件修理工作累计在 2 年(含)以上;

(b)经过民航局批准的培训机构培训并获得其颁发的所申请专业基础培训合格证书。

考试形式为笔试和基本技能考试。成绩 70 分(含)以上为合格。考试科目按考试大纲划分,考试不合格者可以在 90 天后参加补考,考试成绩有效期为 5 年。持有民航局批准的培训机构颁发的基础培训或基本技能培训合格证书等同于基本技能考试合格。

第 66.20 条 基础部分申请条件

部件修理人员执照基础部分申请人,应当具备下列条件:

(a)年满 18 周岁,身体健康;

(b)通过部件修理人员执照基础部分的考试,成绩合格有效;

(c)近 2 年内无严重维修差错;

(d)近 2 年内无严重工作不诚信行为;

(e)至少具备下列任一经历:

(1)从事所申请专业的航空器部件修理工作累计在2年(含)以上,其中在申请之日前1年应当持续从事所申请专业的民用航空器部件修理工作;

(2)经过民航局批准的培训机构培训并获得其颁发的所申请专业基础培训合格证书。

(f)能正确读、写申请专业相关技术文件和管理程序使用的文字。

第66.21条　基础部分的审查与颁发

部件修理人员执照基础部分按照下列程序审查与颁发:

(a)具备本规则第66.20条规定条件的申请人,应当提交本规则附件四规定的《民用航空器部件修理人员执照初次颁发/续签申请书》(F66—4)以及申请书要求提供的材料;

(b)申请人的资格、申请人提交的申请书以及申请书要求提供的材料应依据本规则第66.20条进行审查。对于符合规定的申请人,应当在收到申请书之日起20个工作日内颁发本规则附件五规定的《民用航空器部件修理人员执照》(F66—5);申请材料不齐全或者不符合法定形式的应当当场或者在5个工作日内一次告知申请人需要补正的全部内容。对不符合规定的申请人在20个工作日内作出不予颁发执照基础部分的书面通知,退回其申请材料并说明理由,告知申请人享有的法律权利。

第66.22条　项目部分的申请条件及维修经历要求

部件修理人员执照项目部分的申请人应当满足下列要求:

(a)已经获得部件修理人员执照基础部分;

(b)取得民航局批准的具有相应项目培训资格的培训机构颁发的项目培训合格证书,或通过民航局认可的培训机构对其进行的相应项目培训;

(c)其工作经历应当符合本条的维修经历要求。

部件修理人员执照项目部分的申请人应当具备下列维修经历:

(a)申请人应当具备在最近2年内至少累计有1年从事所申请项目的修理工作经历;

(b)近2年内无严重维修差错;

(c)近2年内无严重工作不诚信行为。

第66.23条　项目部分的审查与签署

部件修理人员项目部分按照下列程序审查与签署:

(a)具备本规则第66.22条规定条件的申请人,应当提交本规则附件六规定的《民用航空器部件修理人员执照项目部分签署申请书》(F66—6)以及申请书要求提供的材料;

(b)申请人的资格、申请人提交的申请书以及申请书要求提供的材料应依据本规则第66.22条进行审查。对符合规定的申请人,应当在收到申请书之日起20个工作日内予以签署项目部分;申请材料不齐全或者不符合法定形式的应当当场或者在5个工作日内一次告知申请人需要补正的全部内容。对不符合规定的申请人在20个工作日内作出不予签署项目部分的书面通知,退回其申请材料并说明理由,告知申请人享有的法律权利。

第66.24条　执照的有效期、续签及补发

(a)部件修理人员执照有效期为自颁发部件修理人员执照基础部分起5年,为保证部件修理人员执照连续有效,执照持有人应当在有效期满前获得民航局对执照有效性的续签。

(b)部件修理人员执照续签应当符合下列条件:

(1)持照人每2年内有累计至少6个月的航空器部件修理经历,或者有累计至少6个月与航空器部件修理有关的工作经历;

(2)持照人每2年至少完成一次有关工作程序和有关专项工作内容的再培训;

(3)部件修理人员执照持有人应当在执照失效前60天内提交本规则附件四规定的《民用航空器部件修理人员执照初次颁发/续签申请书》(F66—4)以及申请书要求提供的材料;

(4)最近5年内无严重维修差错;

(5)最近5年内无严重工作不诚信行为。

(c)执照丢失或者损坏后影响使用的,应当按照相关要求向民航局申请补办或者换发。

第66.25条　执照持有人的权利

获得部件修理人员执照基础部分及相应项目部分的人员可以对项目部分类别范围内的部件,按照CCAR—145部或CCAR—43部放行。

第66.26条　执照持有人的义务

部件修理人员执照持有人应当遵守下列规定:

(a)在执照持有人的权利范围内实施工作;

(b)在生理或者心理状况不适合行使放行权时,不得行使放行权;

(c)保证部件修理人员执照的完整和有效性;

(d)接受民航局、民航地区管理局的检查。

第66.27条　等效安全

部件修理人员执照持有人或者申请人不能达到本章规定的条件,但能够满足民航局确定的达到等效安全所必须的其他补充条件的,民航局可以对其豁免本规则中的相关要求。

第四章 法律责任

第 66.28 条　未随身携带证件的处理

违反本规则第 66.6 条规定，在行使执照相应权利时未随身携带证件的，由民航局或民航地区管理局给予警告。

第 66.29 条　涉及酒精或者药物违禁行为的处理

违反本规则第 66.7 条规定，服用药物或者饮用含酒精饮料后进行维修或者放行工作的，由民航局或民航地区管理局给予 1 千元罚款。

第 66.30 条　考试中的作弊或其他禁止行为的处理

违反本规则第 66.9 条、66.19 条规定，在考试中存在作弊或其他禁止行为的，所有考试成绩作废，申请人在 1 年内不得再次申请考试。

第 66.31 条　伪造、变造申请材料的处理

违反本规则第 66.11 条、66.13 条、66.14 条、66.21 条、66.23 条、66.24 条规定，有伪造、变造申请材料行为的，民航局或民航地区管理局不受理其申请或者不予颁发执照、签署或续签，申请人在 1 年内不得再次申请；通过欺骗、贿赂等不正当手段取得执照基础部分、机型或项目签署、执照续签的，由民航局或民航地区管理局予以撤销，申请人在 3 年内不得再次申请。

第 66.32 条　违反执照持有人义务行为的处理

违反本规则第 66.16 条、66.26 条规定，按照以下规定进行处理：

(a)未在执照持有人的权利范围内实施工作，或在其生理或者心理状况不适合行使放行权时行使放行权的，由民航局或民航地区管理局给予 1 千元罚款；

(b)涂改、伪造执照的，根据《中华人民共和国民用航空法》第 205 条的规定，由民航局或民航地区管理局责令其立即停止民用航空活动，2 年内不得申领执照；

(c)拒绝接受民航局、民航地区管理局检查的，由民航局或民航地区管理局给予 1 千元罚款；经民航局或民航地区管理局检查不合格的，执照持有人不得继续行使执照的权利，经检查、考核合格后，方可继续行使执照权利。

第 66.33 条　刑事处罚

违反本规则规定，构成犯罪的，依法追究刑事责任。执照持有人受到刑事处罚期间，不得行使所持执照赋予的权利。

第五章　附　　则

第 66.34 条　执照的自愿放弃

执照持有人自愿声明放弃执照的,应当在 5 个工作日内上交民航局。

第 66.35 条　执照的认可和转换

参与抢修和临时修理在中国注册的民用航空器的外籍或者地区维修人员可以通过该航空运营人的申请获得民航局的批准。

持有国外民用航空器维修人员执照,需要民航局认可或转换的,按照民航局与该执照颁发国的民用航空当局签订的协议执行;若无协议,通过考核予以认可。

持有香港特别行政区、澳门特别行政区、台湾地区民用航空器维修人员执照,需要民航局认可或转换的,按照民航局与该执照颁发地区的民用航空当局签订的协议执行;若无协议,通过考核予以认可。

第 66.36 条　生效和废止

本规则自 2016 年 5 月 8 日起施行。2005 年 9 月 27 日发布,2005 年 12 月 31 日施行的《民用航空器维修人员执照管理规则》(CCAR—66R1)同时废止。

本规则生效之日起考试成绩在原有 2 年有效期所规定的有效范围内的成绩,按照本规则将成绩有效期延长至 5 年有效。

附件 1

民用航空器维修人员执照初次颁发/续签申请书

民用航空器维修人员执照初次颁发/续签申请书

申请人资料：

姓名：______ 性别：___ 出生日期：_____年___月___日

身份证件号：□□□□□□□□□□□□□□□□□□

通讯地址：____

邮政编码：□□□□□□

联系电话：______________________

国籍：____________________ 出生地点：__________________

学历：____________________ 毕业学校：__________________

执照资料(新增专业、类别或续签时适用)：

执 照 号：____

签发日期：______________________

专　　业：______________________

申请内容：　(在适合的□内打√)

初次申请 □　新增专业或类别 □　申请续签 □

专业：　航空机构　涡轮式飞机 □　活塞式飞机 □　其他 □

涡轮式直升机 □　活塞式直升机□

航空电子 □

F66-1(5/2015)　　　　1-3

民用航空器维修人员执照初次颁发/续签申请书

时间	培训记录	证明人

我在此申请维修人员执照/续签，并确保所有申请材料真实、正确；健康状况能够保证正确行使执照持有人的权利；任何不正确的信息都将影响我资格的有效性。

签名：__________________ 日期：__________________

申请人应当同时提交下列材料：

初次申请

执照基础部分笔试、口试考试合格成绩通知单复印件

执照基础部分基本技能考试合格成绩通知单复印件（或民航局批准机构颁发的基础或基本技能培训合格证书复印件）

维修经历记录

续签

相关培训证明（需要质量部门或培训部门盖章，负责人签字）

维修经历记录

民用航空器维修人员执照原件

F66-1(5/2015) 2-3

民用航空器维修人员执照初次颁发/续签申请书

维修差错及工作诚信情况：

在 CCAR—66 规章要求的年限内有无严重维修差错： 有□ 无□

在 CCAR—66 规章要求的年限内有无严重工作不诚信行为： 有□ 无□

维修经历：

时间	航空器维修经历	证明人

质量部门盖章及负责人签字(仅对本页内容负责)：

F66-1(5/2015) 3-3

附件 2

民用航空器维修人员执照

本执照根据《中华人民共和国民用航空法》和国际民航组织附件一有关规定颁发。

除中国民用航空局局长和其授权人员外，任何人不得颁发、签署或修改本执照。

The license is issued in accordance with the provisions of the Civil Aviation Law of The People's Republic of China and ICAO Annex 1.

No issuing, endorsements or entries may be made on this license, except by the persons authorized for this purpose by the Minister of Civil Aviation Administration of China.

F66-2(5/2015)

注意事项 Notifications

1. 本执照与本人的技术档案记录相符时有效。
2. 持照人自机型签署之日起具有对该机型的放行资格。
3. 本执照在CCAR-66部规定的期限内有效。
4. 本执照的颁发、续签、补发及换发由中国民用航空局授权机构办理，机型签署由持照人所在民航地区管理局办理。

1. This license is only valid when in accordance with the employee personal technical records.
2. Endorsement of aircraft type rating means the holder is qualified to issue maintenance release for such type of aircraft at the date of endorsement.
3. This license remains valid until the expiry date per CCAR-66.
4. Issuance, re-sign, reissue and replacement of this license are processed by CAAC authorized institution. For domestic holders, The aircraft type ratings are endorsed by civil aviation regional administration.

1-3

机型签署 Aircraft Type Rating

机型及类别 Aircraft Type/Category	签署人 Issued by	签署日期 Date of Issue

机型签署 Aircraft Type Rating

机型及类别 Aircraft Type/Category	签署人 Issued by	签署日期 Date of Issue

F66-2(5/2015) 2-3

中华人民共和国 The People's Republic of China

民用航空器维修人员执照 Civil Aircraft Maintenance Personnel License

执照编号/License No.

姓名/Name　　国籍/Nationality

性别/Sex　　出生日期/Date of Birth

永久住址/Address

颁发人/Issued by　　颁发日期/Date of Issue

颁发单位印章/Stamp of Issuing Authority

执照专业代号（SUB）Categories

专业代号（SUB）Categories	颁发日期 Date of Issue

持照人签名/Holder's Signature

续签 Re-sign

专业代号 (SUB) Categories	续签人 Re-sign by	续签日期 Date of Re-sign	有效期至 Date of Expiry

续签 Re-sign

专业代号 (SUB) Categories	续签人 Re-sign by	续签日期 Date of Re-sign	有效期至 Date of Expiry

限制 Limitations

专业代号
(SUB) Categories

1、航空机械 ME
Mechanical & Electrical
- a. 涡轮式飞机 TA
  Turbine Airplanes
- b. 活塞式飞机 PA
  Piston Airplanes
- c. 涡轮式直升机 TH
  Turbine Helicopters
- d. 活塞式直升机 PH
  Piston Helicopters
- e. 其它 MEO
  Others

2、航空电子 AV
Avionics

附件 3

民用航空器维修人员执照机型部分签署申请书

民用航空器维修人员执照机型部分签署申请书
申请人个人材料： 申请人姓名：____________________ 执照编号：____ 执照专业：____________________
所申请签署航空器、发动机型号及类别： ____ ____ ____
培训情况： 培训机构名称：____ 培训合格证书编号或证明文件描述： ____ 证书颁发日期：____________
我在此申请执照机型签署，并确保所有申请材料真实、正确；健康状况能够保证正确行使执照持有人的权利；任何不正确的信息都将影响我资格的有效性。 签名：____________________　　　　日期：____________________
申请人应当提交以下材料： 机型培训合格证书复印件或机型培训证明复印件（该机型培训合格证书或证明须在申请前 5 年内取得） 维修经历记录 维修人员执照基础部分

F66-3(5/2015)　　　　1-2

民用航空器维修人员执照机型部分签署申请书

维修差错及工作诚信情况：

在 CCAR—66 规章要求的年限内有无严重维修差错： 有□ 无□

在 CCAR—66 规章要求的年限内有无严重工作不诚信行为： 有□ 无□

维修经历：

时间	航空器维修经历	证明人

质量部门盖章及负责人签字(仅对本页内容负责)：

F66-3(5/2015) 2-2

附件 4

民用航空器部件修理人员执照初次颁发/续签申请书

民用航空器部件修理人员执照初次颁发/续签申请书

申请人资料：

姓名：________ 性别：_____ 出生日期：____年____月____日

身份证件号：□□□□□□□□□□□□□□□□□□

通讯地址：______________________________

邮政编码：□□□□□□

联系电话：______________________________

国籍：____________________ 出生地点：____________________

学历：____________________ 毕业学校：____________________

执照资料(新增专业、类别或续签时适用)：

执照编号：______________________________

签发日期：______________________________

专　　业：______________________________

申请内容：　(在适合的□内打√)

初次申请□　新增专业□　续签□

专业：　STR□　PWT□　LGR□

MEC□　ELC□　AVC□

F66-4 (5/2015)　　1-3

民用航空器部件修理人员执照初次颁发/续签申请书		
时间	培训记录	证明人

我在此申请航空器部件修理人员执照/续签，并确保所有申请材料真实、正确；健康状况能够保证正确行使执照持有人的权利；任何不正确的信息都将影响我资格的有效性。

签名：________________________ 日期：________________________

申请人应当同时提交下列材料：

初次申请

执照基础部分笔试考试合格成绩通知单复印件

执照基础部分基本技能考试合格成绩通知单复印件（或民航局批准机构颁发的基础或基本技能培训合格证书复印件）

维修经历记录

续签

相关培训证明（需要质量部门或培训部门盖章，负责人签字）

维修经历记录

民用航空器部件修理人员执照原件

F66-4(5/2015) 2-3

民用航空器部件修理人员执照初次颁发/续签申请书

维修差错及工作诚信情况：

在 CCAR—66 规章要求的年限内有无严重维修差错： 有□ 无□

在 CCAR—66 规章要求的年限内有无严重工作不诚信行为： 有□ 无□

维修经历：

时间	航空器部件修理经历	证明人

质量部门盖章及负责人签字（仅对本页内容负责）：

附件 5

民用航空器部件修理人员执照

本执照根据《中华人民共和国民用航空法》和国际民航组织附件一有关规定颁发。

除中国民用航空局局长和其授权人员外，任何人不得颁发、签署或修改本执照。

The license is issued in accordance with the provisions of the Civil Aviation Law of The People's Republic of China and ICAO Annex 1.

No issuing, endorsements or entries may be made on this license, except by the persons authorized for this purpose by the Minister of Civil Aviation Administration of China.

F66-4(5/2015)

注意事项 Notifications

1、本执照与本人的技术档案记录相符时有效。
2、持照人自项目签署之日起具有对该项目的放行资格。
3、本执照在CCAR-66部规定的期限内有效。
4、本执照的颁发、续签、补发及换发由中国民用航空局授权机构办理；项目签署由持照人所在民航地区管理局办理。

1. This license is only valid when in accordance with the employee personal technical records.
2. Endorsement of item rating means the holder is qualified to issue maintenance release for such item at the date of endorsement.
3. This license remains valid until the expiry date per CCAR-66.
4. Issuance, re-sign, reissue and replacement of this license are processed by CAAC authorized institution. For domestic holders, The item ratings are endorsed by civil aviation regional administration.

1-3

项目签署 Item Rating

项目 Item	签署人 Issued by	签署日期 Date of Issue

项目签署 Item Rating

项目 Item	签署人 Issued by	签署日期 Date of Issue

中华人民共和国 The People's Republic of China

民用航空器部件修理人员执照 Civil Aircraft Component Maintenance Personnel License

执照编号/License No.

姓名/Name　　　　国籍/Nationality

性别/Sex　　　　出生日期/Date of Birth

永久住址/Address

颁发人/Issued by　　　　颁发日期/Date of Issue

中国民用航空总局 维修人员执照专用章 (2)

颁发单位盖章/Stamp of Issuing Authority

执照专业代号（SUB）Categories

专业代号（SUB）Categories	颁发日期 Date of Issue

持照人签名/Holder's Signature

续签 Re-sign

专业代号 (SUB) Categories	续签人 Re-sign by	续签日期 Date of Re-sign	有效期至 Date of Expiry

续签 Re-sign

专业代号 (SUB) Categories	续签人 Re-sign by	续签日期 Date of Re-sign	有效期至 Date of Expiry

限制 Limitations

专业代号
(SUB) Categories

1、航空器结构 STR
Structure
2、航空器机械附件 MEC
Mechanical Accessory
3、航空器动力装置 PWT
Power Plant
4、航空器起落架 LGR
Landing Gear
5、航空器电子附件 AVC
Avionics
6、航空器电气附件 ELC
Electrical

附件 6

民用航空器部件修理人员执照项目部分签署申请书

民用航空器部件修理人员执照项目部分签署申请书
申请人个人材料： 申请人姓名：________________ 执照编号：________________ 执照专业：________________
所申请签署项目名称： ________________
培训情况： 培训机构名称：________________ 培训合格证书编号或证明文件描述： ________________ 证书颁发日期： ________________
我在此申请执照机型签署，并确保所有申请材料真实、正确；健康状况能够保证正确行使执照持有人的权利；任何不正确的信息都将影响我资格的有效性。 签名：________________ 日期：________________
申请人应当提交以下材料： 部件项目培训合格证书复印件或部件项目培训证明复印件（该项目培训合格证书或证明须在申请前 5 年内取得） 维修经历记录 部分修理人员执照基础部分

F66-6(5/2015)　　1-2

民用航空器部件修理人员执照项目部分签署申请书

维修差错及工作诚信情况：

在 CCAR—66 规章要求的年限内有无严重维修差错：有□ 无□

在 CCAR—66 规章要求的年限内有无严重工作不诚信行为：有□ 无□

维修经历：

时间	航空器部件修理经历	证明人

质量部门盖章及负责人签字（仅对本页内容负责）：

F66-6（5/2015） 2-2

雷电防护装置检测资质管理办法

（2016 年 4 月 7 日中国气象局令第 31 号公布　自 2016 年 10 月 1 日起施行）

第一章　总　　则

第一条　为了加强雷电防护装置（以下简称防雷装置）检测资质管理，规范防雷装置检测行为，保护人民生命财产和公共安全，依据《中华人民共和国气象法》、《气象灾害防御条例》等法律法规，制定本办法。

第二条　申请防雷装置检测资质，实施对防雷装置检测资质的监督管理，适用本办法。

本办法所称防雷装置检测是指对接闪器、引下线、接地装置、电涌保护器及其连接导体等构成的，用以防御雷电灾害的设施或者系统进行检测的活动。

第三条　国务院气象主管机构负责全国防雷装置检测资质的监督管理工作。

省、自治区、直辖市气象主管机构负责本行政区域内防雷装置检测资质的管理和认定工作。

第四条　防雷装置检测资质等级分为甲、乙两级。

甲级资质单位可以从事《建筑物防雷设计规范》规定的第一类、第二类、第三类建（构）筑物的防雷装置的检测。

乙级资质单位可以从事《建筑物防雷设计规范》规定的第三类建（构）筑物的防雷装置的检测。

第五条　《防雷装置检测资质证》分正本和副本，由国务院气象主管机构统一印制。资质证有效期为五年。

第六条　防雷装置检测资质的认定应当遵循公开、公平、公正和便民、高效、信赖保护的原则。

第二章　资质申请条件

第七条　申请防雷装置检测资质的单位应当具备以下基本条件：

（一）独立法人资格；

（二）具有满足防雷装置检测业务需要的经营场所；

（三）从事防雷装置检测工作的人员应当取得《防雷装置检测资格证》，并在其从业单位参加社会保险；取得《防雷装置检测资格证》的人员中，应当有一定数量的与防雷、建筑、电子、电气、气象、通信、电力、计算机相关专业的高、中级专业技术人员；

（四）具有防雷装置检测质量管理体系，并有健全的技术、档案和安全管理制度；

（五）具有与所申请资质等级相适应的防雷装置检测能力和良好信誉；

（六）用于防雷装置检测的专用仪器设备应当经法定计量检定机构检定或校准，并在有效期内。

第八条　申请甲级资质的单位除了符合本办法第七条的基本条件外，还应当同时符合以下条件：

（一）具有与承担业务相适应的防雷装置检测专业技术人员，其中具有高级技术职称的不少于二名，具有中级技术职称的不少于六名；技术负责人应当具有高级技术职称，从事防雷装置检测工作五年以上，并具备相应资质等级要求的防雷装置检测专业知识和能力；

（二）近三年内开展的防雷装置检测项目不少于三百个，且未因检测质量问题引发事故；防雷装置检测项目通过省级气象主管机构组织的质量考核合格率达百分之九十以上；

（三）具有满足相应技术标准的专业设备（见附表1）；

（四）取得乙级资质三年以上。

第九条　申请乙级资质的单位除了符合本办法第七条的基本条件外，还应当同时符合以下条件：

（一）具有与承担业务相适应的防雷装置检测专业技术人员，其中具有高级技术职称的不少于一名，具有中级技术职称的不少于三名；技术负责人应当具有高级技术职称，从事防雷装置检测等工作三年以上，并具备相应资质等级要求的防雷装置检测专业知识和能力；

（二）具有满足相应技术标准的专业设备（见附表1）。

第三章　资质申请与受理

第十条　申请防雷装置检测资质的单位，应当向法人所在地的省、自治区、直辖市气象主管机构提出申请。

第十一条　满足本办法第七条和第九条相应条件的，可以申请防雷装置检测的乙级资质。申请单位应当提交以下书面材料：

（一）《防雷装置检测资质申请表》（见附表2）；

（二）事业单位法人证书或企业法人营业执照的正、副本的原件及复印件；

（三）《专业技术人员简表》（见附表3），取得《防雷装置检测资格证》的专业技术人员的技术职称证书、身份证明、劳动合同、社会保险关系证明和《防雷装置检测资格证》的原件及复印件；

（四）防雷装置检测质量管理手册；

（五）经营场所产权证明或租赁合同的原件及复印件；

（六）仪器、设备及相关设施清单；

（七）安全生产管理制度复印件。

第十二条 符合本办法第七条和第八条相应条件的，可以申请防雷装置检测的甲级资质。申请单位除了提交本办法第十一条所规定的书面材料外，还应当提交以下书面材料：

（一）现有资质证正、副本原件及复印件；

（二）《近三年已完成防雷装置检测项目表》（见附表4）和气象主管机构质量考核情况；

（三）近三年二十个以上防雷装置检测项目的相关资料。

第十三条 省、自治区、直辖市气象主管机构应当在收到全部申请材料之日起五个工作日内作出是否受理的决定，并出具加盖本行政机关专用印章和注明日期的书面凭证。

第四章 资质审查与评审

第十四条 省、自治区、直辖市气象主管机构受理后，可以根据工作需要指派两名以上工作人员到申请单位进行现场核查。

第十五条 省、自治区、直辖市气象主管机构受理后，应当委托防雷装置检测资质评审委员会评审，并对评审结果进行审查。评审委员会评审时应当以记名投票方式进行表决，并提出评审意见。

省、自治区、直辖市气象主管机构应当建立防雷装置检测资质评审专家库，报国务院气象主管机构备案。

防雷装置检测资质评审委员会的委员应当从防雷装置检测资质评审专家库中随机抽取确定，并报国务院气象主管机构备案。

第十六条 省、自治区、直辖市气象主管机构应当自受理行政许可申请之日起二十个工作日内作出认定，专家评审所需时间不计入许可审查时限，但应当在作出受理决定时书面告知申请单位。

通过认定的，认定机构颁发《防雷装置检测资质证》，并在作出认定后三十个工作日内报国务院气象主管机构备案。

未通过认定的，认定机构在十个工作日内书面告知申请单位，并说明理由。

第五章 监督管理

第十七条 防雷装置检测单位及其人员从事防雷装置检测活动，应当遵守国家有关技术规范和标准。

第十八条 防雷装置检测单位应当遵循客观、公平、公正、诚信原则，确保其出具的防雷装置检测数据、结果的真实、客观、准确，并对防雷装置检测数据、结果负责。

第十九条 防雷装置检测单位不得与其检测项目的设计、施工单位以及所使用的防雷产品生产、销售单位有隶属关系或者其他利害关系。

第二十条 防雷装置检测资质管理实行年度报告制度。

防雷装置检测单位应当从取得资质证后次年起，在每年的第二季度向资质认定机构报送年度报告。年度报告应当包括持续符合资质认定条件和要求、遵守技术标准和规范情况、检测项目表以及统计数据等内容。

资质认定机构对年度报告内容进行抽查，将抽查结果记入信用档案并公示。

第二十一条 取得防雷装置检测资质的单位，应当在资质证有效期满三个月前，向原认定机构提出延续申请。原认定机构根据年度报告、信用档案及资质申请条件，在有效期满前作出准予延续、降低等级或者注销的决定。逾期未提出延续申请的，资质证到期自动失效。

第二十二条 取得防雷装置检测资质的单位在资质证有效期内名称、地址、法定代表人等发生变更的，应当在法人资格管理部门变更登记后三十个工作日内，向原资质认定机构申请办理资质证变更手续。

取得防雷装置检测资质的单位发生合并、分立以及注册地跨省、自治区、直辖市变更的，应当按照本办法规定的程序及时向所在地的省、自治区、直辖市气象主管机构申请核定资质。

取得防雷装置检测资质的单位合并的，合并后存续或者新设立的单位可以承继合并前各方中较高等级的资质，但应当符合相应的资质条件。

取得防雷装置检测资质的单位分立的，分立后资质等级根据实际达到的资质条件重新核定。

取得防雷装置检测资质的单位跨省、自治区、直辖市变更注册地的，由新注册所在地的省、自治区、直辖市气象主管机构核定资质。

第二十三条 取得防雷装置检测资质的单位，应当按照资质等级承担相应的防雷装置检测工作。禁止无资质证或者超出资质等级承接防雷装置检测，禁止转包或者违法分包。

取得《防雷装置检测资格证》的专业技术人员，不得同时在两个以上防雷装置检测资质单位兼职执业。

第二十四条 任何单位不得以欺骗、弄虚作假等手段取得资质，不得伪造、涂改、出租、出借、挂靠、转让《防雷装置检测资质证》。

第二十五条 省、自治区、直辖市气象主管机构应当组织或委托第三方专业技术机构对防雷装置检测单位的检测质量进行考核。

第二十六条 县级以上地方气象主管机构对本行政区域内的防雷装置检测活动进行监督检查，可以采取下列措施：

（一）要求被检查的单位或者个人提供有关文件和资料，进行查询或者复制；

（二）就有关事项询问被检查的单位或者个人，要求作出说明；

（三）进入有关防雷装置检测现场进行监督检查。

气象主管机构进行监督检查时，有关单位和个人应当予以配合。

第二十七条 取得防雷装置检测资质的单位达不到防雷装置检测资质条件的，由原资质认定的气象主管机构责令限期整改，整改后仍达不到资质条件的，予以降低等级或撤销资质。

第二十八条 省、自治区、直辖市气象主管机构应当对本行政区域内取得防雷装置检测资质的单位建立信用管理制度，将防雷装置检测活动和监督管理等信息纳入信用档案，并作为资质延续、升级的依据。

第二十九条 防雷装置检测单位有下列情形之一的，县级以上气象主管机构视情节轻重，责令限期整改，拒不整改，情节严重的，依法追究法律责任：

（一）防雷装置检测标准适用错误的；

（二）防雷装置检测方法不正确的；

（三）防雷装置检测内容不全面、达不到相关技术要求或不足以支持防雷装置检测结论的；

（四）防雷装置检测结论不明确、不全面或错误的。

第三十条 鼓励防雷行业组织对防雷装置检测活动实行行业自律管理，并接受省、自治区、直辖市气象主管机构的政策、业务指导和行业监管。

第三十一条 国务院气象主管机构应当建立全国防雷装置检测单位信用

信息、资质等级情况公示制度。省、自治区、直辖市气象主管机构应当在本行政区域内对防雷装置检测单位的监督管理、信用信息等情况及时予以公布。

第六章　罚　则

第三十二条　国家工作人员在防雷装置检测资质的认定和管理工作中玩忽职守、滥用职权、徇私舞弊的，依法给予行政处分；构成犯罪的，依法追究刑事责任。

第三十三条　申请单位隐瞒有关情况、提供虚假材料申请资质认定的，有关气象主管机构不予受理或者不予行政许可，并给予警告。申请单位在一年内不得再次申请资质认定。

第三十四条　被许可单位以欺骗、贿赂等不正当手段取得资质的，有关气象主管机构按照权限给予警告，撤销其资质证；被许可单位在三年内不得再次申请资质认定；构成犯罪的，依法追究刑事责任。

第三十五条　防雷装置检测单位违反本办法规定，有下列行为之一的，由县级以上气象主管机构按照权限责令限期改正，拒不改正的给予警告，《防雷装置检测资质证》到期后不予延续；处罚结果纳入全国防雷装置检测单位信用信息系统并向社会公示：

（一）伪造、涂改、出租、出借、挂靠、转让防雷装置检测资质证的；

（二）向监督检查机构隐瞒有关情况、提供虚假材料或者拒绝提供反映其活动情况的真实材料的；

（三）转包或者违法分包防雷装置检测项目的；

（四）与检测项目的设计、施工单位以及所使用的防雷产品生产、销售单位有隶属关系或者其他利害关系的；

（五）使用不符合条件的防雷装置检测人员的。

第三十六条　无资质或者超越资质许可范围从事防雷装置检测的，或者在防雷装置检测中弄虚作假的，按照《气象灾害防御条例》第四十五条的规定进行处罚。

第七章　附　则

第三十七条　电力、通信防雷装置检测资质管理办法由国务院气象主管机构会同国务院电力或者国务院通信主管部门共同制定，另行公布。

第三十八条　在本办法施行前，已取得各省、自治区、直辖市气象主管机构颁发的防雷装置检测资质的单位，应当在2017年9月30日前，按照本办法规定重新核定资质。

第三十九条 各省、自治区、直辖市气象主管机构可以根据本办法制定实施细则，并报国务院气象主管机构备案。

第四十条 本办法自2016年10月1日起施行。

附表 1

防雷装置检测专业设备表

序号	仪器设备名称	配置台数		主要性能要求
		甲	乙	
1	激光测距仪	√	√	量程:0—150m
2	测厚仪	√	√	金属厚度测量,超声波
3	经纬仪	√	√	量程:0—360°,分辨率:2″
4	拉力计	√	√	量程:0—40kgf
5	可燃气体测试仪	√	√	适用气体:可燃气体
6	接地电阻测试仪	√	√	测试电流:>20mA(正弦波),分辨率:0.01Ω
7	大地网测试仪	√		测试电流:>3A,分辨率:0.001~99.999Ω,频率可选
8	土壤电阻率测试仪	√	√	四线法测量,测试电流:>20mA(正弦波)分辨率:0.01Ω
9	等电位测试仪	√	√	测试电流:≥1A,四线法测试,分辨率:0.001Ω,具备大容量锂电池
10	环路电阻测试仪	√	√	电阻测量分辨率:0.001Ω,电流测量分辨率:1μA
11	防雷元件测试仪	√	√	测试器件:MOV,具备大容量锂电池
12	绝缘电阻测试仪	√	√	0—1000MΩ
13	表面阻抗测试仪	√	√	测量范围:10^3—10^{10}Ω
14	静电电位测试仪	√	√	测量范围:±20kV
15	数字万用表	√	√	电压、电流、电阻测量,分辨率:3 位半
16	防爆对讲机	√		防爆对讲
17	标准电阻	√	√	10^{-3}~10^5欧姆,功率 1/2W,线绕型
18	钢卷尺	√	√	分辨率:0.01m
19	游标卡尺	√	√	量程:0—150mm

附表 2

防雷装置检测资质申请表

填报单位(盖章):　　　　　　　　　　　　　　填报日期:年　　月　　日

<table>
<tr><td>单位名称</td><td colspan="7"></td></tr>
<tr><td>法定代表人</td><td colspan="3"></td><td colspan="2">经济性质</td><td colspan="2"></td></tr>
<tr><td>主管单位</td><td colspan="7"></td></tr>
<tr><td>单位地址</td><td colspan="7"></td></tr>
<tr><td>通信地址</td><td></td><td colspan="2">邮政编码</td><td></td><td>联系电话</td><td colspan="2"></td></tr>
<tr><td colspan="4">申请防雷装置检测资质等级</td><td colspan="4"></td></tr>
<tr><td colspan="4">从事防雷装置检测时间</td><td colspan="4"></td></tr>
<tr><td colspan="8">本单位专业技术人员数量</td></tr>
<tr><td>高工　　人</td><td>工程师</td><td>人</td><td>助工/技术员</td><td>人</td><td>技工</td><td colspan="2">人</td></tr>
<tr><td>单位概况</td><td colspan="7"></td></tr>
</table>

<table>
<tr><td colspan="2">本人承诺:所提供材料真实有效。

法定代表人:

年　月　日</td></tr>
<tr><td>评审意见</td><td>

年　月　日</td></tr>
<tr><td>主管部门审批意见</td><td>

年　月　日</td></tr>
</table>

附表 3

专业技术人员简表

填报单位(盖章)：　　　　　　　　　　　　　　　　填报日期：　　年　　月　　日

序号	姓名	身份证号	职称专业	职称	工作岗位	从事防雷装置检测工作时间	防雷装置检测资格证书编号	其他证编号

附表 4

近三年已完成防雷装置检测项目表

填报单位(盖章):　　　　　　　　　　　　　　　　填报日期:　　年　　月　　日

序号	项目名称	建筑物防雷类别			合同编号	完成时间	质量考核情况	备注
		一	二	三				

注:请按此表如实填写近三年内实际完成的防雷装置检测项目情况。

国家发展改革委关于废止涉及价格行政许可规章和规范性文件的决定

（2016年4月13日中华人民共和国国家发展和改革委员会令第37号公布）

根据《国务院关于第二批取消152项中央指定地方实施行政审批事项的决定》（国发〔2016〕9号）和《国务院关于取消13项国务院部门行政许可事项的决定》（国发〔2016〕10号），现决定废止《价格评估机构资质认定管理办法》（国家发展和改革委员会令第32号）等2件规章（附件1）和《国家发展改革委办公厅关于注册价格鉴证师签字制度有关问题的通知》（发改办价格〔2005〕1864号）等8件规范性文件（附件2）。

附件：1. 国家发展改革委决定废止的涉及价格行政许可规章目录

2. 国家发展改革委决定废止的涉及价格行政许可规范性文件目录

附件1

国家发展改革委决定废止涉及价格行政许可规章目录（共2件）

序号	规章名称	文号及时间	发布部门
1	价格评估机构资质认定管理办法	国家发展改革委令第32号 2005年6月22日	国家发展改革委
2	价格鉴证师注册管理办法（2008年修订）	国家发展改革委令第1号 2008年8月2日	国家发展改革委

附件 2

国家发展改革委决定废止的涉及价格行政许可规范性文件目录(共 8 件)

序号	规范性文件名称	文号及时间	发布部门
1	国家发展改革委办公厅关于注册价格鉴证师签字制度有关问题的通知	发改办价格〔2005〕1864 号 2005 年 9 月 5 日	国家发展改革委
2	国家发展改革委办公厅关于印发《价格评估人员执业资格认定实施办法》和《价格评估机构资质认定实施办法》的通知	发改办价格〔2005〕2597 号 2005 年 11 月 28 日	国家发展改革委
3	国家发展改革委办公厅关于森林资源资产价格评估管理有关问题的复函	发改办价格〔2006〕2456 号 2006 年 11 月 1 日	国家发展改革委
4	国家发展改革委办公厅关于做好2007 年价格评估机构资质和价格评估人员执业资格认定工作的通知	发改办价格〔2007〕226 号 2007 年 1 月 26 日	国家发展改革委
5	国家发展改革委办公厅关于价格评估机构资质认定行政许可有关问题的通知	发改办价格〔2008〕1172 号 2008 年 5 月 27 日	国家发展改革委
6	国家发展改革委办公厅关于价格评估机构执业范围有关问题的复函	发改办价格〔2008〕1400 号 2008 年 6 月 20 日	国家发展改革委
7	国家发展改革委办公厅关于做好价格评估机构资质和价格评估人员执业资格证书有效期届满重新认定工作有关问题的通知	发改办价格〔2009〕607 号 2009 年 3 月 20 日	国家发展改革委
8	国家发展改革委办公厅关于价格评估机构资质认定有关问题的复函	发改办价格〔2013〕2549 号 2013 年 10 月 17 日	国家发展改革委

交通运输部关于修改《定期国际航空运输管理规定》、《民用航空国内航线经营许可规定》和《公共航空运输企业经营许可规定》的决定

（2016年4月13日交通运输部令2016年第38号公布　自2016年5月14日起施行）

交通运输部决定对《定期国际航空运输管理规定》（民航总局令第36号）、《公共航空运输企业经营许可规定》（民航总局令第138号）以及《民用航空国内航线经营许可规定》（民航总局令第160号）作如下修改：

一、《定期国际航空运输管理规定》作如下修改：

将第三条修改为：

“第三条　申请国际航班经营范围的空运企业，应当具备以下条件：

1. 经营定期旅客、行李、货物、邮件的国内航空运输，年旅客运输量达到150万人次或1亿5千万吨公里；

2. 具有良好的飞行安全记录；

3. 具有与经营国际航班相适应的民用航空器及其附属设施；

4. 具有与经营国际航班相适应的专业人员和主要管理人员；

5. 有相应的经营国际航班的管理制度；

6. 增加必要的资产，足以承担国际航班经营中的民事责任。亏损的空运企业不能申请经营国际航班；

7. 中国民用航空局规定的其他条件。”

二、《公共航空运输企业经营许可规定》作如下修改：

1. 将第三十一条修改为：

“第三十一条　公共航空运输企业申请扩大经营许可证所载明的经营范围，应当向民航局提交下列文件、资料：

（一）申请报告；

（二）企业所在地民航地区管理局出具的初审意见；

（三）经营许可证复印件；

（四）法人营业执照复印件；

（五）民航局规定的其他文件、资料。”

2. 将第五十四条修改为：

“第五十四条　具有独立法人资格的公共航空运输企业不得共用企业名称、字号、二三字代码、客票、货运单、经营范围。但是公共航空运输企业与其绝对控股的公共航空运输企业签署商务合作协议并报民航局备案后，可以共用二三字代码，并应履行告知义务，保障消费者的合法权益。

未履行法定手续，公共航空运输企业之间不得共用服务标志。”

3. 将第六十五条修改为：

“第六十五条　公共航空运输企业违反本规定第五十三条的规定，未经批准实施联合、兼并、收购、变更投资人的，限期改正，给予警告。逾期不改正的，处以一万元以上三万元以下的罚款；情节严重的，吊销经营许可证。

公共航空运输企业违反本规定第五十四条的规定，共用企业名称、字号、二三字代码、客票、货运单、经营范围，或者未经备案商务合作协议共用二三字代码，或者共用二三字代码未履行告知义务，或者未履行法定手续使用其他企业的服务标志的，限期改正，并可以根据情节单处或者并处警告、没收违法所得、处以违法所得一倍以上十倍以下的罚款，没有违法所得的，处以五十万元以下的罚款；情节严重的，责令停业整顿、吊销经营许可证。”

三、《民用航空国内航线经营许可规定》作如下修改：

将第十七条增加一款作为第二款：

“核准经营许可航线在运营中因航空安全原因出现异议的，航线许可申请人和利害关系人应当按程序向颁发《国内航线经营许可核准书》的民航行政机关提出，民航行政机关经重新评审后作出核准决定。”

本决定自2016年5月14日起施行。

民用机场专用设备管理规定

（2016年4月13日交通运输部令2016年第39号公布　自2016年5月14日起施行）

第一章　总　则

第一条　为了规范和加强民用机场专用设备管理，保证民用机场专用设备的安全适用，保障航空安全，根据《中华人民共和国民用航空法》《中华人民共和国特种设备安全法》和《民用机场管理条例》,制定本规定。

第二条 本规定适用于中华人民共和国领域内民用机场专用设备的检验、使用和安全管理。

本规定所称民用机场专用设备(以下简称机场设备),是指在民用机场(含军民合用机场的民用部分)内使用,保障机场运行、航空器飞行和地面作业安全的航空器地面服务设备、目视助航及其相关设备和其他地面服务设备等。机场设备目录见本规定附录。

第三条 机场设备应当符合国家规定的标准和技术规范的要求,符合安全、适用、节能、环保的原则。

其他未列入机场设备目录,在民用机场内使用,保障机场运行、航空器飞行和地面作业安全的设备,应当符合国家规定的标准和技术规范的要求。

第四条 经中国民用航空局(以下简称民航局)认定的机场设备检验机构检验合格的机场设备,由民航局以通告的形式公布。

未经民航局认定的机场设备检验机构检验合格的机场设备,不得在民用机场内使用。

本规定所称机场设备检验机构(以下简称检验机构),是指经民航局认定,按照国家规定的标准和技术规范的要求,依法从事机场设备检验的法人或者法人授权组织。

第五条 民航局对机场设备的检验、使用实施安全监督管理,制定有关标准和技术规范,认定检验机构,发布机场设备目录和合格的机场设备通告,建立机场设备信息系统。

民用航空地区管理局(以下简称民航地区管理局)对辖区内机场设备的使用实施安全监督管理。

第六条 检验机构对机场设备进行检验,并对检验结论负责。

第七条 机场设备制造商、使用单位应当遵守有关法律、法规、规章,加强机场设备安全和节能管理,建立、健全机场设备安全和节能责任制度。

本规定所称机场设备制造商(以下简称制造商),是指在中华人民共和国境内注册,生产机场设备并以其名义颁发产品合格证的企业,以及将生产的机场设备出口销售到中华人民共和国境内的企业。

本规定所称机场设备使用单位(以下简称使用单位),是指不以转售为目的,依法享有机场设备所有权或者使用权的法人或其他组织。

第八条 民航管理部门(包括民航局、民航地区管理局)、检验机构及其工作人员不得生产、经营、推荐或者监制、监销机场设备,对履行职责过程中知悉的商业秘密负有保密义务。

第九条 任何单位和个人均可以向民航管理部门举报涉及机场设备管理的违法行为，接到举报的部门应当及时处理。

第二章 制造商

第十条 制造商应当保证机场设备生产符合相关标准和技术规范的要求，对生产的机场设备的安全性能负责，不得生产不符合安全性能要求和能效指标以及国家明令淘汰的机场设备。

第十一条 制造商应当按要求向检验机构提供机场设备的相关资料和必要的检测条件，并对资料的真实性负责。

第十二条 检验机构进行检验时，制造商应当予以积极配合，开放有关的生产设施、设备、档案材料等。

第十三条 因生产原因造成机场设备存在危及安全的同一性缺陷时，制造商应当立即停止生产，主动召回。

第十四条 机场设备交付使用单位时，制造商应当随附相关标准和技术规范要求的技术文件、产品质量合格证明、安装及使用维护保养说明等相关技术资料和文件。

相关标准和技术规范要求在机场设备显著位置设置产品铭牌、安全警示标志及其简要说明的，应当予以设置。

进口设备的有关技术资料、文件、铭牌、安全警示标志及其简要说明等应当为中文。

第十五条 机场设备投入使用后，制造商不得以任何方式影响机场设备的正常使用。

第十六条 发生民用航空器事故、民用航空器事故征候以及其他与民用航空器运行有关的不安全事件或其他运行事故，涉及机场设备设计、生产等原因时，制造商应当积极配合有关调查工作。

第三章 检验机构

第十七条 检验机构应当符合下列条件：

（一）产权清晰、独立运作，与制造商不存在资产、管理等方面的利益关系；

（二）获得国家级产品检测资质，具备与机场设备检测项目相适应的能力；

（三）技术能力能够覆盖相应机场设备80%以上检测项目和全部关键检测项目；

（四）具有与申请设备类似产品3年以上检测经历；

（五）民航局规定的其他条件。

第十八条　申请成为检验机构的法人或者法人授权组织，应向民航局提出书面申请，并提交符合本规定第十七条规定条件的证明文件。

民航局收到申请后对检验机构进行评估，符合条件的，予以认定，并以通告的形式公布；不符合条件的，书面通知申请人，并说明理由。

第十九条　鼓励检验机构加强机场设备检验方法的研究，不断提高检验能力和水平。

第二十条　检验机构可以就有关标准和技术规范向民航局提出意见或者建议。

第二十一条　检验机构及工作人员不得接受任何可能对检验结论产生影响的资助，不得在检验中弄虚作假。

第二十二条　检验机构检验能力下降以致不能胜任检验工作或相关资质被取消时，应当及时报告民航局。民航局取消认定，并以通告形式公布。

第四章　检　验

第一节　一般规定

第二十三条　机场设备的检验，包括对机场设备样品的检测和对制造商产品质量一致性保证条件的审核。

本规定所称制造商产品质量一致性保证条件（以下简称质量一致性），是指制造商保证生产出的机场设备与检测合格的机场设备样品质量一致所应具备的条件。

第二十四条　检验机构根据制造商的书面申请，依据有关标准和技术规范，对机场设备的合格性进行检验。

第二十五条　制造商的书面申请应当同时提交如下材料：

（一）机场设备结构原理、生产工艺、技术参数、关键部件清单及其性能指标、执行的有关标准和技术规范等技术资料；

（二）所申请机场设备的知识产权状况说明以及在生产与技术运用方面无违法行为的声明；

（三）按照相关标准和技术规范编制的自行检测规程及自行检测报告；

（四）设备使用及维护说明书；

（五）营业执照复印件，有关专业技术人员情况，设备、设施和工作场所情况，质量保证、安全管理和岗位责任等制度情况；

（六）民航局要求的其他材料。

第二十六条 检验机构应当依法提供检验服务，不得利用检验工作故意刁难相关单位。

制造商在检验过程中弄虚作假的，检验机构应当终止对申请事项的检验。已得出检验合格结论的，撤销其机场设备检验合格的结论，并报告民航局。

制造商在检验机构进行检验时，拒绝提供相关资料和必要检测条件或者拒绝开放其生产设施、设备、档案材料的，检验机构应当要求其予以开放，制造商坚持不予开放的，检验机构应当终止对申请事项的检验，并对有关申请事项做出检验不合格的结论。

第二十七条 检验机构应当根据相关标准和技术规范，制定包括机场设备样品检测方案、质量一致性审核方案在内的机场设备检验方案。

对于技术复杂的机场设备，检验机构应当对样品的检测方案进行评估。

第二十八条 已获通告的机场设备发生以下情况之一的，制造商应当申请进行重新检验：

（一）制造商质量一致性发生变更；

（二）制造商对设备主体结构、主要部件或操作系统进行调整或更换；

（三）因设计、生产或者功能缺陷等原因，导致机场设备存在安全隐患、出现严重故障或者造成运行事故，制造商分析原因，完善有关设计、改进生产工艺或流程，已经消除安全隐患；

（四）民航局依据有关标准或技术规范变更等情况，要求重新检验、或者补充检验。

第二十九条 作为检验依据的标准或技术规范发生变更时：

（一）检验机构应当依据新的标准或技术规范对机场设备进行检验；

（二）除民航局有限期整改要求的，在用的机场设备仍可以继续使用；

（三）除民航局要求重新检验或者补充检验的，已获通告的机场设备检验合格结论继续有效；

（四）按照民航局要求重新检验或者补充检验不合格，或者未按要求提交重新检验或者补充检验的，检验机构应当及时将有关情况报告民航局。

本规定所称补充检验，是指根据有关标准或技术规范的修改情况或者制造商对机场设备的改造情况，对机场设备样品部分结构、部件或者系统进行的局部检测，以及必要时进行的质量一致性审核。

第二节 样品的检测

第三十条 机场设备样品的检测结果应当符合下列条件之一：

（一）相关的标准和技术规范；

（二）民航局认可的其他行业或国际组织的标准；

（三）民航局提出的专门技术要求。

第三十一条 用于检测的机场设备样品应当由检验机构随机选取。不具备随机选取条件的，可以由制造商选送。

第三十二条 检验机构应当对机场设备样品检测情况做出详细记录，并编制检测报告。

第三十三条 机场设备样品未通过检测，检验机构应当于5个工作日内书面通知制造商。

第三十四条 机场设备样品未通过检测，制造商经过改进重新向检验机构提交机场设备样品检测时，检验机构应当对上次未通过检测的部分以及与其相关联的部分重新检测，必要时应当对重新提交的机场设备样品进行全面检测。

第三节 质量一致性审核

第三十五条 机场设备样品通过检测后，检验机构应当组织对制造商进行质量一致性审核。

提交机场设备检验申请时1年以内，制造商已经通过同类机场设备质量一致性审核的，可以豁免有关审核。

第三十六条 进行质量一致性审核时，检验机构应当现场复核有关申请材料内容，查验制造商是否具有与生产相适应的专业技术人员，查验制造商是否具有与生产以及出厂检验相适应的设备、设施和工作场所，评估有关质量保证、安全管理和岗位责任等制度体系是否健全。

第三十七条 检验机构在组织开展质量一致性审核时，不得提前通知制造商。

第三十八条 对于质量一致性审核中发现的问题，制造商采取措施解决以后，检验机构应当对其进行复核。

第三十九条 检验机构应当对质量一致性审核情况做出详细记录，编制质量一致性审核报告。

检验机构作出通过或者不通过审核的结论，应当于5个工作日内书面通知制造商。

第四十条 对已获通告的有关目视助航及其相关设备的制造商，检验机构应当每两年对其进行一次质量一致性审核；对已获通告的其他机场设备的制造商，检验机构应当每四年对其进行一次质量一致性审核；并可以在两次审核之间进行一次抽查。

检验机构应当对目视助航及其相关设备制造商生产的库存或在用机场设备随机抽样检测,可以对其他机场设备制造商生产的库存或者在用机场设备进行随机抽样检测。

第四十一条 制造商未通过质量一致性审核的,检验机构应当撤销对其机场设备检验合格的结论,并及时报告民航局。

第四十二条 质量一致性发生重大变化时,制造商应当将有关变化情况及时报告检验机构,检验机构应当重新对制造商进行质量一致性审核。

第五章 进口机场设备

第四十三条 进口机场设备的检验可以由与境内检验机构互认的境外检验机构进行,或由民航局认定的境内检验机构进行。

进口机场设备样品检测合格的,制造商应当将能够证明具备质量一致性的材料提交民航局认定的检验机构审核。

第四十四条 进口机场设备样品申请在境内检验机构进行检测的,制造商所提供的申请材料足以证明其具备质量一致性时,可以不对制造商的质量一致性进行实地审核。

第四十五条 对于进口数量较少、境外无互认检验机构的机场设备,可以由民航局认定的检验机构在境内对进口的机场设备进行逐一检验。

第四十六条 进口机场设备已经取得境外民航管理部门认证的,制造商向检验机构递交申请材料时可以随附相关认证材料。检验机构认为认证材料足以证明机场设备合格适用的,可以不再对该机场设备样品进行检验而直接给予检验合格的结论。

第四十七条 进口机场设备检验合格的,检验机构应当将检验合格结论及时报告民航局。

第四十八条 进口机场设备的检验,应当遵守有关进出口商品检验的法律、行政法规。

第六章 通 告

第四十九条 机场设备样品检测合格、制造商通过质量一致性审核的,检验机构应当编制检验合格报告报告民航局。

检验合格报告应当包含机场设备的名称、型号以及制造商名称、地址、邮编、联系方式和检测报告、质量一致性审核报告及其他有关情况说明。

第五十条 民航局收到检验机构有关机场设备检验合格的报告后，在5个工作日内以通告的形式对合格机场设备名称等信息予以公布。

第五十一条 制造商企业名称、法定代表人、地址、有关联系方式等变更时，应当在变更后30日内向原检验机构申请变更。机场设备停产时，制造商应当在停产后30日内向原检验机构报告。

检验机构收到制造商有关事项变更、停产的报告后，应当及时报告民航局。

第五十二条 民航局收到检验机构关于制造商有关事项变更、停产的报告后，在5个工作日内以通告的形式公布。

第五十三条 民航局收到检验机构撤销有关检验合格结论的报告后，对撤销的有关机场设备信息以通告的形式予以公布。

第五十四条 检验合格的进口机场设备，由民航局以通告的形式及时予以公布。

第七章 使用管理

第五十五条 机场设备使用单位应当使用经民航局通告合格的机场设备，禁止使用国家明令淘汰和已经报废的机场设备。

机场设备出现故障、老化或者发生异常情况导致性能下降时，使用单位应当对其进行全面检查，消除事故隐患后方可继续使用。

第五十六条 机场设备交付使用时，机场设备使用单位应当对照相关标准和技术规范等进行核实、验收，并进行记录。

第五十七条 使用单位应当根据机场设备随附的相关技术资料和文件编制相应的检查和维护规程，对机场设备进行检查和维护，并进行记录。

第五十八条 使用单位应当建立机场设备安全技术档案。安全技术档案应当包括以下内容：

（一）机场设备的产品质量合格证明、安装及使用维护保养说明等相关技术资料和文件；

（二）机场设备的维护保养记录；

（三）机场设备的日常使用状况及运行故障和事故记录。

第五十九条 机场管理机构应当对本机场及驻场单位的所有在用机场设备进行登记。使用单位应当在机场设备投入使用前，向机场管理机构办理登记，并及时向机场管理机构提供机场设备的安全技术档案信息。

机场管理机构应当及时将本机场及驻场单位所有在用机场设备的登记信息、安全技术档案信息录入民用机场专用设备信息系统。

第六十条 机场设备登记或安全技术档案信息发生变化时，使用单位应当及时报机场管理机构更新。

机场管理机构应当在收到有关登记或者更新信息后的5个工作日内，将有关登记或者更新的信息录入民用机场专用设备信息系统。

第六十一条 使用单位对设备主体结构、主要部件或操作系统进行改造升级的，应当获得原制造商的认可，或重新检验合格后方可继续投入使用。

第六十二条 使用中的机场设备出现下列情况之一的，使用单位应当及时报告机场管理机构和民航地区管理局：

（一）发现机场设备存在安全隐患或设计缺陷的；

（二）机场设备在运行过程中发生运行事故、出现严重故障、航空器地面事故征候或者其他与民用航空器运行有关的不安全事件的。

第八章　监督管理与法律责任

第六十三条 违反本规定，制造商生产、交付国家明令淘汰的机场设备的，由民航局或民航地区管理局责令其停止生产，没收违法生产、交付的机场设备；产品尚未交付的，并处3万元以上10万元以下罚款；产品已交付尚未造成危害后果的，并处10万元以上20万元以下罚款；产品已交付且造成危害后果的，并处20万元以上30万元以下罚款，民航局撤销其所有有关机场设备的通告；有违法所得的，没收违法所得。

第六十四条 违反本规定，制造商明知机场设备存在危及安全的同一性缺陷，未按照国家规定立即停止生产并召回的，由民航局或民航地区管理局责令限期改正；逾期未改正的，视情节轻重处5万元以上50万元以下罚款，民航局可以同时撤销该机场设备通告。

第六十五条 违反本规定，制造商未随附相关技术资料和文件的，由民航局或民航地区管理局责令限期改正；逾期未改正的，责令停止制造、销售；尚未造成危害后果的，处2万元以上10万元以下罚款；已经造成危害后果的，处10万元以上20万元以下罚款，并由民航局撤销该机场设备通告。有违法所得的，没收违法所得。

第六十六条 违反本规定，制造商故意影响在用机场设备使用或者不配合有关调查工作的，由民航局或民航地区管理局责令限期改正；逾期未改正的，处1万元以上3万元以下罚款；情节严重的，由民航局撤销该制造商所有有关机场设备的通告。

第六十七条 违反本规定,制造商未对已获通告的机场设备重新进行检验的,由民航局或民航地区管理局责令限期改正;逾期未改正的,由民航局撤销该机场设备通告。

第六十八条 违反本规定,检验机构及其检验、检测人员有下列行为之一的,由民航局责令改正,首次违法且主动采取补救措施的,对单位处5万元以上10万元以下罚款,对直接负责的主管人员和其他直接责任人员处5千元以上2万元以下罚款;两次以上违法,对单位处10万元以上20万元以下罚款,对直接责任人处2万元以上5万元以下罚款;情节严重的,由民航局同时撤销其从事机场设备合格检验的认定:

(一)未按照有关标准或技术规范的要求进行检验、检测的;

(二)出具虚假的检验、检测结果和鉴定结论或者检验、检测结果和鉴定结论严重失实的;

(三)泄露检验、检测过程中知悉的商业秘密的;

(四)从事有关机场设备的生产、经营活动的;

(五)推荐或者监制、监销机场设备的。

第六十九条 违反本规定,检验机构检验检测能力下降以致不能胜任有关检验检测工作或相关资质被取消时未及时报告民航局的,由民航局撤销检验机构从事有关机场设备合格检验的认定,并处1万元以上3万元以下罚款。

第七十条 违反本规定,检验机构有以下行为的由民航局给予警告,可以并处1万元以上3万元以下罚款;情节严重的,由民航局撤销检验机构从事机场设备合格检验的认定:

(一)在组织开展质量一致性审核时提前通知制造商的;

(二)利用检验工作故意刁难相关单位的。

第七十一条 违反本规定,被撤销认定的检验机构,自撤销之日起1年内,民航局对其新申请不予受理;被撤销通告的制造商,自撤销之日起1年内,检验机构对其新申请不予受理。

第七十二条 违反本规定,使用单位有下列行为之一的,由民航地区管理局责令停止使用有关机场设备,尚未造成危害后果的,处3万元以上10万元以下罚款;已造成一定危害后果的,处10万元以上20万元以下罚款;情节严重的,处20万元以上30万元以下罚款:

(一)使用未经民航局通告的、不符合国家规定标准和相关技术规范的机场设备,或者国家明令淘汰和已经报废的机场设备的;

(二)机场设备出现故障、老化或者发生异常情况导致性能下降,未对其进行全面检查、消除事故隐患而继续使用的。

机场管理机构作为使用单位，使用未经民航局通告的、不符合国家规定标准和相关技术规范的机场设备，由民航地区管理局责令停止使用有关机场设备，尚未造成危害后果的，处10万元以上20万元以下罚款；已造成一定危害后果的，处20万元以上30万元以下罚款；情节严重的，处30万元以上50万元以下罚款。

第七十三条 违反本规定，使用单位有下列行为之一的，由民航地区管理局责令限期改正；逾期未改正的，责令停止使用有关机场设备，并处1万元以3万元以下罚款：

（一）未按照相关技术资料和文件编制相应的检查和维护规程的；

（二）在用机场设备未按照规定进行登记并及时向机场管理机构报告更新机场设备安全技术档案信息的。

第七十四条 违反本规定，使用单位有下列行为之一的，由民航地区管理局责令限期改正；逾期未改正的，责令停止使用有关机场设备，并处1万元以上5万元以下罚款；造成严重后果的，并处5万元以上10万元以下罚款：

（一）未按照有关要求对在用机场设备进行检查和维护，并作出记录的；

（二）未建立机场设备安全技术档案或者安全技术档案不符合要求的。

第七十五条 违反本规定，机场管理机构收到使用单位在用机场设备的登记或者更新的信息后，未在5个工作日内将信息录入民用机场专用设备信息系统的，由民航地区管理局责令限期改正；逾期未改正的，由民航局或民航地区管理局处1万元以上3万元以下罚款。

第七十六条 违反本规定，使用单位有下列行为之一的，由民航地区管理局责令限期改正；情节严重的，由民航地区管理局处1万元以上3万元以下罚款：

（一）机场设备交付使用时，未对照相关标准和技术规范等进行核实、验收并进行记录的；

（二）未及时向机场管理机构报告更新机场设备登记或者安全技术档案信息的；

（三）对设备主体结构、主要部件或操作系统进行改造升级，未获得原制造商的认可，或者未经重新检验合格即投入使用的；

（四）发现机场设备存在安全隐患或设计缺陷未及时报告机场管理机构和民航地区管理局的；

（五）机场设备在运行过程中发生运行事故、出现严重故障、航空器地面事故征候或者其他与民用航空器运行有关的不安全事件，未及时报告机场管理机构和民航地区管理局的。

第七十七条 违反本规定，制造商、检验机构或使用单位拒不接受民航管理部门依法实施的监督检查的，责令限期改正；逾期未改正的，责令停产停业整顿，处2万元以上10万元以下罚款，情节严重的，处10万元以上20万元以下罚款。

第七十八条 民航管理部门工作人员在受理申请人申请以及对在用机场设备的持续安全监督管理过程中违反法律、行政法规和本规定的，由有关部门依法给予行政处分；构成犯罪的，依法追究刑事责任。

第九章 附 则

第七十九条 本规定自2016年5月14日起施行。2005年9月14日施行的《民用机场专用设备使用管理规定》（民航总局令第150号，CCAR-137CA-R2）同时废止。

附录

民用机场专用设备目录

1 航空器地面服务设备

1.1 飞机地面电源机组

1.2 飞机静变电源机组

1.3 飞机地面气源机组

1.4 飞机地面空调机组

1.5 飞机牵引设备

1.6 飞机清水车

1.7 飞机污水车

1.8 航空食品车

1.9 航空垃圾接收车

1.10 飞机除冰设备

1.11 飞机充氧设备

1.12 管线加油设备

1.13 罐式加油设备

1.14 旅客登机梯

1.15 行动不便旅客登机设备

1.16 旅客登机桥

1.17 散装货物装载机

1.18 集装货物装载机

2 目视助航设备

2.1 航空灯标

2.2 进近灯

2.3 顺序闪光灯系统

2.4 精密进近航道指示器

2.5 跑道入口识别灯

2.6 跑道入口翼排灯

2.7 跑道入口灯

2.8 跑道末端灯

2.9 接地带灯

2.10 跑道中线灯

2.11 跑道边灯

2.12 滑行道中线灯

2.13 滑行道边灯

2.14 快速出口滑行道指示灯

2.15 中间等待位置灯

2.16 停止排灯

2.17 跑道警戒灯

2.18 航空障碍灯

2.19 风向标

2.20 滑行道边反光标志物

2.21 跑道和滑行道标记牌

3 目视助航相关设备

3.1 调光器

3.2 隔离变压器

3.3 助航灯光电缆

3.4 电缆连接器

3.5 隔离变压器箱

3.6 助航灯光监控系统

4 直升机场目视助航设备

4.1 直升机场灯标

4.2　进近恒光灯
4.3　进近闪光灯
4.4　瞄准点灯
4.5　接地和离地区灯
4.6　滑行道边灯
4.7　滑行道中线灯
4.8　目视进近坡度指示系统
4.9　目视对准定线引导系统
4.10　最终进近和起飞地区灯
5　其他地面服务设备
5.1　旅客行李处理系统
5.2　摩擦系数测试设备
5.3　机坪地井盖
5.4　机坪排水沟箅子
5.5　道路等待位置灯

民用航空行政检查工作规则

（2016年4月13日交通运输部令2016年第40号公布　自2016年5月14日起施行）

第一章　总　　则

第一条　为规范民航行政检查行为，保证行政检查工作的有序开展，维护公民、法人和其他组织的合法权益，根据《中华人民共和国民用航空法》《中华人民共和国安全生产法》和有关法律、法规的规定，制定本规则。

第二条　本规则所称的行政检查是指民航行政机关及其委托的组织和法律法规授权的组织依据有关法律、法规和规章，对从事民用航空活动的公民、法人或者其他组织实施的察看、了解和掌握其遵守有关法律、法规、规章和规范性文件的情况，督促其履行义务的行为。

对从事民用航空活动的公民、法人或者其他组织实施的各类行政检查，适用本规则。但是法律、法规另有规定的除外。

第三条　行政检查应当遵循依法、公开、便民、合理的原则。

第四条　从事民用航空活动的法人和其他组织，应当建立安全生产自查制度,定期对本单位安全生产状况进行检查和评价,在自查中发现不符合安全生产规定的,应当立即采取措施,及时消除事故隐患,并按照民航行政机关的要求,提交包含自查结果及采取整改措施内容的自查报告。

第五条 民航行政机关应当建立守法信用信息记录,记载辖区内从事民用航空活动的公民、法人和其他组织的违法情况。

第六条 在行政检查工作中依法采取随机确定检查人员和随机选择检查对象的行政执法方式。

第二章 行政检查的实施机关、人员及职责

第七条 民航局和民航地区管理局(以下简称管理局)可以自己的名义独立行使相应的行政检查权。

第八条 民航局制定行政检查规定和制度,指导监督全国的民航行政检查工作。

民航局可以在全国范围内组织实施行政检查。

第九条 管理局制定落实民航局行政检查规定和制度的实施办法,在本辖区范围内组织、指导民航安全监督管理局(以下简称监管局)开展行政检查。监管局应当依据管理局的分工和授权实施行政检查。

第十条 管理局之间对行政检查范围或者检查事项有争议的,报民航局确定。

第十一条 民航行政机关的职能部门,应当以本机关名义承办具体行政检查事项,不得以该部门名义实施行政检查。

第十二条 依法接受民航行政机关委托实施行政处罚及其他行政管理事项的其他组织,应当依照本规则以委托机关的名义实施行政检查。

第十三条 民航行政机关实施行政检查的工作人员应当具备监察员资格。不具备监察员资格的其他工作人员或者专业人员,可以在监察员的带领下,协助检查。

除本规则明确规定的民航行政机关、组织和个人以外,其他任何组织和个人不得实施本规则规定的行政检查。

第十四条 监察员在行政检查过程中发现现行法律、法规和规章存在问题的,应当向本级民航行政机关政策法规部门书面提出法律、法规和规章的立、改、废、释建议。

第十五条 实施行政检查的工作人员对在行政检查中了解到的当事人的商业秘密或者个人隐私承担保密责任,不得擅自向他人披露。

第三章　行政检查计划的制定

第十六条　民航行政机关组织实施行政检查,应当编制行政检查计划。

第十七条　民航局各职能部门应当明确行政检查大纲或者其他类型的行政检查要求,指导管理局编制检查计划。

行政检查计划应当根据工作职责、人员编制和被检查人的守法信用实际情况等编制,包括检查时间、被检查人、检查内容和频次,及民航行政机关认为必要的其他内容。

第十八条　民航局各职能部门的年度行政检查大纲或者行政检查要求应当在每年的 11 月底之前下发管理局,本部门的行政检查计划的编制在每年的 12 月底之前完成。

管理局在每年的 12 月底之前完成本单位行政检查计划的编制。

第十九条　管理局的职能部门、监管局认为确有需要,改变行政检查计划的,由本单位负责人批准。

对于检查计划之外的临时性检查工作,管理局、监管局对可以通过调整检查时间与行政检查计划相结合的,应当结合后组织实施;对不可与检查计划相结合的,作为新增检查项目组织实施。

第四章　行政检查的实施

第二十条　民航行政机关及其监察员应当根据行政检查计划或者经本级行政机关负责人批准,实施行政检查。

第二十一条　行政检查应当依据法律、法规、规章的规定实施。

第二十二条　监察员实施行政检查,应当出示中国民用航空监察员证件,并向被检查人告知行政检查事项。

第二十三条　被检查人认为监察员与行政检查事项有直接利害关系的,可以申请其回避。

第二十四条　被检查人对监察员依法履行行政检查职责,应当予以配合,不得拒绝、阻挠。

第二十五条　监察员应当将行政检查的时间、地点、内容、发现的问题及其处理情况,作出书面记录,并由监察员和被检查的个人、单位的负责人或者单位负责人授权的人员签字;拒绝签字的,监察员应当将情况记录在案,并向本行政机关报告。

第二十六条　民航行政机关对行政检查中发现的问题，应当做如下处理：

（一）已构成违法，但依法可以不予行政处罚的，或者违反规范性文件的，应当发出整改通知书责令立即改正或者限期改正；

（二）已构成违法，依法应当予以行政处罚的，按照行政处罚程序，实施行政处罚；

（三）依法应当采取行政强制措施的，按照第五章规定的程序实施行政强制措施；

（四）对检查中发现的事故隐患，应当责令立即排除；重大事故隐患排除前或者排除过程中无法保证安全的，应当责令从危险区域内撤出作业人员，责令暂时停产停业或者停止使用相关设施、设备；重大事故隐患排除后，经审查同意，方可恢复生产经营和使用；

（五）不再具备安全生产条件的单位和个人，按照行政许可撤销程序，撤销原许可决定；

（六）依法应当予以关闭的，报请县级以上人民政府按照国务院规定的权限决定；

（七）明显涉嫌犯罪的，应当按照国务院相关规定，移送公安机关或者人民检察院。

对于直接涉及安全风险的违法行为，可以在对安全风险进行综合分析的基础上，依法作出行政处理决定。

第二十七条　民航行政机关应当对检查发现的问题进行跟踪，督促被检查人按期改正，并按照下列情况分别处理：

（一）已经按照要求改正违法行为的，行政检查程序终结；

（二）未能按照要求完成整改的，记录相关情况，并书面通报其上级主管部门或者县级以上地方人民政府，同时就整改事项申请人民法院强制执行；

（三）未能按照要求完成整改，依法可以行政处罚的，予以处罚。

第二十八条　民航行政机关及其监察员对行政检查中发现的问题，已履行法定安全监管职责，依法进行处理的，行政检查程序终结。

第二十九条　民航行政机关应当按照民航行政机关执法案卷管理规定建立行政检查档案，对行政检查过程中形成或者收集的文件资料立卷归档。

行政检查后进入行政处罚程序的，行政检查过程中形成或者收集的文件资料与行政处罚文件资料一并立卷归档。

第三十条　民航行政机关及其监察员应当将行政检查中发现依法应当给予责令整改、行政处罚、行政强制或者撤销许可处理决定的违法行为记入其守法信用信息记录，并依法将受到行政处罚、行政强制或者撤销许可的违法主体的名单、行政处罚信息进行公示。

企业应当自下列信息形成之日起 20 个工作日内通过法定途径向社会公示：

（一）受到行政处罚的信息；

（二）其他依法应当公示的信息。

民航行政机关对于记入守法信用信息记录的违法主体未依法申报上述信息的行为，可以依法向工商行政管理部门进行举报，并提供相关处理决定信息。

第三十一条 民航行政机关发现其公示的信息不准确的，应当及时更正。公民、法人或者其他组织有证据证明民航行政机关公示的信息不准确的，有权要求民航行政机关予以更正。

公民、法人或其他组织自被列入守法信用信息记录之日起满 3 年或者违法行为认定被撤销的，由民航行政机关将其移出守法信用信息记录。

第五章 行政检查中的行政强制措施

第三十二条 民航行政机关在行政检查过程中针对发现的问题，依照法律、行政法规规定行使相应的行政强制权。

第三十三条 民航行政机关采取的行政强制措施，是指在行政管理过程中，为制止违法行为、防止证据损毁、避免危害发生、控制危险扩大等情形，依法对公民、法人或者其他组织的财物实施暂时性控制的行为。

第三十四条 有下列情形之一的，民航行政机关应当依法采取行政强制措施：

（一）对有根据认为不符合保障安全生产的国家标准或行业标准的设施、设备、器材以及违法生产、储存、使用、经营、运输的危险物品予以查封或扣押，对相关场所予以查封；

（二）未依法取得安全生产的相关批准，擅自从事有关活动的，应当予以查封、取缔，并依法处理；

（三）在证据可能灭失或者以后难以取得的情况下，对证据进行先行登记保存；

（四）其他应当采取行政强制措施的情形。

第三十五条 实施行政强制措施应当遵守下列规定：

（一）行政强制措施应当由两名以上监察员实施；

（二）违法行为情节显著轻微或者没有明显社会危害的，可以不采取行政强制措施；

（三）行政强制措施的实施应当经本单位法制职能部门进行法律审查同意后，报请本单位负责人批准；

（四）情况紧急，需要当场实施行政强制措施的，监察员应当在二十四小时内向本单位负责人报告，并补办批准手续。本单位负责人认为不应当采取行政强制措施的，应当立即解除。

第三十六条 行政强制措施应当按照下列程序实施：

监察员出示监察员证件，通知当事人到场，告知当事人采取行政强制措施的理由、依据及当事人依法享有的权利、救济途径，送达《民航行政强制措施决定书》及相关清单，充分听取当事人的陈述和申辩。

制作《民航实施行政强制措施现场笔录》，将实施行政强制措施的现场情况予以记录，并由当事人和监察员签名或盖章，当事人拒绝的，在笔录中予以注明；当事人不到场的，邀请见证人到场，由见证人和监察员在现场笔录上签名或者盖章。

第三十七条 采取行政强制措施后，应当及时查清事实，在法律、行政法规规定的期限内作出处理决定。

对于当事人没有违法行为的，不再需要实施行政强制措施的，以及期限已届满等情形要及时作出解除决定。

对于先行登记保存的证据，应当在七日内及时作出处理决定。采取证据保全措施的，应避免造成当事人损失；无法完全避免损失的，应采取可能造成最小损失的方式。

第三十八条 民航行政机关解除行政强制措施应当按照下列程序实施：

（一）行政强制措施的承办部门提出审查意见报本单位法制职能部门审查；

（二）经法制职能部门审查同意后报请本单位负责人批准；

（三）制作并送达《民用航空解除行政强制措施决定书》。实施查封扣押的，还应当制作《民用航空解封（退还）物品清单》。

第三十九条 行政强制措施的法律文书应当加盖本行政机关印章并送达当事人。当事人拒绝接收或者无法送达当事人的，应当依照《中华人民共和国民事诉讼法》的有关规定送达。

第六章 行政检查的监督和法律责任

第四十条 公民、法人或者其他组织认为民航行政机关或者监察员在行政检查中侵犯其合法权益的，有权向该级行政机关或者其上级行政机关投诉，该级行政机关或者其上级行政机关应依据有关规定调查处理。

第四十一条 民航行政机关实施行政检查,有下列情形之一,由上级行政机关或者有关部门责令改正,造成严重后果的,应当对直接负责的主管人员和其他责任人员依法给予行政处分:

(一)未能按时完成检查计划且无合理理由的;

(二)不按规定及时上报或者隐瞒被检查人违法情况的;

(三)违反相关规定,不履行法定检查职责或者超越权限实施检查行为的;

(四)违反本规则规定的行政检查程序实施检查行为的;

(五)违反法定程序,实施行政强制措施的。

第四十二条 有下列情形之一的,民航行政机关及监察员不承担责任;法律、法规对行政执法责任追究另有规定的,依照其规定:

(一)因公民、法人、其他组织及有关实际控制人的行为,致使民航行政机关及其内设机构、监察员无法作出正确行政执法行为的;

(二)因有关行政执法依据规定不一致,致使行政执法行为适用法律、法规和规章依据不当的,或因上级机关对法律适用问题进行裁决,而导致执法行为中止的;

(三)因不可抗力致使行政执法行为违法、不当或者未履行法定职责的;

(四)对发现的安全生产非法、违法行为和事故隐患已经依法查处,因生产经营单位及其从业人员拒不执行整改要求导致生产安全事故的;

(五)生产经营单位非法生产或者经责令停产停业整顿后仍不具备安全生产条件,民航行政机关已经依法提请县级以上地方人民政府决定取缔或者关闭的;

(六)对拒不执行行政处罚决定的生产经营单位,民航行政机关已经依法申请人民法院强制执行的;

(七)民航行政机关已经依法向有关部门提出加强和改善民用航空安全管理建议的;

(八)违法、不当的行政执法行为情节轻微并及时纠正,没有造成不良后果或者不良后果被及时消除的;

(九)依法不承担责任的其他情形。

第四十三条 实施行政检查的工作人员违反本规定,擅自将在行政检查工作中了解到的被检查人的商业秘密或者个人隐私向他人披露的,由上级行政机关或者有关部门依法追究行政责任。

第四十四条 从事民用航空活动的法人和其他组织未按要求向民航行政机关提交自查报告的,责令改正,并记入其守法信用信息记录;自查报告未完整、真实反映实际情况的，给予警告并可以处三万元以下罚款。

第四十五条 从事民用航空活动的法人或者其他组织拒绝、阻碍监察员依法实施监督检查的，责令改正；拒不改正的，处二万元以上二十万元以下的罚款；对其直接负责的主管人员和其他直接责任人员处一万元以上二万元以下的罚款；构成犯罪的，依照刑法有关规定追究刑事责任。

第七章 附 则

第四十六条 本规则自2016年5月14日起施行。《民用航空行政检查工作规则》（CCAR-13）同时废止。

民用航空企业及机场联合重组改制管理规定

（2016年4月13日交通运输部令2016年第41号公布 自2016年5月14日起施行）

第一章 总 则

第一条 为了规范民用航空企业、机场联合重组改制行为，推进建立公平有序竞争的市场秩序，根据《中华人民共和国行政许可法》、《国务院对确需保留的行政审批项目设定行政许可的决定》（国务院令第412号）、《国务院关于第六批取消和调整行政审批项目的决定》（国发〔2012〕52号）、《国务院关于取消和下放一批行政审批项目的决定》（国发〔2015〕11号）和国家其他法律、行政法规，制定本规定。

第二条 本规定所称民用航空企业及机场（以下统称民航企业），是指公共航空运输企业、通用航空企业、航空油料企业和民用机场（包括军民合用机场的民用部分）管理机构。

第三条 本规定适用于民航企业的下列联合重组改制行为：

（一）合并，是指一个具有独立法人资格的民航企业吸收另一个具有独立法人资格的民航企业；

（二）公司制改制，是指由非公司制企业法人改制为有限责任公司或者股份有限公司，以及由有限责任公司改制为股份有限公司；

（三）股权重组，是指公司制企业（通用航空企业、通用机场除外）改变股权结构，但上市公司流通股5%股份以下持有者发生变化的除外；

（四）公司制企业公开和非公开发行募集股份和股票上市；

（五）委托管理，是指公司制企业接受具有独立法人资格的民航企业委托，按照合同约定对其进行经营管理。

第四条 民航企业联合重组改制应当符合下列条件：

（一）符合国家国内投资民航业规定、外商投资民航业规定和反对垄断、推进公平竞争规定；

（二）符合国家产业发展和宏观调控政策；

（三）符合国家有关法律、法规和规章；

（四）有利于保证安全生产和安全飞行。

第五条 民航企业联合重组改制，应当经所在辖区中国民用航空地区管理局（以下简称民航地区管理局）许可。未经许可，民航企业不得进行联合重组改制。

已经许可的民航企业应当接受中国民用航空局（以下简称民航局）和民航地区管理局的监管。

第二章　申请、受理、决定

第六条 拟实施联合重组改制行为的民航企业为许可事项申请人。

第七条 民航企业联合重组改制，由申请人向其住所地民航地区管理局提出许可申请。跨地区联合重组改制且其他参与方为民航企业的，申请人住所地民航地区管理局应当在征求其他参与方住所地民航地区管理局意见后办理。

第八条 申请人向民航地区管理局申请许可应当提供下列文件：

（一）加盖公章的正式申请文件，内容应包含联合重组改制方案；

（二）《民航企业及机场联合重组改制许可申请表》（附件1）；

（三）申请人、拟参与民航企业联合重组改制的企业和个人的基本资料，包括：营业执照（复印件加盖公章）；最新股权结构说明；属于民航企业的，还应当提供经营许可证（复印件加盖公章）；自然人参与民航企业联合改制重组的（购买上市公司流通股5%以下者除外），须提供个人履历表（附件2）；

（四）各方签订的有关联合重组改制的合同、协议；

（五）公司制企业提交该企业的股东会决议等文件，其他非公司制法人提交资产所有者或上级主管单位出具的同意企业实施联合重组改制的文件；

（六）民航地区管理局认为应当提交的可能涉及安全管理、防止垄断等其他相关材料。

申请人应当将以上申请文件装订成册，一式两份，其中至少一份为原件，并提交申请文件电子版。申请材料应当逐份加盖申请人公章或签字确认。

第九条 申请人应当对其所提交的文件、资料的真实性、合法性、完整性负责。

第十条 民航地区管理局对申请人提出的许可申请，应当根据下列情况分别作出处理：

（一）申请材料齐全、符合要求的，应当受理许可申请（附件3）；

（二）申请材料不齐全或者不符合要求的，应当当场或者在五日内发出《民航企业及机场联合重组改制许可申请材料补正通知书》（附件4），一次告知申请人需要补正的全部内容，逾期不告知的，自收到申请材料之日起即为受理。申请人补正全部内容后，应当受理申请。申请人不补正全部内容的，不予受理申请（附件5）。

第十一条 民航地区管理局应当自受理许可申请之日起二十日内作出行政许可决定（附件6、7）。二十日内不能作出决定的，经民航地区管理局负责人批准，可以延长十日，并应当将延长期限的理由告知申请人。

第十二条 民航地区管理局作出准予许可决定，应当向申请人颁发加盖民航地区管理局印章的批准文件，并应当自作出决定之日起十日内向申请人送达批准文件，一个月内向民航局备案批准文件。

作出不予许可的书面决定的，应当说明理由，并告知申请人享有依法申请行政复议或者提起行政诉讼的权利。

第十三条 申请人获得联合重组改制准予许可的六个月内，许可事项无法按期实施完毕的，应在期限届满一个月前书面向审批机关申请延期，最多延期六个月，延期一次。超期未能实施完毕的，应当重新申请许可。

第十四条 民航地区管理局认为申请事项直接关系他人重大利益的，应当告知利害关系人。申请人、利害关系人有权进行陈述和申辩。民航地区管理局应当根据申请人和利害关系人的意见，作出是否准予许可的决定。

第三章 监督检查

第十五条 获得联合重组改制准予许可的申请人，应当按照经许可同意的联合重组改制方案实施联合重组改制，未经民航地区管理局同意不得擅自变更。如确需变更，应当将变更后的联合重组改制方案或变更事项报民航地区管理局重新申请获得许可。

第十六条 民航企业应当在每年1月30日之前向民航地区管理局报送股权信息，并提交法人营业执照副本复印件和行业经营许可证书副本复印件。

第十七条 民航地区管理局通过以下方式对民航企业联合重组改制行为实施监督检查：

(一)核查民航企业报送的股权信息；

(二)汇总企业信用信息公示系统相关信息；

(三)抽查民航企业股权信息。

民航地区管理局实施监督检查，不得妨碍被许可人正常的生产经营活动，不得索取或者收受被许可人的财物，不得谋取其他利益。

第十八条 其他组织或个人有权对民航企业联合重组改制违规行为进行投诉或者举报，对民航行政机关工作人员的违法行为进行投诉或者举报。

民航行政机关对被投诉或者举报的企业或工作人员应当认真查处，并将结果告知投诉人或者举报人。

第四章 法律责任

第十九条 未经民航地区管理局许可而实施联合重组改制的，民航地区管理局对联合重组改制企业给予警告，并处以一万元以上二万元以下罚款，情节严重的，处以二万元以上三万元以下罚款，同时责令补充提交相关申请材料。

该企业的违法信息同时记入企业信用信息记录，定期向社会公布。

第二十条 申请人违反本规定第九条的规定，隐瞒有关情况或者提供虚假材料申请许可的，民航地区管理局不予受理或者不予许可，并给予警告。

第二十一条 被许可人以欺骗、贿赂等不正当手段取得许可的，民航地区管理局应当撤销许可(附件8)，并处以一万元以上三万元以下罚款。

第五章 附则

第二十二条 本规定所指的实施行政许可的期限以工作日计算，不含法定节假日。

第二十三条 本规定自2016年5月14日起施行。2005年7月20日发布的《民用航空企业机场联合重组改制管理规定》(CCAR-229)同时废止。

第二十四条 民航地区管理局可以依据本规定制定实施细则。

附件 1

民航企业及机场联合重组改制许可申请表

申请日期：　　年　　月　　日

申请人(单位)					
申请人住址					
法人代表		职务		邮编	
申请事项					
最新股权结构说明					
申请人签署意见及加盖公章					
经办人姓名及联系方式					

备注：经办人联系方式请注明办公电话、传真、手机、通信地址及邮编。

附件2

民航企业及机场联合重组改制
许可申请个人履历表

姓　名		性　别		一寸免冠照片粘贴处
国　籍		文化程度		
身份证号码(外籍者请注明证件名称)		联系电话		

工作简历	起止年月	工作单位和部门	职务

（身份证明复印件粘贴处）	签　　字：

附件 3

民航企业及机场联合重组改制
许可申请受理通知书

编号:民航〔　　〕号

________________________:

根据《民用航空企业及机场联合重组改制管理规定》,经对你单位提交的申请材料进行审核,现同意正式受理你单位关于____申请。

我局将于二十日内就该许可事项依法作出书面许可决定。依法需要进行听取利害关系人意见、听证、公告、核查的,其期限不计算在内。

(盖　章)

年　月　日

地　址:　　　　　　邮　编:

承办单位:　　　　　联系人:

电　话:　　　　　　传　真:

附件 4

民航企业及机场联合重组改制许可申请材料补正通知书

编号:民航〔　　〕号

____________________________:

你单位于________年________月________日递交关于______________________________

____

事项的申请材料。经初步审查,现需你单位补充如下材料:

1. ____

2. ____

3. ____

4. ____

5. ____

依法告知后,请申请人于________日内提交补正材料。

(盖　章)

年　　月　　日

地　　址:　　　　　　　　　　　　　　邮　编:

承办单位:　　　　　　　　　　　　　　联系人:

电　　话:　　　　　　　　　　　　　　传　真:

附件 5

民航企业及机场联合重组改制许可申请不予受理通知书

编号：民航〔　　〕号

________：

根据《行政许可法》《民用航空企业及机场联合重组改制管理规定》等相关法律、法规和规章，经对你单位________年________月________日提交许可申请进行初步审核，鉴于以下原因：

1. ________________________________；

2. ________________________________；

3. ________________________________；

4. ________________________________。

现决定不予受理你单位关于____申请。

对本通知有异议的，自收到通知之日起六十日内向中国民用航空局申请行政复议，也可自收到通知之日起六个月内直接向________人民法院起诉。

（盖　章）

年　　月　　日

附件 6

民航企业及机场联合重组改制准予许可决定书

编号:民航〔　　〕号

______________________:

根据《民用航空企业及机场联合重组改制管理规定》,经对你单位提交的申请材料进行审核,现准予你单位关于____申请。

本许可决定书有效期六个月,许可事项无法按期实施完毕应在期限届满一个月前书面向我局申请延期。

（盖　章）

年　　月　　日

地　　址:　　　　邮　编:

承办单位:　　　　联系人:

电　　话:　　　　传　真:

附件 7

民航企业及机场联合重组改制不予许可决定书

编号:民航 〔 〕 号

______________________________:

根据《行政许可法》《民用航空企业及机场联合重组改制管理规定》等相关法律、法规和规章,经对你单位________年________月________日提交许可申请进行审核,鉴于以下原因:

1. ______________________________;

2. ______________________________;

3. ______________________________;

4. ______________________________。

现决定不予许可你单位关于______________________________

______________________________申请。

对本决定有异议的,自收到决定书之日起六十日内向中国民用航空局申请行政复议,也可自收到决定书之日起六个月内直接向________人民法院起诉。

(盖 章)

年 月 日

附件 8

撤销民航企业及机场联合重组改制许可决定书

编号:民航〔　　〕号

______________________________:

________年________月________日,我局对你申请______________________________

____

行政许可事项,作出准予行政许可决定。现查明,在审批该行政许可时,存在下列违反规定的事实:____

____

____

____

根据《民用航空企业及机场联合重组改制管理规定》第________条规定,决定撤销授予你的____行政许可。

如不服本决定,可在接到本决定书之日起六十日内,向中国民用航空局申请行政复议,或在接到本决定书之日起六个月内向____________人民法院起诉。

(盖　章)

年　　月　　日

民用航空危险品运输管理规定

(2016 年 4 月 13 日交通运输部令 2016 年第 42 号公布　自 2016 年 5 月 14 日起施行)

第一章　总　　则

第一条　为加强危险品航空运输管理,促进危险品航空运输发展,保证航空运输安全,根据《中华人民共和国民用航空法》和有关法律、行政法规,制定本规定。

第二条　本规定适用于国内公共航空运输经营人(以下简称国内经营人)、在外国和中国地点间进行定期航线经营或者不定期飞行的外国公共航空运输经营人(以下简称外国经营人)以及与危险品航空运输活动有关的任何单位和个人。

第三条　中国民用航空局(以下简称民航局)依据职责对全国危险品航空运输活动实施监督管理,中国民用航空地区管理局(以下简称民航地区管理局)依据职责对辖区内的危险品航空运输活动实施监督管理。

第四条　本规定中下列用语,除具体条款中另有规定外,含义如下:

(一)“危险品”是指列在《技术细则》危险品清单中或者根据该细则归类的能对健康、安全、财产或者环境构成危险的物品或者物质。

(二)《技术细则》是指根据国际民航组织理事会制定的程序而定期批准和公布的《危险物品安全航空运输技术细则》(Doc9284 号文件)。

(三)“经营人”是指以营利为目的使用民用航空器从事旅客、行李、货物、邮件运输的公共航空运输企业,包括国内经营人和外国经营人。

(四)“托运人”是指为货物运输与承运人订立合同,并在航空货运单或者货物记录上署名的人。

(五)“货运销售代理人”是指经经营人授权,代表经营人从事货物航空运输销售活动的企业。

(六)“地面服务代理人”是指经经营人授权,代表经营人从事各项航空运输地面服务的企业。

(七)“托运物”是经营人一次在一个地址,从一个托运人处接收的,按一批和一个目的地地址的一个收货人出具收据的一个或者多个危险品包装件。

（八）“机长”是指由经营人指定的在飞行中负有指挥职能并负责飞行安全操作的驾驶员。

（九）“危险品事故”是指与危险品航空运输有关联，造成致命或者严重人身伤害或者重大财产损坏或者破坏环境的事故。

（十）“危险品事故征候”是指不同于危险品事故，但与危险品航空运输有关联，不一定发生在航空器上，但造成人员受伤、财产损坏或者破坏环境、起火、破损、溢出、液体渗漏、放射性渗漏或者包装物未能保持完整的其他情况。任何与危险品航空运输有关并严重危及航空器或者机上人员的事件也被认为构成危险品事故征候。

（十一）“例外”是指本规定中免于遵守通常适用于危险品某一具体项目要求的规定。

（十二）“包装件”是指包装作业的完整产品，包括包装物和准备运输的内装物。

（十三）“集合包装”是指为便于作业和装载，一个托运人用于装入一个或者多个包装件并组成一个操作单元的一个封闭物，此定义不包括集装器。

（十四）“集装器”是指任何类型的货物集装箱、航空器集装箱、带网的航空器托盘或者带网集装棚的航空器托盘，此定义不包括集合包装。

（十五）“包装物”是指具有容纳作用的容器和任何其他部件或者材料。

（十六）“始发国”是指在其领土内最初将货物装载于航空器上的国家。

（十七）“联合国编号”是指为识别一种物质或者一组特定的物质，而由联合国危险品运输专家委员会所指定的四位数字编码。

第五条 经营人和其他从事危险品航空运输活动的单位和个人从事危险品航空运输活动应当遵守现行有效的《技术细则》及其补充材料和任何附录，中华人民共和国的法律、行政法规、规章和其他民航局规范性文件另有规定的除外。

第六条 从事危险品航空运输活动的相关单位应当建立自查制度，对直接关系航空运输安全的危险品航空运输手册、管理程序、培训大纲、人员资质等实施自查，使之保持最新有效，相关规定得到严格执行。

第二章 危险品航空运输的限制和豁免

第七条 危险品航空运输应当遵守本规定和《技术细则》规定的详细规格和程序。

第八条 除本规定第十二条、第十三条予以豁免或者按照《技术细则》规定经始发国批准可以运输的情况外，禁止下列危险品装上航空器：

（一）《技术细则》中规定禁止在正常情况下运输的危险品；

（二）受到感染的活动物。

第九条 禁止通过航空邮件邮寄危险品或者在航空邮件内夹带危险品，《技术细则》中另有规定的除外。

禁止将危险品匿报或者谎报为普通物品作为航空邮件邮寄。

邮政企业、快递企业收寄危险品的，依照《中华人民共和国邮政法》的规定处罚。

第十条 任何航空器均不得载运《技术细则》中规定的在任何情况下禁止航空运输的物品和物质。

第十一条 符合下列情况的物质和物品，不受本规定的限制：

（一）已分类为危险品的物品和物质，根据有关适航要求和运行规定，或者因《技术细则》列明的其他特殊原因需要装上航空器时。

航空器上载运的上述物品和物质的替换物，或者因替换已被卸下的物品或者物质，除《技术细则》允许外，应当按本规定进行运输。

（二）旅客或者机组成员携带的在《技术细则》规定范围内的特定物品和物质。

第十二条 下列情况，民航地区管理局可以根据《技术细则》的规定批准运输：

（一）对于《技术细则》指明经批准可以运输禁止用客机和/或者货机运输的危险品；

（二）符合《技术细则》规定的其他目的的。

上述情况下，运输的总体安全水平必须达到相当于《技术细则》所规定的安全水平。如果《技术细则》没有明确提及允许给予某一批准，则可寻求豁免。

第十三条 在极端紧急或者不适宜使用其他运输方式或者完全遵照规定的要求与公共利益相违背的情况下，民航地区管理局对《技术细则》的规定可予以豁免，但在此情况下应当尽全力使运输的总体安全水平达到与这些规定要求的同等安全水平。

第三章 危险品航空运输许可程序

第一节 一般规定

第十四条 经营人从事危险品航空运输，应当取得危险品航空运输许可并根据许可内容实施。

第十五条 民航地区管理局应当告知申请人有关危险品航空运输的政策和规定，为申请人申请危险品航空运输许可提供咨询和申请书的标准格式。

第十六条 遇灾害运送救援人员或者物资等重大、紧急和特殊情况，民航地区管理局应当按照民航局的相关要求办理危险品航空运输许可。

第十七条 民航地区管理局作出的危险品航空运输许可应当包含下列内容：

（一）说明经营人应按本规定和《技术细则》的要求，在批准的经营范围内实施运行；

（二）批准运输的危险品类别；

（三）许可的有效期；

（四）必要的限制条件。

第二节 国内经营人危险品航空运输的申请和许可

第十八条 国内经营人申请危险品航空运输许可的，应当符合下列条件：

（一）持有公共航空运输企业经营许可证；

（二）危险品航空运输手册符合危险品运输的要求；

（三）危险品培训大纲符合危险品运输的要求；

（四）按危险品航空运输手册建立了危险品航空运输管理和操作程序、应急方案；

（五）配备了合适的和足够的人员并按危险品培训大纲完成培训并合格；

（六）有能力按本规定、《技术细则》和危险品航空运输手册实施危险品航空运输。

第十九条 国内经营人首次申请危险品航空运输许可的，应当向民航地区管理局提交下列材料：

（一）申请书；

（二）公共航空运输企业经营许可证复印件；

（三）拟从事危险品航空运输的经营范围和危险品的类别；

（四）危险品航空运输手册；

（五）危险品培训大纲；

（六）符合本规定及《技术细则》培训要求的说明；

（七）危险品应急响应方案；

（八）符合性声明；

（九）民航局要求的其他材料。

第二十条 国内经营人应当确保所提交材料的真实有效。申请材料齐全、符合法定形式的,民航地区管理局应当受理国内经营人的申请。材料不齐全或者不符合法定形式的,民航地区管理局应当当场或者在 5 日内一次性通知需要补充的全部材料,逾期不通知的,自收到申请材料之日起即为受理。

第二十一条 民航地区管理局对国内经营人的危险品航空运输手册、危险品培训大纲和相关文件进行审查。国内经营人按危险品航空运输手册建立相关管理和操作程序,按培训大纲进行培训。民航地区管理局对相关程序和培训质量进行检查,确保其符合本规定和《技术细则》的要求。

经过审查,确认国内经营人符合本规定第十八条要求的,由民航地区管理局为其颁发危险品航空运输许可。经审查不合格,民航地区管理局依法做出不予许可决定的,应当书面告知申请人,并说明理由。

第二十二条 民航地区管理局应当自受理危险品航空运输许可的申请之日起 20 日内完成审查并做出是否许可的决定。需要进行专家评审的,民航地区管理局应当将所需的评审时间书面告知申请人,评审时间不计入作出许可的期限内。

第三节　外国经营人危险品航空运输的申请和许可

第二十三条 外国经营人申请在外国地点和中国地点间的定期航线上运输危险品的,应当符合下列条件:

(一)持有民航局颁发的外国航空运输企业航线经营许可;

(二)获得所在国民航主管部门颁发的危险品航空运输许可或者等效文件;

(三)持有所在国民航主管部门批准的危险品培训大纲或者等效文件,配备了合适的和足够的人员并按危险品培训大纲完成培训并合格;

(四)持有所在国民航主管部门批准的危险品航空运输手册或者等效文件,并按危险品航空运输手册建立了危险品航空运输管理和操作程序、应急方案。

第二十四条 外国经营人申请在外国地点和中国地点间的定期航线上运输危险品的,应当向民航地区管理局提交下列材料:

(一)申请书;

(二)外国经营人所在国民航主管部门颁发的危险品航空运输许可或者等效文件;

(三)拟实施危险品航空运输的经营范围和危险品的类别;

(四)外国经营人所在国民航主管部门批准的危险品航空运输手册或者等

效文件；

（五）外国经营人所在国民航主管部门批准的危险品培训大纲或者等效文件；

（六）民航局颁发给该外国经营人的航线经营许可证的复印件；

（七）符合本规定及《技术细则》有关培训要求的说明；

（八）民航局要求的其他材料。

第二十五条 申请在外国地点和中国地点间的定期航线上运输危险品的外国经营人应当在预计开始运输危险品之日60日前，按照本规定第二十四条的要求向民航地区管理局提出正式申请，并确保所提交材料的真实有效。

申请材料齐全、符合法定形式的，民航地区管理局应当受理外国经营人的申请。材料不齐全或者不符合法定形式的，民航地区管理局应当当场或者在5日内一次性通知该外国经营人需要补充的全部材料，逾期不通知的，自收到申请材料之日起即为受理。

第二十六条 民航地区管理局应当对外国经营人的申请进行审查。经过审查，确认外国经营人符合本规定第二十三条要求的，由民航地区管理局为其颁发定期航线上危险品航空运输许可。

经审查不合格，民航地区管理局依法做出不予许可决定的，应当书面告知外国经营人，并说明理由。

第二十七条 民航地区管理局应当自受理外国经营人在外国地点和中国地点间的定期航线上运输危险品的申请之日起20日内做出是否许可的决定。

第二十八条 外国经营人申请在外国地点和中国地点间的不定期飞行时运输危险品的，应当符合下列条件：

（一）持有所在国民航主管部门颁发的危险品航空运输许可或者等效文件；

（二）若从外国始发，持有危险品始发国民航主管部门颁发的危险品航空运输许可或者等效文件；

（三）执行不定期飞行相关人员按危险品培训大纲完成培训并合格；

（四）按危险品航空运输手册建立了危险品航空运输管理和操作程序、应急方案；

（五）同中国境内符合本规定要求并经备案的地面服务代理人签订包括航空运输危险品内容的机场地面服务代理协议；

（六）有能力按本规定、《技术细则》和危险品航空运输手册实施危险品航空运输。

第二十九条 外国经营人申请在外国地点和中国地点间的不定期飞行运

输危险品的，应当向民航地区管理局提交下列材料：

（一）申请书；

（二）外国经营人所在国民航主管部门颁发的危险品航空运输许可文件或者等效文件；

（三）若从外国始发，危险品始发国民航主管部门颁发的危险品航空运输许可文件或者等效文件；

（四）拟实施危险品航空运输的经营范围和危险品类别；

（五）同中国境内地面服务代理人签订的地面服务代理协议；

（六）执行不定期飞行相关人员符合《技术细则》有关培训要求的说明；

（七）民航局或者民航地区管理局要求的其他材料。

第三十条 申请在外国地点和中国地点间的不定期飞行运输危险品的外国经营人应当在预计飞行日7日前向民航地区管理局提出申请。不符合此时限要求的，民航地区管理局不予受理。

第三十一条 申请在外国地点和中国地点间的不定期飞行运输危险品的外国经营人应当按照本规定第二十九条的要求向民航地区管理局提交申请材料，并确保所提交材料的真实有效。申请材料齐全、符合法定形式的，民航地区管理局应当受理申请；申请材料不齐全或者不符合法定要求的，民航地区管理局应当当场或者3日内一次性告知申请人需要补齐的全部材料，逾期不告知申请人的，自收到申请材料之日起即为受理。

第三十二条 民航地区管理局应当对外国经营人的申请进行审查。经过审查，外国经营人符合本规定第二十八条条件的，民航地区管理局应当为外国经营人颁发不定期飞行运输危险品的许可。

经审查不合格，民航地区管理局依法做出不予许可决定的，应当书面告知外国经营人，并说明理由。

民航地区管理局应当自受理申请之日起4日内进行审查，并做出许可或者不许可的书面决定。民航地区管理局做出不予许可决定的，还应当向外国经营人说明理由。

第三十三条 本节要求提交的申请材料，如使用的是中文或者英文以外的其他文字，应当附带准确的中文或者英文译本。

第四节 危险品航空运输许可的期限、变更和延期

第三十四条 危险品航空运输许可的有效期最长不超过2年。出现下列情形之一的，危险品航空运输许可失效：

（一）经营人书面声明放弃；

（二）许可依法被撤销或者吊销；

（三）许可有效期届满后未申请延期。

第三十五条 危险品航空运输许可持有人要求变更许可事项的，应当向民航地区管理局提出申请；提交材料应当包括申请书和本规定第十九条、第二十四条中发生变更的材料。符合本规定要求的，民航地区管理局应当依法办理变更手续。

第三十六条 经营人依据本规定第十九条、第二十四条规定在申请危险品航空运输许可时所提交的材料，在许可有效期限内发生变化的，经营人应当将更新后的材料报民航地区管理局批准或认可。

第三十七条 危险品航空运输许可持有人申请许可有效期延期的，应当在许可有效期届满30日前向民航地区管理局提出申请；提交的材料应当包括申请书和本规定第十九条、第二十四条中发生变更的材料。民航地区管理局应当在许可有效期届满前做出是否准予延期的决定；逾期未做出决定的，视为准予延期。

第四章　危险品航空运输手册

第三十八条 国内经营人依据《公共航空运输企业经营许可规定》相关要求申请公共航空运输企业经营许可时，应当将符合本规定要求的危险品航空运输手册与其他公共航空运输企业经营许可申请材料一并提交所在地民航地区管理局进行审查。

危险品航空运输手册的内容可以按照专业类别及其承担的责任编入经营人运行、地面服务和客货运输业务等其他手册中。

第三十九条 经营人应当在工作场所的方便查阅处，为危险品航空运输有关人员提供其所熟悉的文字编写的危险品航空运输手册，以便飞行机组和其他人员履行危险品航空运输职责。

第四十条 国内经营人的危险品航空运输手册应当至少包括以下内容：

（一）进行危险品航空运输的总政策；

（二）有关危险品航空运输管理和监督的机构和职责；

（三）旅客和机组人员携带危险品的限制；

（四）危险品事故、危险品事故征候的报告程序；

（五）货物和旅客行李中隐含危险品的识别；

（六）使用自营航空器运输本经营人危险品的要求；

（七）人员的培训；

(八)危险品航空运输应急响应方案;

(九)紧急情况下危险品运输预案;

(十)其他有关安全的资料或者说明。

从事危险品运输经营人的危险品航空运输手册还应当包括以下内容:

(一)危险品航空运输的技术要求及其操作程序;

(二)通知机长的信息。

国内经营人应当采取措施保持危险品航空运输手册所有内容的实用性和有效性。

第四十一条 经营人应当采取必要措施,使其人员及其货运销售代理人和地面服务代理人的人员在履行相关职责时,充分了解危险品运输手册中与其职责相关的内容,并确保危险品的操作和运输按照其危险品航空运输手册中规定的程序和要求实施。

第四十二条 民航地区管理局可以通过书面形式要求国内经营人对危险品运输手册的相关内容、分发或者修订做出调整。

第五章 危险品航空运输的准备

第四十三条 托运人应当根据《技术细则》的规定对航空运输的危险品进行分类、识别、包装、标签和标记,提交正确填制的危险品运输文件。

第四十四条 航空运输的危险品所使用的包装物应当符合下列要求:

(一)包装物应当构造严密,能够防止在正常运输条件下由于温度、湿度或者压力的变化,或者由于振动而引起渗漏;

(二)包装物应当与内装物相适宜,直接与危险品接触的包装物不能与该危险品发生化学反应或者其他反应;

(三)包装物应当符合《技术细则》中有关材料和构造规格的要求;

(四)包装物应当按照《技术细则》的规定进行测试;

(五)对用于盛装液体的包装物,应当能承受《技术细则》中所列明的压力而不渗漏;

(六)内包装应当以防止在正常航空运输条件下发生破损或者渗漏的方式进行包装、固定或者垫衬,以控制其在外包装物内的移动。垫衬和吸附材料不得与包装物的内装物发生危险反应;

(七)包装物应当在检查后证明其未受腐蚀或者其他损坏时,方可再次使用。再次使用包装物时,应当采取一切必要措施防止随后装入的物品受到污染;

（八）如果由于之前内装物的性质，未经彻底清洗的空包装物可能造成危害时，应当将其严密封闭，并按其构成危害的情况加以处理；

（九）包装件外部不得粘附构成危害数量的危险物质。

第四十五条 每一危险品包装件应当粘贴适当的标签，并且符合《技术细则》的规定，《技术细则》另有规定的除外。

第四十六条 每一危险品包装件应当标明其内装物的运输专用名称，《技术细则》另有规定的除外。如有指定的联合国编号，则需标明此联合国编号以及《技术细则》中规定的其他相应标记。

每一按照《技术细则》的规格制作的包装物，应当按照《技术细则》中有关的规定予以标明，《技术细则》另有规定的除外；不符合《技术细则》中有关包装规格的包装物，不得在该包装物上标明包装物规格的标记。

第四十七条 国际航空运输时，除始发国要求的文字外，标记应当加用英文。

第六章　托运人的责任

第四十八条 托运人应当确保所有办理托运手续和签署危险品运输文件的人员已按本规定和《技术细则》要求接受相关危险品知识的培训并合格。

第四十九条 托运人将危险品的包装件或者集合包装件提交航空运输前，应当按照本规定和《技术细则》的规定，保证该危险品不是航空运输禁运的危险品，并正确地进行分类、包装、加标记、贴标签、提供真实准确的危险品运输相关文件。

托运国家法律、法规限制运输的危险品，应当符合相关法律、法规的要求。

第五十条 禁止在普通货物中夹带危险品或者将危险品匿报、谎报为普通货物进行托运。

第五十一条 凡将危险品提交航空运输的托运人应当向经营人提供正确填写并签字的危险品运输文件，文件中应当包括《技术细则》所要求的内容，《技术细则》另有规定的除外。

危险品运输文件中应当有经危险品托运人签字的声明，表明按运输专用名称对危险品进行完整、准确地描述和该危险品是按照《技术细则》的规定进行分类、包装、加标记和贴标签，并符合航空运输的条件。

必要时，托运人应当提供物品安全数据说明书或者经营人认可的鉴定机构出具的符合航空运输条件的鉴定书。托运人应当确保危险品运输文件、物品安全数据说明书或者鉴定书所列货物与其实际托运的货物保持一致。

第五十二条 国际航空运输时，除始发国要求的文字外，危险品运输文件应当加用英文。

第五十三条 托运人必须保留一份危险品运输相关文件至少 24 个月。上述文件包括危险品运输文件、航空货运单以及本规定和《技术细则》要求的补充资料和文件。

第五十四条 托运人委托的代理人的人员应当按照本规定和《技术细则》的要求接受相关危险品知识的培训并合格。

第五十五条 托运人的代理人代表托运人从事危险品航空运输活动的，适用本规定有关托运人责任的规定。

第七章 经营人及其代理人的责任

第一节 经营人的责任

第五十六条 经营人应当在民航地区管理局颁发的危险品航空运输许可所载明的范围和有效期内开展危险品航空运输活动。

第五十七条 经营人应当制定措施防止行李、货物、邮件及供应品中隐含危险品。

第五十八条 经营人接收危险品进行航空运输至少应当符合下列要求：

(一)附有完整的危险品运输文件，《技术细则》另有要求的除外；

(二)按照《技术细则》的接收程序对包装件、集合包装件或者装有危险品的专用货箱进行检查；

(三)确认危险品运输文件的签字人已按本规定及《技术细则》的要求培训并合格。

第五十九条 经营人应当制定和使用收运检查单以遵守本规定第五十七条、第五十八条的规定。

第六十条 装有危险品的包装件和集合包装件以及装有放射性物质的专用货箱应当按照《技术细则》的规定在航空器上装载。

第六十一条 装有危险品的包装件、集合包装件和装有放射性物质的专用货箱在装上航空器或者装入集装器之前，应当检查是否有泄漏和破损的迹象。泄漏或者破损的包装件、集合包装件或者装有危险品的专用货箱不得装上航空器。

第六十二条 集装器未经检查并证实其内装的危险品无泄漏或者无破损迹象之前不得装上航空器。

第六十三条 装上航空器的任何危险品包装件出现破损或者泄漏，经营人应当将此包装件从航空器上卸下，或者安排由有关机构从航空器上卸下。在此之后应当保证该托运物的其余部分符合航空运输的条件，并保证其他包装件未受污染。

第六十四条 装有危险品的包装件、集合包装件和装有放射性物质的专用货箱从航空器或者集装器卸下时，应当检查是否有破损或者泄漏的迹象。如发现有破损或者泄漏的迹象，则应当对航空器上装载危险品或者集装器的部位进行破损或者污染的检查。

第六十五条 危险品不得装在航空器驾驶舱或者有旅客乘坐的航空器客舱内，《技术细则》另有规定的除外。

第六十六条 在航空器上发现由于危险品泄漏或者破损造成任何有害污染的，应当立即进行清除。

受到放射性物质污染的航空器应当立即停止使用，在任何可接触表面上的辐射程度和非固着污染超过《技术细则》规定数值的，不得重新使用。

第六十七条 装有可能产生相互危险反应的危险品包装件，不得在航空器上相邻放置或者装在发生泄漏时包装件可产生相互作用的位置上。

毒性物质和感染性物质的包装件应当根据《技术细则》的规定装在航空器上。

装在航空器上的放射性物质的包装件，应当按照《技术细则》的规定将其与人员、活动物和未冲洗的胶卷进行分离。

第六十八条 符合本规定的危险品装上航空器时，经营人应当保护危险品不受损坏，应当将这些物品在航空器内加以固定以免在飞行时出现任何移动而改变包装件的指定方向。对装有放射性物质的包装件，应当充分固定以确保在任何时候都符合本规定第六十七条第三款规定的分离要求。

第六十九条 贴有“仅限货机”标签的危险品包装件，按照《技术细则》的规定只能装载在货机上。

第七十条 经营人应当确保危险品的存储符合《技术细则》中有关危险品存储、分离与隔离的要求。

第七十一条 经营人根据本规定第五十一条要求托运人提供货物符合航空运输条件的鉴定书的，应当告知托运人其认可的鉴定机构，并确保其所认可的鉴定机构满足民航局关于货物航空运输条件鉴定机构的相关规定，同时将认可的鉴定机构报民航局备案。

自收到备案申请之日起 20 日内，民航局应当将鉴定机构予以备案，并对外公布。

第七十二条 经营人应当在载运危险品的飞行终止后，将危险品航空运输的相关文件至少保存 24 个月。上述文件至少包括收运检查单、危险品运输文件、航空货运单和机长通知单。

第七十三条 经营人委托地面服务代理人代表其从事与危险品航空运输地面服务的,应当同地面服务代理人签订涉及危险品航空运输的地面服务代理协议。所委托的中国境内的地面服务代理人应当符合本规定有关地面服务代理人的要求,所委托的中国境外的地面服务代理人应当符合所在地国家的相关法律、法规。经营人应当自危险品航空运输地面服务代理协议签订之日起 7 日内将所签订协议报民航地区管理局备案。

第七十四条 经营人委托货运销售代理人代表其从事货物航空运输销售活动的,应当同货运销售代理人签订包括危险品安全航空运输内容的航空货物运输销售代理协议,并确保所委托的货运销售代理人满足以下要求:

(一)拥有企业法人营业执照;

(二)从事危险品收运工作、货物或邮件(非危险品)收运工作的员工,从事货物或邮件的搬运、储存和装载工作的员工按照所代理的经营人认可的危险品培训大纲由符合本规定要求的培训机构培训合格;

(三)在货物、邮件收运处的醒目地点展示和提供数量充足、引人注目的关于危险品运输信息的布告,以提醒注意托运物可能含有的任何危险品以及危险品违规运输的相关规定和法律责任,这些布告必须包括危险品的直观示例;

(四)不得作为托运人或者代表托运人托运危险品;

(五)采取适当措施防止危险品被盗或者不正当使用而使人员或者财产受到损害;

(六)发生航空器事故、严重事故征候、事故征候时,向调查职能部门报告航空器上装载危险品的情况;

(七)其他在经营人授权范围内代表经营人从事的危险品航空运输活动符合本规定和《技术细则》的要求。

第七十五条 经营人委托货运销售代理人和地面服务代理人从事货物航空运输相关业务,应当在代理协议中要求代理人对收运货物进行查验或者采取有效措施防止货物中隐含危险品。经营人应当对代理人的货物查验及相关措施进行认可并定期检查。

第二节 经营人的代理人的责任

第七十六条 本规定所指的经营人的代理人,是指位于中国境内的代表经营人从事危险品航空运输活动的企业,包括货运销售代理人、地面服务代理人,以及其他代表经营人从事危险品航空运输活动的企业。

第七十七条 货运销售代理人从事货物航空运输销售代理活动，应当同经营人签订包括危险品安全航空运输内容的航空货物运输销售代理协议。

第七十八条 货运销售代理人不得作为托运人或者代表托运人托运危险品。

第七十九条 地面服务代理人无论是否从事危险品航空运输活动，均应当满足以下要求：

（一）拥有企业法人营业执照；

（二）制定危险品培训大纲并报民航地区管理局备案；

（三）确保其人员已按本规定和《技术细则》的要求接受相关危险品知识的培训并合格；

（四）与经营人签订包括危险品航空运输在内的地面服务代理协议；

（五）制定危险品航空运输管理程序，其中应当包括地面应急程序和措施；

（六）拥有经营人提供或者认可的危险品航空运输手册；

（七）民航局规定的其他条件。

第八十条 地面服务代理人从事危险品航空运输活动的，除满足本规定第七十九条规定外，还应当满足以下要求：

（一）制定符合《技术细则》要求的危险品保安措施；

（二）危险品的储存管理符合《技术细则》中有关危险品存储、分离与隔离的要求；

（三）确保其人员在履行相关职责时，充分了解危险品运输手册中与其职责相关的内容，并确保危险品的操作和运输按照其危险品航空运输手册中规定的程序和要求实施。

第八十一条 地面服务代理人应当报所在地民航地区管理局备案。自收到备案申请之日起20日内，民航地区管理局应当将地面服务代理人予以备案，并对外公布。

第八十二条 地面服务代理人代表经营人从事危险品航空运输活动的，适用本规定有关经营人责任的规定。

第八章 危险品航空运输信息

第八十三条 经营人在其航空器上载运危险品，应当在航空器起飞前向机长提供《技术细则》规定的书面信息。

第八十四条 经营人应当在运行手册中提供信息，使机组成员能履行其对危险品航空运输的职责，同时应当提供在出现涉及危险品的紧急情况时采取的行动指南。

第八十五条 经营人应当确保在旅客购买机票时,向旅客提供关于禁止航空运输危险品的信息。通过互联网提供的信息可以是文字或者图像形式,但应当确保只有在旅客表示已经理解行李中的危险品限制之后,方可完成购票手续。

第八十六条 在旅客办理乘机手续前,经营人应当在其网站或者其他信息来源向旅客提供《技术细则》关于旅客携带危险品的限制要求。通过互联网办理乘机手续的,经营人应当向旅客提供关于禁止旅客航空运输的危险品种类的信息。信息可以是文字或者图像形式,但应当确保只有在旅客表示已经理解行李中的危险品限制之后,方可完成办理乘机手续。

旅客自助办理乘机手续的,经营人应当向旅客提供关于禁止旅客航空运输的危险品种类的信息。信息应当是图像形式,并应确保只有在旅客表示已经理解行李中的危险品限制之后,方可完成办理乘机手续。

第八十七条 经营人、机场管理机构应当保证在机场每一售票处、办理旅客乘机手续处、登机处以及其他旅客可以办理乘机手续的任何地方醒目地张贴数量充足的布告,告知旅客禁止航空运输危险品的种类。这些布告应当包括禁止用航空器运输的危险品的直观示例。

第八十八条 经营人、货运销售代理人和地面服务代理人应当在货物、邮件收运处的醒目地点展示和提供数量充足、引人注目的关于危险品运输信息的布告,以提醒托运人及其代理人注意到托运物可能含有的任何危险品以及危险品违规运输的相关规定和法律责任。这些布告必须包括危险品的直观示例。

第八十九条 与危险品航空运输有关的经营人、托运人、机场管理机构等其他机构应当向其人员提供信息,使其能履行与危险品航空运输相关的职责,同时应当提供在出现涉及危险品的紧急情况时采取的行动指南。

第九十条 如果在飞行时发生紧急情况,如情况许可,机长应当按照《技术细则》的规定立即将机上载有危险品的信息通报有关空中交通管制部门,以便通知机场。

第九十一条 航空器事故或者严重事故征候可能涉及作为货物运输的危险品时,经营人应当立即将机上危险品的信息提供给处理事故或者严重事故征候的应急处置机构、经营人所在国和事故或者严重事故征候发生所在国的有关当局。

当运输危险品货物的航空器发生事故征候,该经营人应当立即将机上危险品的信息提供给处理事故征候的应急处置机构和事故征候发生所在国的有关当局。

提供的信息应当与向机长提供的书面信息一致。

第九十二条 发生危险品事故或者危险品事故征候，经营人应当向经营人所在国及事故、事故征候发生地所在国有关当局报告。

初始报告可以用各种方式进行，但应当尽快完成一份书面报告。

若适用，书面报告应当包括下列内容，并将相关文件的副本与照片附在书面报告上：

（一）事故或者事故征候发生日期；

（二）事故或者事故征候发生的地点、航班号和飞行日期；

（三）有关货物的描述及货运单、邮袋、行李标签和机票等的号码；

（四）已知的运输专用名称（包括技术名称）和联合国编号；

（五）类别或者项别以及次要危险性；

（六）包装的类型和包装的规格标记；

（七）涉及数量；

（八）托运人或者旅客的姓名和地址；

（九）事故或者事故征候的其他详细情况；

（十）事故或者事故征候的可疑原因；

（十一）采取的措施；

（十二）书面报告之前的其他报告情况；

（十三）报告人的姓名、职务、地址和联系电话。

第九十三条 当在货物或者邮件中发现未申报或者错误申报的危险品时，经营人应当向经营人所在国和事件发生地所在国有关当局报告。当在旅客行李中发现根据《技术细则》要求不允许携带的危险品时，经营人应当向事件发生地所在国有关当局报告。

第九章 培 训

第一节 一般规定

第九十四条 从事危险品航空运输活动的人员应当按照本规定及《技术细则》的要求经过培训并合格。

第九十五条 对从事危险品航空运输活动人员的危险品培训应当由符合本规定要求的危险品培训机构实施。经营人无论是否持有危险品航空运输许可，都应当确保其相关人员按照本规定及《技术细则》的要求进行培训并合格。

第二节 危险品培训大纲

第九十六条 根据《技术细则》的要求，以下企业或者组织开展培训活动应当持有危险品培训大纲：

（一）作为危险品航空运输托运人或者托运人代理人的企业或者其他组织；

（二）国内经营人；

（三）货运销售代理人；

（四）地面服务代理人；

（五）从事民航安全检查工作的企业。

危险品培训机构可以代表上述企业或者组织制定危险品培训大纲，但在实施前应当得到委托方认可。

第九十七条 危险品培训大纲应当根据各类人员的职责制定，每种培训大纲应当包括初始培训和定期复训两个类别，并符合《技术细则》的要求。

第九十八条 危险品培训大纲中应当至少包括下列内容：

（一）符合本规定和《技术细则》规定的声明；

（二）培训课程设置及考核要求；

（三）受训人员的进入条件及培训后应当达到的质量要求；

（四）将使用的设施、设备的清单；

（五）教员的资格要求；

（六）培训教材；

（七）国家法律法规的相关要求。

经营人、货运销售代理人及地面服务代理人的危险品培训大纲还应包括危险品航空运输手册或者所代理经营人的危险品航空运输手册的使用要求。

第九十九条 本规定第九十六条（一）、（四）、（五）项规定的企业或者组织制定的危险品培训大纲，在实施前应当报民航地区管理局备案。

本规定第九十六条（二）项规定的企业或者组织制定的危险品培训大纲，应当符合本规定第七条的相关要求。

本规定第九十六条（三）项规定的企业或者组织制定的培训大纲，在实施前应当得到所代理的经营人的认可。

第一百条 危险品培训大纲应当及时修订和更新，并持续符合本规定第九十九条的要求。

第三节 培 训 课 程

第一百零一条 制定和持有危险品培训大纲的企业或者组织应当根据其

培训大纲设置培训课程。培训课程应当包括：

（一）一般知识培训：旨在熟悉一般性规定的培训；

（二）专门职责培训：针对人员所承担的职责要求提供的详细培训；

（三）安全培训：以危险品所具有的危险性、安全操作及应急处置程序为培训内容的培训。

第一百零二条 培训课程中应当列明培训的具体内容、计划小时数和考试的相关要求。

第一百零三条 培训课程所需的教材、资料应当符合国家法律、法规的规定和现行有效的《技术细则》的要求。

第四节 培训要求

第一百零四条 地面服务代理人按照经备案的培训大纲或者货运销售代理人按照所代理的经营人认可的培训大纲，由符合本规定要求的培训机构培训合格的人员，可为不同经营人代理同一类别人员的工作，但经营人应当确保其符合以下条件：

（一）在同等职责范围内，其培训水平足以胜任指定的工作；

（二）遵守经营人危险品手册要求。

第一百零五条 外国经营人应当确保其在中华人民共和国境内从事危险品航空运输活动的人员按下列要求之一进行培训并合格：

（一）外国经营人所在国主管部门批准或者认可的培训大纲或者其他等效文件以及中国危险品航空运输相关法律法规；

（二）地面服务代理人的培训大纲以及外国经营人的差异化政策。

第一百零六条 为了保证知识更新，应当在前一次培训后的 24 个月内进行复训。

如果复训是在前一次培训的最后 3 个月有效期内完成，则其有效期自复训完成之日起开始延长，直到前一次培训失效日起 24 个月为止。

第一百零七条 培训记录应当保存 3 年以上并随时接受民航局或者民航地区管理局的检查。培训记录应当载明以下内容：

（一）受训人员姓名；

（二）最近一次完成培训的日期；

（三）所使用培训教材的说明；

（四）培训机构的名称和地址；

（五）培训教员的姓名；

（六）考核成绩；

（七）表明已通过培训考核的证据。

第五节　危险品培训机构

第一百零八条　制定和实施危险品培训大纲的企业或者组织可以设立危险品培训机构。

无条件设立危险品培训机构的企业或者组织，可以委托依本规定设立的危险品培训机构根据委托方制定并符合本规定要求的培训大纲对其人员进行培训。

第一百零九条　危险品培训机构开展危险品培训应当符合以下条件，并报民航局备案：

（一）具备法人资格；

（二）具有委托方提供的符合本规定要求的危险品初训和复训大纲及为委托方设计的培训课程及教材；

（三）具有3名以上符合本规定要求的危险品培训教员；

（四）具有符合教学需要的教学设施和设备。

自收到备案申请之日起20日内，民航局将危险品培训机构予以备案，并对外公布。

第一百一十条　为本企业人员提供培训所设立的危险品培训机构不适用本规定第一百零九条第（一）（二）项规定的条件。

第一百一十一条　危险品培训机构的教员应当满足以下条件：

（一）熟悉民用航空法律、法规、规章、规定和政策；

（二）从事民航相关业务5年以上；

（三）大专以上学历；

（四）通过符合本规定要求的危险品培训大纲中第六类人员的培训，并考核优秀；

（五）具备相应的授课技能；

（六）具备正确理解国际民航组织危险品航空运输有关规定的英语水平；

（七）民航局规定的其他条件。

为本企业人员提供培训所设立的危险品培训机构的教员不适用前款规定。

第一百一十二条　为本企业人员提供培训所设立的危险品培训机构，其教员应当满足以下条件：

（一）熟悉民用航空法律、法规、规章、规定和政策；

（二）教员是本企业的雇员；

(三)从事民航相关业务3年以上;

(四)通过符合本规定要求的危险品培训大纲中第六类人员的培训,并考核优秀;

(五)具备相应的授课技能并通过评估;

(六)民航局规定的其他条件。

第一百一十三条 危险品培训机构的教员必须且只能在一家培训机构注册,应当至少在24个月内进行授课或者参加复训。

第一百一十四条 危险品培训机构应当按照本规定第一百零七条规定为学员建立培训记录,该培训记录至少保存3年以上并随时接受民航局或者民航地区管理局的检查。

第十章 其他要求

第一百一十五条 从事危险品航空运输的经营人及其地面服务代理人、货运销售代理人、托运人及其代理人应当采取适当措施防止危险品被盗或者不正当使用而使人员或者财产受到损害。

第一百一十六条 从事高危危险品航空运输的托运人和经营人应当制定保安计划,并及时修订其保安计划,以保持其保安计划的实用性和有效性。

高危危险品是指《技术细则》中规定的有可能在恐怖主义事件中被滥用,可能造成大量伤亡或者大规模破坏等严重后果的危险品。

第一百一十七条 国内经营人的运行规范中应当包括危险品航空运输的有关内容。

第一百一十八条 机场管理机构应当制定机场危险品应急救援预案,将其纳入民用运输机场突发事件应急救援预案管理,并按《民用运输机场突发事件应急救援管理规则》执行。

第一百一十九条 机场管理机构应当及时修订机场危险品应急救援预案,确保该应急救援预案的有效性和实用性。

机场管理机构应将机场危险品的管理和机场危险品应急救援预案内容纳入《民用机场使用手册》。

第一百二十条 航空器事故、严重事故征候、事故征候的调查规定和调查程序应当包括涉及危险品的内容。

第一百二十一条 从事危险品航空运输的经营人、货运销售代理人、地面服务代理人、托运人及其代理人应当向航空器事故、严重事故征候、事故征候的调查职能部门报告航空器上装载危险品的情况。

第十一章 监督管理

第一百二十二条 民航管理部门依据职责对危险品航空运输活动实施监督检查。

民航地区管理局应当定期对辖区内从事危险品航空运输活动主体进行检查,并将监督检查中发现的问题及时处理并报告民航局。

第一百二十三条 民航管理部门依法对与危险品航空运输活动有关单位进行监督检查时,行使以下职权:

(一)进入相关单位的营业场所或者其他有关场所进行检查;询问被调查的经营人、利害相关人或者其他有关单位或者个人,要求其说明有关情况;查阅、复印有关文件、资料。

(二)对检查中发现的违法、违规行为,当场予以纠正或者要求限期改正;对依法应当给予行政处罚的行为,依照本规定和其他有关法律、法规的规定做出行政处罚决定。

(三)对可能涉及危险品事故、危险品事故征候及违规运输的货物、邮件及行李等物品,要求相关单位予以妥善保存以供后续调查。

(四)经本部门主要负责人批准,扣押违法运输的危险品。

第一百二十四条 民航管理部门依职责建立举报制度,公开举报电话、信箱或者电子邮件地址,受理有关危险品航空运输的举报。

第一百二十五条 从事危险品航空运输活动的单位和个人应当接受和配合民航管理部门的监督检查。

第一百二十六条 民航管理部门在实施危险品航空运输活动的监督管理时,不得妨碍被检查单位或者个人的正常经营活动,不得索取或者收受被许可人或者被检查单位或者个人的财物,不得谋取其他不正当利益。

第一百二十七条 危险品航空运输许可的批准函不得涂改、出借、买卖或者转让。

危险品航空运输许可批准函遗失、损毁或者灭失的,应当及时报告颁发许可的地区管理局,并在公共媒体上发布遗失公告、声明作废后,向颁发许可的地区管理局书面申请重新领取。

第一百二十八条 经营人应当保证其运营条件持续符合颁发危险品航空运输许可的条件。

经营人因运营条件发生变化,不再具备安全生产条件的,由民航管理部门依照《安全生产法》的规定撤销其危险品航空运输许可。

第一百二十九条 经营人及其代理人开展危险品航空运输活动的，应当按照有关规定向民航管理部门报送有关危险品航空运输活动的运输信息。

第一百三十条 民航管理部门依职责建立危险品航空运输违法记录制度，定期通报危险品航空运输违法记录。经营人应当对有危险品航空运输违法记录的合作方采取更严格的收运检查程序，避免危险品航空运输事故的发生。

第一百三十一条 任何单位或者个人对危险品航空运输违法、违规行为，均有权向民航局或者民航地区管理局报告或者举报。报告或者举报采用书面形式并提供相关事实和证据的，民航局或者民航地区管理局应当根据举报情况进行必要的调查。

第十二章 法律责任

第一百三十二条 托运人或者其代理人有下列行为之一的，由民航管理部门处以警告或者3万元以下的罚款：

（一）违反本规定，未按要求对所托运的危险品进行分类的；

（二）违反本规定，未按要求对所托运的危险品进行包装的；

（三）违反本规定，未按要求对所托运的危险品加标记的；

（四）违反本规定，未按要求对所托运的危险品贴标签的；

（五）违反本规定，未按要求就所托运的危险品提供危险品运输相关文件的；

（六）违反本规定，所托运危险品属于禁止航空运输的危险品；

（七）违反本规定，托运国家法律、法规限制运输的危险品，未满足相关法律、法规要求的；

（八）违反本规定第五十三条，未保留相关文件的；

（九）违反本规定第八十九条，未向其人员提供相关信息或者相关指南的。

第一百三十三条 经营人有下列行为之一的，由民航管理部门处以警告或者3万元以下的罚款：

（一）违反本规定第七条，未遵守《技术细则》规定运输危险品的；

（二）违反本规定第八条或者第十四条，未经批准、未经豁免、未取得危险品航空运输许可或者未按照危险品航空运输许可内容运输危险品的；

（三）违反本规定第二十条、第二十五条、第三十一条、第三十六条，在申请危险品航空运输许可时提供不真实材料的或者材料发生变化未按要求报民航地区管理局批准的；

（四）违反本规定第三十九条，未按要求提供危险品航空运输手册的；

（五）违反本规定第四十一条，未采取必要措施使其人员及其货运销售代理人和地面服务代理人了解危险品运输手册相关内容的；

（六）违反本规定第七章第一节，未满足经营人责任有关要求的；

（七）违反本规定第八章，未按要求提供危险品航空运输信息的；

（八）违反本规定第一百二十七条，涂改、出借、买卖或者转让危险品航空运输许可批准函或者批准函遗失、损毁、灭失后未及时报告的；

（九）违反本规定第一百二十九条，未按规定报送有关危险品航空运输活动运输信息的。

经营人有本条第一款第（一）项、第（二）项行为，情节严重的，没收违法所得，可以并处违法所得一倍以下的罚款。

经营人有本条第一款第（三）项行为，未提供真实材料，以欺骗等手段获得危险品航空运输许可的，由民航管理部门撤销其许可。

第一百三十四条 货运销售代理人有下列行为之一的，由民航管理部门处以警告或者 3 万元以下的罚款：

（一）违反本规定第七十七条，从事危险品航空运输活动的；

（二）违反本规定第七十八条，作为托运人或者代表托运人托运危险品的。

第一百三十五条 地面服务代理人有下列行为之一的，由民航管理部门处以警告或者 3 万元以下的罚款：

（一）违反本规定第七十九条、第八十条、第八十一条，从事危险品航空运输活动的；

（二）违反本规定第八十八条，未按要求提供危险品航空运输信息的；

（三）违反本规定第一百二十九条，未按规定报送有关危险品航空运输活动运输信息的。

地面服务代理人代表经营人从事危险品航空运输活动违反本规定的，适用本规定第一百三十三条（六）的规定。

第一百三十六条 机场管理机构有下列行为之一的，由民航管理部门处以警告或者 3 万元以下的罚款：

（一）违反本规定第八十七条、第八十九条，未按要求提供危险品航空运输信息的；

（二）违反本规定第一百一十八条、第一百一十九条，未制定或者未及时修订机场危险品应急救援预案的。

第一百三十七条 托运人及其代理人、经营人、货运销售代理人、地面服务代理人、从事民航安全检查工作的企业以及培训机构违反本规定第九章，未满足危险品培训有关要求的，由民航管理部门处以警告或者 3 万元以下的罚款。

第一百三十八条 托运人及其代理人、经营人或者地面服务代理人违反本规定第一百一十五条，未采取适当措施防止危险品被盗或者不正当使用的，由民航管理部门处以警告或者3万元以下的罚款。

第一百三十九条 从事高危危险品航空运输的托运人或者经营人违反本规定第一百一十六条，未制定或者及时修订高危危险品保安计划的，由民航管理部门处以警告或者3万元以下的罚款。

第一百四十条 托运人或者其代理人、经营人或者地面服务代理人违反本规定第一百二十一条，未报告航空器上装载危险品情况的，由民航管理部门处以警告或者3万元以下的罚款。

第一百四十一条 从事危险品航空运输活动的单位和个人违反本规定第一百二十五条，拒不接受或者配合民航管理部门监督检查的，由民航管理部门处以警告或者3万元以下的罚款。

第一百四十二条 从事危险品航空运输活动的单位和个人违反本规定，构成犯罪的，依法追究刑事责任。

第十三章 附 则

第一百四十三条 本规定中的期限以工作日计算，不含法定节假日。

第一百四十四条 香港特别行政区、澳门特别行政区和台湾地区的航空器经营人申请危险品航空运输许可，参照本规定有关外国经营人的规定执行。

第一百四十五条 本规定自2016年5月14日起施行。民航局2004年7月12日发布的《中国民用航空危险品运输管理规定》同时废止。

中华人民共和国农业植物品种保护名录
（第十批）

（2016 年 4 月 16 日农业部令 2016 年第 1 号公布　自 2016 年 5 月 16 日起施行）

属或种名	学　名
向日葵	*Helianthus annuus* L.
荞麦属	*Fagopyrum* Mill.
白菜型油菜	*Brassica campestris* L.
薏苡属	*Coix* L.
蓖麻	*Ricinus communis* L.
菠菜	*Spinacia oleracea* L.
南瓜	*Cucurbita moschata* Duch.
丝瓜属	*Luffa* Mill.
青花菜	*Brassica oleracea* L . var. *italica* Plenck
洋葱	*Allium Cepa* L.
姜	*Zingiber officinale* Rosc.
茭白(菰)	*Zizania latifolia* (Griseb.) Turcz. ex Stapf.
芦笋(石刁柏)	*Asparagus officinalis* L.
山药(薯蓣)	*Dioscorea alata* L. ; *Dioscorea polystachya* Turcz. ; *Dioscorea japonica* Thunb.
菊芋	*Helianthus tuberosus* L.
咖啡黄葵	*Abelmoschus esculentus* (L.) Moench
杨梅属	*Myrica* L.
椰子	*Cocos nucifera* L.
凤梨属	*Ananas* Mill.

续表

属或种名	学　名
番木瓜	*Carica papaya* L.
木菠萝(菠萝蜜)	*Artocarpus heterophyllus* Lam.
无花果	*Ficus carica* L.
仙客来	*Cyclamen persicum* Mill.
一串红	*Salvia splendens* Ker-Gawler
三色堇	*Viola tricolor* L.
矮牵牛(碧冬茄)	*Petunia hybrida* Vilm.
马蹄莲属	*Zantedeschia* Spreng.
铁线莲属	*Clematis* L.
石斛属	*Dendrobium* Sw.
萱草属	*Hemerocallis* L.
薰衣草属	*Lavandula* L.
欧报春	*Primula vulgaris* Huds.
水仙属	*Narcissus* L.
羊肚菌属	*Morchella* Dill. ex Pers.
香菇	*Lentinula edodes* (Berk.) Pegler
黑木耳	*Auricularia heimuer* F. Wu, B. K. Cui & Y. C.
灵芝属	*Ganoderma* P. Karst.
双孢蘑菇	*Agaricus bisporus* (J. E. Lange) Imbach
枸杞属	*Lycium* L.
天麻	*Gastrodia elata* B1.
灯盏花(短葶飞蓬)	*Erigeron breviscapus* (Vant.) Hand. -Mazz.
何首乌	*Fallopia multiflora* (Thunb.) Harald.
菘蓝	*Isatis indigotica* Fort.
甜菊(甜叶菊)	*Stevia rebaudiana* Bertoni.
结缕草	*Zoysia japonica* Steud.

住房城乡建设部、国家卫生计生委关于修改《生活饮用水卫生监督管理办法》的决定

（2016 年 4 月 17 日住房和城乡建设部、国家卫生和计划生育委员会令第 31 号公布　自 2016 年 6 月 1 日起施行）

住房城乡建设部、国家卫生计生委决定对《生活饮用水卫生监督管理办法》（原建设部、原卫生部令第 53 号）作如下修改：

一、将本办法中的“建设部”统一修改为“国务院住房城乡建设主管部门”，将“卫生部”统一修改为“国务院卫生计生主管部门”，将“建设行政部门”统一修改为“住房城乡建设主管部门”，将“卫生行政部门”统一修改为“卫生计生主管部门”。

二、将第七条修改为：“集中式供水单位取得工商行政管理部门颁发的营业执照后，还应当取得县级以上地方人民政府卫生计生主管部门颁发的卫生许可证，方可供水。”

三、删除第十四条第二款。

四、删除第二十条第一款中的“每年复核一次”，并删除第二款。

五、将第二十一条修改为：“涉及饮用水卫生安全的产品，应当按照有关规定进行卫生安全性评价，符合卫生标准和卫生规范要求。

“利用新材料、新工艺和新化学物质生产的涉及饮用水卫生安全产品应当取得国务院卫生计生主管部门颁发的卫生许可批准文件；除利用新材料、新工艺和新化学物质外生产的其他涉及饮用水卫生安全产品应当取得省级人民政府卫生计生主管部门颁发的卫生许可批准文件。

“涉及饮用水卫生安全产品的卫生许可批准文件的有效期为四年。”

六、删除第二十六条第五项。

七、删除第二十八条第三项。

本决定自 2016 年 6 月 1 日起施行。

《生活饮用水卫生监督管理办法》根据本决定作相应修改，重新公布。

证券投资者保护基金管理办法

（2016 年 4 月 19 日中国证券管理委员会、财政部、中国人民银行令第 124 号公布　自 2016 年 6 月 1 日起施行）

第一章　总　　则

第一条　为建立防范和处置证券公司风险的长效机制，维护社会经济秩序和社会公共利益，保护证券投资者的合法权益，促进证券市场有序、健康发展，制定本办法。

第二条　证券投资者保护基金（以下简称基金）是指按照本办法筹集形成的、在防范和处置证券公司风险中用于保护证券投资者利益的资金。

设立国有独资的中国证券投资者保护基金有限责任公司（以下简称基金公司），负责基金的筹集、管理和使用。

第三条　基金主要用于按照国家有关政策规定对债权人予以偿付。

第四条　证券交易活动实行公开、公平、公正和投资者投资决策自主、投资风险自担的原则。

投资者在证券投资活动中因证券市场波动或投资产品价值本身发生变化所导致的损失，由投资者自行负担。

第五条　基金按照取之于市场、用之于市场的原则筹集。基金的筹集方式、标准，由中国证券监督管理委员会（以下简称证监会）商财政部、中国人民银行决定。

第六条　基金公司依据国家有关法律、法规及本办法独立运作，基金公司董事会对基金的合规使用及安全负责。

第二章　基金公司职责和组织机构

第七条　基金公司的职责为：

（一）筹集、管理和运作基金；

（二）监测证券公司风险，参与证券公司风险处置工作；

（三）证券公司被撤销、被关闭、破产或被证监会实施行政接管、托管经营等强制性监管措施时，按照国家有关政策规定对债权人予以偿付；

（四）组织、参与被撤销、关闭或破产证券公司的清算工作；

（五）管理和处分受偿资产，维护基金权益；

（六）发现证券公司经营管理中出现可能危及投资者利益和证券市场安全的重大风险时，向证监会提出监管、处置建议；对证券公司运营中存在的风险隐患会同有关部门建立纠正机制；

（七）国务院批准的其他职责。

第八条 基金公司应当与证监会建立证券公司信息共享机制，证监会定期向基金公司通报关于证券公司财务、业务等的经营管理信息。

证监会认定存在风险隐患的证券公司，应按照规定直接向基金公司报送财务、业务等经营管理信息和资料。

第九条 基金公司设立董事会。董事会由9名董事组成。其中4人为执行董事，其他为非执行董事。董事长人选由证监会商财政部、中国人民银行确定后，报国务院备案。

第十条 董事会为基金公司的决策机构，负责制定基本管理制度，决定内部管理机构设置，聘任或者解聘高级管理人员，对基金的筹集、管理和使用等重大事项做出决定，并行使基金公司章程规定的其他职权。

第十一条 基金公司董事会按季召开例会。董事长或1/3以上的董事联名提议时，可以召开临时董事会会议。

董事会会议由全体董事2/3以上出席方可举行。董事会会议决议，由全体董事1/2以上表决通过方为有效。

第十二条 基金公司设总经理1人，副总经理若干人。总经理负责主持公司的经营管理工作，执行董事会决议。总经理、副总经理由证监会提名，董事会聘任或者解聘。

第十三条 基金公司章程由证监会商财政部、中国人民银行依照法律、行政法规和本办法制定。

第三章 基金筹集

第十四条 基金的来源：

（一）上海、深圳证券交易所在风险基金分别达到规定的上限后，交易经手费的20%纳入基金；

（二）所有在中国境内注册的证券公司，按其营业收入的0.5%—5%缴纳基金；

经营管理或运作水平较差、风险较高的证券公司，应当按较高比例缴纳基金。各证券公司的具体缴纳比例由基金公司根据证券公司风险状况确定后，

报证监会批准,并按年进行调整。证券公司缴纳的基金在其营业成本中列支;

(三)发行股票、可转债等证券时,申购冻结资金的利息收入;

(四)依法向有关责任方追偿所得和从证券公司破产清算中受偿收入;

(五)国内外机构、组织及个人的捐赠;

(六)其他合法收入。

第十五条 基金公司设立时,财政部专户储存的历年认购新股冻结资金利差余额,一次性划入,作为基金公司的注册资本;中国人民银行安排发放专项再贷款,垫付基金的初始资金。专项再贷款余额的上限以国务院批准额度为准。

第十六条 根据防范和处置证券公司风险的需要,基金公司可以多种形式进行融资。必要时,经国务院批准,基金公司可以通过发行债券等方式获得特别融资。

基金公司因履行职责需要流动性支持时,证监会会同中国人民银行报请国务院批准后,可以向中国人民银行申请再贷款。

第十七条 证券公司采用当年预缴、次年汇算清缴的方式缴纳基金。

证券公司应在年度审计结束后,根据其审计后的收入和事先核定的比例确定需要缴纳的基金金额,并及时向基金公司申报清缴。

第十八条 中国证券登记结算有限责任公司及各主承销商应于每季结息后5个工作日内,将证券发行申购冻结资金利息全额划入基金公司指定的账户;证券交易所应于每季后10个工作日内,将交易经手费中应纳入基金的部分划入基金公司指定的账户。

第四章 基金使用

第十九条 基金的用途为:

(一)证券公司被撤销、被关闭、破产或被证监会实施行政接管、托管经营等强制性监管措施时,按照国家有关政策规定对债权人予以偿付;

(二)国务院批准的其他用途。

第二十条 为处置证券公司风险需要动用基金的,证监会根据证券公司的风险状况制定风险处置方案,基金公司制定基金使用方案,报经国务院批准后,由基金公司办理发放基金的具体事宜。

第二十一条 基金公司使用基金偿付证券公司债权人后,取得相应的受偿权,依法参与证券公司的清算。

第五章　管理和监督

第二十二条　基金公司应依法合规运作，按照安全、稳健的原则履行对基金的管理职责，保证基金的安全。

基金的资金运用限于银行存款、购买政府债券、中央银行票据、中央企业债券、信用等级较高的金融机构发行的金融债券以及国务院批准的其他资金运用形式。

第二十三条　基金公司日常运营费用按照国家有关规定列支，具体支取范围、标准及预决算等由基金公司董事会制定，报财政部审批。

第二十四条　证监会负责基金公司的业务监管，监督基金的筹集、管理与使用。

财政部负责基金公司的国有资产管理和财务监督。

中国人民银行负责对基金公司向其借用再贷款资金的合规使用情况进行检查监督。

第二十五条　基金公司应建立科学的业绩考评制度，并将考核结果定期报送证监会、财政部、中国人民银行。

第二十六条　基金公司应建立信息报告制度，编制基金筹集、管理、使用的月报信息，报送证监会、财政部、中国人民银行。

基金公司每年应向财政部专题报告财务收支及预算、决算执行情况，接受财政部的监督检查。

基金公司每年应向中国人民银行专题报告再贷款资金的使用情况，接受中国人民银行的监督检查。

第二十七条　证监会应按年度向国务院报告基金公司运作和证券公司风险处置情况，同时抄送财政部、中国人民银行。

第二十八条　证券公司、托管清算机构应按规定用途使用基金，不得将基金挪作他用。

基金公司对使用基金的情况进行检查，并可委托中介机构进行专项审计。接受检查的证券公司或托管清算机构及有关单位、个人应予以配合。

第二十九条　基金公司、证券公司及托管清算机构应妥善保管基金的收划款凭证、兑付清单及原始凭证，确保原始档案的完整性，并建立基金核算台账。

第三十条　证监会负责监督证券公司按期足额缴纳基金以及按期向基金公司如实报送财务、业务等经营管理信息、资料和基金公司监测风险所需的涉及客户资金安全的数据、材料。

证券公司违反前款规定的，证监会应按有关规定进行处理。

第三十一条 对挪用、侵占或骗取基金的违法行为，依法严厉打击；对有关人员的失职行为，依法追究其责任；涉嫌犯罪的，移送司法机关依法追究其刑事责任。

第六章 附 则

第三十二条 本办法所称托管清算机构，是指证券公司被行政接管、托管经营、撤销、关闭或破产时，对证券公司实施行政接管的接管组、实施托管经营的托管组或依法成立的行政清理组。

第三十三条 本办法自2016年6月1日起施行。

第三十四条 本办法由证监会会同财政部、中国人民银行负责解释。

交通运输部关于修改《机动车维修管理规定》的决定

（2016年4月19日交通运输部令2016年第37号公布 自2016年4月19日起施行）

交通运输部决定对《机动车维修管理规定》（交通运输部令2015年第17号）作如下修改：

一、将第三条修改为："机动车维修经营者应当依法经营，诚实信用，公平竞争，优质服务，落实安全生产主体责任和维修质量主体责任。"

二、在第五条新增一款，作为第五款："鼓励机动车维修企业优先选用具备机动车检测维修国家职业资格的人员，并加强技术培训，提升从业人员素质。"

三、将第八条修改为："获得一类、二类汽车维修经营业务或者其他机动车维修经营业务许可的，可以从事相应车型的整车修理、总成修理、整车维护、小修、维修救援、专项修理和维修竣工检验工作；获得三类汽车维修经营业务（含汽车综合小修）、三类其他机动车维修经营业务许可的，可以分别从事汽车综合小修或者发动机维修、车身维修、电气系统维修、自动变速器维修、轮胎动平衡及修补、四轮定位检测调整、汽车润滑与养护、喷油泵和喷油器维修、曲轴修磨、气缸镗磨、散热器维修、空调维修、汽车美容装潢、汽车玻璃安装及修复等汽车专项维修工作。具体有关经营项目按照《汽车维修业开业条件》(GB/T 16739)相关条款的规定执行。"

四、将第十一条第(三)项修改为:"(三)有必要的技术人员:

1. 从事一类和二类维修业务的应当各配备至少1名技术负责人员、质量检验人员、业务接待人员以及从事机修、电器、钣金、涂漆的维修技术人员。技术负责人员应当熟悉汽车或者其他机动车维修业务,并掌握汽车或者其他机动车维修及相关政策法规和技术规范;质量检验人员应当熟悉各类汽车或者其他机动车维修检测作业规范,掌握汽车或者其他机动车维修故障诊断和质量检验的相关技术,熟悉汽车或者其他机动车维修服务收费标准及相关政策法规和技术规范,并持有与承修车型种类相适应的机动车驾驶证;从事机修、电器、钣金、涂漆的维修技术人员应当熟悉所从事工种的维修技术和操作规范,并了解汽车或者其他机动车维修及相关政策法规。各类技术人员的配备要求按照《汽车维修业开业条件》(GB/T 16739)相关条款的规定执行。

2. 从事三类维修业务的,按照其经营项目分别配备相应的机修、电器、钣金、涂漆的维修技术人员;从事汽车综合小修、发动机维修、车身维修、电气系统维修、自动变速器维修的,还应当配备技术负责人员和质量检验人员。各类技术人员的配备要求按照国家标准《汽车维修业开业条件》(GB/T 16739)相关条款的规定执行。"

五、将第十三条第(三)项修改为:"(三)有必要的技术人员:

1. 从事一类维修业务的应当至少有1名质量检验人员。质量检验人员应当熟悉各类摩托车维修检测作业规范,掌握摩托车维修故障诊断和质量检验的相关技术,熟悉摩托车维修服务收费标准及相关政策法规和技术规范。

2. 按照其经营业务分别配备相应的机修、电器、钣金、涂漆的维修技术人员。机修、电器、钣金、涂漆的维修技术人员应当熟悉所从事工种的维修技术和操作规范,并了解摩托车维修及相关政策法规。"

六、将第十四条修改为:"申请从事机动车维修经营的,应当向所在地的县级道路运输管理机构提出申请,并提交下列材料:

(一)《交通行政许可申请书》、有关维修经营申请者的营业执照原件和复印件;

(二)经营场地(含生产厂房和业务接待室)、停车场面积材料、土地使用权及产权证明原件和复印件;

(三)技术人员汇总表,以及各相关人员的学历、技术职称或职业资格证明等文件原件和复印件;

(四)维修检测设备及计量设备检定合格证明原件和复印件;

（五）按照汽车、其他机动车、危险货物运输车辆、摩托车维修经营，分别提供本规定第十一条、第十二条、第十三条规定条件的其他相关材料。”

七、将第二十条第一款修改为：“机动车维修经营者变更经营资质、经营范围、经营地址、有效期限等许可事项的，应当向作出原许可决定的道路运输管理机构提出申请；符合本章规定许可条件、标准的，道路运输管理机构依法办理变更手续。”

将第二十条第二款修改为：“机动车维修经营者变更名称、法定代表人等事项的，应当向作出原许可决定的道路运输管理机构备案。”

八、将第三十一条第五款修改为：“机动车维修经营者应当将原厂配件、同质配件和修复配件分别标识，明码标价，供用户选择。”

九、删除第三十三条第二款、第三款。

十、将第三十五条修改为：“道路运输管理机构应当加强机动车维修从业人员管理，建立健全从业人员信用档案，加强从业人员诚信监管。”

“机动车维修经营者应当加强从业人员从业行为管理，促进从业人员诚信、规范从业维修。”

条款顺序作相应调整。

本决定自2016年4月19日起施行。

《机动车维修管理规定》根据本决定作相应修正，重新发布。

机动车维修管理规定

（2005年6月24日交通部令2005年第7号发布　根据2015年8月8日《交通运输部关于修改〈机动车维修管理规定〉的决定》第一次修正　根据2016年4月19日《交通运输部关于修改〈机动车维修管理规定〉的决定》第二次修正）

第一章　总　　则

第一条　为规范机动车维修经营活动，维护机动车维修市场秩序，保护机动车维修各方当事人的合法权益，保障机动车运行安全，保护环境，节约能源，促进机动车维修业的健康发展，根据《中华人民共和国道路运输条例》及有关法律、行政法规的规定，制定本规定。

第二条　从事机动车维修经营的，应当遵守本规定。

本规定所称机动车维修经营，是指以维持或者恢复机动车技术状况和正常功能,延长机动车使用寿命为作业任务所进行的维护、修理以及维修救援等相关经营活动。

第三条 机动车维修经营者应当依法经营,诚实信用,公平竞争,优质服务,落实安全生产主体责任和维修质量主体责任。

第四条 机动车维修管理,应当公平、公正、公开和便民。

第五条 任何单位和个人不得封锁或者垄断机动车维修市场。

托修方有权自主选择维修经营者进行维修。除汽车生产厂家履行缺陷汽车产品召回、汽车质量"三包"责任外,任何单位和个人不得强制或者变相强制指定维修经营者。

鼓励机动车维修企业实行集约化、专业化、连锁经营,促进机动车维修业的合理分工和协调发展。

鼓励推广应用机动车维修环保、节能、不解体检测和故障诊断技术,推进行业信息化建设和救援、维修服务网络化建设,提高机动车维修行业整体素质,满足社会需要。

鼓励机动车维修企业优先选用具备机动车检测维修国家职业资格的人员,并加强技术培训,提升从业人员素质。

第六条 交通运输部主管全国机动车维修管理工作。

县级以上地方人民政府交通运输主管部门负责组织领导本行政区域的机动车维修管理工作。

县级以上道路运输管理机构负责具体实施本行政区域内的机动车维修管理工作。

第二章 经营许可

第七条 机动车维修经营依据维修车型种类、服务能力和经营项目实行分类许可。

机动车维修经营业务根据维修对象分为汽车维修经营业务、危险货物运输车辆维修经营业务、摩托车维修经营业务和其他机动车维修经营业务四类。

汽车维修经营业务、其他机动车维修经营业务根据经营项目和服务能力分为一类维修经营业务、二类维修经营业务和三类维修经营业务。

摩托车维修经营业务根据经营项目和服务能力分为一类维修经营业务和二类维修经营业务。

第八条 获得一类、二类汽车维修经营业务或者其他机动车维修经营业务许可的,可以从事相应车型的整车修理、总成修理、整车维护、小修、维修救援、专项修理和维修竣工检验工作；获得三类汽车维修经营业务（含汽车综合小修）、三类其他机动车维修经营业务许可的，可以分别从事汽车综合小修或者发动机维修、车身维修、电气系统维修、自动变速器维修、轮胎动平衡及修补、四轮定位检测调整、汽车润滑与养护、喷油泵和喷油器维修、曲轴修磨、气缸镗磨、散热器维修、空调维修、汽车美容装潢、汽车玻璃安装及修复等汽车专项维修工作。具体有关经营项目按照《汽车维修业开业条件》（GB/T 16739）相关条款的规定执行。

第九条 获得一类摩托车维修经营业务许可的，可以从事摩托车整车修理、总成修理、整车维护、小修、专项修理和竣工检验工作；获得二类摩托车维修经营业务许可的，可以从事摩托车维护、小修和专项修理工作。

第十条 获得危险货物运输车辆维修经营业务许可的，除可以从事危险货物运输车辆维修经营业务外，还可以从事一类汽车维修经营业务。

第十一条 申请从事汽车维修经营业务或者其他机动车维修经营业务的，应当符合下列条件：

（一）有与其经营业务相适应的维修车辆停车场和生产厂房。租用的场地应当有书面的租赁合同，且租赁期限不得少于1年。停车场和生产厂房面积按照国家标准《汽车维修业开业条件》（GB/T 16739）相关条款的规定执行。

（二）有与其经营业务相适应的设备、设施。所配备的计量设备应当符合国家有关技术标准要求，并经法定检定机构检定合格。从事汽车维修经营业务的设备、设施的具体要求按照国家标准《汽车维修业开业条件》（GB/T 16739）相关条款的规定执行；从事其他机动车维修经营业务的设备、设施的具体要求，参照国家标准《汽车维修业开业条件》（GB/T 16739）执行，但所配备设施、设备应与其维修车型相适应。

（三）有必要的技术人员：

1. 从事一类和二类维修业务的应当各配备至少1名技术负责人员、质量检验人员、业务接待人员以及从事机修、电器、钣金、涂漆的维修技术人员。技术负责人员应当熟悉汽车或者其他机动车维修业务，并掌握汽车或者其他机动车维修及相关政策法规和技术规范；质量检验人员应当熟悉各类汽车或者其他机动车维修检测作业规范，掌握汽车或者其他机动车维修故障诊断和质量检验的相关技术，熟悉汽车或者其他机动车维修服务收费标准及相关政策法规和技术规范，并持有与承修车型种类相适应的机动车驾驶证；从事机修、电器、钣金、涂漆的维修技术人员应当熟悉所从事工种的维修技术和操作规范，并了解汽车或者其他机动车维修及相关政策法规。各类技术人员的配备要求按照《汽车维修业开业条件》（GB/T 16739）相关条款的规定执行。

2. 从事三类维修业务的，按照其经营项目分别配备相应的机修、电器、钣金、涂漆的维修技术人员；从事汽车综合小修、发动机维修、车身维修、电气系统维修、自动变速器维修的，还应当配备技术负责人员和质量检验人员。各类技术人员的配备要求按照国家标准《汽车维修业开业条件》(GB/T 16739)相关条款的规定执行。

(四)有健全的维修管理制度。包括质量管理制度、安全生产管理制度、车辆维修档案管理制度、人员培训制度、设备管理制度及配件管理制度。具体要求按照国家标准《汽车维修业开业条件》(GB/T 16739)相关条款的规定执行。

(五)有必要的环境保护措施。具体要求按照国家标准《汽车维修业开业条件》(GB/T 16739)相关条款的规定执行。

第十二条 从事危险货物运输车辆维修的汽车维修经营者，除具备汽车维修经营一类维修经营业务的开业条件外，还应当具备下列条件：

(一)有与其作业内容相适应的专用维修车间和设备、设施，并设置明显的指示性标志；

(二)有完善的突发事件应急预案，应急预案包括报告程序、应急指挥以及处置措施等内容；

(三)有相应的安全管理人员；

(四)有齐全的安全操作规程。

本规定所称危险货物运输车辆维修，是指对运输易燃、易爆、腐蚀、放射性、剧毒等性质货物的机动车维修，不包含对危险货物运输车辆罐体的维修。

第十三条 申请从事摩托车维修经营的，应当符合下列条件：

(一)有与其经营业务相适应的摩托车维修停车场和生产厂房。租用的场地应有书面的租赁合同，且租赁期限不得少于1年。停车场和生产厂房的面积按照国家标准《摩托车维修业开业条件》(GB/T 18189)相关条款的规定执行。

(二)有与其经营业务相适应的设备、设施。所配备的计量设备应符合国家有关技术标准要求，并经法定检定机构检定合格。具体要求按照国家标准《摩托车维修业开业条件》(GB/T 18189)相关条款的规定执行。

(三)有必要的技术人员：

1. 从事一类维修业务的应当至少有1名质量检验人员。质量检验人员应当熟悉各类摩托车维修检测作业规范，掌握摩托车维修故障诊断和质量检验的相关技术，熟悉摩托车维修服务收费标准及相关政策法规和技术规范。

2. 按照其经营业务分别配备相应的机修、电器、钣金、涂漆的维修技术人员。机修、电器、钣金、涂漆的维修技术人员应当熟悉所从事工种的维修技术和操作规范,并了解摩托车维修及相关政策法规。

(四)有健全的维修管理制度。包括质量管理制度、安全生产管理制度、摩托车维修档案管理制度、人员培训制度、设备管理制度及配件管理制度。具体要求按照国家标准《摩托车维修业开业条件》(GB/T 18189)相关条款的规定执行。

(五)有必要的环境保护措施。具体要求按照国家标准《摩托车维修业开业条件》(GB/T 18189)相关条款的规定执行。

第十四条 申请从事机动车维修经营的,应当向所在地的县级道路运输管理机构提出申请,并提交下列材料:

(一)《交通行政许可申请书》、有关维修经营申请者的营业执照原件和复印件;

(二)经营场地(含生产厂房和业务接待室)、停车场面积材料、土地使用权及产权证明原件和复印件;

(三)技术人员汇总表,以及各相关人员的学历、技术职称或职业资格证明等文件原件和复印件;

(四)维修检测设备及计量设备检定合格证明原件和复印件;

(五)按照汽车、其他机动车、危险货物运输车辆、摩托车维修经营,分别提供本规定第十一条、第十二条、第十三条规定条件的其他相关材料。

第十五条 道路运输管理机构应当按照《中华人民共和国道路运输条例》和《交通行政许可实施程序规定》规范的程序实施机动车维修经营的行政许可。

第十六条 道路运输管理机构对机动车维修经营申请予以受理的,应当自受理申请之日起15日内作出许可或者不予许可的决定。符合法定条件的,道路运输管理机构作出准予行政许可的决定,向申请人出具《交通行政许可决定书》,在10日内向被许可人颁发机动车维修经营许可证件,明确许可事项;不符合法定条件的,道路运输管理机构作出不予许可的决定,向申请人出具《不予交通行政许可决定书》,说明理由,并告知申请人享有依法申请行政复议或者提起行政诉讼的权利。

机动车维修经营者应当在取得相应工商登记执照后,向道路运输管理机构申请办理机动车维修经营许可手续。

第十七条 申请机动车维修连锁经营服务网点的,可由机动车维修连锁经营企业总部向连锁经营服务网点所在地县级道路运输管理机构提出申请,提交下列材料,并对材料真实性承担相应的法律责任:

(一)机动车维修连锁经营企业总部机动车维修经营许可证件复印件;

（二）连锁经营协议书副本；

（三）连锁经营的作业标准和管理手册；

（四）连锁经营服务网点符合机动车维修经营相应开业条件的承诺书。

道路运输管理机构在查验申请资料齐全有效后，应当场或在5日内予以许可，并发给相应许可证件。连锁经营服务网点的经营许可项目应当在机动车维修连锁经营企业总部许可项目的范围内。

第十八条 机动车维修经营许可证件实行有效期制。从事一、二类汽车维修业务和一类摩托车维修业务的证件有效期为6年；从事三类汽车维修业务、二类摩托车维修业务及其他机动车维修业务的证件有效期为3年。

机动车维修经营许可证件由各省、自治区、直辖市道路运输管理机构统一印制并编号，县级道路运输管理机构按照规定发放和管理。

第十九条 机动车维修经营者应当在许可证件有效期届满前30日到作出原许可决定的道路运输管理机构办理换证手续。

第二十条 机动车维修经营者变更经营资质、经营范围、经营地址、有效期限等许可事项的，应当向作出原许可决定的道路运输管理机构提出申请；符合本章规定许可条件、标准的，道路运输管理机构依法办理变更手续。

机动车维修经营者变更名称、法定代表人等事项的，应当向作出原许可决定的道路运输管理机构备案。

机动车维修经营者需要终止经营的，应当在终止经营前30日告知作出原许可决定的道路运输管理机构办理注销手续。

第三章 维修经营

第二十一条 机动车维修经营者应当按照经批准的行政许可事项开展维修服务。

第二十二条 机动车维修经营者应当将机动车维修经营许可证件和《机动车维修标志牌》（见附件1）悬挂在经营场所的醒目位置。

《机动车维修标志牌》由机动车维修经营者按照统一式样和要求自行制作。

第二十三条 机动车维修经营者不得擅自改装机动车，不得承修已报废的机动车，不得利用配件拼装机动车。

托修方要改变机动车车身颜色，更换发动机、车身和车架的，应当按照有关法律、法规的规定办理相关手续，机动车维修经营者在查看相关手续后方可承修。

第二十四条 机动车维修经营者应当加强对从业人员的安全教育和职业道德教育，确保安全生产。

机动车维修从业人员应当执行机动车维修安全生产操作规程，不得违章作业。

第二十五条 机动车维修产生的废弃物，应当按照国家的有关规定进行处理。

第二十六条 机动车维修经营者应当公布机动车维修工时定额和收费标准，合理收取费用。

机动车维修工时定额可按各省机动车维修协会等行业中介组织统一制定的标准执行，也可按机动车维修经营者报所在地道路运输管理机构备案后的标准执行，也可按机动车生产厂家公布的标准执行。当上述标准不一致时，优先适用机动车维修经营者备案的标准。

机动车维修经营者应当将其执行的机动车维修工时单价标准报所在地道路运输管理机构备案。

机动车生产厂家在新车型投放市场后六个月内，有义务向社会公布其维修技术信息和工时定额。具体要求按照国家有关部门关于汽车维修技术信息公开的规定执行。

第二十七条 机动车维修经营者应当使用规定的结算票据，并向托修方交付维修结算清单。维修结算清单中，工时费与材料费应当分项计算。维修结算清单标准规范格式由交通运输部制定。

机动车维修经营者不出具规定的结算票据和结算清单的，托修方有权拒绝支付费用。

第二十八条 机动车维修经营者应当按照规定，向道路运输管理机构报送统计资料。

道路运输管理机构应当为机动车维修经营者保守商业秘密。

第二十九条 机动车维修连锁经营企业总部应当按照统一采购、统一配送、统一标识、统一经营方针、统一服务规范和价格的要求，建立连锁经营的作业标准和管理手册，加强对连锁经营服务网点经营行为的监管和约束，杜绝不规范的商业行为。

第四章 质量管理

第三十条 机动车维修经营者应当按照国家、行业或者地方的维修标准和规范进行维修。尚无标准或规范的，可参照机动车生产企业提供的维修手册、使用说明书和有关技术资料进行维修。

第三十一条 机动车维修经营者不得使用假冒伪劣配件维修机动车。

机动车维修配件实行追溯制度。机动车维修经营者应当记录配件采购、使用信息,查验产品合格证等相关证明,并按规定留存配件来源凭证。

托修方、维修经营者可以使用同质配件维修机动车。同质配件是指,产品质量等同或者高于装车零部件标准要求,且具有良好装车性能的配件。

机动车维修经营者对于换下的配件、总成,应当交托修方自行处理。

机动车维修经营者应当将原厂配件、同质配件和修复配件分别标识,明码标价,供用户选择。

第三十二条 机动车维修经营者对机动车进行二级维护、总成修理、整车修理的,应当实行维修前诊断检验、维修过程检验和竣工质量检验制度。

承担机动车维修竣工质量检验的机动车维修企业或机动车综合性能检测机构应当使用符合有关标准并在检定有效期内的设备,按照有关标准进行检测,如实提供检测结果证明,并对检测结果承担法律责任。

第三十三条 机动车维修竣工质量检验合格的,维修质量检验人员应当签发《机动车维修竣工出厂合格证》(见附件2);未签发机动车维修竣工出厂合格证的机动车,不得交付使用,车主可以拒绝交费或接车。

第三十四条 机动车维修经营者应当建立机动车维修档案,并实行档案电子化管理。维修档案应当包括:维修合同(托修单)、维修项目、维修人员及维修结算清单等。对机动车进行二级维护、总成修理、整车修理的,维修档案还应当包括:质量检验单、质量检验人员、竣工出厂合格证(副本)等。

机动车维修经营者应当按照规定如实填报、及时上传承修机动车的维修电子数据记录至国家有关汽车电子健康档案系统。机动车生产厂家或者第三方开发、提供机动车维修服务管理系统的,应当向汽车电子健康档案系统开放相应数据接口。

机动车托修方有权查阅机动车维修档案。

第三十五条 道路运输管理机构应当加强机动车维修从业人员管理,建立健全从业人员信用档案,加强从业人员诚信监管。

机动车维修经营者应当加强从业人员从业行为管理,促进从业人员诚信、规范从业维修。

第三十六条 道路运输管理机构应当加强对机动车维修经营的质量监督和管理,采用定期检查、随机抽样检测检验的方法,对机动车维修经营者维修质量进行监督。

道路运输管理机构可以委托具有法定资格的机动车维修质量监督检验单

位，对机动车维修质量进行监督检验。

第三十七条　机动车维修实行竣工出厂质量保证期制度。

汽车和危险货物运输车辆整车修理或总成修理质量保证期为车辆行驶20000公里或者100日；二级维护质量保证期为车辆行驶5000公里或者30日；一级维护、小修及专项修理质量保证期为车辆行驶2000公里或者10日。

摩托车整车修理或者总成修理质量保证期为摩托车行驶7000公里或者80日；维护、小修及专项修理质量保证期为摩托车行驶800公里或者10日。

其他机动车整车修理或者总成修理质量保证期为机动车行驶6000公里或者60日；维护、小修及专项修理质量保证期为机动车行驶700公里或者7日。

质量保证期中行驶里程和日期指标，以先达到者为准。

机动车维修质量保证期，从维修竣工出厂之日起计算。

第三十八条　在质量保证期和承诺的质量保证期内，因维修质量原因造成机动车无法正常使用，且承修方在3日内不能或者无法提供因非维修原因而造成机动车无法使用的相关证据的，机动车维修经营者应当及时无偿返修，不得故意拖延或者无理拒绝。

在质量保证期内，机动车因同一故障或维修项目经两次修理仍不能正常使用的，机动车维修经营者应当负责联系其他机动车维修经营者，并承担相应修理费用。

第三十九条　机动车维修经营者应当公示承诺的机动车维修质量保证期。所承诺的质量保证期不得低于第三十七条的规定。

第四十条　道路运输管理机构应当受理机动车维修质量投诉，积极按照维修合同约定和相关规定调解维修质量纠纷。

第四十一条　机动车维修质量纠纷双方当事人均有保护当事车辆原始状态的义务。必要时可拆检车辆有关部位，但双方当事人应同时在场，共同认可拆检情况。

第四十二条　对机动车维修质量的责任认定需要进行技术分析和鉴定，且承修方和托修方共同要求道路运输管理机构出面协调的，道路运输管理机构应当组织专家组或委托具有法定检测资格的检测机构作出技术分析和鉴定。鉴定费用由责任方承担。

第四十三条　对机动车维修经营者实行质量信誉考核制度。机动车维修质量信誉考核办法另行制定。

机动车维修质量信誉考核内容应当包括经营者基本情况、经营业绩（含奖励情况）、不良记录等。

第四十四条 道路运输管理机构应当建立机动车维修企业诚信档案。机动车维修质量信誉考核结果是机动车维修诚信档案的重要组成部分。

道路运输管理机构建立的机动车维修企业诚信信息,除涉及国家秘密、商业秘密外,应当依法公开,供公众查阅。

第五章 监督检查

第四十五条 道路运输管理机构应当加强对机动车维修经营活动的监督检查。

道路运输管理机构应当依法履行对维修经营者所取得维修经营许可的监管职责,定期核对许可登记事项和许可条件。对许可登记内容发生变化的,应当依法及时变更;对不符合法定条件的,应当责令限期改正。

道路运输管理机构的工作人员应当严格按照职责权限和程序进行监督检查,不得滥用职权、徇私舞弊,不得乱收费、乱罚款。

第四十六条 道路运输管理机构应当积极运用信息化技术手段,科学、高效地开展机动车维修管理工作。

第四十七条 道路运输管理机构的执法人员在机动车维修经营场所实施监督检查时,应当有2名以上人员参加,并向当事人出示交通运输部监制的交通行政执法证件。

道路运输管理机构实施监督检查时,可以采取下列措施:

(一)询问当事人或者有关人员,并要求其提供有关资料;

(二)查询、复制与违法行为有关的维修台帐、票据、凭证、文件及其他资料,核对与违法行为有关的技术资料;

(三)在违法行为发现场所进行摄影、摄像取证;

(四)检查与违法行为有关的维修设备及相关机具的有关情况。

检查的情况和处理结果应当记录,并按照规定归档。当事人有权查阅监督检查记录。

第四十八条 从事机动车维修经营活动的单位和个人,应当自觉接受道路运输管理机构及其工作人员的检查,如实反映情况,提供有关资料。

第六章 法律责任

第四十九条 违反本规定,有下列行为之一,擅自从事机动车维修相关经营活动的,由县级以上道路运输管理机构责令其停止经营;有违法所得的,没收违法所得,处违法所得2倍以上10倍以下的罚款;没有违法所得或者违法所得不足1万元的,处2万元以上5万元以下的罚款;构成犯罪的,依法追究刑事责任:

(一)未取得机动车维修经营许可,非法从事机动车维修经营的;

(二)使用无效、伪造、变造机动车维修经营许可证件,非法从事机动车维修经营的;

(三)超越许可事项,非法从事机动车维修经营的。

第五十条 违反本规定,机动车维修经营者非法转让、出租机动车维修经营许可证件的,由县级以上道路运输管理机构责令停止违法行为,收缴转让、出租的有关证件,处以2000元以上1万元以下的罚款;有违法所得的,没收违法所得。

对于接受非法转让、出租的受让方,应当按照第四十九条的规定处罚。

第五十一条 违反本规定,机动车维修经营者使用假冒伪劣配件维修机动车,承修已报废的机动车或者擅自改装机动车的,由县级以上道路运输管理机构责令改正,并没收假冒伪劣配件及报废车辆;有违法所得的,没收违法所得,处违法所得2倍以上10倍以下的罚款;没有违法所得或者违法所得不足1万元的,处2万元以上5万元以下的罚款,没收假冒伪劣配件及报废车辆;情节严重的,由原许可机关吊销其经营许可;构成犯罪的,依法追究刑事责任。

第五十二条 违反本规定,机动车维修经营者签发虚假或者不签发机动车维修竣工出厂合格证的,由县级以上道路运输管理机构责令改正;有违法所得的,没收违法所得,处以违法所得2倍以上10倍以下的罚款;没有违法所得或者违法所得不足3000元的,处以5000元以上2万元以下的罚款;情节严重的,由许可机关吊销其经营许可;构成犯罪的,依法追究刑事责任。

第五十三条 违反本规定,有下列行为之一的,由县级以上道路运输管理机构责令其限期整改;限期整改不合格的,予以通报:

(一)机动车维修经营者未按照规定执行机动车维修质量保证期制度的;

(二)机动车维修经营者未按照有关技术规范进行维修作业的;

(三)伪造、转借、倒卖机动车维修竣工出厂合格证的;

(四)机动车维修经营者只收费不维修或者虚列维修作业项目的;

(五)机动车维修经营者未在经营场所醒目位置悬挂机动车维修经营许可证件和机动车维修标志牌的;

(六)机动车维修经营者未在经营场所公布收费项目、工时定额和工时单价的;

(七)机动车维修经营者超出公布的结算工时定额、结算工时单价向托修方收费的；

（八）机动车维修经营者未按规定建立电子维修档案，或者未及时上传维修电子数据记录至国家有关汽车电子健康档案系统的；

（九）违反本规定其他有关规定的。

第五十四条 违反本规定，道路运输管理机构的工作人员有下列情形之一的，由同级地方人民政府交通运输主管部门依法给予行政处分；构成犯罪的，依法追究刑事责任：

（一）不按照规定的条件、程序和期限实施行政许可的；

（二）参与或者变相参与机动车维修经营业务的；

（三）发现违法行为不及时查处的；

（四）索取、收受他人财物或谋取其他利益的；

（五）其他违法违纪行为。

第七章 附 则

第五十五条 外商在中华人民共和国境内申请中外合资、中外合作、独资形式投资机动车维修经营的，应同时遵守《外商投资道路运输业管理规定》及相关法律、法规的规定。

第五十六条 机动车维修经营许可证件等相关证件工本费收费标准由省级人民政府财政部门、价格主管部门会同同级交通运输主管部门核定。

第五十七条 本规定自2005年8月1日起施行。经商国家发展和改革委员会、国家工商行政管理总局同意，1986年12月12日交通部、原国家经委、原国家工商行政管理局发布的《汽车维修行业管理暂行办法》同时废止，1991年4月10日交通部颁布的《汽车维修质量管理办法》同时废止。

附件 1:机动车维修标志牌

1.“一、二类汽车及其他机动车维修企业标志牌”式样

(A) 汽车 维修企业

No. XXXXXX

经营项目　　(B)

许可部门　　××××××

监督电话　　XXXXXXXX

XXXXXX　监制

注:1. 外轮廓尺寸为 750mm×500mm×25mm;“汽车维修企业”用 55mm×40mm 长黑体,蓝色徽标直径为 85mm, No. ××××××用高 20mm 黑体;“经营项目、许可部门、监督电话”用 32mm×27mm 长黑体;材质:铜牌材。

2. A 处根据许可项目,分别填写一类或二类。

3. B 处根据许可项目,分别填写小型车、大中型客车、大型货车维修。危险品运输车辆维修企业,还应增加危险货物运输车辆维修。用 23mm×30mm 扁体。

2. “专项(三类)汽车及其他机动车维修企业标志牌”式样

专项(三类)汽车维修企业(业户)

No.××××××

经营项目　　(A)

许可部门　　××××××

监督电话　　×××××××××

××××××　监制

注:1. 外轮廓尺寸为750mm×500mm×25mm;“专项(三类)汽车维修企业(业户)”用55mm×40mm长黑体;蓝色徽标直径为85mm;No. ××××××用高20mm黑体,“经营项目、许可部门、监督电话”用32mm×27mm长黑体;材质:铜牌材。

2. A处根据许可项目,分别填写:汽车综合小修、发动机维修、车身维修、电气系统维修、自动变速器维修、轮胎动平衡及修补、四轮定位检测调整、汽车润滑与养护、喷油泵喷油器维修、曲轴修磨、气缸镗磨、散热器维修、空调维修、汽车美容装潢、汽车玻璃安装及修复等,用高23mm×28mm的扁黑体。

3. “摩托车维修企业标志牌”式样

(A)摩托车维修企业

No. XXXXXX

经营项目　　(B)

许可部门　　××××××

监督电话　　×××××××××

XXXXXX　监制

注:1. 外轮廓尺寸为750mm×500mm×25mm;“摩托车维修企业”用55mm×40mm长黑体;蓝色徽标直径为85mm;No. ××××××用高20mm黑体;“经营项目、许可部门、监督电话”用32mm×27mm长黑体;材质:铜牌材。

2. A处根据许可项目,分别填写一类或二类,并与B相协调。

3. B处根据许可项目,分别填写摩托车整车修理、总成修理、整车维护、小修、竣工检验和专项修理。用高23mm×28mm扁体。

附件2:机动车维修竣工出厂合格证

1. “机动车维修竣工出厂合格证”式样(正面)

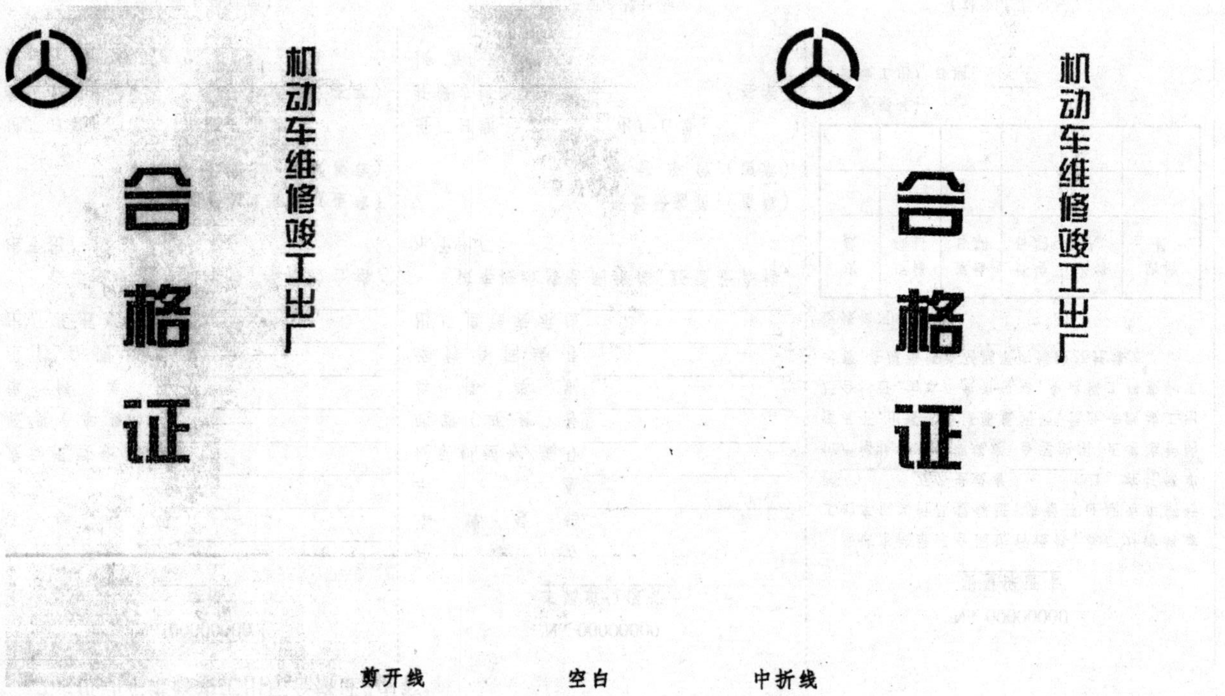

2. “机动车维修竣工出厂合格证”内容

No. 00000000

存根

托修方________

车牌号码________

车型________

发动机型号/编号________

底盘（车身）号________

维修类别________

维修合同编号________

出厂里程表示值________

该车按维修合同维修，经检验合格，准予出厂。

质量检验员：（盖章）

承修单位：（盖章）

进厂日期：　　出厂日期：

托修方接车人：　　（签字）

接车日期：

（对应正面合格证面）

No. 00000000

车属单位保管

托修方________

车牌号码________

车型________

发动机型号/编号________

底盘（车身）号________

维修类别________

维修合同编号________

出厂里程表示值________

该车按维修合同维修，经检验合格，准予出厂。

质量检验员：（盖章）

承修单位：（盖章）

进厂日期：　　出厂日期：

托修方接车人：　　（签字）

接车日期：

（对应正面合格证面）

No. 00000000

质量保证卡

该车按维修合同进行维修，本厂对维修竣工的车辆实行质量保证，质量保证期为车辆行驶________万公里或者________日。在托修单位严格执行走合期规定、合理使用、正常维护的情况下，出现的维修质量问题，凭此卡随竣工出厂合格证，由本厂负责包修，免返修工料费和工时费，在原维修类别期限内修竣交托修方。

返修情况记录：

次数	返修项目	返修日期	修竣日期	送修人	质检员

维修发票号：

维修竣工出厂日期：

（对应正面白底）

注：1. 外廓尺寸为260mm×184mm。“存根”、“车属单位保管”字体为小四号仿宋；“质量保证卡”字体为五号仿宋。

2. 材质：157克铜版纸。

交通运输部关于修改《港口经营管理规定》的决定

（2016年4月19日交通运输部令2016年第43号公布　自2016年4月19日起施行）

交通运输部决定对《港口经营管理规定》（交通运输部令2014年第22号）作如下修改：

一、将第三条第（一）项第3目中的“为委托人提供”修改为“从事”。

二、将第七条第（四）项修改为：“（四）有健全的经营管理制度和安全管理制度以及生产安全事故应急预案，应急预案经专家审查通过”。

三、增加一条，作为第十条，内容为：“港口工程试运行期间从事经营的，应当具备以下条件：

（一）有固定的经营场所；

（二）有与经营范围、规模相适应的港口设施、设备，其中：

1. 码头、客运站等固定设施应当符合港口总体规划；

2. 为旅客提供上、下船服务的，应当具备至少能遮蔽风、雨、雪的候船和上、下船设施；

3. 为国际航线船舶服务的码头（包括过驳锚地、浮筒），应当具备对外开放资格；

4. 为船舶提供码头、过驳锚地、浮筒等设施的，应当有相应的船舶污染物、废弃物接收能力和相应污染应急处理能力，包括必要的设施、设备和器材；

5. 码头、装卸设备、港池、航道、导助航设施及其他配套设施等港口设施主体工程已按批准的初步设计文件建成，并经交工验收合格，具有交工验收报告；主要装卸设备空载联动调试合格；

6. 港口工程的环境保护设施、安全设施、职业病防护设施、消防设施等已按要求与港口主体工程同时建设完成，且已通过安全设施验收和消防设施验收或者备案，环境保护设施和职业病防护设施符合国家有关法律、法规、规章、标准规定的试运行要求；

（三）有与经营规模、范围相适应的专业技术人员、管理人员；

（四）有健全的经营管理制度和安全管理制度；已制定试运行方案和应急预案，并经专家审查通过。”

四、将第十一条第一款第(三)项修改为:"(三)港口码头、库场、储罐、污水处理等固定设施符合国家有关规定的竣工验收合格证明"。

第一款增加一项,作为第(四)项:"(四)使用港口岸线的,港口岸线的使用批准文件"。

增加一款,作为第四款:"港口工程试运行期间从事经营的,应当提供上述第(一)(二)(四)(六)项规定的材料和证明符合第十条规定条件的其他文件和材料。"

五、将第十二条第二款修改为:"《港口经营许可证》的有效期为3年。港口设施需要试运行经营的,所持有的《港口经营许可证》的有效期为试运行经营期,并在证书上注明。试运行经营期原则上不超过6个月;确需延期的,试运行经营期累计不得超过1年。"

六、删除第四十七条。

条文序号作相应调整。

本决定自2016年4月19日起施行。

《港口经营管理规定》根据本决定作相应修正,重新发布。

港口经营管理规定

(2009年11月6日交通运输部令2009年第13号发布　根据2014年12月23日交通运输部《关于修改〈港口经营管理规定〉的决定》第一次修正　根据2016年4月19日《交通运输部关于修改〈港口经营管理规定〉的决定》第二次修正)

第一章　总　则

第一条　为规范港口经营行为,维护港口经营秩序,依据《中华人民共和国港口法》和其他有关法律、法规,制定本规定。

第二条　本规定适用于港口经营及相关活动。

第三条　本规定下列用语的含义是:

(一)港口经营,是指港口经营人在港口区域内为船舶、旅客和货物提供港口设施或者服务的活动,主要包括下列各项:

1. 为船舶提供码头、过驳锚地、浮筒等设施;

2. 为旅客提供候船和上下船舶设施和服务;

3. 从事货物装卸(含过驳)、仓储、港内驳运、集装箱堆放、拆拼箱以及对货物及其包装进行简单加工处理等;

4. 为船舶进出港、靠离码头、移泊提供顶推、拖带等服务;

5. 为委托人提供货物交接过程中的点数和检查货物表面状况的理货服务;

6. 为船舶提供岸电、燃物料、生活品供应、船员接送及船舶污染物(含油污水、残油、洗舱水、生活污水及垃圾)接收、围油栏供应服务等船舶港口服务;

7. 从事港口设施、设备和港口机械的租赁、维修业务。

(二)港口经营人,是指依法取得经营资格从事港口经营活动的组织和个人。

(三)港口设施,是指为从事港口经营而建造和设置的建(构)筑物。

第四条 交通运输部负责全国港口经营行政管理工作。

省、自治区、直辖市人民政府交通运输(港口)主管部门负责本行政区域内的港口经营行政管理工作。

省、自治区、直辖市人民政府、港口所在地设区的市(地)、县人民政府确定的具体实施港口行政管理的部门负责该港口的港口经营行政管理工作。本款上述部门统称港口行政管理部门。

第五条 国家鼓励港口经营性业务实行多家经营、公平竞争。港口经营人不得实施垄断行为。任何组织和部门不得以任何形式实施地区保护和部门保护。

第二章 资质管理

第六条 从事港口经营,应当申请取得港口经营许可。

实施港口经营许可,应当遵循公平、公正和公开透明的原则,不得收取费用,并应当接受社会监督。

第七条 从事港口经营(港口理货、船舶污染物接收除外),应当具备下列条件:

(一)有固定的经营场所;

(二)有与经营范围、规模相适应的港口设施、设备,其中:

1. 码头、客运站、库场、储罐、污水处理设施等固定设施应当符合港口总体规划和法律、法规及有关技术标准的要求;

2. 为旅客提供上、下船服务的,应当具备至少能遮蔽风、雨、雪的候船和上、下船设施;

3. 为国际航线船舶服务的码头(包括过驳锚地、浮筒),应当具备对外开放资格;

4. 为船舶提供码头、过驳锚地、浮筒等设施的,应当有相应的船舶污染物、废弃物接收能力和相应污染应急处理能力,包括必要的设施、设备和器材;

(三)有与经营规模、范围相适应的专业技术人员、管理人员;

(四)有健全的经营管理制度和安全管理制度以及生产安全事故应急预案,应急预案经专家审查通过。

第八条 从事港口理货,应当具备下列条件:

(一)申请人是依法在国内登记注册的企业法人;

(二)港口理货经营地域为申请人所在地的行政区域;

(三)有与经营范围、规模相适应的组织机构和管理人员、理货人员,有固定的办公场所和经营设施,有业务章程、理货规程和管理制度;

(四)具有符合相关通用要求的质量管理体系;

(五)具备与港口理货业务相适应的,能与港航电子数据交换中心和电子口岸顺利进行数据传输的理货信息系统和技术装备。

第九条 从事船舶污染物接收经营,应当具备下列条件:

(一)有固定的经营场所;

(二)配备海务、机务、环境工程专职管理人员至少各一名,专职管理人员应当具有3年以上相关专业从业资历;

(三)有健全的经营管理制度和安全管理制度以及生产安全事故应急预案;

(四)使用船舶从事船舶污染物接收的,应当拥有至少一艘不低于300总吨的适应船舶污染物接收的中国籍船舶;使用港口接收设施从事船舶污染物接收的,港口接收设施应处于良好状态;使用车辆从事船舶污染物接收的,应当拥有至少一辆垃圾接收、清运专用车辆。

第十条 港口工程试运行期间从事经营的,应当具备以下条件:

(一)有固定的经营场所;

(二)有与经营范围、规模相适应的港口设施、设备,其中:

1. 码头、客运站等固定设施应当符合港口总体规划;

2. 为旅客提供上、下船服务的,应当具备至少能遮蔽风、雨、雪的候船和上、下船设施;

3. 为国际航线船舶服务的码头(包括过驳锚地、浮筒),应当具备对外开放资格;

4. 为船舶提供码头、过驳锚地、浮筒等设施的,应当有相应的船舶污染物、废弃物接收能力和相应污染应急处理能力，包括必要的设施、设备和器材；

5. 码头、装卸设备、港池、航道、导助航设施及其他配套设施等港口设施主体工程已按批准的初步设计文件建成，并经交工验收合格，具有交工验收报告；主要装卸设备空载联动调试合格；

6. 港口工程的环境保护设施、安全设施、职业病防护设施、消防设施等已按要求与港口主体工程同时建设完成，且已通过安全设施验收和消防设施验收或者备案，环境保护设施和职业病防护设施符合国家有关法律、法规、规章、标准规定的试运行要求；

（三）有与经营规模、范围相适应的专业技术人员、管理人员；

（四）有健全的经营管理制度和安全管理制度；已制定试运行方案和应急预案，并经专家审查通过。

第十一条 从事港口装卸和仓储业务的经营人不得兼营理货业务。理货业务经营人不得兼营港口货物装卸经营业务和仓储经营业务。

第十二条 申请从事港口经营，应当提交下列相应文件和资料：

（一）港口经营业务申请书；

（二）经营管理机构的组成及其办公用房的所有权或者使用权证明；

（三）港口码头、库场、储罐、污水处理等固定设施符合国家有关规定的竣工验收合格证明；

（四）使用港口岸线的，港口岸线的使用批准文件；

（五）使用港作船舶的，港作船舶的船舶证书；

（六）负责安全生产的主要管理人员通过安全生产法律法规要求的培训证明材料；

（七）证明符合第七条规定条件的其他文件和资料。

从事港口理货业务的，应当提供上述（一）（二）项规定的材料和证明符合第八条规定条件的其他文件和材料。

从事船舶污染物接收经营的，应当提供上述（一）（二）项规定的材料和证明符合第九条规定条件的其他文件和材料。

港口工程试运行期间从事经营的，应当提供上述第（一）（二）（四）（六）项规定的材料和证明符合第十条规定条件的其他文件和材料。

第十三条 申请从事港口经营（申请从事港口理货除外），申请人应当向港口行政管理部门提出书面申请和第十二条第一款、第三款规定的相关文件资料。港口行政管理部门应当自受理申请之日起 30 个工作日内作出许可或者不许可的决定。符合资质条件的，由港口行政管理部门发给《港口经营许可证》，并通过信息网络或者报刊公布；不符合条件的，不予行政许可，并应当将不予许可的决定及理由书面通知申请人。《港口经营许可证》应当明确港口经营人的名称与办公地址、法定代表人、经营项目、经营地域、主要设施设备、发证日期、许可证有效期和证书编号。

《港口经营许可证》的有效期为3年。港口设施需要试运行经营的,所持有的《港口经营许可证》的有效期为试运行经营期,并在证书上注明。试运行经营期原则上不超过6个月;确需延期的,试运行经营期累计不得超过1年。

第十四条 申请从事港口理货,应当向港口所在地的省级交通运输主管部门提出书面申请并提交第十二条第二款规定的相关文件资料。省级交通运输主管部门在收到申请和相关材料后,可根据需要征求相关港口行政管理部门意见。相关港口行政管理部门应当在7个工作日内提出反馈意见。省级交通运输主管部门应当在受理申请人的申请之日起20个工作日内作出许可或者不许可的决定。予以许可的,核发《港口经营许可证》,并通过信息网络或者报刊公布;不予许可的应当将不予许可的决定及理由书面通知申请人。省级交通运输主管部门在作出许可决定的同时,应当将许可情况通知相关港口行政管理部门。

第十五条 省级交通运输主管部门和港口行政管理部门对申请人提出的港口经营许可申请,应当根据下列情况分别做出处理:

(一)申请事项依法不需要取得行政许可的,应当即时告知申请人不受理;

(二)申请事项依法不属于省级交通运输主管部门或者港口行政管理部门职权范围的,应当即时告知申请人向有关行政机关申请;

(三)申请材料存在可以当场更正的错误的,应当允许申请人当场更正;

(四)申请材料不齐全或者不符合法定形式的,应当当场或者在5日内一次告知申请人需要补正的全部内容,逾期不告知的,自收到申请材料之日起即为受理;

(五)申请事项属于省级交通运输主管部门或者港口行政管理部门职权范围,申请材料齐全、符合法定形式,或者申请人按照要求提交全部补正申请材料的,应当受理经营业务许可申请。

受理或者不受理经营业务许可申请,应当出具加盖许可机关专用印章和注明日期的书面凭证。

第十六条 港口经营人应当按照港口行政管理部门许可的经营范围从事港口经营活动。

第十七条 港口经营人变更经营范围的,应当就变更事项按照本规定第十三条或者第十四条规定办理许可手续,并到工商部门办理相应的变更登记手续。

港口经营人变更企业法定代表人或者办公地址的,应当向港口行政管理部门备案并换发《港口经营许可证》。

第十八条 港口经营人应当在《港口经营许可证》有效期届满之日30日以前,向《港口经营许可证》发证机关申请办理延续手续。

申请办理《港口经营许可证》延续手续,应当提交下列材料:

(一)《港口经营许可证》延续申请;

(二)除本规定第十二条第一款第(一)(二)项之外的其他证明材料。

第十九条 港口经营人停业或者歇业,应当提前30个工作日告知原许可机关。原许可机关应当收回并注销其《港口经营许可证》,并以适当方式向社会公布。

第三章 经营管理

第二十条 港口行政管理部门及相关部门应当保证港口公用基础设施的完好、畅通。

港口经营人应当按照核定的功能使用和维护港口经营设施、设备,并使其保持正常状态。

第二十一条 港口经营人变更或者改造码头、堆场、仓库、储罐和污水垃圾处理设施等固定经营设施,应当依照有关法律、法规和规章的规定履行相应手续。依照有关规定无需经港口行政管理部门审批的,港口经营人应当向港口行政管理部门备案。

第二十二条 从事港口旅客运输服务的经营人,应当采取必要措施保证旅客运输的安全、快捷、便利,保证旅客基本生活用品的供应,保持良好的候船条件和环境。

第二十三条 港口经营人应当优先安排抢险、救灾和国防建设急需物资的港口作业。

政府在紧急情况下征用港口设施,港口经营人应当服从指挥。港口经营人因此而产生费用或者遭受损失的,下达征用任务的机关应当依法给予相应的经济补偿。

第二十四条 在旅客严重滞留或者货物严重积压阻塞港口的紧急情况下,港口行政管理部门应当采取措施进行疏港。港口所在地的市、县人民政府认为必要时,可以直接采取措施,进行疏港。港口内的单位、个人及船舶、车辆应当服从疏港指挥。

第二十五条 港口行政管理部门应当依法制定可能危及社会公共利益的

港口危险货物事故应急预案、重大生产安全事故的旅客紧急疏散和救援预案以及预防自然灾害预案,建立健全港口重大生产安全事故的应急救援体系。

港口行政管理部门按照前款规定制定的各项预案应当予以公布,并报送交通运输部和上级交通运输(港口)主管部门备案。

第二十六条 港口经营人应当依照有关法律、法规和交通运输部有关港口安全作业的规定,加强安全生产管理,完善安全生产条件,建立健全安全生产责任制等规章制度,确保安全生产。

港口经营人应当依法制定本单位的危险货物事故应急预案、重大生产安全事故的旅客紧急疏散和救援预案以及预防自然灾害预案,并保障组织实施。

港口经营人按照前款规定制定的各项预案应当报送港口行政管理部门和港口所在地海事管理机构备案。

第二十七条 港口经营人从事港口经营业务,应当遵守有关法律、法规和规章的规定,依法履行合同约定的义务,为客户提供公平、良好的服务。

第二十八条 港口经营人应当遵守国家有关港口经营价格和收费的规定,应当在其经营场所公布经营服务收费项目和收费标准,使用国家规定的港口经营票据。

第二十九条 港口经营人不得采取不正当手段,排挤竞争对手,限制或者妨碍公平竞争;不得对具有同等条件的服务对象实行歧视;不得以任何手段强迫他人接受其提供的港口服务。

第三十条 港口经营人应当按照有关规定及时足额交纳港口行政性收费。

港口经营人的合法权益受法律保护。任何单位和个人不得向港口经营人摊派或者违法收取费用。

港口经营人有权拒绝违反规定收取或者摊派的各种费用。

第三十一条 港口行政管理部门应当依法做好港口行政性收费的征管工作,保证港口行政性收费征收到位,并及时足额解缴。

港口行政性收费实行专户管理,专款专用。

第三十二条 港口经营人应当按照国家有关规定,及时向港口行政管理部门如实提供港口统计资料及有关信息。

各级交通运输(港口)主管部门和港口行政管理部门应当按照有关规定向交通运输部和上级交通运输(港口)主管部门报送港口统计资料和相关信息,并结合本地区的实际建设港口管理信息系统。

上述部门的工作人员应当为港口经营人保守商业秘密。

第四章　监督检查

第三十三条　港口行政管理部门应当依法对港口安全生产情况和本规定执行情况实施监督检查，并将检查的结果向社会公布。港口行政管理部门应当对旅客集中、货物装卸量较大或者特殊用途的码头进行重点巡查。检查中发现安全隐患的，应当责令被检查人立即排除或者限期排除。

各级交通运输（港口）主管部门应当加强对港口行政管理部门实施《中华人民共和国港口法》和本规定的监督管理，切实落实法律规定的各项制度，及时纠正行政执法中的违法行为。

第三十四条　港口行政管理部门的监督检查人员依法实施监督检查时，有权向被检查单位和有关人员了解情况，并可查阅、复制有关资料。

监督检查人员应当对检查中知悉的商业秘密保密。

监督检查人员实施监督检查，应当两个人以上，并出示执法证件。

第三十五条　监督检查人员应当将监督检查的时间、地点、内容、发现的问题及处理情况作出书面记录，并由监督检查人员和被检查单位的负责人签字；被检查单位的负责人拒绝签字的，监督检查人员应当将情况记录在案，并向港口行政管理部门报告。

第三十六条　被检查单位和有关人员应当接受港口行政管理部门依法实施的监督检查，如实提供有关情况和资料，不得拒绝检查或者隐匿、谎报有关情况和资料。

第五章　法律责任

第三十七条　有下列行为之一的，由港口行政管理部门责令停止违法经营，没收违法所得；违法所得 10 万元以上的，并处违法所得 2 倍以上 5 倍以下罚款；违法所得不足 10 万元的，处 5 万元以上 20 万元以下罚款：

（一）未依法取得港口经营许可证，从事港口经营的；

（二）未经依法许可，经营港口理货业务的；

（三）港口理货业务经营人兼营货物装卸经营业务、仓储经营业务的。

有前款第（三）项行为，情节严重的，由港口所在地的省级交通运输主管部门吊销港口理货业务经营许可证，并以适当方式向社会公布。

第三十八条　经检查或者调查证实，港口经营人在取得经营许可后又不符合本规定第七、八、九、十条规定一项或者几项条件的，由港口行政管理部门责令其停止经营,限期改正;逾期不改正的,由作出行政许可决定的行政机关吊销《港口经营许可证》,并以适当方式向社会公布。

第三十九条 港口经营人不优先安排抢险物资、救灾物资、国防建设急需物资的作业的,由港口行政管理部门责令改正;造成严重后果的,吊销《港口经营许可证》,并以适当方式向社会公布。

第四十条 港口经营人违反本规定第二十六条关于安全生产规定的,由港口行政管理部门或者其他依法负有安全生产监督管理职责的部门依法给予处罚;情节严重的,由港口行政管理部门吊销《港口经营许可证》;构成犯罪的,依法追究刑事责任。

第四十一条 港口经营人违反本规定第二十八条、第二十九条规定,港口行政管理部门应当进行调查,并协助相关部门进行处理。

第四十二条 港口经营人违反本规定第三十二条规定不及时和不如实向港口行政管理部门提供港口统计资料及有关信息的,由港口行政管理部门按照有关法律、法规的规定予以处罚。

第四十三条 港口行政管理部门不依法履行职责,有下列行为之一的,对直接负责的主管人员和其他直接责任人员依法给予行政处分;构成犯罪的,依法追究刑事责任:

(一)对不符合法定条件的申请人给予港口经营许可的;

(二)发现取得经营许可的港口经营人不再具备法定许可条件而不及时吊销许可证的;

(三)不依法履行监督检查职责,对未经依法许可从事港口经营的行为,不遵守安全生产管理规定的行为,危及港口作业安全的行为,以及其他违反本法规定的行为,不依法予以查处的。

第四十四条 港口行政管理部门违法干预港口经营人的经营自主权的,由其上级行政机关或者监察机关责令改正。向港口经营人摊派财物或者违法收取费用的,责令退回;情节严重的,对直接负责的主管人员和其他直接责任人员依法给予行政处分。

第六章 附 则

第四十五条 《港口经营许可证》的式样由交通运输部统一规定,由省级交通运输(港口)主管部门负责印制。

第四十六条 港口行政管理部门按照《中华人民共和国港口法》制定的港口章程应当在公布的同时送上级交通运输(港口)主管部门和交通运输部

备案。

第四十七条 港口引航适用《船舶引航管理规定》(交通部令 2001 年第 10 号)。从事危险货物港口作业的,应当同时遵守《港口危险货物安全管理规定》(交通运输部令 2012 年第 9 号)。

第四十八条 本规定自 2010 年 3 月 1 日起施行。2003 年 12 月 26 日交通部发布的《港口经营管理规定》(交通部令 2004 年第 4 号)同时废止。

交通运输部关于修改《港口工程竣工验收办法》的决定

(2016 年 4 月 19 日交通运输部令 2016 年第 44 号公布 自 2016 年 4 月 19 日起施行)

交通运输部决定对《港口工程竣工验收办法》(交通运输部令 2014 年第 12 号)作如下修改:

一、将第二条第二款修改为:"本办法所称港口工程竣工验收,是指港口工程完工后、正式投入使用前,对港口工程质量、执行国家和行业强制性标准情况、投资使用情况等事项的全面检查验收,以及对港口工程建设、设计、施工、监理等工作的综合评价。"

二、将第三条修改为:"港口工程竣工后,经验收合格方可正式投入使用。"

三、将第七条第(三)项修改为:"(三)港口工程需要试运行的,经试运行符合设计要求"。

第(四)项修改为:"(四)环境保护设施、安全设施、职业病防护设施、消防设施已按照有关部门规定通过专项验收或者备案;航标设施以及其他辅助性设施已按照《港口法》的规定,与港口同时建设,并保证按期投入使用"。

四、将第八条修改为:"需要试运行经营的港口设施,应当符合《港口经营管理规定》规定的试运行经营条件,并取得试运行经营期的港口经营许可。试运行经营期内符合竣工验收条件的港口工程,应当及时办理港口工程竣工验收手续。"

五、将第十九条修改为:"港口工程未经竣工验收或者竣工验收不合格的,不得正式投入使用。"

六、将第二十条修改为:"项目法人违反本办法规定进行试运行经营的,由港口所在地港口行政管理部门责令停止试运行。"

本决定自2016年4月19日施行。

《港口工程竣工验收办法》根据本决定作相应修正，重新发布。

港口工程竣工验收办法

（2005年4月12日交通部令2005年第2号发布　根据2014年9月5日交通运输部《关于修改〈港口工程竣工验收办法〉的决定》第一次修正　根据2016年4月19日《交通运输部关于修改〈港口工程竣工验收办法〉的决定》第二次修正）

第一条　为规范港口工程竣工验收工作，保证港口工程质量，保护人民生命和财产安全，根据《中华人民共和国港口法》，制定本办法。

第二条　本办法适用于新建和改建的港口工程竣工验收活动。

本办法所称港口工程竣工验收，是指港口工程完工后、正式投入使用前，对港口工程质量、执行国家和行业强制性标准情况、投资使用情况等事项的全面检查验收，以及对港口工程建设、设计、施工、监理等工作的综合评价。

第三条　港口工程竣工后，经验收合格方可正式投入使用。

第四条　港口工程竣工验收，应当遵循公开、公正、真实、科学的原则。

第五条　港口工程项目法人、设计、施工、监理等单位应当接受、配合竣工验收工作，提供的有关资料应当真实、有效。

第六条　港口工程竣工验收，实行统一管理、分级负责制度。

交通运输部统一管理全国港口竣工验收工作。

国务院投资主管部门、省级人民政府投资主管部门审批、核准和省级交通运输主管部门审批的港口工程竣工验收，由省级交通运输主管部门负责。

其余港口工程由港口所在地港口行政管理部门负责竣工验收。

以上负责港口工程竣工验收的部门统称为竣工验收部门。

第七条　港口工程进行竣工验收应当具备以下条件：

（一）港口工程有关合同约定的各项内容已基本完成，申请竣工验收的建设项目有尾留工程的，尾留工程不得影响建设项目的投产使用，尾留工程投资额可根据实际测算投资额或按照工程概算所列的投资额列入竣工决算报告，但不得超过工程总投资的5%。施工单位对工程质量自检合格，监理工程师对工程质量评定合格，项目法人组织设计、施工、监理、工程质量监督等单位进行的交工验收合格；

（二）主要工艺设备或设施通过调试具备生产条件；

（三）港口工程需要试运行的，经试运行符合设计要求；

（四）环境保护设施、安全设施、职业病防护设施、消防设施已按照有关部门规定通过专项验收或者备案；航标设施以及其他辅助性设施已按照《港口法》的规定，与港口同时建设，并保证按期投入使用；

（五）竣工档案资料齐全，并通过专项验收；

（六）竣工决算报告编制完成，并通过审计；

（七）廉政建设合同已履行。

第八条 需要试运行经营的港口设施，应当符合《港口经营管理规定》规定的试运行经营条件，并取得试运行经营期的港口经营许可。试运行经营期内符合竣工验收条件的港口工程，应当及时办理港口工程竣工验收手续。

第九条 港口工程符合竣工验收条件的，项目法人应当向港口所在地港口行政管理部门提出竣工验收申请。

对于一次设计、分期建成的港口工程，项目法人可以对已建成并符合竣工验收条件的部分港口工程提出分期竣工验收申请。

第十条 省级交通运输主管部门负责竣工验收的港口工程，由该港口所在地港口行政管理部门组织初步验收。初步验收合格后，由港口行政管理部门向省级交通运输主管部门提出竣工验收申请。

第十一条 港口工程竣工验收部门应当自收到竣工验收申请之日起 5 个工作日内对申请材料进行审查，对于不符合竣工验收条件的，应当及时退回并告知理由；对于符合竣工验收条件的，应当受理竣工验收申请。

港口工程竣工验收或者初步验收应当自受理之日起 20 个工作日内完成。20 个工作日内不能完成的，经竣工验收部门负责人批准，可以延长 10 个工作日。

第十二条 港口工程竣工验收由竣工验收部门组织质量监督机构、当地海事管理机构、有关行政主管部门、有关专家组成竣工验收委员会实施。

港口工程项目法人、设计单位、监理单位、施工单位等应当参加竣工验收工作。

第十三条 港口工程竣工验收的主要依据是：

（一）按照国家有关规定应当具备的港口工程建设项目的审批、核准、备案文件；

（二）初步设计、施工图设计、变更设计及概算调整等文件；

（三）招标文件及合同文本；

（四）主要设备技术规格或说明书等；

（五）国家和交通运输部颁布的技术规范和标准及法律、法规、规章的相关规定。

第十四条 港口工程竣工验收的内容是：

（一）审查港口工程是否具备国家规定的审批文件及相关手续；

（二）检查港口工程实体质量；

（三）检查港口工程合同履约情况，审查有关竣工档案资料；

（四）检查国家和行业强制性标准执行情况；

（五）核定码头靠泊等级、吞吐能力以及进出港口的航道等级；

（六）检查环境保护、劳动安全卫生、消防、档案等专项验收情况；

（七）检查对港口工程竣工决算报告的审计情况；

（八）检查廉政建设合同执行情况；

（九）确定工程质量等级；

（十）对存在问题和尾留工程提出处理意见；

（十一）形成、通过并签署《港口工程竣工验收鉴定书》。

第十五条 对竣工验收合格的，港口工程竣工验收部门应当自《港口工程竣工验收鉴定书》签署之日起10个工作日内，签发《港口工程竣工验收证书》。

第十六条 竣工验收不合格的，项目法人应当按照竣工验收委员会提出的处理意见进行限期整改。

整改期满后，项目法人应当重新提出港口工程竣工验收申请。

第十七条 港口工程竣工验收完成后，应当在国家规定的时间内办理固定资产移交等相关手续。

第十八条 由省级交通运输主管部门和港口所在地港口行政管理部门负责竣工验收的，在竣工验收完成后，省级交通运输主管部门和港口所在地港口行政管理部门应当将竣工验收的有关情况向交通运输部备案。

第十九条 港口工程未经竣工验收或者竣工验收不合格的，不得正式投入使用。

第二十条 项目法人违反本办法规定进行试运行经营的，由港口所在地港口行政管理部门责令停止试运行。

第二十一条 港口工程未经验收合格，擅自投入使用的，由港口所在地港口行政管理部门责令停止使用，限期改正，可以处5万元以下罚款。

第二十二条 竣工验收部门工作人员在竣工验收中滥用职权、徇私舞弊、索贿受贿的，依法给予行政处分；构成犯罪的，依法追究刑事责任。

第二十三条 竣工验收委员会成员在竣工验收中玩忽职守、徇私舞弊造成重大损失构成犯罪的，依法追究刑事责任。

第二十四条 利用世界银行、亚洲开发银行等国际金融组织或外国政府贷款、援助资金的港口工程,贷款方、资金提供方对工程竣工验收另有规定的,可以适用其规定,但不得违背中华人民共和国的法律、法规规定和社会公共利益。

第二十五条 《港口工程竣工验收鉴定书》和《港口工程竣工验收证书》应当按照交通运输部规定的统一格式印制。

第二十六条 本办法自2005年6月1日起施行,《交通部港口建设项目(工程)竣工验收办法》(交基发〔1995〕155号)同时废止。本办法施行前公布的有关规定与本办法有抵触的,自本办法施行之日起停止执行。

林木种子生产经营许可证管理办法

(2016年4月19日国家林业总局第40号公布 自2016年6月1日起施行)

第一章 总 则

第一条 为了规范林木种子生产经营许可证的管理,根据《中华人民共和国种子法》、《中华人民共和国行政许可法》的有关规定,制定本办法。

第二条 在中华人民共和国境内从事林木种子生产经营许可证的申请、审核、核发和管理等活动,适用本办法。

本办法所称林木种子生产经营许可证,是指县级以上人民政府林业主管部门核发的准予从事林木种子生产经营活动的证件。

第三条 本办法所称林木种子是指林木的种植材料(苗木)或者繁殖材料,具体是指乔木、灌木、藤本、竹类、花卉以及绿化和药用草本植物的籽粒、果实、根、茎、苗、芽、叶、花等。

第四条 从事林木种子经营和主要林木种子生产的单位和个人应当取得林木种子生产经营许可证,按照林木种子生产经营许可证载明的事项从事生产经营活动。

第五条 县级以上人民政府林业主管部门负责林木种子生产经营许可证的审核、核发和管理工作,具体工作可以由其委托的林木种苗管理机构负责。

第二章 申 请

第六条 从事林木种子经营和主要林木种子生产的单位和个人，应当向县级以上人民政府林业主管部门申请林木种子生产经营许可证。

第七条 申请林木种子生产经营许可证的单位和个人，应当提交下列材料：

（一）林木种子生产经营许可证申请表。

（二）营业执照或者法人证书复印件、身份证件复印件；单位还应当提供章程。

（三）经营场所、生产用地权属证明材料以及生产用地的用途证明材料。

（四）林木种子生产、加工、检验、储藏等设施和仪器设备的所有权或者使用权说明材料以及照片。

（五）林木种子生产、检验、加工、储藏等技术人员基本情况的说明材料以及劳动合同。

第八条 申请林木种子生产经营许可证属于下列情形的，申请人还应当提交下列材料：

（一）从事林木种子生产的，应当提供生产地点无检疫性有害生物证明。其中从事籽粒、果实等有性繁殖材料生产的，还应当提供具有安全隔离条件的说明材料、县级以上人民政府林业主管部门确定的采种林分证明以及照片。

（二）从事具有植物新品种权林木种子生产经营的，应当提供品种权人的书面同意或者国务院林业主管部门品种权转让公告、强制许可决定。

（三）从事林木良种种子生产经营的，应当提供林木良种证明材料。

（四）实行选育生产经营相结合的，应当提供育种科研团队、试验示范测试基地以及自主研发的林木品种等相关证明材料。

（五）生产经营引进外来林木品种种子的，应当提交引种成功的证明材料。

（六）从事林木种子进出口业务的，应当提供按照国家有关规定取得的种子进出口许可证明。

（七）从事转基因林木种子生产经营的，应当提供转基因林木安全证书。

第三章 审核和核发

第九条 申请林木种子进出口业务的林木种子生产经营许可证的，申请人应当向省、自治区、直辖市人民政府林业主管部门提出申请，经省、自治区、直辖市人民政府林业主管部门审核后，由国务院林业主管部门核发。

申请林木良种种子的生产经营和选育生产经营相结合的林木种子生产经营许可证的，申请人应当向所在地县级人民政府林业主管部门提出申请，经县级人民政府林业主管部门审核后，由省、自治区、直辖市人民政府林业主管部门核发。

申请前两款以外的其他林木种子生产经营许可证的，由生产经营者所在地县级以上地方人民政府林业主管部门核发。

只从事非主要林木种子生产的，不需办理林木种子生产经营许可证。

第十条 申请林木种子生产经营许可证的，应当具备下列条件：

（一）具有与林木种子生产经营的种类和数量相适应的生产经营场所。从事籽粒、果实等有性繁殖材料生产的，必须具有晒场、种子库。

（二）具有与林木种子生产经营的种类和数量相适应的设施、设备等。从事籽粒、果实等有性繁殖材料生产的，必须具有种子烘干、风选、精选机等生产设备和恒温培养箱、光照培养箱、干燥箱、扦样器、天平、电冰箱等种子检验仪器设备。

（三）具有林木种子相关专业中专以上学历、初级以上技术职称或者同等技术水平的生产、检验、加工、储藏等技术人员。

第十一条 申请林木种子生产经营许可证从事籽粒、果实等有性繁殖材料生产的，除第十条规定外，还应当具备下列条件：

（一）具有繁殖种子的隔离和培育条件。

（二）具有无检疫性有害生物的生产地点或者县级以上人民政府林业主管部门确定的采种林。

申请林木种子生产经营许可证从事苗木生产的，除第十条规定外，还应当具有无检疫性有害生物的生产地点。

第十二条 负责审核的林业主管部门应当自受理申请之日起二十个工作日内完成审查；负责核发的林业主管部门应当自受理申请或者收到审查材料之日起二十个工作日内作出行政许可决定，并将行政许可决定抄送负责审核的林业主管部门。二十个工作日内不能作出行政许可决定的，经本级林业主管部门负责人批准，可以延长十个工作日，并应当将延长期限的理由告知申请人。

核发林木种子生产经营许可证需要组织检验检测的，应当自受理之日起五个工作日内书面告知申请人。检验检测所需时间不得超过六十日。

检验检测所需时间不计入核发林木种子生产经营许可证工作日之内。

第十三条 对申请材料齐全、符合第十条以及第十一条规定条件的，林业主管部门应当核发林木种子生产经营许可证。对不符合第十条、第十一条规定条件的，林业主管部门应当作出不予核发林木种子生产经营许可证的行政许可决定，并告知不予许可的理由。

第十四条 林木种子生产经营许可证有效期限为五年，地方性法规、政府规章另有规定的除外。

第十五条 林木种子生产经营许可证有效期届满需要延续的，生产经营者应当在有效期届满三十日前向原发证机关提出延续的书面申请。申请者应当提交林木种子生产经营许可证延续申请表和上一年度生产经营情况说明。

林木种子生产经营许可证损坏、遗失的，生产经营者应当在有效期届满前向原发证机关提出补发的书面申请并说明理由，同时将已损坏的林木种子生产经营许可证交回原发证机关。

原发证机关应当根据申请，在林木种子生产经营许可证有效期届满前作出是否准予延期或者补发的决定。

第十六条 林木种子生产经营许可证应当载明生产经营者名称、地址、法定代表人、生产经营种类、生产地点、有效期限、有效区域等事项。

从事林木良种种子生产经营的，林木种子生产经营许可证应当载明审（认）定的林木良种名称、编号。

林木种子生产经营许可证注明事项发生变更的，生产经营者应当自变更之日起三十日内，向原发证机关提出变更的书面申请。申请者应当提交变更申请和相应的项目变更证明材料，同时将林木种子生产经营许可证交回原发证机关。

有效期限和有效区域不得申请变更。

第十七条 林木种子生产经营许可证的有效区域由发证机关在其管辖范围内确定。生产经营者在林木种子生产经营许可证载明的有效区域设立分支机构的，专门经营不再分装的包装种子的，或者受具有林木种子生产经营许可证的生产经营者以书面委托生产、代销其种子的，不需要办理林木种子生产经营许可证。但应当在变更营业执照或者获得书面委托后十五日内，将林木种子生产经营许可证复印件、营业执照复印件或者书面委托合同等证明材料报生产经营者所在地县级人民政府林业主管部门备案。

生产经营者在林木种子生产经营许可证载明的有效区域外设立分支机构的，应当重新申请办理林木种子生产经营许可证。

实行选育生产经营相结合的种子企业的林木种子生产经营许可证的有效区域为全国。

第四章 监督管理

第十八条 县级以上人民政府林业主管部门及其工作人员,不得参与和从事林木种子生产经营活动。

第十九条 县级以上人民政府林业主管部门应当按照公开、公平、公正的原则,开展对生产经营者林木种子生产经营活动的监督检查,并将监督检查情况立卷、归档,实行动态监督管理。监督检查的主要内容包括:

(一)开展林木种子生产经营活动情况。

(二)林木种子生产经营档案制度执行情况。

(三)生产经营的林木种子质量情况。

对监督检查中发现的问题,应当按照《中华人民共和国种子法》等规定予以处理。

第二十条 县级以上人民政府林业主管部门应当建立林木种子生产经营许可证管理档案,具体内容包括:申请材料、审核、核发材料及有关法律、法规规定的文件等。

林木种子生产经营许可证管理档案应当从林木种子生产经营许可证被注销或者自动失效之日起至少保留五年。

省、自治区、直辖市人民政府林业主管部门应当于每年三月底前将上一年度林木种子生产经营许可证管理情况上报国家林业局。

第二十一条 生产经营者应当按照林木种子生产经营许可证的规定进行生产经营,建立林木种子生产经营档案。

第二十二条 申请者故意隐瞒有关情况或者提供虚假材料申请林木种子生产经营许可证的,申请人在一年内不得再次申请林木种子生产经营许可证。

生产经营者以欺骗、贿赂等不正当手段取得林木种子生产经营许可证的,生产经营者在三年内不得再次申请林木种子生产经营许可证。

第二十三条 有下列情形之一的,县级以上人民政府林业主管部门应当注销林木种子生产经营许可证,并予以公告:

(一)林木种子生产经营许可证有效期届满未延续的。

(二)林木种子生产经营许可证被吊销的。

(三)取得林木种子生产经营许可证后,无正当理由满六个月未开展相关生产经营活动或者停止相关生产经营活动满一年的。

(四)生产经营者的营业执照被吊销的。

(五)法律、法规规定的应当注销的其他情形。

第二十四条 林木种子生产经营许可证载明的林木良种被撤销审定或者认定到期的,生产经营者应当自公告发布之日起三十日内到原发证机关申请变更或者注销。

第五章 附 则

第二十五条 本办法中选育生产经营相结合企业,是指同时具备以下三个条件的林木种子生产经营企业:

1. 具有育种科研团队。
2. 具有试验示范测试基地。
3. 具有自主研发的林木品种。

第二十六条 林木种子生产经营许可证和申请表的格式由国家林业局制定。

第二十七条 本办法自2016年6月1日起施行。国家林业局于2002年12月2日发布、2011年1月25日第一次修改、2015年4月30日第二次修改的《林木种子生产、经营许可证管理办法》同时废止。

交通运输部关于修改《民用航空器领航员、飞行机械员、飞行通信员合格审定规则》和废止《民用航空运输凭证印制管理规定》的决定

(2016年4月21日交通运输部令2016年第50号公布 自2016年5月22日起施行)

为落实国务院关于简政放权、深化行政审批制度改革精神,交通运输部决定修改《民用航空器领航员、飞行机械员、飞行通信员合格审定规则》(民航总局令第52号),废止《民用航空运输凭证印制管理规定》(民航总局令第126号)。

一、对《民用航空器领航员、飞行机械员、飞行通信员合格审定规则》作如下修改:

将第十六条(一)修改为"(一)目的 国际民航公约其他缔约国颁发的现

行执照的持有人,可按本条向民航地区管理机构申请领航员、飞行机械员、飞行通信员执照或认可证书,以便取得担任中国登记的民用航空器领航员、飞行机械员、飞行通信员的权利。”

二、对《民用航空运输凭证印制管理规定》予以废止。

本决定自2016年5月22日起施行。

交通运输部关于修改《机动车驾驶员培训管理规定》的决定

(2016年4月21日交通运输部令2016年第51号公布　自2016年4月21日起施行)

交通运输部决定对《机动车驾驶员培训管理规定》(交通部令2006年第2号)作如下修改:

一、将本规定中的“行业标准《机动车驾驶培训机构资格条件》(JT/T433)”统一修改为:“《机动车驾驶员培训机构资格条件》(GB/T30340)”,将“行业标准《机动车教练场技术要求》(JT/T434)”统一修改为:“《机动车驾驶员培训教练场技术要求》(GB/T30341)”。

二、在第十条、第十一条、第十二条增加一项,作为第(一)项:“(一)取得企业法人资格。”

三、将第十条第(三)项第1目修改为:“1. 有与培训业务相适应的理论教练员。机动车驾驶员培训机构聘用的理论教练员应当具备以下条件:

持有机动车驾驶证,具有汽车及相关专业中专以上学历或者汽车及相关专业中级以上技术职称,具有两年以上安全驾驶经历,熟练掌握道路交通安全法规、驾驶理论、机动车构造、交通安全心理学、常用伤员急救等安全驾驶知识,了解车辆环保和节约能源的有关知识,了解教育学、教育心理学的基本教学知识,具备编写教案、规范讲解的授课能力。”

将第十条第(三)项第2目修改为:“2. 有与培训业务相适应的驾驶操作教练员。机动车驾驶员培训机构聘用的驾驶操作教练员应当具备以下条件:

持有相应的机动车驾驶证,年龄不超过60周岁,符合一定的安全驾驶经历和相应车型驾驶经历,熟练掌握道路交通安全法规、驾驶理论、机动车构造、交通安全心理学和应急驾驶的基本知识,熟悉车辆维护和常见故障诊断、车辆环保和节约能源的有关知识,具备驾驶要领讲解、驾驶动作示范、指导驾驶的教学能力。”

将第十条第(三)项第3目修改为:“3. 所配备的理论教练员数量要求及每种车型所配备的驾驶操作教练员数量要求应当按照《机动车驾驶员培训机构资格条件》(GB/T30340)相关条款的规定执行。”

将第十条第(五)项第2目修改为:“2. 从事一级普通机动车驾驶员培训的,所配备的教学车辆不少于80辆;从事二级普通机动车驾驶员培训的,所配备的教学车辆不少于40辆;从事三级普通机动车驾驶员培训的,所配备的教学车辆不少于20辆。具体要求按照《机动车驾驶员培训机构资格条件》(GB/T30340)相关条款的规定执行。”

四、删除第十一条第(二)项第1目中的“教练员总数的90%应当经全国统一考试合格,持有《教练员证》。”

删除第十一条第(二)项第2目中的“教练员总数的90%应当经全国统一考试合格,持有《教练员证》。”

五、将第十三条中的“申请从事机动车驾驶员培训业务的,应当向所在地县级道路运输管理机构提出申请,并提交以下材料”修改为:“申请从事机动车驾驶员培训经营的,应当依法向工商行政管理机关办理有关登记手续后,向所在地县级道路运输管理机构提出申请,并提交以下材料”,并将其中第(九)项内容修改为:“(九)拟聘用人员名册、职称证明”。同时,增加一项作为第(十)项:“(十)申请人办理的工商营业执照正、副本及复印件”。

六、删除第十六条第二款。

七、删除第二十条、第二十一条、第二十二条、第二十五条、第三十条。

八、将第二十三条修改为:“鼓励教练员同时具备理论教练员和驾驶操作教练员的教学水平。”

九、将第三十一条修改为:“在未取得机动车驾驶员培训许可证件前,任何单位或者个人不得开展机动车驾驶员培训经营活动。机动车驾驶员培训机构应当按照经批准的行政许可事项开展培训业务。”

十、将第四十四条第二款修改为:“《培训记录》应当经教练员审核签字”。

十一、将本规定中所有的“交通部”统一修改为“交通运输部”,但第六十条除外;将所有的“交通主管部门”统一修改为“交通运输主管部门”。

十二、删除附件1。

条文序号作相应调整。

本决定自2016年4月21日起施行。

《机动车驾驶员培训管理规定》根据本决定作相应修正,重新发布。

机动车驾驶员培训管理规定

（2006年1月12日交通部令2006年第2号发布　根据2016年4月21日《交通运输部关于修改〈机动车驾驶员培训管理规定〉的决定》修正）

第一章　总　　则

第一条　为规范机动车驾驶员培训经营活动，维护机动车驾驶员培训市场秩序，保护各方当事人的合法权益，根据《中华人民共和国道路交通安全法》《中华人民共和国道路运输条例》等有关法律、行政法规，制定本规定。

第二条　从事机动车驾驶员培训业务的，应当遵守本规定。

机动车驾驶员培训业务是指以培训学员的机动车驾驶能力或者以培训道路运输驾驶人员的从业能力为教学任务，为社会公众有偿提供驾驶培训服务的活动。包括对初学机动车驾驶人员、增加准驾车型的驾驶人员和道路运输驾驶人员所进行的驾驶培训、继续教育以及机动车驾驶员培训教练场经营等业务。

第三条　机动车驾驶员培训实行社会化，从事机动车驾驶员培训业务应当依法经营，诚实信用，公平竞争。

第四条　机动车驾驶员培训管理应当公平、公正、公开和便民。

第五条　交通运输部主管全国机动车驾驶员培训管理工作。

县级以上地方人民政府交通运输主管部门负责组织领导本行政区域内的机动车驾驶员培训管理工作。

县级以上道路运输管理机构负责具体实施本行政区域内的机动车驾驶员培训管理工作。

第二章　经营许可

第六条　机动车驾驶员培训依据经营项目、培训能力和培训内容实行分类许可。

机动车驾驶员培训业务根据经营项目分为普通机动车驾驶员培训、道路运输驾驶员从业资格培训、机动车驾驶员培训教练场经营三类。

普通机动车驾驶员培训根据培训能力分为一级普通机动车驾驶员培训、二级普通机动车驾驶员培训和三级普通机动车驾驶员培训三类。

道路运输驾驶员从业资格培训根据培训内容分为道路客货运输驾驶员从业资格培训和危险货物运输驾驶员从业资格培训两类。

第七条 获得一级普通机动车驾驶员培训许可的,可以从事三种(含三种)以上相应车型的普通机动车驾驶员培训业务;获得二级普通机动车驾驶员培训许可的,可以从事两种相应车型的普通机动车驾驶员培训业务;获得三级普通机动车驾驶员培训许可的,只能从事一种相应车型的普通机动车驾驶员培训业务。

第八条 获得道路客货运输驾驶员从业资格培训许可的,可以从事经营性道路旅客运输驾驶员、经营性道路货物运输驾驶员的从业资格培训业务;获得危险货物运输驾驶员从业资格培训许可的,可以从事道路危险货物运输驾驶员的从业资格培训业务。

获得道路运输驾驶员从业资格培训许可的,还可以从事相应车型的普通机动车驾驶员培训业务。

第九条 获得机动车驾驶员培训教练场经营许可的,可以从事机动车驾驶员培训教练场经营业务。

第十条 申请从事普通机动车驾驶员培训业务的,应当符合下列条件:

(一)取得企业法人资格。

(二)有健全的培训机构。

包括教学、教练员、学员、质量、安全、结业考试和设施设备管理等组织机构,并明确负责人、管理人员、教练员和其他人员的岗位职责。具体要求按照《机动车驾驶员培训机构资格条件》(GB/T30340)相关条款的规定执行。

(三)有健全的管理制度。

包括安全管理制度、教练员管理制度、学员管理制度、培训质量管理制度、结业考试制度、教学车辆管理制度、教学设施设备管理制度、教练场地管理制度、档案管理制度等。具体要求按照《机动车驾驶员培训机构资格条件》(GB/T30340)相关条款的规定执行。

(四)有与培训业务相适应的教学人员。

1. 有与培训业务相适应的理论教练员。机动车驾驶员培训机构聘用的理论教练员应当具备以下条件:

持有机动车驾驶证,具有汽车及相关专业中专以上学历或者汽车及相关专业中级以上技术职称,具有两年以上安全驾驶经历,熟练掌握道路交通安全法规、驾驶理论、机动车构造、交通安全心理学、常用伤员急救等安全驾驶知识，了解车辆环保和节约能源的有关知识，了解教育学、教育心理学的基本教学知识，具备编写教案、规范讲解的授课能力。

2. 有与培训业务相适应的驾驶操作教练员。机动车驾驶员培训机构聘用的驾驶操作教练员应当具备以下条件：

持有相应的机动车驾驶证，年龄不超过 60 周岁，符合一定的安全驾驶经历和相应车型驾驶经历，熟练掌握道路交通安全法规、驾驶理论、机动车构造、交通安全心理学和应急驾驶的基本知识，熟悉车辆维护和常见故障诊断、车辆环保和节约能源的有关知识，具备驾驶要领讲解、驾驶动作示范、指导驾驶的教学能力。

3. 所配备的理论教练员数量要求及每种车型所配备的驾驶操作教练员数量要求应当按照《机动车驾驶员培训机构资格条件》（GB/T30340）相关条款的规定执行。

（五）有与培训业务相适应的管理人员。

管理人员包括理论教学负责人、驾驶操作训练负责人、教学车辆管理人员、结业考核人员和计算机管理人员。具体要求按照《机动车驾驶员培训机构资格条件》（GB/T30340）相关条款的规定执行。

（六）有必要的教学车辆。

1. 所配备的教学车辆应当符合国家有关技术标准要求，并装有副后视镜、副制动踏板、灭火器及其他安全防护装置。具体要求按照《机动车驾驶员培训机构资格条件》（GB/T30340）相关条款的规定执行。

2. 从事一级普通机动车驾驶员培训的，所配备的教学车辆不少于 80 辆；从事二级普通机动车驾驶员培训的，所配备的教学车辆不少于 40 辆；从事三级普通机动车驾驶员培训的，所配备的教学车辆不少于 20 辆。具体要求按照《机动车驾驶员培训机构资格条件》（GB/T30340）相关条款的规定执行。

（七）有必要的教学设施、设备和场地。

具体要求按照《机动车驾驶员培训机构资格条件》（GB/T30340）相关条款的规定执行。租用教练场地的，还应当持有书面租赁合同和出租方土地使用证明，租赁期限不得少于 3 年。

第十一条 申请从事道路运输驾驶员从业资格培训业务的，应当具备下列条件：

（一）取得企业法人资格。

（二）具备相应车型的普通机动车驾驶员培训资格。

1. 从事道路客货运输驾驶员从业资格培训业务的，应当同时具备大型客车、城市公交车、中型客车、小型汽车（含小型自动挡汽车）等四种车型中至少一种车型的普通机动车驾驶员培训资格和通用货车半挂车(牵引车)、大型货车等两种车型中至少一种车型的普通机动车驾驶员培训资格。

2. 从事危险货物运输驾驶员从业资格培训业务的,应当具备通用货车半挂车(牵引车)、大型货车等两种车型中至少一种车型的普通机动车驾驶员培训资格。

(三)有与培训业务相适应的教学人员。

1. 从事道路客货运输驾驶员从业资格培训业务的,应当配备 2 名以上教练员。教练员应当具有汽车及相关专业大专以上学历或者汽车及相关专业高级以上技术职称,熟悉道路旅客运输法规、货物运输法规以及机动车维修、货物装卸保管和旅客急救等相关知识,具备相应的授课能力,具有 2 年以上从事普通机动车驾驶员培训的教学经历,且近 2 年无不良的教学记录。

2. 从事危险货物运输驾驶员从业资格培训业务的,应当配备 2 名以上教练员。教练员应当具有化工及相关专业大专以上学历或者化工及相关专业高级以上技术职称,熟悉危险货物运输法规、危险化学品特性、包装容器使用方法、职业安全防护和应急救援等知识,具备相应的授课能力,具有 2 年以上化工及相关专业的教学经历,且近 2 年无不良的教学记录。

(四)有必要的教学设施、设备和场地。

1. 从事道路客货运输驾驶员从业资格培训业务的,应当配备相应的机动车构造、机动车维护、常见故障诊断和排除、货物装卸保管、医学救护、消防器材等教学设施、设备和专用场地。

2. 从事危险货物运输驾驶员从业资格培训业务的,还应当同时配备常见危险化学品样本、包装容器、教学挂图、危险化学品实验室等设施、设备和专用场地。

第十二条 申请从事机动车驾驶员培训教练场经营业务的,应当具备下列条件:

(一)取得企业法人资格。

(二)有与经营业务相适应的教练场地。具体要求按照《机动车驾驶员培训教练场技术要求》(GB/T30341)相关条款的规定执行。

(三)有与经营业务相适应的场地设施、设备,办公、教学、生活设施以及维护服务设施。具体要求按照《机动车驾驶员培训教练场技术要求》(GB/T30341)相关条款的规定执行。

(四)具备相应的安全条件。包括场地封闭设施、训练区隔离设施、安全通道以及消防设施、设备等。具体要求按照《机动车驾驶员培训教练场技术要求》(GB/T30341)相关条款的规定执行。

（五）有相应的管理人员。包括教练场安全负责人、档案管理人员以及场地设施、设备管理人员。

（六）有健全的安全管理制度。包括安全检查制度、安全责任制度、教学车辆安全管理制度以及突发事件应急预案等。

第十三条 申请从事机动车驾驶员培训经营的，应当依法向工商行政管理机关办理有关登记手续后，向所在地县级道路运输管理机构提出申请，并提交以下材料：

（一）《交通行政许可申请书》；

（二）申请人身份证明及复印件；

（三）经营场所使用权证明或产权证明及复印件；

（四）教练场地使用权证明或产权证明及复印件；

（五）教练场地技术条件说明；

（六）教学车辆技术条件、车型及数量证明（申请从事机动车驾驶员培训教练场经营的无需提交）；

（七）教学车辆购置证明（申请从事机动车驾驶员培训教练场经营的无需提交）；

（八）各类设施、设备清单；

（九）拟聘用人员名册、职称证明；

（十）申请人办理的工商营业执照正、副本及复印件；

（十一）根据本规定需要提供的其他相关材料。

申请从事普通机动车驾驶员培训业务的，在递交申请材料时，应当同时提供由公安交警部门出具的相关人员安全驾驶经历证明，安全驾驶经历的起算时间自申请材料递交之日起倒计。

第十四条 道路运输管理机构应当按照《中华人民共和国道路运输条例》和《交通行政许可实施程序规定》规范的程序实施机动车驾驶员培训业务的行政许可。

第十五条 道路运输管理机构应当对申请材料中关于教练场地、教学车辆以及各种设施、设备的实质内容进行核实。

第十六条 道路运输管理机构对机动车驾驶员培训业务申请予以受理的，应当自受理申请之日起15日内审查完毕，作出许可或者不予许可的决定。对符合法定条件的，道路运输管理机构作出准予行政许可的决定，向申请人出具《交通行政许可决定书》，并在10日内向被许可人颁发机动车驾驶员培训许可证件，明确许可事项；对不符合法定条件的，道路运输管理机构作出不予许可的决定，向申请人出具《不予交通行政许可决定书》，说明理由，并告知申请人享有依法申请行政复议或者提起行政诉讼的权利。

第十七条 机动车驾驶员培训许可证件实行有效期制。从事普通机动车驾驶员培训业务和机动车驾驶员培训教练场经营业务的证件有效期为6年；从事道路运输驾驶员从业资格培训业务的证件有效期为4年。

机动车驾驶员培训许可证件由省级道路运输管理机构统一印制并编号，县级道路运输管理机构按照规定发放和管理。

机动车驾驶员培训机构应当在许可证件有效期届满前30日到作出原许可决定的道路运输管理机构办理换证手续。

第十八条 机动车驾驶员培训机构变更许可事项的，应当向原作出许可决定的道路运输管理机构提出申请；符合法定条件、标准的，实施机关应当依法办理变更手续。

机动车驾驶员培训机构变更名称、法定代表人等事项的，应当向原作出许可决定的道路运输管理机构备案。

第十九条 机动车驾驶员培训机构需要终止经营的，应当在终止经营前30日到原作出许可决定的道路运输管理机构办理行政许可注销手续。

第三章 教练员管理

第二十条 鼓励教练员同时具备理论教练员和驾驶操作教练员的教学水平。

第二十一条 机动车驾驶培训教练员应当按照统一的教学大纲规范施教，并如实填写《教学日志》和《中华人民共和国机动车驾驶员培训记录》(简称《培训记录》，式样见附件1)。

第二十二条 机动车驾驶员培训机构应当加强对教练员的职业道德教育和驾驶新知识、新技术的再教育，对教练员每年进行至少一周的脱岗培训，提高教练员的职业素质。

第二十三条 机动车驾驶员培训机构应当加强对教练员教学情况的监督检查，定期对教练员的教学水平和职业道德进行评议，公布教练员的教学质量排行情况，督促教练员提高教学质量。

第二十四条 省级道路运输管理机构应当制定机动车驾驶培训教练员教学质量信誉考核办法，对机动车驾驶培训教练员实行教学质量信誉考核制度。

机动车驾驶培训教练员教学质量信誉考核内容应当包括教练员的基本情况、教学业绩、教学质量排行情况、参加再教育情况、不良记录等。

第二十五条 省级道路运输管理机构应当建立教练员档案，使用统一的数据库和管理软件,实行计算机联网管理,并依法向社会公开教练员信息。机动车驾驶培训教练员教学质量信誉考核结果是教练员档案的重要组成部分。

第四章　经营管理

第二十六条　在未取得机动车驾驶员培训许可证件前,任何单位或者个人不得开展机动车驾驶员培训经营活动。机动车驾驶员培训机构应当按照经批准的行政许可事项开展培训业务。

第二十七条　机动车驾驶员培训机构应当将机动车驾驶员培训许可证件悬挂在经营场所的醒目位置,公示其经营类别、培训范围、收费项目、收费标准、教练员、教学场地等情况。

第二十八条　机动车驾驶员培训机构应当在注册地开展培训业务,不得采取异地培训、恶意压价、欺骗学员等不正当手段开展经营活动,不得允许社会车辆以其名义开展机动车驾驶员培训经营活动。

第二十九条　机动车驾驶员培训实行学时制,按照学时合理收取费用。机动车驾驶员培训机构应当将学时收费标准报所在地道路运输管理机构备案。

对每个学员理论培训时间每天不得超过6个学时,实际操作培训时间每天不得超过4个学时。

第三十条　机动车驾驶员培训机构应当建立学时预约制度,并向社会公布联系电话和预约方式。

第三十一条　参加机动车驾驶员培训的人员,在报名时应当填写《机动车驾驶员培训学员登记表》(以下简称《学员登记表》,式样见附件2),并提供身份证明及复印件。参加道路运输驾驶员从业资格培训的人员,还应当同时提供驾驶证及复印件。报名人员应当对所提供材料的真实性负责。

第三十二条　机动车驾驶员培训机构应当按照全国统一的教学大纲进行培训。培训结束时,应当向结业人员颁发《机动车驾驶员培训结业证书》(以下简称《结业证书》,式样见附件3)。

《结业证书》由省级道路运输管理机构按照全国统一式样印制并编号。

第三十三条　机动车驾驶员培训机构应当建立学员档案。学员档案主要包括:《学员登记表》、《教学日志》、《培训记录》、《结业证书》复印件等。

学员档案保存期不少于4年。

第三十四条　机动车驾驶员培训机构应当使用符合标准并取得牌证、具有统一标识的教学车辆。

教学车辆的统一标识由省级道路运输管理机构负责制定,并组织实施。

第三十五条 机动车驾驶员培训机构应当按照国家的有关规定对教学车辆进行定期维护和检测,保持教学车辆性能完好,满足教学和安全行车的要求,并按照国家有关规定及时更新。

禁止使用报废的、检测不合格的和其他不符合国家规定的车辆从事机动车驾驶员培训业务。不得随意改变教学车辆的用途。

第三十六条 机动车驾驶员培训机构应当建立教学车辆档案。教学车辆档案主要内容包括:车辆基本情况、维护和检测情况、技术等级记录、行驶里程记录等。

教学车辆档案应当保存至车辆报废后1年。

第三十七条 机动车驾驶员培训机构在道路上进行培训活动,应当遵守公安交通管理部门指定的路线和时间,并在教练员随车指导下进行,与教学无关的人员不得乘坐教学车辆。

第三十八条 机动车驾驶员培训机构应当保持教学设施、设备的完好,充分利用先进的科技手段,提高培训质量。

第三十九条 机动车驾驶员培训机构应当按照有关规定向县级以上道路运输管理机构报送《培训记录》以及有关统计资料。

《培训记录》应当经教练员审核签字。

第四十条 道路运输管理机构应当根据机动车驾驶员培训机构执行教学大纲、颁发《结业证书》等情况,对《培训记录》及统计资料进行严格审查。

第四十一条 省级道路运输管理机构应当建立机动车驾驶员培训机构质量信誉考评体系,制定机动车驾驶员培训监督管理的量化考核标准,并定期向社会公布对机动车驾驶员培训机构的考核结果。

机动车驾驶员培训机构质量信誉考评应当包括培训机构的基本情况、教学大纲执行情况、《结业证书》发放情况、《培训记录》填写情况、教练员的质量信誉考核结果、培训业绩、考试情况、不良记录等内容。

第五章 监督检查

第四十二条 各级道路运输管理机构应当加强对机动车驾驶员培训经营活动的监督检查,积极运用信息化技术手段,科学、高效地开展工作。

第四十三条 道路运输管理机构的工作人员应当严格按照职责权限和程序进行监督检查,不得滥用职权、徇私舞弊,不得乱收费、乱罚款,不得妨碍培训机构的正常工作秩序。

第四十四条 道路运输管理机构实施现场监督检查,应当指派2名以上执法人员参加。执法人员应当向当事人出示交通运输部监制的交通行政执法证件。

执法人员实施现场监督检查,可以行使下列职权:

(一)询问教练员、学员以及其他相关人员,并可以要求被询问人提供与违法行为有关的证明材料;

(二)查阅、复制与违法行为有关的《教学日志》、《培训记录》及其他资料;核对与违法行为有关的技术资料;

(三)在违法行为发现场所进行摄影、摄像取证;

(四)检查与违法行为有关的教学车辆和教学设施、设备。

执法人员应当如实记录检查情况和处理结果,并按照规定归档。当事人有权查阅监督检查记录。

第四十五条 机动车驾驶员培训机构在许可机关管辖区域外违法从事培训活动的,违法行为发生地的道路运输管理机构应当依法对其予以处罚,同时将违法事实、处罚结果抄送许可机关。

第四十六条 机动车驾驶员培训机构、管理人员、教练员、学员以及其他相关人员应当积极配合执法人员的监督检查工作,如实反映情况,提供有关资料。

第六章　法律责任

第四十七条 违反本规定,未经许可擅自从事机动车驾驶员培训业务,有下列情形之一的,由县级以上道路运输管理机构责令停止经营;有违法所得的,没收违法所得,并处违法所得2倍以上10倍以下的罚款;没有违法所得或者违法所得不足1万元的,处2万元以上5万元以下的罚款;构成犯罪的,依法追究刑事责任:

(一)未取得机动车驾驶员培训许可证件,非法从事机动车驾驶员培训业务的;

(二)使用无效、伪造、变造、被注销的机动车驾驶员培训许可证件,非法从事机动车驾驶员培训业务的;

(三)超越许可事项,非法从事机动车驾驶员培训业务的。

第四十八条 违反本规定,机动车驾驶员培训机构非法转让、出租机动车驾驶员培训许可证件的,由县级以上道路运输管理机构责令停止违法行为,收缴有关证件,处2000元以上1万元以下的罚款;有违法所得的,没收违法所得。

对于接受非法转让、出租的受让方,应当按照第四十七条的规定处罚。

第四十九条 违反本规定,机动车驾驶员培训机构不严格按照规定进行培训或者在培训结业证书发放时弄虚作假,有下列情形之一的,由县级以上道路运输管理机构责令改正;拒不改正的,由原许可机关吊销其经营许可:

(一)未按照全国统一的教学大纲进行培训的;

(二)未向培训结业的人员颁发《结业证书》的;

(三)向培训未结业的人员颁发《结业证书》的;

(四)向未参加培训的人员颁发《结业证书》的;

(五)使用无效、伪造、变造《结业证书》的;

(六)租用其他机动车驾驶员培训机构《结业证书》的。

第五十条 违反本规定,机动车驾驶员培训机构有下列情形之一的,由县级以上道路运输管理机构责令限期整改;逾期整改不合格的,予以通报:

(一)未在经营场所醒目位置悬挂机动车驾驶员培训经营许可证件的;

(二)未在经营场所公示其经营类别、培训范围、收费项目、收费标准、教练员、教学场地等情况的;

(三)未按照要求聘用教学人员的;

(四)未按规定建立学员档案、教学车辆档案的;

(五)未按规定报送《培训记录》和有关统计资料的;

(六)使用不符合规定的车辆及设施、设备从事教学活动的;

(七)存在索取、收受学员财物,或者谋取其他利益等不良行为的;

(八)未定期公布教练员教学质量排行情况的;

(九)违反本规定其他有关规定的。

第五十一条 违反本规定,机动车驾驶培训教练员有下列情形之一的,由县级以上道路运输管理机构责令限期整改;逾期整改不合格的,予以通报:

(一)未按照全国统一的教学大纲进行教学的;

(二)填写《教学日志》、《培训记录》弄虚作假的;

(三)教学过程中有道路交通安全违法行为或者造成交通事故的;

(四)存在索取、收受学员财物,或者谋取其他利益等不良行为的;

(五)未按照规定参加驾驶新知识、新技能再教育的;

(六)违反本规定其他有关规定的。

第五十二条 违反本规定,道路运输管理机构的工作人员,有下列情形之一的,依法给予行政处分;构成犯罪的,依法追究刑事责任:

(一)不按规定的条件、程序和期限实施行政许可的;

(二)参与或者变相参与机动车驾驶员培训业务的;

（三）发现违法行为不及时查处的；

（四）索取、收受他人财物，或者谋取其他利益的；

（五）有其他违法违纪行为的。

第七章　附　　则

第五十三条　外商在中华人民共和国境内申请以中外合资、中外合作、独资等形式经营机动车驾驶员培训业务的，应同时遵守《外商投资道路运输业管理规定》等相关法律、行政法规的规定。

第五十四条　机动车驾驶员培训许可证件等相关证件工本费收费标准由省级人民政府财政部门、价格主管部门会同同级交通运输主管部门核定。

第五十五条　本规定自2006年4月1日施行。1996年12月23日发布的《中华人民共和国机动车驾驶员培训管理规定》（交通部令第11号）和1995年7月3日发布的《汽车驾驶员培训行业管理办法》（交公路发〔1995〕246号）同时废止。

附件：1. 机动车驾驶员培训记录式样

2. 机动车驾驶员培训学员登记表式样

3. 机动车驾驶员培训结业证书式样

附件 1:机动车驾驶员培训记录式样

中华人民共和国机动车驾驶员培训记录

NO.

<table>
<tr><td>姓名</td><td></td><td>性别</td><td></td><td>身份证件号码</td><td></td><td>入学时间</td><td></td><td rowspan="3">（照片）</td></tr>
<tr><td>家庭住址</td><td colspan="4"></td><td>联系方式</td><td colspan="2"></td></tr>
<tr><td>申请车型</td><td colspan="7">A1□ A2□ A3□ B1□ B2□ C1□ C2□ C3□ C4□ D□ E□ F□ M□ N□ P□</td></tr>
<tr><td>科目名称</td><td>培训学时</td><td>学员签名</td><td colspan="2">教练员签名</td><td colspan="2">培训单位意见</td><td colspan="2">道路运输管理机构审核</td></tr>
<tr><td>科目一</td><td></td><td>年 月 日</td><td colspan="2">年 月 日</td><td colspan="2">签名： （盖章）
年 月 日</td><td colspan="2">签名： （盖章）
年 月 日</td></tr>
<tr><td>科目二</td><td></td><td>年 月 日</td><td colspan="2">年 月 日</td><td colspan="2">签名： （盖章）
年 月 日</td><td colspan="2">签名： （盖章）
年 月 日</td></tr>
<tr><td>科目三</td><td></td><td>年 月 日</td><td colspan="2">年 月 日</td><td colspan="2">签名： （盖章）
年 月 日</td><td colspan="2">签名： （盖章）
年 月 日</td></tr>
</table>

注:1. 培训记录一式三份,在完成培训和考试所有程序后,培训单位、道路运输管理机构、公安交通管理部门车辆管理所各存一份;

2. 在预约科目一、二考试时,公安交通管理部门车辆管理所查验培训记录后,应将培训记录退还驾校,在预约科目三考试时,公安交通管理部门车辆管理所查验培训记录后,应收存归档;

3. 纸张规格为 A4(210×297mm),表格尺寸为 180×267mm。

附件 2：机动车驾驶员培训学员登记表式样

机动车驾驶员培训学员登记表

培训机构名称：　　　　　　　　　　　　　　　　　　NO.

<table>
<tr><td>姓　　名</td><td></td><td>性别</td><td></td><td>出生年月</td><td>年　月</td><td rowspan="4">（照片）</td></tr>
<tr><td>身份证号</td><td colspan="5"></td></tr>
<tr><td>住　　址</td><td colspan="5"></td></tr>
<tr><td>联系电话</td><td colspan="2"></td><td colspan="2">原准驾车型</td><td></td></tr>
<tr><td rowspan="3">培训车型
或类别</td><td colspan="2">普通机动车
驾驶员培训□</td><td colspan="4">A1□　A2□　A3□　B1□　B2□
C1□　C2□　C3□　C4□　D □
E □　F □　M □　N □　P □</td></tr>
<tr><td colspan="2">道路运输驾驶员
从业资格培训□</td><td colspan="4">道路旅客运输□
道路货物运输□
道路危险货物运输□</td></tr>
<tr><td colspan="2">其他培训□</td><td colspan="4"></td></tr>
<tr><td>入学时间</td><td colspan="2">年　　月　　日</td><td>结业时间</td><td colspan="3">年　　月　　日</td></tr>
<tr><td rowspan="2">结业考核</td><td>结业证编号</td><td colspan="2"></td><td>发证日期</td><td colspan="2"></td></tr>
<tr><td colspan="6">审核意见：

培训机构：（盖章）
年　　月　　日</td></tr>
</table>

注：1. 标注有“□”的为选择项，选择后在“□”中划“√”；

2. 纸张规格为 A4（210×297mm），表格尺寸为 225×156mm。

附件3:机动车驾驶员培训结业证书式样

机动车驾驶员培训结业证书(正面)

机动车驾驶员培训结业证书

证件编号:　　　　　　　　　　　　　　　　　　　　　　　　一寸免冠照片

(盖章)

(姓名)____________(性别)______,于______年____月____日至______年____月____日参加________________________的培训,已经完成教学大纲规定的培训内容,经考核合格,准予结业。

培训机构:

______年______月____日

______省(自治区、直辖市)交通厅(局、委)道路运输管理局(处)监制

机动车驾驶员培训结业证书(背面)

说　　明

1. 本证为机动车驾驶员培训合格的证明。

2. 本证只供本人使用,不得转借、涂改。

注:1. 尺寸为125×95mm;

2. 外封皮为白色透明塑封,版心为粉红色;

3. "机动车驾驶员培训结业证书"字号为三号楷体,加黑,"省(自治区、直辖市)交通厅(局、委)道路运输管理局(处)监制"为小四楷体,其他字体为四号楷体。

交通运输部关于修改《道路运输从业人员管理规定》的决定

（2016 年 4 月 21 日交通运输部令 2016 年第 52 号公布　自 2016 年 4 月 21 日起施行）

交通运输部决定对《道路运输从业人员管理规定》（交通部令 2006 年第 9 号）作如下修改：

一、将第六条第一款修改为："国家对经营性道路客货运输驾驶员、道路危险货物运输从业人员实行从业资格考试制度。其他已实施国家职业资格制度的道路运输从业人员，按照国家职业资格的有关规定执行。"

将第六条第四款修改为："鼓励机动车维修企业、机动车驾驶员培训机构优先聘用取得国家职业资格的从业人员从事机动车维修和机动车驾驶员培训工作。"

二、删除第八条第三款、第四款、第五款。

三、将第十一条第（四）项修改为"取得经营性道路旅客运输或者货物运输驾驶员从业资格 2 年以上或者接受全日制驾驶职业教育的"。

四、删除第十四条第（一）项中"2. 年龄不超过 60 周岁"和第（二）项中的"3. 具有汽车及相关专业中专或者高中以上学历"。

五、将第十六条第（三）项修改为："道路旅客运输驾驶员从业资格证件或者道路货物运输驾驶员从业资格证件及复印件或者全日制驾驶职业教育学籍证明"。

六、删除第十八条、第十九条。

七、删除第二十六条第一款中的"机动车驾驶培训教练员经考试合格后，取得《中华人民共和国机动车驾驶培训教练员证》，证件式样按照《机动车驾驶员培训管理规定》（交通部 2006 年第 2 号令）的规定执行；"以及"机动车维修技术人员、道路运输经理人和其他道路运输从业人员"。

删除第二十六条第二款。

八、将第二十九条第一款修改为"道路运输从业人员从业资格证件由交通运输部统一印制并编号"。

删除第二十九条第二款。

删除第二十九条第四款中的“机动车维修技术人员从业资格证件”。

删除第二十九条第五款。

九、删除第三十四条。

十、删除第三十五条第一款第(三)项中的“机动车驾驶培训教练员”以及第(四)项中的“机动车维修质量检验人员、机动车驾驶培训教练员”。

十一、将第三十六条修改为“交通运输主管部门和道路运输管理机构应当将经营性道路客货运输驾驶员、道路危险货物运输从业人员的违章行为记录在《中华人民共和国道路运输从业人员从业资格证》的违章记录栏内,并通报发证机关。发证机关应当将该记录作为道路运输从业人员诚信考核和计分考核的依据,并存入管理档案。机动车维修技术人员、机动车驾驶培训教练员违章记录直接记入诚信管理档案,并作为诚信考核的重要内容。”

十二、在第四十条增加一款作为第二款:“经营性道路客货运输驾驶员和道路危险货物运输驾驶员在岗从业期间,应当按照规定参加继续教育”。

十三、删除第五十条第一款第(一)项、第(二)项中的“机动车驾驶培训教练员”以及第(三)项。

十四、删除附件3、4。调整原附件5“中华人民共和国道路运输从业人员从业资格证式样”,作为修改后的附件3。

十五、将本规定中所有的“交通部”统一修改为“交通运输部”,但第五十三条除外;将所有的“交通主管部门”统一修改为“交通运输主管部门”。

条文序号作相应调整。

本决定自2016年4月21日起施行。

《道路运输从业人员管理规定》根据本决定做相应修正,重新公布。

道路运输从业人员管理规定

(2006年11月23日交通部令2006年第9号发布　根据2016年4月21日《交通运输部关于修改〈道路运输从业人员管理规定〉的决定》修正)

第一章　总　　则

第一条　为加强道路运输从业人员管理,提高道路运输从业人员综合素质,根据《中华人民共和国道路运输条例》、《危险化学品安全管理条例》以及有关法律、行政法规,制定本规定。

第二条 本规定所称道路运输从业人员是指经营性道路客货运输驾驶员、道路危险货物运输从业人员、机动车维修技术人员、机动车驾驶培训教练员、道路运输经理人和其他道路运输从业人员。

经营性道路客货运输驾驶员包括经营性道路旅客运输驾驶员和经营性道路货物运输驾驶员。

道路危险货物运输从业人员包括道路危险货物运输驾驶员、装卸管理人员和押运人员。

机动车维修技术人员包括机动车维修技术负责人员、质量检验人员以及从事机修、电器、钣金、涂漆、车辆技术评估(含检测)作业的技术人员。

机动车驾驶培训教练员包括理论教练员、驾驶操作教练员、道路客货运输驾驶员从业资格培训教练员和危险货物运输驾驶员从业资格培训教练员。

道路运输经理人包括道路客货运输企业、道路客货运输站(场)、机动车驾驶员培训机构、机动车维修企业的管理人员。

其他道路运输从业人员是指除上述人员以外的道路运输从业人员,包括道路客运乘务员、机动车驾驶员培训机构教学负责人及结业考核人员、机动车维修企业价格结算员及业务接待员。

第三条 道路运输从业人员应当依法经营,诚实信用,规范操作,文明从业。

第四条 道路运输从业人员管理工作应当公平、公正、公开和便民。

第五条 交通运输部负责全国道路运输从业人员管理工作。

县级以上地方人民政府交通运输主管部门负责组织领导本行政区域内的道路运输从业人员管理工作,并具体负责本行政区域内道路危险货物运输从业人员的管理工作。

县级以上道路运输管理机构具体负责本行政区域内经营性道路客货运输驾驶员、机动车维修技术人员、机动车驾驶培训教练员、道路运输经理人和其他道路运输从业人员的管理工作。

第二章 从业资格管理

第六条 国家对经营性道路客货运输驾驶员、道路危险货物运输从业人员实行从业资格考试制度。其他已实施国家职业资格制度的道路运输从业人员,按照国家职业资格的有关规定执行。

从业资格是对道路运输从业人员所从事的特定岗位职业素质的基本评价。

经营性道路客货运输驾驶员和道路危险货物运输从业人员必须取得相应从业资格，方可从事相应的道路运输活动。

鼓励机动车维修企业、机动车驾驶培员培训机构优先聘用取得国家职业资格的从业人员从事机动车维修和机动车驾驶员培训工作。

第七条 道路运输从业人员从业资格考试应当按照交通运输部编制的考试大纲、考试题库、考核标准、考试工作规范和程序组织实施。

第八条 经营性道路客货运输驾驶员从业资格考试由设区的市级道路运输管理机构组织实施，每月组织一次考试。

道路危险货物运输从业人员从业资格考试由设区的市级人民政府交通运输主管部门组织实施，每季度组织一次考试。

第九条 经营性道路旅客运输驾驶员应当符合下列条件：

（一）取得相应的机动车驾驶证1年以上；

（二）年龄不超过60周岁；

（三）3年内无重大以上交通责任事故；

（四）掌握相关道路旅客运输法规、机动车维修和旅客急救基本知识；

（五）经考试合格，取得相应的从业资格证件。

第十条 经营性道路货物运输驾驶员应当符合下列条件：

（一）取得相应的机动车驾驶证；

（二）年龄不超过60周岁；

（三）掌握相关道路货物运输法规、机动车维修和货物装载保管基本知识；

（四）经考试合格，取得相应的从业资格证件。

第十一条 道路危险货物运输驾驶员应当符合下列条件：

（一）取得相应的机动车驾驶证；

（二）年龄不超过60周岁；

（三）3年内无重大以上交通责任事故；

（四）取得经营性道路旅客运输或者货物运输驾驶员从业资格2年以上或者接受全日制驾驶职业教育的；

（五）接受相关法规、安全知识、专业技术、职业卫生防护和应急救援知识的培训，了解危险货物性质、危害特征、包装容器的使用特性和发生意外时的应急措施；

（六）经考试合格，取得相应的从业资格证件。

第十二条 道路危险货物运输装卸管理人员和押运人员应当符合下列条件：

（一）年龄不超过60周岁；

（二）初中以上学历；

（三）接受相关法规、安全知识、专业技术、职业卫生防护和应急救援知识的培训，了解危险货物性质、危害特征、包装容器的使用特性和发生意外时的应急措施；

（四）经考试合格，取得相应的从业资格证件。

第十三条 机动车维修技术人员应当符合下列条件：

（一）技术负责人员

1. 具有机动车维修或者相关专业大专以上学历，或者具有机动车维修或相关专业中级以上专业技术职称；

2. 熟悉机动车维修业务，掌握机动车维修及相关政策法规和技术规范。

（二）质量检验人员

1. 具有高中以上学历；

2. 熟悉机动车维修检测作业规范，掌握机动车维修故障诊断和质量检验的相关技术，熟悉机动车维修服务收费标准及相关政策法规和技术规范。

（三）从事机修、电器、钣金、涂漆、车辆技术评估（含检测）作业的技术人员

1. 具有初中以上学历；

2. 熟悉所从事工种的维修技术和操作规范，并了解机动车维修及相关政策法规。

第十四条 机动车驾驶培训教练员应当符合下列条件：

（一）理论教练员

1. 取得相应的机动车驾驶证，具有 2 年以上安全驾驶经历；

2. 具有汽车及相关专业中专以上学历或者汽车及相关专业中级以上技术职称；

3. 掌握道路交通安全法规、驾驶理论、机动车构造、交通安全心理学、常用伤员急救等安全驾驶知识，了解车辆环保和节约能源的有关知识，了解教育学、教育心理学的基本教学知识，具备编写教案、规范讲解的授课能力。

（二）驾驶操作教练员

1. 取得相应的机动车驾驶证，符合安全驾驶经历和相应车型驾驶经历的要求；

2. 年龄不超过 60 周岁；

3. 掌握道路交通安全法规、驾驶理论、机动车构造、交通安全心理学和应急驾驶的基本知识，熟悉车辆维护和常见故障诊断、车辆环保和节约能源的有关知识，具备驾驶要领讲解、驾驶动作示范、指导驾驶的教学能力。

(三)道路客货运输驾驶员从业资格培训教练员

1. 具有汽车及相关专业大专以上学历或者汽车及相关专业高级以上技术职称;

2. 掌握道路旅客运输法规、货物运输法规以及机动车维修、货物装卸保管和旅客急救等相关知识,具备相应的授课能力;

3. 具有2年以上从事普通机动车驾驶员培训的教学经历,且近2年无不良的教学记录。

(四)危险货物运输驾驶员从业资格培训教练员

1. 具有化工及相关专业大专以上学历或者化工及相关专业高级以上技术职称;

2. 掌握危险货物运输法规、危险化学品特性、包装容器使用方法、职业安全防护和应急救援等知识,具备相应的授课能力;

3. 具有2年以上化工及相关专业的教学经历,且近2年无不良的教学记录。

第十五条 申请参加经营性道路客货运输驾驶员从业资格考试的人员,应当向其户籍地或者暂住地设区的市级道路运输管理机构提出申请,填写《经营性道路客货运输驾驶员从业资格考试申请表》(式样见附件1),并提供下列材料:

(一)身份证明及复印件;

(二)机动车驾驶证及复印件;

(三)申请参加道路旅客运输驾驶员从业资格考试的,还应当提供道路交通安全主管部门出具的3年内无重大以上交通责任事故记录证明。

第十六条 申请参加道路危险货物运输驾驶员从业资格考试的,应当向其户籍地或者暂住地设区的市级交通运输主管部门提出申请,填写《道路危险货物运输从业人员从业资格考试申请表》(式样见附件2),并提供下列材料:

(一)身份证明及复印件;

(二)机动车驾驶证及复印件;

(三)道路旅客运输驾驶员从业资格证件或者道路货物运输驾驶员从业资格证件及复印件或者全日制驾驶职业教育学籍证明;

(四)相关培训证明及复印件;

(五)道路交通安全主管部门出具的3年内无重大以上交通责任事故记录证明。

第十七条 申请参加道路危险货物运输装卸管理人员和押运人员从业资格考试的,应当向其户籍地或者暂住地设区的市级交通运输主管部门提出申

请,填写《道路危险货物运输从业人员从业资格考试申请表》,并提供下列材料:

(一)身份证明及复印件;

(二)学历证明及复印件;

(三)相关培训证明及复印件。

第十八条 交通运输主管部门和道路运输管理机构对符合申请条件的申请人应当安排考试。

第十九条 交通运输主管部门和道路运输管理机构应当在考试结束10日内公布考试成绩。对考试合格人员,应当自公布考试成绩之日起10日内颁发相应的道路运输从业人员从业资格证件。

第二十条 道路运输从业人员从业资格考试成绩有效期为1年,考试成绩逾期作废。

第二十一条 申请人在从业资格考试中有舞弊行为的,取消当次考试资格,考试成绩无效。

第二十二条 交通运输主管部门或者道路运输管理机构应当建立道路运输从业人员从业资格管理档案。

道路运输从业人员从业资格管理档案包括:从业资格考试申请材料,从业资格考试及从业资格证件记录,从业资格证件换发、补发、变更记录,违章、事故及诚信考核、继续教育记录等。

第二十三条 交通运输主管部门和道路运输管理机构应当向社会提供道路运输从业人员相关从业信息的查询服务。

第三章 从业资格证件管理

第二十四条 经营性道路客货运输驾驶员、道路危险货物运输从业人员经考试合格后,取得《中华人民共和国道路运输从业人员从业资格证》(式样见附件3)。

第二十五条 道路运输从业人员从业资格证件全国通用。

第二十六条 已获得从业资格证件的人员需要增加相应从业资格类别的,应当向原发证机关提出申请,并按照规定参加相应培训和考试。

第二十七条 道路运输从业人员从业资格证件由交通运输部统一印制并编号。

道路危险货物运输从业人员从业资格证件由设区的市级交通运输主管部门发放和管理。

经营性道路客货运输驾驶员从业资格证件由设区的市级道路运输管理机构发放和管理。

第二十八条 交通运输主管部门和道路运输管理机构应当建立道路运输从业人员从业资格证件管理数据库,使用全国统一的管理软件核发从业资格证件,并逐步采用电子存取和防伪技术,确保有关信息实时输入、输出和存储。

交通运输主管部门和道路运输管理机构应当结合道路运输从业人员从业资格证件的管理工作,建立道路运输从业人员管理信息系统,并逐步实现异地稽查信息共享和动态资格管理。

第二十九条 道路运输从业人员从业资格证件有效期为6年。道路运输从业人员应当在从业资格证件有效期届满30日前到原发证机关办理换证手续。

道路运输从业人员从业资格证件遗失、毁损的,应当到原发证机关办理证件补发手续。

道路运输从业人员服务单位变更的,应当到交通运输主管部门或者道路运输管理机构办理从业资格证件变更手续。

道路运输从业人员从业资格档案应当由原发证机关在变更手续办结后30日内移交户籍迁入地或者现居住地的交通运输主管部门或者道路运输管理机构。

第三十条 道路运输从业人员办理换证、补证和变更手续,应当填写《道路运输从业人员从业资格证件换发、补发、变更登记表》(式样见附件4)。

第三十一条 交通运输主管部门和道路运输管理机构应当对符合要求的从业资格证件换发、补发、变更申请予以办理。

申请人违反相关从业资格管理规定且尚未接受处罚的,受理机关应当在其接受处罚后换发、补发、变更相应的从业资格证件。

第三十二条 道路运输从业人员有下列情形之一的,由发证机关注销其从业资格证件:

(一)持证人死亡的;

(二)持证人申请注销的;

(三)经营性道路客货运输驾驶员、道路危险货物运输从业人员年龄超过60周岁的;

(四)经营性道路客货运输驾驶员、道路危险货物运输驾驶员的机动车驾驶证被注销或者被吊销的;

(五)超过从业资格证件有效期180日未申请换证的。

凡被注销的从业资格证件,应当由发证机关予以收回,公告作废并登记归档；无法收回的，从业资格证件自行作废。

第三十三条 交通运输主管部门和道路运输管理机构应当将经营性道路客货运输驾驶员、道路危险货物运输从业人员的违章行为记录在《中华人民共和国道路运输从业人员从业资格证》的违章记录栏内，并通报发证机关。发证机关应当将该记录作为道路运输从业人员诚信考核和计分考核的依据，并存入管理档案。机动车维修技术人员、机动车驾驶培训教练员违章记录直接记入诚信管理档案，并作为诚信考核的重要内容。

第三十四条 道路运输从业人员诚信考核和计分考核周期为12个月，从初次领取从业资格证件之日起计算。诚信考核等级分为优良、合格、基本合格和不合格，分别用AAA级、AA级、A级和B级表示。在考核周期内，累计计分超过规定的，诚信考核等级为B级。

省级交通运输主管部门和道路运输管理机构应当将道路运输从业人员每年的诚信考核和计分考核结果向社会公布，供公众查阅。

道路运输从业人员诚信考核和计分考核具体办法另行制定。

第四章 从业行为规定

第三十五条 经营性道路客货运输驾驶员以及道路危险货物运输从业人员应当在从业资格证件许可的范围内从事道路运输活动。道路危险货物运输驾驶员除可以驾驶道路危险货物运输车辆外，还可以驾驶原从业资格证件许可的道路旅客运输车辆或者道路货物运输车辆。

第三十六条 道路运输从业人员在从事道路运输活动时，应当携带相应的从业资格证件，并应当遵守国家相关法规和道路运输安全操作规程，不得违法经营、违章作业。

第三十七条 道路运输从业人员应当按照规定参加国家相关法规、职业道德及业务知识培训。

经营性道路客货运输驾驶员和道路危险货物运输驾驶员在岗从业期间，应当按照规定参加继续教育。

第三十八条 经营性道路客货运输驾驶员和道路危险货物运输驾驶员不得超限、超载运输，连续驾驶时间不得超过4个小时。

第三十九条 经营性道路旅客运输驾驶员和道路危险货物运输驾驶员应当按照规定填写行车日志。行车日志式样由省级道路运输管理机构统一制定。

第四十条 经营性道路旅客运输驾驶员应当采取必要措施保证旅客的人

身和财产安全，发生紧急情况时，应当积极进行救护。

经营性道路货物运输驾驶员应当采取必要措施防止货物脱落、扬撒等。

严禁驾驶道路货物运输车辆从事经营性道路旅客运输活动。

第四十一条 道路危险货物运输驾驶员应当按照道路交通安全主管部门指定的行车时间和路线运输危险货物。

道路危险货物运输装卸管理人员应当按照安全作业规程对道路危险货物装卸作业进行现场监督，确保装卸安全。

道路危险货物运输押运人员应当对道路危险货物运输进行全程监管。

道路危险货物运输从业人员应当严格按照《汽车运输危险货物规则》（JT617）、《汽车运输、装卸危险货物作业规程》（JT618）操作，不得违章作业。

第四十二条 在道路危险货物运输过程中发生燃烧、爆炸、污染、中毒或者被盗、丢失、流散、泄漏等事故，道路危险货物运输驾驶员、押运人员应当立即向当地公安部门和所在运输企业或者单位报告，说明事故情况、危险货物品名和特性，并采取一切可能的警示措施和应急措施，积极配合有关部门进行处置。

第四十三条 机动车维修技术人员应当按照维修规范和程序作业，不得擅自扩大维修项目，不得使用假冒伪劣配件，不得擅自改装机动车，不得承修已报废的机动车，不得利用配件拼装机动车。

第四十四条 机动车驾驶培训教练员应当按照全国统一的教学大纲实施教学，规范填写教学日志和培训记录，不得擅自减少学时和培训内容。

第五章 法律责任

第四十五条 违反本规定，有下列行为之一的人员，由县级以上道路运输管理机构责令改正，处200元以上2000元以下的罚款；构成犯罪的，依法追究刑事责任：

（一）未取得相应从业资格证件，驾驶道路客货运输车辆的；

（二）使用失效、伪造、变造的从业资格证件，驾驶道路客货运输车辆的；

（三）超越从业资格证件核定范围，驾驶道路客货运输车辆的。

第四十六条 违反本规定，有下列行为之一的人员，由设区的市级人民政府交通运输主管部门处2万元以上10万元以下的罚款；构成犯罪的，依法追究刑事责任：

（一）未取得相应从业资格证件，从事道路危险货物运输活动的；

（二）使用失效、伪造、变造的从业资格证件，从事道路危险货物运输活

动的;

(三)超越从业资格证件核定范围,从事道路危险货物运输活动的。

第四十七条 道路运输从业人员有下列不具备安全条件情形之一的,由发证机关吊销其从业资格证件:

(一)经营性道路客货运输驾驶员、道路危险货物运输从业人员身体健康状况不符合有关机动车驾驶和相关从业要求且没有主动申请注销从业资格的;

(二)经营性道路客货运输驾驶员、道路危险货物运输驾驶员发生重大以上交通事故,且负主要责任的;

(三)发现重大事故隐患,不立即采取消除措施,继续作业的。

被吊销的从业资格证件应当由发证机关公告作废并登记归档。

第四十八条 违反本规定,交通运输主管部门及道路运输管理机构工作人员有下列情形之一的,依法给予行政处分;构成犯罪的,依法追究刑事责任:

(一)不按规定的条件、程序和期限组织从业资格考试的;

(二)发现违法行为未及时查处的;

(三)索取、收受他人财物及谋取其他不正当利益的;

(四)其他违法行为。

第六章 附 则

第四十九条 从业资格考试收费标准和从业资格证件工本费由省级以上交通运输主管部门会同同级财政部门、物价部门核定。

第五十条 本规定自2007年3月1日起施行。2001年9月6日公布的《营业性道路运输驾驶员职业培训管理规定》(交通部令2001年第7号)同时废止。

附件 1

经营性道路客货运输驾驶员从业资格考试申请表

<table>
<tr><td>姓　名</td><td></td><td>性　别</td><td></td><td>学　历</td><td></td><td rowspan="5">照片</td></tr>
<tr><td>住　址</td><td colspan="5">（电话）</td></tr>
<tr><td>工作单位</td><td colspan="5">（电话）</td></tr>
<tr><td>身份证号</td><td colspan="5"></td></tr>
<tr><td>培训单位</td><td colspan="5"></td></tr>
<tr><td>驾驶证准驾车型</td><td colspan="2"></td><td colspan="2">初领驾驶证日期</td><td colspan="2">年　月　日</td></tr>
<tr><td>申请种类</td><td colspan="3">初领□</td><td colspan="3">增加□</td></tr>
<tr><td>原从业资格证件号</td><td colspan="6"></td></tr>
<tr><td>申请类别</td><td colspan="3">道路旅客运输□</td><td colspan="3">道路货物运输□</td></tr>
<tr><td>材料清单</td><td colspan="6">身份证明原件□　身份证明复印件□　驾驶证原件□
驾驶证复印件□　无重大以上责任事故记录证明□</td></tr>
<tr><td>承　诺</td><td colspan="6">本人承诺上述所有内容真实、有效，并承担由此产生的法律责任。
本人签字：　　日期：</td></tr>
<tr><td rowspan="5">考试记录</td><td>成绩</td><td colspan="2">考　核　员</td><td colspan="3">考　核　员</td></tr>
<tr><td></td><td colspan="2"></td><td colspan="3"></td></tr>
<tr><td></td><td colspan="2"></td><td colspan="3"></td></tr>
<tr><td></td><td colspan="2"></td><td colspan="3"></td></tr>
<tr><td></td><td colspan="2"></td><td colspan="3"></td></tr>
<tr><td>道路运输管理机构意见</td><td colspan="6">（盖章）
年　月　日</td></tr>
<tr><td rowspan="2">从业资格证件发放</td><td>发放人（签字）</td><td colspan="2"></td><td>日期</td><td colspan="2"></td></tr>
<tr><td>领取人（签字）</td><td colspan="2"></td><td>日期</td><td colspan="2"></td></tr>
</table>

附件2

道路危险货物运输从业人员从业资格考试申请表

<table>
<tr><td>姓　名</td><td></td><td>性　别</td><td></td><td>学　历</td><td></td><td rowspan="5">照
片</td></tr>
<tr><td>住　址</td><td colspan="5">（电话）</td></tr>
<tr><td>工作单位</td><td colspan="5">（电话）</td></tr>
<tr><td>身份证号</td><td colspan="5"></td></tr>
<tr><td>培训单位</td><td colspan="5"></td></tr>
<tr><td>原从业资格证件号</td><td colspan="6"></td></tr>
<tr><td>驾驶证准驾车型</td><td colspan="2"></td><td colspan="2">初领驾驶证日期</td><td colspan="2">年　月　日</td></tr>
<tr><td>申请类别</td><td colspan="2">道路危险货物
运输驾驶员□</td><td colspan="2">道路危险货物运输
装卸管理人员□</td><td colspan="2">道路危险货物
运输押运人员□</td></tr>
<tr><td>材料清单</td><td colspan="6">身份证明原件□　身份证明复印件□　学历证明原件□　学历证明复印件□　危险货物运输培训证明□　驾驶证原件□　驾驶证复印件□　道路旅客运输从业资格证原件□　道路旅客运输从业资格证复印件□　道路货物运输从业资格证原件□　道路货物运输从业资格证复印件□　无重大以上责任事故记录证明□　全日制驾驶职业教育学籍证明□</td></tr>
<tr><td>承　诺</td><td colspan="6">本人承诺上述所有内容真实、有效，并承担由此产生的法律责任。

本人签字：　　　　日期：</td></tr>
<tr><td rowspan="4">考试记录</td><td>成绩</td><td colspan="2">考核员</td><td colspan="3">考核员</td></tr>
<tr><td></td><td colspan="2"></td><td colspan="3"></td></tr>
<tr><td></td><td colspan="2"></td><td colspan="3"></td></tr>
<tr><td></td><td colspan="2"></td><td colspan="3"></td></tr>
<tr><td>交通运输
主管部门意见</td><td colspan="6">（盖章）
年　月　日</td></tr>
<tr><td rowspan="2">从业资格证件发放</td><td>发放人（签字）</td><td colspan="2"></td><td>日期</td><td colspan="2"></td></tr>
<tr><td>领取人（签字）</td><td colspan="2"></td><td>日期</td><td colspan="2"></td></tr>
</table>

附件 3

中华人民共和国道路运输从业人员从业资格证式样

中华人民共和国交通运输部制	中华人民共和国 道路运输从业人员 从业资格证

（封底）　　　　（封面）

编号：No.	照片 （二寸） 发证机关（钢印）

（封二）　　　　（第 1 页）

姓　名		性别	
出生日期		国籍	
住　址			
证　号			
准驾车型			
二维码区			

（第 2 页）

发证机关	从业资格类别：
	初次领证日期　　年　月　日 有效起始日期　　年　月　日 有效期限　　（盖章）
发证机关	从业资格类别：
	初次领证日期　　年　月　日 有效起始日期　　年　月　日 有效期限　　（盖章）
发证机关	从业资格类别：
	初次领证日期　　年　月　日 有效起始日期　　年　月　日 有效期限　　（盖章）

（第 3 页）

注册（登记）记录	
从业资格类别	记录内容

（第 4 页）

继续教育记录	
从业资格类别	记录内容

（第 5 页）

诚信(信誉)考核记录		
从业资格类别	年度	考核结果

(第6页)

违章和计分记录	
从业资格类别	记录内容

(第7页)

违章和计分记录	
从业资格类别	记录内容

(第8页)

证件使用说明

1. 本证为道路运输从业资格的有效证件,在全国范围内通用,必须随身携带。

2. 本证有效期届满30日前需到原发证机关办理换证手续。本证遗失、毁损或变更的,需到原发证机关办理证件补发或变更手续。

3. 持证人员需按从业资格管理规定进行注册(登记),并按期进行继续教育、诚信(信誉)考核。

(第9页)

说明：

1. 封面

字体字号分别为：

“中华人民共和国道路运输从业人员”——17 磅汉仪楷体简体，烫金压凹。

“从业资格证”——24 磅汉仪楷体简体，烫金压凹。

“国徽”——宽 33mm，高 35mm，烫金压凹。

2. 封底

“中华人民共和国交通运输部制”——10 磅汉仪楷体简体，压凹。

3. 成品尺寸：宽 80mm，高 115mm。

4. 第 2、3 页内容只能打印，禁止手写或者涂改。采用电子证件的，应当包含本式样所确定的相关信息。

5. 第 3 页发证机关栏中，每栏的从业资格类别打印 1 类从业资格类别汉字全称，示例：经营性道路旅客运输驾驶员。每证不超过 3 类从业资格类别，按取得从业资格的先后顺序由上到下依次打印。

6. 第 4—8 页注册（登记）、继续教育、诚信（信誉）考核、违章和计分等记录对应的从业资格类别栏打印从业资格类别汉字简称，示例：客运驾驶员。

附件 4

道路运输从业人员从业资格证件换发、补发、变更登记表

<table>
<tr><td>姓　名</td><td></td><td>性　别</td><td></td><td>学　历</td><td></td><td rowspan="4">照片</td></tr>
<tr><td>住　址</td><td colspan="5">（电话）</td></tr>
<tr><td>工作单位</td><td colspan="5">（电话）</td></tr>
<tr><td>身份证号</td><td colspan="5"></td></tr>
<tr><td>驾驶证准驾车型</td><td colspan="2"></td><td colspan="2">初领驾驶证日期</td><td colspan="2"></td></tr>
<tr><td>原从业资格证件号</td><td colspan="2"></td><td colspan="2">初领从业资格证件日期</td><td colspan="2">年　月　日</td></tr>
<tr><td>申请种类</td><td colspan="2">换发□</td><td colspan="2">补发□</td><td colspan="2">变更□</td></tr>
<tr><td>申请理由</td><td colspan="6"></td></tr>
<tr><td>承　诺</td><td colspan="6">本人承诺上述所有内容真实、有效，并承担由此产生的法律责任。
本人签字：　　日期：</td></tr>
<tr><td>管理部门意见</td><td colspan="6">（盖章）
年　月　日</td></tr>
<tr><td rowspan="2">从业资格证件发放</td><td>发放人（签字）</td><td colspan="2"></td><td>日期</td><td colspan="2"></td></tr>
<tr><td>领取人（签字）</td><td colspan="2"></td><td>日期</td><td colspan="2"></td></tr>
</table>

公安部关于废止《公安机关对被管制、剥夺政治权利、缓刑、假释、保外就医罪犯的监督管理规定》的决定

（2016 年 4 月 22 日公安部令第 140 号公布）

1995 年 2 月 21 日由公安部发布施行的《公安机关对被管制、剥夺政治权利、缓刑、假释、保外就医罪犯的监督管理规定》（公安部令第 23 号），现予以废止。

《外商投资民用航空业规定》的补充规定（四）

（2016 年 4 月 26 日交通运输部令 2016 年第 53 号公布　自 2016 年 5 月 27 日起施行）

根据国务院批准的《〈内地与香港关于建立更紧密经贸关系的安排〉补充协议七》及《〈内地与澳门关于建立更紧密经贸关系的安排〉补充协议七》，现就《外商投资民用航空业规定》（民航总局、外经贸部、国家计委令第 110 号）做如下补充规定：

一、允许香港、澳门服务提供者以独资或拥有控制性股权形式，在内地经营航空器维修和保养业务。

二、本规定中的香港、澳门服务提供者应分别符合《内地与香港关于建立更紧密经贸关系的安排》及《内地与澳门关于建立更紧密经贸关系的安排》中关于"服务提供者"定义及相关规定的要求。

三、本补充规定由中华人民共和国交通运输部、中华人民共和国商务部、中华人民共和国国家发展和改革委员会按照各自职责负责解释。

四、本补充规定自 2016 年 5 月 27 日起实施。

《外商投资民用航空业规定》的补充规定(五)

（2016 年 4 月 26 日交通运输部令第 2016 年第 54 号公布　自 2016 年 5 月 27 日起施行）

根据《海峡两岸经济合作框架协议》，现就《外商投资民用航空业规定》（民航总局、外经贸部、国家计委令第 110 号）做如下补充规定：

一、允许台湾服务提供者以独资或合资形式投资大陆航空器维修领域，台湾服务提供者必须为法人或多个台湾服务提供者共同投资时其主要投资者必须为法人。

二、本规定中的台湾服务提供者应符合《海峡两岸经济合作框架协议》中关于“服务提供者”定义及相关规定的要求。

三、本补充规定由中华人民共和国交通运输部、中华人民共和国商务部、中华人民共和国国家发展和改革委员会按照各自职责负责解释。

四、本补充规定自 2016 年 5 月 27 日起实施。

基本建设财务规则

（2016 年 4 月 26 日财政部令第 81 号公布　自 2016 年 9 月 1 日起施行）

第一章　总　　则

第一条　为了规范基本建设财务行为，加强基本建设财务管理，提高财政资金使用效益，保障财政资金安全，制定本规则。

第二条　本规则适用于行政事业单位的基本建设财务行为，以及国有和国有控股企业使用财政资金的基本建设财务行为。

基本建设是指以新增工程效益或者扩大生产能力为主要目的的新建、续建、改扩建、迁建、大型维修改造工程及相关工作。

第三条　基本建设财务管理应当严格执行国家有关法律、行政法规和财务规章制度,坚持勤俭节约、量力而行、讲求实效,正确处理资金使用效益与资金供给的关系。

第四条 基本建设财务管理的主要任务是:

(一)依法筹集和使用基本建设项目(以下简称项目)建设资金,防范财务风险;

(二)合理编制项目资金预算,加强预算审核,严格预算执行;

(三)加强项目核算管理,规范和控制建设成本;

(四)及时准确编制项目竣工财务决算,全面反映基本建设财务状况;

(五)加强对基本建设活动的财务控制和监督,实施绩效评价。

第五条 财政部负责制定并指导实施基本建设财务管理制度。

各级财政部门负责对基本建设财务活动实施全过程管理和监督。

第六条 各级项目主管部门(含一级预算单位,下同)应当会同财政部门,加强本部门或者本行业基本建设财务管理和监督,指导和督促项目建设单位做好基本建设财务管理的基础工作。

第七条 项目建设单位应当做好以下基本建设财务管理的基础工作:

(一)建立、健全本单位基本建设财务管理制度和内部控制制度;

(二)按项目单独核算,按照规定将核算情况纳入单位账簿和财务报表;

(三)按照规定编制项目资金预算,根据批准的项目概(预)算做好核算管理,及时掌握建设进度,定期进行财产物资清查,做好核算资料档案管理;

(四)按照规定向财政部门、项目主管部门报送基本建设财务报表和资料;

(五)及时办理工程价款结算,编报项目竣工财务决算,办理资产交付使用手续;

(六)财政部门和项目主管部门要求的其他工作。

按照规定实行代理记账和项目代建制的,代理记账单位和代建单位应当配合项目建设单位做好项目财务管理的基础工作。

第二章 建设资金筹集与使用管理

第八条 建设资金是指为满足项目建设需要筹集和使用的资金,按照来源分为财政资金和自筹资金。其中,财政资金包括一般公共预算安排的基本建设投资资金和其他专项建设资金,政府性基金预算安排的建设资金,政府依法举债取得的建设资金,以及国有资本经营预算安排的基本建设项目资金。

第九条 财政资金管理应当遵循专款专用原则,严格按照批准的项目预算执行,不得挤占挪用。

财政部门应当会同项目主管部门加强项目财政资金的监督管理。

第十条 财政资金的支付，按照国库集中支付制度有关规定和合同约定，综合考虑项目财政资金预算、建设进度等因素执行。

第十一条 项目建设单位应当根据批准的项目概（预）算、年度投资计划和预算、建设进度等控制项目投资规模。

第十二条 项目建设单位在决策阶段应当明确建设资金来源，落实建设资金，合理控制筹资成本。非经营性项目建设资金按照国家有关规定筹集；经营性项目在防范风险的前提下，可以多渠道筹集。

具体项目的经营性和非经营性性质划分，由项目主管部门会同财政部门根据项目建设目的、运营模式和盈利能力等因素核定。

第十三条 核定为经营性项目的，项目建设单位应当按照国家有关固定资产投资项目资本管理的规定，筹集一定比例的非债务性资金作为项目资本。

在项目建设期间，项目资本的投资者除依法转让、依法终止外，不得以任何方式抽走出资。

经营性项目的投资者以实物、知识产权、土地使用权等非货币财产作价出资的，应当委托具有专业能力的资产评估机构依法评估作价。

第十四条 项目建设单位取得的财政资金，区分以下情况处理：

经营性项目具备企业法人资格的，按照国家有关企业财务规定处理。不具备企业法人资格的，属于国家直接投资的，作为项目国家资本管理；属于投资补助的，国家拨款时对权属有规定的，按照规定执行，没有规定的，由项目投资者享有；属于有偿性资助的，作为项目负债管理。

经营性项目取得的财政贴息，项目建设期间收到的，冲减项目建设成本；项目竣工后收到的，按照国家财务、会计制度的有关规定处理。

非经营性项目取得的财政资金，按照国家行政、事业单位财务、会计制度的有关规定处理。

第十五条 项目收到的社会捐赠，有捐赠协议或者捐赠者有指定要求的，按照协议或者要求处理；无协议和要求的，按照国家财务、会计制度的有关规定处理。

第三章 预算管理

第十六条 项目建设单位编制项目预算应当以批准的概算为基础，按照项目实际建设资金需求编制，并控制在批准的概算总投资规模、范围和标准以内。

项目建设单位应当细化项目预算,分解项目各年度预算和财政资金预算需求。涉及政府采购的,应当按照规定编制政府采购预算。

项目资金预算应当纳入项目主管部门的部门预算或者国有资本经营预算统一管理。列入部门预算的项目,一般应当从项目库中产生。

第十七条 项目建设单位应当根据项目概算、建设工期、年度投资和自筹资金计划、以前年度项目各类资金结转情况等,提出项目财政资金预算建议数,按照规定程序经项目主管部门审核汇总报财政部门。

项目建设单位根据财政部门下达的预算控制数编制预算,由项目主管部门审核汇总报财政部门,经法定程序审核批复后执行。

第十八条 项目建设单位应当严格执行项目财政资金预算。对发生停建、缓建、迁移、合并、分立、重大设计变更等变动事项和其他特殊情况确需调整的项目,项目建设单位应当按照规定程序报项目主管部门审核后,向财政部门申请调整项目财政资金预算。

第十九条 财政部门应当加强财政资金预算审核和执行管理,严格预算约束。

财政资金预算安排应当以项目以前年度财政资金预算执行情况、项目预算评审意见和绩效评价结果作为重要依据。项目财政资金未按预算要求执行的,按照有关规定调减或者收回。

第二十条 项目主管部门应当按照预算管理规定,督促和指导项目建设单位做好项目财政资金预算编制、执行和调整,严格审核项目财政资金预算、细化预算和预算调整的申请,及时掌握项目预算执行动态,跟踪分析项目进度,按照要求向财政部门报送执行情况。

第四章　建设成本管理

第二十一条 建设成本是指按照批准的建设内容由项目建设资金安排的各项支出,包括建筑安装工程投资支出、设备投资支出、待摊投资支出和其他投资支出。

建筑安装工程投资支出是指项目建设单位按照批准的建设内容发生的建筑工程和安装工程的实际成本。

设备投资支出是指项目建设单位按照批准的建设内容发生的各种设备的实际成本。

待摊投资支出是指项目建设单位按照批准的建设内容发生的,应当分摊计入相关资产价值的各项费用和税金支出。

其他投资支出是指项目建设单位按照批准的建设内容发生的房屋购置支出，基本畜禽、林木等的购置、饲养、培育支出，办公生活用家具、器具购置支出，软件研发和不能计入设备投资的软件购置等支出。

第二十二条 项目建设单位应当严格控制建设成本的范围、标准和支出责任，以下支出不得列入项目建设成本：

（一）超过批准建设内容发生的支出；

（二）不符合合同协议的支出；

（三）非法收费和摊派；

（四）无发票或者发票项目不全、无审批手续、无责任人员签字的支出；

（五）因设计单位、施工单位、供货单位等原因造成的工程报废等损失，以及未按照规定报经批准的损失；

（六）项目符合规定的验收条件之日起 3 个月后发生的支出；

（七）其他不属于本项目应当负担的支出。

第二十三条 财政资金用于项目前期工作经费部分，在项目批准建设后，列入项目建设成本。

没有被批准或者批准后又被取消的项目，财政资金如有结余，全部缴回国库。

第五章 基建收入管理

第二十四条 基建收入是指在基本建设过程中形成的各项工程建设副产品变价收入、负荷试车和试运行收入以及其他收入。

工程建设副产品变价收入包括矿山建设中的矿产品收入，油气、油田钻井建设中的原油气收入，林业工程建设中的路影材收入，以及其他项目建设过程中产生或者伴生的副产品、试验产品的变价收入。

负荷试车和试运行收入包括水利、电力建设移交生产前的供水、供电、供热收入，原材料、机电轻纺、农林建设移交生产前的产品收入，交通临时运营收入等。

其他收入包括项目总体建设尚未完成或者移交生产，但其中部分工程简易投产而发生的经营性收入等。

符合验收条件而未按照规定及时办理竣工验收的经营性项目所实现的收入，不得作为项目基建收入管理。

第二十五条 项目所取得的基建收入扣除相关费用并依法纳税后，其净收入按照国家财务、会计制度的有关规定处理。

第二十六条 项目发生的各项索赔、违约金等收入,首先用于弥补工程损失,结余部分按照国家财务、会计制度的有关规定处理。

第六章 工程价款结算管理

第二十七条 工程价款结算是指依据基本建设工程发承包合同等进行工程预付款、进度款、竣工价款结算的活动。

第二十八条 项目建设单位应当严格按照合同约定和工程价款结算程序支付工程款。竣工价款结算一般应当在项目竣工验收后 2 个月内完成,大型项目一般不得超过 3 个月。

第二十九条 项目建设单位可以与施工单位在合同中约定按照不超过工程价款结算总额的 5%预留工程质量保证金,待工程交付使用缺陷责任期满后清算。资信好的施工单位可以用银行保函替代工程质量保证金。

第三十条 项目主管部门应当会同财政部门加强工程价款结算的监督,重点审查工程招投标文件、工程量及各项费用的计取、合同协议、施工变更签证、人工和材料价差、工程索赔等。

第七章 竣工财务决算管理

第三十一条 项目竣工财务决算是正确核定项目资产价值、反映竣工项目建设成果的文件,是办理资产移交和产权登记的依据,包括竣工财务决算报表、竣工财务决算说明书以及相关材料。

项目竣工财务决算应当数字准确、内容完整。竣工财务决算的编制要求另行规定。

第三十二条 项目年度资金使用情况应当按照要求编入部门决算或者国有资本经营决算。

第三十三条 项目建设单位在项目竣工后,应当及时编制项目竣工财务决算,并按照规定报送项目主管部门。

项目设计、施工、监理等单位应当配合项目建设单位做好相关工作。

建设周期长、建设内容多的大型项目,单项工程竣工具备交付使用条件的,可以编报单项工程竣工财务决算,项目全部竣工后应当编报竣工财务总决算。

第三十四条 在编制项目竣工财务决算前,项目建设单位应当认真做好各项清理工作,包括账目核对及账务调整、财产物资核实处理、债权实现和债务清偿、档案资料归集整理等。

第三十五条 在编制项目竣工财务决算时，项目建设单位应当按照规定将待摊投资支出按合理比例分摊计入交付使用资产价值、转出投资价值和待核销基建支出。

第三十六条 项目竣工财务决算审核、批复管理职责和程序要求由同级财政部门确定。

第三十七条 财政部门和项目主管部门对项目竣工财务决算实行先审核、后批复的办法，可以委托预算评审机构或者有专业能力的社会中介机构进行审核。对符合条件的，应当在6个月内批复。

第三十八条 项目一般不得预留尾工工程，确需预留尾工工程的，尾工工程投资不得超过批准的项目概（预）算总投资的5%。

项目主管部门应当督促项目建设单位抓紧实施项目尾工工程，加强对尾工工程资金使用的监督管理。

第三十九条 已具备竣工验收条件的项目，应当及时组织验收，移交生产和使用。

第四十条 项目隶属关系发生变化时，应当按照规定及时办理财务关系划转，主要包括各项资金来源、已交付使用资产、在建工程、结余资金、各项债权及债务等的清理交接。

第八章　资产交付管理

第四十一条 资产交付是指项目竣工验收合格后，将形成的资产交付或者转交生产使用单位的行为。

交付使用的资产包括固定资产、流动资产、无形资产等。

第四十二条 项目竣工验收合格后应当及时办理资产交付使用手续，并依据批复的项目竣工财务决算进行账务调整。

第四十三条 非经营性项目发生的江河清障疏浚、航道整治、飞播造林、退耕还林（草）、封山（沙）育林（草）、水土保持、城市绿化、毁损道路修复、护坡及清理等不能形成资产的支出，以及项目未被批准、项目取消和项目报废前已发生的支出，作为待核销基建支出处理；形成资产产权归属本单位的，计入交付使用资产价值；形成资产产权不归属本单位的，作为转出投资处理。

非经营性项目发生的农村沼气工程、农村安全饮水工程、农村危房改造工程、游牧民定居工程、渔民上岸工程等涉及家庭或者个人的支出，形成资产产权归属家庭或者个人的，作为待核销基建支出处理；形成资产产权归属本单位的，计入交付使用资产价值；形成资产产权归属其他单位的，作为转出投资处理。

第四十四条 非经营性项目为项目配套建设的专用设施，包括专用道路、专用通讯设施、专用电力设施、地下管道等，产权归属本单位的，计入交付使用资产价值；产权不归属本单位的，作为转出投资处理。

非经营性项目移民安置补偿中由项目建设单位负责建设并形成的实物资产，产权归属集体或者单位的，作为转出投资处理；产权归属移民的，作为待核销基建支出处理。

第四十五条 经营性项目发生的项目取消和报废等不能形成资产的支出，以及设备采购和系统集成（软件）中包含的交付使用后运行维护等费用，按照国家财务、会计制度的有关规定处理。

第四十六条 经营性项目为项目配套建设的专用设施，包括专用铁路线、专用道路、专用通讯设施、专用电力设施，地下管道、专用码头等，项目建设单位应当与有关部门明确产权关系，并按照国家财务、会计制度的有关规定处理。

第九章 结余资金管理

第四十七条 结余资金是指项目竣工结余的建设资金，不包括工程抵扣的增值税进项税额资金。

第四十八条 经营性项目结余资金，转入单位的相关资产。

非经营性项目结余资金，首先用于归还项目贷款。如有结余，按照项目资金来源属于财政资金的部分，应当在项目竣工验收合格后3个月内，按照预算管理制度有关规定收回财政。

第四十九条 项目终止、报废或者未按照批准的建设内容建设形成的剩余建设资金中，按照项目实际资金来源比例确认的财政资金应当收回财政。

第十章 绩效评价

第五十条 项目绩效评价是指财政部门、项目主管部门根据设定的项目绩效目标，运用科学合理的评价方法和评价标准，对项目建设全过程中资金筹集、使用及核算的规范性、有效性，以及投入运营效果等进行评价的活动。

第五十一条 项目绩效评价应当坚持科学规范、公正公开、分级分类和绩效相关的原则，坚持经济效益、社会效益和生态效益相结合的原则。

第五十二条 项目绩效评价应当重点对项目建设成本、工程造价、投资控制、达产能力与设计能力差异、偿债能力、持续经营能力等实施绩效评价，根据管理需要和项目特点选用社会效益指标、财务效益指标、工程质量指标、建设工期指标、资金来源指标、资金使用指标、实际投资回收期指标、实际单位生产(营运)能力投资指标等评价指标。

第五十三条 财政部门负责制定项目绩效评价管理办法，对项目绩效评价工作进行指导和监督，选择部分项目开展重点绩效评价，依法公开绩效评价结果。绩效评价结果作为项目财政资金预算安排和资金拨付的重要依据。

第五十四条 项目主管部门会同财政部门按照有关规定，制定本部门或者本行业项目绩效评价具体实施办法，建立具体的绩效评价指标体系，确定项目绩效目标，具体组织实施本部门或者本行业绩效评价工作，并向财政部门报送绩效评价结果。

第十一章 监督管理

第五十五条 项目监督管理主要包括对项目资金筹集与使用、预算编制与执行、建设成本控制、工程价款结算、竣工财务决算编报审核、资产交付等的监督管理。

第五十六条 项目建设单位应当建立、健全内部控制和项目财务信息报告制度，依法接受财政部门和项目主管部门等的财务监督管理。

第五十七条 财政部门和项目主管部门应当加强项目的监督管理，采取事前、事中、事后相结合，日常监督与专项监督相结合的方式，对项目财务行为实施全过程监督管理。

第五十八条 财政部门应当加强对基本建设财政资金形成的资产的管理，按照规定对项目资产开展登记、核算、评估、处置、统计、报告等资产管理基础工作。

第五十九条 对于违反本规则的基本建设财务行为，依照《预算法》、《财政违法行为处罚处分条例》等有关规定追究责任。

第十二章 附 则

第六十条 接受国家经常性资助的社会力量举办的公益服务性组织和社会团体的基本建设财务行为，以及非国有企业使用财政资金的基本建设财务行为，参照本规则执行。

使用外国政府及国际金融组织贷款的基本建设财务行为执行本规则。国家另有规定的,从其规定。

第六十一条 项目建设内容仅为设备购置的,不执行本规则;项目建设内容以设备购置、房屋及其他建筑物购置为主并附有部分建筑安装工程的,可以简化执行本规则。

经营性项目的项目资本中,财政资金所占比例未超过50%的,项目建设单位可以简化执行本规则,但应当按照要求向财政部门、项目主管部门报送相关财务资料. 国家另有规定的,从其规定。

第六十二条 中央项目主管部门和各省、自治区、直辖市、计划单列市财政厅(局)可以根据本规则,结合本行业、本地区的项目情况,制定具体实施办法并报财政部备案。

第六十三条 本规则自2016年9月1日起施行。2002年9月27日财政部发布的《基本建设财务管理规定》(财建〔2002〕394号)及其解释同时废止。

本规则施行前财政部制定的有关规定与本规则不一致的,按照本规则执行。《企业财务通则》(财政部令第41号)、《金融企业财务规则》(财政部令第42号)、《事业单位财务规则》(财政部令第68号)和《行政单位财务规则》(财政部令第71号)另有规定的,从其规定。

工业节能管理办法

(2016年4月27日工业和信息化部令第33号公布　自2016年6月30日起施行)

第一章　总　　则

第一条 为了加强工业节能管理,健全工业节能管理体系,持续提高能源利用效率,推动绿色低碳循环发展,促进生态文明建设,根据《中华人民共和国节约能源法》等法律、行政法规,制定本办法。

第二条 本办法所称工业节能,是指在工业领域贯彻节约资源和保护环境的基本国策,加强工业用能管理,采取技术上可行、经济上合理以及环境和社会可以承受的措施,在工业领域各个环节降低能源消耗,减少污染物排放,高效合理地利用能源。

第三条 本办法适用于中华人民共和国境内工业领域的用能及节能监督管理活动。

第四条 工业和信息化部负责全国工业节能监督管理工作，组织制定工业能源战略和规划、能源消费总量控制和节能目标、节能政策和标准，组织协调工业节能新技术、新产品、新设备、新材料的推广应用，指导和组织工业节能监察工作等。

县级以上地方人民政府工业和信息化主管部门负责本行政区域内工业节能监督管理工作。

第五条 工业企业是工业节能主体，应当严格执行节能法律、法规、规章和标准，加快节能技术进步，完善节能管理机制，提高能源利用效率，并接受工业和信息化主管部门的节能监督管理。

第六条 鼓励行业协会等社会组织在工业节能规划、节能标准的制定和实施、节能技术推广、能源消费统计、节能宣传培训和信息咨询、能效水平对标达标等方面发挥积极作用。

第二章 节能管理

第七条 各级工业和信息化主管部门应当编制并组织实施工业节能规划或者行动方案。

第八条 各级工业和信息化主管部门应当加强产业结构调整，会同有关部门制定有利于工业节能减排的产业政策，综合运用阶梯电价、差别电价、惩罚性电价等价格政策，以及财税支持、绿色金融等手段，推动传统产业绿色化改造和节能产业发展。

各级工业和信息化主管部门应当推动高效节能产品和设备纳入政府采购名录，在政府性投资建设项目招标中优先采用。

第九条 工业和信息化部建立工业节能技术、产品的遴选、评价及推广机制，发布先进适用工业节能技术、高效节能设备（产品）推荐目录，以及达不到强制性能效标准的落后工艺技术装备淘汰目录。加快先进工业节能技术、工艺和设备的推广应用，加强工业领域能源需求侧管理，培育工业行业能效评估中心，推进工业企业节能技术进步。

鼓励关键节能技术攻关和重大节能装备研发，组织实施节能技术装备产业化示范，促进节能装备制造业发展。

第十条 工业和信息化部依法组织制定并适时修订单位产品能耗限额、工业用能设备（产品）能源利用效率等相关标准以及节能技术规范，并组织实施和监督。

鼓励地方和工业企业依法制定严于国家标准、行业标准的地方工业节能标准和企业节能标准。

引导行业协会等社会组织和产业技术联盟根据本行业特点制定团体节能标准。

第十一条 工业和信息化部组织编制工业能效指南，发布主要耗能行业产品(工序)等工业能效相关指标，建立行业能效水平指标体系并实行动态调整。

第十二条 各级工业和信息化主管部门根据工业能源消费状况和工业经济发展情况，研究提出本行政区域工业能源消费总量控制目标和节能目标，实行目标管理。

第十三条 各级工业和信息化主管部门应当依据职责对工业企业固定资产投资项目节能评估报告开展有关节能审查工作。对通过审查的项目，应当加强事中事后监管，对节能措施落实情况进行监督管理。

第十四条 各级工业和信息化主管部门应当定期分析工业能源消费和工业节能形势，建立工业节能形势研判和工业能耗预警机制。

第十五条 各级工业和信息化主管部门应当建立工业节能管理岗位人员和专业技术人员的教育培训机制，制定教育培训计划和大纲，组织开展专项教育和岗位培训。

各级工业和信息化主管部门应当开展工业节能宣传活动，积极宣传工业节能政策法规、节能技术和先进经验等。

第十六条 各级工业和信息化主管部门应当培育节能服务产业发展，支持节能服务机构开展工业节能咨询、设计、评估、计量、检测、审计、认证等服务，积极推广合同能源管理、节能设备租赁、政府和社会资本合作模式、节能自愿协议等节能机制。科学确立用能权、碳排放权初始分配，开展用能权、碳排放权交易相关工作。

第三章 节能监察

第十七条 工业和信息化部指导全国的工业节能监察工作，组织制定和实施全国工业节能监察年度工作计划。

县级以上地方人民政府工业和信息化主管部门应当结合本地区实际情况，组织实施本地区工业节能监察工作。

第十八条 各级工业和信息化主管部门应当加强节能监察队伍建设，建立健全节能监察体系。

节能监察机构所需经费依法列入同级财政预算，支持完善硬件设施、加强能力建设、开展业务培训。实施节能监察不得向监察对象收取费用。

第十九条 各级工业和信息化主管部门应当组织节能监察机构，对工业企业执行节能法律法规情况、强制性单位产品能耗限额及其他强制性节能标准贯彻执行情况、落后用能工艺技术设备（产品）淘汰情况、固定资产投资项目节能评估和审查意见落实情况、节能服务机构执行节能法律法规情况等开展节能监察。

各级工业和信息化主管部门应当明确年度工业节能监察重点任务，并根据需要组织节能监察机构开展联合监察、异地监察等。

工业和信息化部可以根据需要委托地方节能监察机构执行有关专项监察任务。

第二十条 工业节能监察应当主要采取现场监察方式，必要时可以采取书面监察等方式。现场监察应当由两名以上节能监察人员进行，可以采取勘察、采样、拍照、录像、查阅有关文件资料和账目，约见和询问有关人员，对用能产品、设备和生产工艺的能源利用状况进行监测和分析评价等措施。

第二十一条 节能监察机构应当建立工业节能监察情况公布制度，定期公开工业节能监察结果，主动接受社会监督。

第四章 工业企业节能

第二十二条 工业企业应当加强节能减排工作组织领导，建立健全能源管理制度，制定并实施企业节能计划，提高能源利用效率。

第二十三条 工业企业应当设立可测量、可考核的年度节能指标，完善节能目标考核奖惩制度，明确岗位目标责任，加强激励约束。

第二十四条 工业企业对各类能源消耗实行分级分类计量，合理配备和使用符合国家标准的能源计量器具，提高能源计量基础能力，确保原始数据真实、准确、完整。

第二十五条 工业企业应当明确能源统计人员，建立健全能源原始记录和统计台账，加强能源数据采集管理，并按照规定报送有关统计数据和资料。

第二十六条 工业企业应当严格执行国家用能设备（产品）能效标准及单位产品能耗限额标准等强制性标准，禁止购买、使用和生产国家明令淘汰的用能设备（产品），不得将国家明令淘汰的用能工艺、设备（产品）转让或者租借他人使用。

第二十七条 鼓励工业企业加强节能技术创新和技术改造，开展节能技术应用研究，开发节能关键技术，促进节能技术成果转化，采用高效的节能工艺、技术、设备(产品)。

鼓励工业企业创建“绿色工厂”,开发应用智能微电网、分布式光伏发电、余热余压利用和绿色照明等技术,发展和使用绿色清洁低碳能源。

第二十八条 工业企业应当定期对员工进行节能政策法规宣传教育和岗位技术培训。

第五章 重点用能工业企业节能

第二十九条 加强对重点用能工业企业的节能管理。重点用能工业企业包括:

(一)年综合能源消费总量一万吨标准煤(分别折合 8000 万千瓦时用电、6800 吨柴油或者 760 万立方米天然气)以上的工业企业;

(二)省、自治区、直辖市工业和信息化主管部门确定的年综合能源消费总量五千吨标准煤(分别折合 4000 万千瓦时用电、3400 吨柴油或者 380 万立方米天然气)以上不满一万吨标准煤的工业企业。

第三十条 工业和信息化部加强对全国重点用能工业企业节能管理的指导、监督。

省、自治区、直辖市工业和信息化主管部门对本行政区域内重点用能工业企业节能实施监督管理。

设区的市和县级人民政府工业和信息化主管部门在上级工业和信息化主管部门的指导下,对重点用能工业企业实施属地管理,并可以根据实际情况,确定重点用能工业企业以外的工业企业开展节能监督管理。

第三十一条 重点用能工业企业应当根据能源消费总量和生产场所集中程度、生产工艺复杂程度,设立能源统计、计量、技术和综合管理岗位,任用具有节能专业知识、实际工作经验及中级以上技术职称的企业高级管理人员担任能源管理负责人,形成有岗、有责、全员参与的能源管理组织体系。

重点用能工业企业能源管理岗位设立和能源管理负责人任用情况应当报送有关的工业和信息化主管部门备案。

第三十二条 鼓励重点用能工业企业开展能源审计,并根据审计结果制定企业节能规划和节能技术改造方案,跟踪、落实节能改造项目的实施情况。

第三十三条 重点用能工业企业应当每年向有关的工业和信息化主管部门报送上年度的能源利用状况报告。能源利用状况报告包括能源购入、加工、转换与消费情况,单位产品能耗、主要耗能设备和工艺能耗、能源利用效率,能源管理、节能措施、节能效益分析、节能目标完成情况以及能源消费预测等内容。

第三十四条 重点用能工业企业不能完成年度节能目标的，由有关的工业和信息化主管部门予以通报。

第三十五条 重点用能工业企业应当积极履行社会责任，鼓励重点用能工业企业定期发布包含能源利用、节能管理、员工关怀等内容的企业社会责任报告。

第三十六条 重点用能工业企业应当开展能效水平对标达标活动，确立能效标杆，制定实施方案，完善节能管理，实施重大节能技术改造工程，争创能效“领跑者”。

第三十七条 鼓励重点用能工业企业建设能源管控中心系统，利用自动化、信息化技术，对企业能源系统的生产、输配和消耗实施动态监控和管理，改进和优化能源平衡，提高企业能源利用效率和管理水平。

第三十八条 重点用能工业企业应当建立能源管理体系，采用先进节能管理方法与技术，完善能源利用全过程管理，促进企业节能文化建设。

第六章 法律责任

第三十九条 各级工业和信息化主管部门和相关部门依据职权，对有下列情形之一的工业企业，依照《中华人民共和国节约能源法》等法律法规予以责令限期改正、责令停用相关设备、警告、罚款等，并向社会公开：

（一）用能不符合强制性能耗限额和能效标准的；

（二）能源统计和能源计量不符合国家相关要求的；

（三）能源数据弄虚作假的；

（四）生产、使用国家明令淘汰的高耗能落后用能产品、设备和工艺的；

（五）违反节能法律、法规的其他情形。

第四十条 各级工业和信息化主管部门及节能监察机构工作人员，在工业节能管理中有下列情形之一的，依法给予处分；构成犯罪的，依法追究刑事责任：

（一）泄露企业技术秘密、商业秘密的；

（二）利用职务上的便利谋取非法利益的；

（三）违法收取费用的；

（四）滥用职权、玩忽职守、徇私舞弊的。

第七章　附　则

第四十一条　县级以上地方人民政府工业和信息化主管部门可以依据本办法和本地实际，制定具体实施办法。

第四十二条　本办法自2016年6月30日起施行。

国家工商行政管理总局关于废止和修改部分工商行政管理规章的决定

（2016年4月29日国家工商行政管理总局令第86号公布　自公布之日起施行）

为了贯彻落实简政放权、优化服务的改革精神，进一步激发市场活力，保障“稳增长、促改革、调结构、惠民生”政策措施落实落地，国家工商行政管理总局对现行有效的工商行政管理规章进行了清理。经过清理，国家工商行政管理总局决定：

一、对10部规章予以废止。（附件1）

二、对4部规章的部分条款予以修改。（附件2）

本决定自公布之日起施行。

《中华人民共和国企业法人登记管理条例施行细则》《外国（地区）企业在中国境内从事生产经营活动登记管理办法》《外商投资企业授权登记管理办法》《工商行政管理机关股权出质登记办法》根据本决定作相应修改，重新公布。

附件：1. 国家工商行政管理总局决定废止的规章

　　　2. 国家工商行政管理总局决定修改的规章

附件1

国家工商行政管理总局决定废止的规章

一、《广告管理条例施行细则》（1988年1月9日工商广字〔1988〕第13号公布　1998年12月3日国家工商行政管理局令第86号第一次修订　2000年12月1日国家工商行政管理局令第99号第二次修订　2004年11月30日国

家工商行政管理总局令第18号第三次修订　2011年12月12日国家工商行政管理总局令第58号第四次修订）

二、《工商行政管理暂行规定》（1995年12月19日国家工商行政管理局令第45号公布　1996年12月17日国家工商行政管理局令第63号第一次修订　2011年12月12日国家工商行政管理总局令第58号第二次修订）

三、《旅游景区个体工商户监督管理办法》（1997年1月22日国家工商行政管理局令第74号公布　1998年12月3日国家工商行政管理局令第86号修订）

四、《马德里商标国际注册实施办法》（2003年4月17日国家工商行政管理总局令第7号公布）

五、《经纪人管理办法》（2004年8月28日国家工商行政管理总局令第14号公布）

六、《烟草广告管理暂行办法》（1995年12月20日国家工商行政管理局令第46号公布　1996年12月30日国家工商行政管理局令第69号修订）

七、《广告经营资格检查办法》（1997年11月3日国家工商行政管理局令第78号公布　1998年12月3日国家工商行政管理局令第86号修订）

八、《印刷品广告管理办法》（2004年11月30日国家工商行政管理总局令第17号公布）

九、《户外广告登记管理规定》（2006年5月22日国家工商行政管理总局令第25号公布）

十、《商标代理管理办法》（2010年7月12日国家工商行政管理总局令第50号公布）

附件2

国家工商行政管理总局决定修改的规章

一、对《中华人民共和国企业法人登记管理条例施行细则》作出修改

（一）删去第五条、第十七条、第二十二条。

（二）第十条改为第九条，将其中的“第八条、第九条”修改为“第七条、第八条”。

（三）第三十五条改为第三十二条，删去该条中的“或者办事机构”。

（四）第三十六条改为第三十三条，删去该条第一款第三项。

（五）第三十七条改为第三十四条，删去该条第二款。

（六）第四十四条改为第四十一条，删去该条中的“或者办事机构”。

（七）第四十六条改为第四十三条，删去该条中的“和办事机构”。

（八）第五十一条改为第四十八条，删去该条中的“和办事机构”。

（九）第五十八条改为第五十五条，删去该条中的“《外商投资企业办事机构注册证》”。

（十）第六十七条改为第六十四条，将其中的“第三十二条”修改为“第三十一条”。

（十一）第六十八条改为第六十五条，将其中的“第三十六条”修改为“第三十五条”。

（十二）对条文顺序作相应调整。

二、对《外国（地区）企业在中国境内从事生产经营活动登记管理办法》作出修改

（一）第二条修改为：“根据国家有关法律、法规的规定，经国务院及国务院授权的主管机关（以下简称审批机关）批准，在中国境内从事生产经营活动的外国企业，应向省级工商行政管理部门（以下简称登记主管机关）申请登记注册。外国企业经登记主管机关核准登记注册，领取营业执照后，方可开展生产经营活动。未经审批机关批准和登记主管机关核准登记注册，外国企业不得在中国境内从事生产经营活动。”

（二）删去第五条第二项中的“从事陆上、海洋的石油及其他矿产资源勘探开发的，应提交对外经济贸易部的批准文件；承包海洋石油工程的，应提交中国海洋石油总公司的同意函；承包陆上石油工程的，应提交中国石油天然气总公司或其授权单位的同意函；外国银行设立分行的，应提交中国人民银行的批准文件；承包房屋、木土工程建造、装饰或线路、管道、设备安装工程的，应提交建设部颁发的《外国企业承包工程资质证》；承包或接受委托经营管理外商投资企业的，应提交该外商投资企业合同章程审批机关的批准文件；从事其它生产经营活动的，应按其生产经营活动的所属行业，分别提交相应的主管机关的批准文件。”

（三）第十四条修改为：“外国企业应当于每年1月1日至6月30日，通过企业信用信息公示系统向原登记主管机关报送上一年度年度报告，并向社会公示。”

（四）第十六条第三项修改为：“督促外国企业报送年度报告并向社会公示”。

三、对《外商投资企业授权登记管理办法》作出修改

（一）第四条中的“计划单列市和副省级市工商行政管理局以及地级市、自治州工商行政管理局（以下统称地级工商行政管理局）”修改为：“及省级以下工商行政管理局（分局）”；第一项修改为：“辖区内外商投资达到一定规模，或者已经设立的外商投资企业达50户以上”;删去第三项中的“年检初检”。

（二）第五条第二款修改为:“除前款规定的文件外,申请局还应当提交同级人民政府机构编制管理部门或者上级工商行政管理局批准申请局成立外商投资企业登记管理专职机构及人员编制的文件。”

（三）第六条中的“地级工商行政管理局”修改为“省级以下工商行政管理局”。

（四）第九条第二款中的“地级工商行政管理局”修改为“省级以下工商行政管理局”。

（五）删去第十条第一款中的“出资检查、年检初检”。

（六）第十二条中的“省级工商行政管理局”修改为“上级工商行政管理局”;“地级被授权局”修改为“下级被授权局”。

（七）第十四条修改为:“外国（地区）企业常驻代表机构登记证、代表证由国家工商行政管理总局统一印制,被授权局按规定申领。”

四、对《工商行政管理机关股权出质登记办法》作出修改

（一）删去第五条中的“以外商投资的公司的股权出质的,应当经原公司设立审批机关批准后方可办理出质登记。”

（二）第十五条第一款修改为:“登记机关应当将股权出质登记事项在企业信用信息公示系统公示,供社会公众查询。”

（三）删去第十六条中的“和登记簿”。

中华人民共和国企业法人登记管理条例施行细则

（1988年11月3日国家工商行政管理局令第1号公布　根据1996年12月25日国家工商行政管理局令第66号第一次修订　根据2000年12月1日国家工商行政管理局令第96号第二次修订　根据2011年12月12日国家工商行政管理总局令第58号第三次修订　根据2014年2月20日国家工商行政管理总局令第63号第四次修订　根据2016年4月29日国家工商行政管理总局令第86号第五次修订）

第一条　根据《中华人民共和国企业法人登记管理条例》（以下简称《条例》）,制定本施行细则。

登记范围

第二条 具备企业法人条件的全民所有制企业、集体所有制企业、联营企业、在中国境内设立的外商投资企业(包括中外合资经营企业、中外合作经营企业、外资企业)和其他企业,应当根据国家法律、法规及本细则有关规定,申请企业法人登记。

第三条 实行企业化经营、国家不再核拨经费的事业单位和从事经营活动的科技性社会团体,具备企业法人条件的,应当申请企业法人登记。

第四条 不具备企业法人条件的下列企业和经营单位,应当申请营业登记:

(一)联营企业;

(二)企业法人所属的分支机构;

(三)外商投资企业设立的分支机构;

(四)其他从事经营活动的单位。

第五条 省、自治区、直辖市人民政府规定应当办理登记的企业和经营单位,按照《条例》和本细则的有关规定申请登记。

登记主管机关

第六条 工商行政管理机关是企业法人登记和营业登记的主管机关。登记主管机关依法独立行使职权,实行分级登记管理的原则。

对外商投资企业实行国家工商行政管理总局登记管理和授权登记管理的原则。

上级登记主管机关有权纠正下级登记主管机关不符合国家法律、法规和政策的决定。

第七条 国家工商行政管理总局负责以下企业的登记管理:

(一)国务院批准设立的或者行业归口管理部门审查同意由国务院各部门以及科技性社会团体设立的全国性公司和大型企业;

(二)国务院批准设立的或者国务院授权部门审查同意设立的大型企业集团;

(三)国务院授权部门审查同意由国务院各部门设立的经营进出口业务、劳务输出业务或者对外承包工程的公司。

第八条 省、自治区、直辖市工商行政管理局负责以下企业的登记管理:

（一）省、自治区、直辖市人民政府批准设立的或者行业归口管理部门审查同意由政府各部门以及科技性社会团体设立的公司和企业；

（二）省、自治区、直辖市人民政府批准设立的或者政府授权部门审查同意设立的企业集团；

（三）省、自治区、直辖市人民政府授权部门审查同意由政府各部门设立的经营进出口业务、劳务输出业务或者对外承包工程的公司；

（四）国家工商行政管理总局根据有关规定核转的企业或分支机构。

第九条 市、县、区（指县级以上的市辖区，下同）工商行政管理局负责第七条、第八条所列企业外的其他企业的登记管理。

第十条 国家工商行政管理总局授权的地方工商行政管理局负责以下外商投资企业的登记管理：

（一）省、自治区、直辖市人民政府或政府授权机关批准的外商投资企业，由国家工商行政管理总局授权的省、自治区、直辖市工商行政管理局登记管理；

（二）市人民政府或政府授权机关批准的外商投资企业，由国家工商行政管理总局授权的市工商行政管理局登记管理。

第十一条 国家工商行政管理总局和省、自治区、直辖市工商行政管理局应将核准登记的企业的有关资料，抄送企业所在市、县、区工商行政管理局。

第十二条 各级登记主管机关可以运用登记注册档案、登记统计资料以及有关的基础信息资料，向机关、企事业单位、社会团体等单位和个人提供各种形式的咨询服务。

登记条件

第十三条 申请企业法人登记，应当具备下列条件（外商投资企业另列）：

（一）有符合规定的名称和章程；

（二）有国家授予的企业经营管理的财产或者企业所有的财产，并能够以其财产独立承担民事责任；

（三）有与生产经营规模相适应的经营管理机构、财务机构、劳动组织以及法律或者章程规定必须建立的其他机构；

（四）有必要的并与经营范围相适应的经营场所和设施；

（五）有与生产经营规模和业务相适应的从业人员，其中专职人员不得少于8人；

（六）有健全的财会制度，能够实行独立核算，自负盈亏，独立编制资金平衡表或者资产负债表；

（七）有符合规定数额并与经营范围相适应的注册资金，国家对企业注册资金数额有专项规定的按规定执行；

（八）有符合国家法律、法规和政策规定的经营范围；

（九）法律、法规规定的其他条件。

第十四条 外商投资企业申请企业法人登记，应当具备下列条件：

（一）有符合规定的名称；

（二）有审批机关批准的合同、章程；

（三）有固定经营场所、必要的设施和从业人员；

（四）有符合国家规定的注册资本；

（五）有符合国家法律、法规和政策规定的经营范围；

（六）有健全的财会制度，能够实行独立核算，自负盈亏，独立编制资金平衡表或者资产负债表。

第十五条 申请营业登记，应当具备下列条件：

（一）有符合规定的名称；

（二）有固定的经营场所和设施；

（三）有相应的管理机构和负责人；

（四）有经营活动所需要的资金和从业人员；

（五）有符合规定的经营范围；

（六）有相应的财务核算制度。

不具备企业法人条件的联营企业，还应有联合签署的协议。

外商投资企业设立的从事经营活动的分支机构应当实行非独立核算。

第十六条 企业法人章程的内容应当符合国家法律、法规和政策的规定，并载明下列事项：

（一）宗旨；

（二）名称和住所；

（三）经济性质；

（四）注册资金数额及其来源；

（五）经营范围和经营方式；

（六）组织机构及其职权；

（七）法定代表人产生的程序和职权范围；

（八）财务管理制度和利润分配形式；

（九）劳动用工制度；

（十）章程修改程序；

(十一)终止程序;

(十二)其他事项。

联营企业法人的章程还应载明:

(一)联合各方出资方式、数额和投资期限;

(二)联合各方成员的权利和义务;

(三)参加和退出的条件、程序;

(四)组织管理机构的产生、形式、职权及其决策程序;

(五)主要负责人任期。

外商投资企业的合营合同和章程按《中华人民共和国中外合资经营企业法》、《中华人民共和国中外合作经营企业法》和《中华人民共和国外资企业法》的有关规定制定。

登记注册事项

第十七条 企业法人登记注册的主要事项按照《条例》第九条规定办理。

营业登记的主要事项有:名称、地址、负责人、经营范围、经营方式、经济性质、隶属关系、资金数额。

第十八条 外商投资企业登记注册的主要事项有:名称、住所、经营范围、投资总额、注册资本、企业类型、法定代表人、营业期限、分支机构、有限责任公司股东或者股份有限公司发起人的姓名或者名称。

第十九条 外商投资企业设立的分支机构登记注册的主要事项有:名称、营业场所、负责人、经营范围、隶属企业。

第二十条 企业名称应当符合国家有关法律法规及登记主管机关的规定。

第二十一条 住所、地址、经营场所按所在市、县、(镇)及街道门牌号码的详细地址注册。

第二十二条 经登记主管机关核准登记注册的代表企业行使职权的主要负责人,是企业法人的法定代表人。法定代表人是代表企业法人根据章程行使职权的签字人。

企业的法定代表人必须是完全民事行为能力人,并且应当符合国家法律、法规和政策的规定。

第二十三条 登记主管机关根据申请单位提交的文件和章程所反映的财产所有权、资金来源、分配形式,核准企业和经营单位的经济性质。

经济性质可分别核准为全民所有制、集体所有制。联营企业应注明联合各方的经济性质,并标明“联营”字样。

第二十四条 外商投资企业的企业类型分别核准为中外合资经营、中外合作经营、外商独资经营。

第二十五条 登记主管机关根据申请单位的申请和所具备的条件,按照国家法律、法规和政策以及规范化要求,核准经营范围和经营方式。企业必须按照登记主管机关核准登记注册的经营范围和经营方式从事经营活动。

第二十六条 注册资金数额是企业法人经营管理的财产或者企业法人所有的财产的货币表现。除国家另有规定外,企业的注册资金应当与实有资金相一致。

企业法人的注册资金的来源包括财政部门或者设立企业的单位的拨款、投资。

第二十七条 外商投资企业的注册资本是指设立外商投资企业在登记主管机关登记注册的资本总额,是投资者认缴的出资额。

注册资本与投资总额的比例,应当符合国家有关规定。

第二十八条 营业期限是联营企业、外商投资企业的章程、协议或者合同所确定的经营时限。营业期限自登记主管机关核准登记之日起计算。

开业登记

第二十九条 申请企业法人登记,应按《条例》第十五条(一)至(七)项规定提交文件、证件。

企业章程应经主管部门审查同意。

资金信用证明是财政部门证明全民所有制企业资金数额的文件。

验资证明是会计师事务所或者审计事务所及其他具有验资资格的机构出具的证明资金真实性的文件。

企业主要负责人的身份证明包括任职文件和附照片的个人简历。个人简历由该负责人的人事关系所在单位或者乡镇、街道出具。

第三十条 外商投资企业申请企业法人登记,应提交下列文件、证件:

(一)董事长签署的外商投资企业登记申请书;

(二)合同、章程以及审批机关的批准文件和批准证书;

(三)有关项目建议书或可行性研究报告的批准文件;

(四)投资者合法开业证明;

(五)投资者的资信证明;

(六)董事会名单以及董事会成员的姓名、住址的文件以及任职文件和法定代表人的身份证明；

（七）其他有关文件、证件。

第三十一条 申请营业登记，应根据不同情况，提交下列文件、证件：

（一）登记申请书；

（二）经营资金数额的证明；

（三）负责人的任职文件；

（四）经营场所使用证明；

（五）其他有关文件、证件。

第三十二条 外商投资企业申请设立分支机构，应当提交下列文件、证件：

（一）隶属企业董事长签署的登记申请书；

（二）原登记主管机关的通知函；

（三）隶属企业董事会的决议；

（四）隶属企业的执照副本；

（五）负责人的任职文件；

（六）其他有关文件、证件。

法律、法规及国家工商行政管理总局规章规定设立分支机构需经审批的，应提交审批文件。

第三十三条 登记主管机关应当对申请单位提交的文件、证件、登记申请书、登记注册书以及其他有关文件进行审查，经核准后分别核发下列证照：

（一）对具备企业法人条件的企业，核发《企业法人营业执照》；

（二）对不具备企业法人条件，但具备经营条件的企业和经营单位，核发《营业执照》。

登记主管机关应当分别编定注册号，在颁发的证照上加以注明，并记入登记档案。

第三十四条 登记主管机关核发的《企业法人营业执照》是企业取得法人资格和合法经营权的凭证。登记主管机关核发的《营业执照》是经营单位取得合法经营权的凭证。经营单位凭据《营业执照》可以刻制公章，开立银行账户，开展核准的经营范围以内的生产经营活动。

变更登记

第三十五条 企业法人根据《条例》第十七条规定，申请变更登记时，应提交下列文件、证件：

(一)法定代表人签署的变更登记申请书;

(二)原主管部门审查同意的文件;

(三)其他有关文件、证件。

第三十六条 企业法人实有资金比原注册资金数额增加或者减少超过20%时,应持资金信用证明或者验资证明,向原登记主管机关申请变更登记。

登记主管机关在核准企业法人减少注册资金的申请时,应重新审核经营范围和经营方式。

第三十七条 企业法人在异地(跨原登记主管机关管辖地)增设或者撤销分支机构,应向原登记主管机关申请变更登记。经核准后,向分支机构所在地的登记主管机关申请开业登记或者注销登记。

企业法人在国外开办企业或增设分支机构,应向原登记主管机关备案。

第三十八条 因分立或者合并而保留的企业应当申请变更登记;因分立或者合并而新办的企业应当申请开业登记;因合并而终止的企业应当申请注销登记。

第三十九条 企业法人迁移(跨原登记主管机关管辖地),应向原登记主管机关申请办理迁移手续;原登记主管机关根据新址所在地登记主管机关同意迁入的意见,收缴《企业法人营业执照》,撤销注册号,开出迁移证明,并将企业档案移交企业新址所在地登记主管机关。企业凭迁移证明和有关部门的批准文件,向新址所在地登记主管机关申请变更登记,领取《企业法人营业执照》。

第四十条 企业法人因主管部门改变,涉及原主要登记事项的,应当分别情况,持有关文件申请变更、开业、注销登记。不涉及原主要登记事项变更的,企业法人应当持主管部门改变的有关文件,及时向原登记主管机关备案。

第四十一条 外商投资企业改变登记注册事项,应当申请变更登记。申请变更登记时,应提交下列文件、证件:

(一)董事长签署的变更登记申请书;

(二)董事会的决议;

(三)变更股东、注册资本、经营范围、营业期限时应提交原审批机关的批准文件。

法律、法规及国家工商行政管理总局规章规定设立分支机构需经审批的,应提交原审批机关的批准文件。

外商投资企业变更住所,还应提交住所使用证明;增加注册资本涉及改变原合同的,还应提交补充协议;变更企业类型,还应提交修改合同、章程的补充协议;变更法定代表人,还应提交委派方的委派证明和被委派人员的身份证明;转让股权,还应提交转让合同和修改原合同、章程的补充协议,以及受让方的合法开业证明和资信证明。

外商投资企业董事会成员发生变化的,应向原登记主管机关备案。

第四十二条 经营单位改变营业登记的主要事项,应当申请变更登记。变更登记的程序和应当提交的文件、证件,参照企业法人变更登记的有关规定执行。

第四十三条 外商投资企业设立的分支机构改变主要登记事项,应当申请变更登记。变更登记的程序和应当提交的文件、证件,参照外商投资企业变更登记的有关规定执行。

第四十四条 登记主管机关应当在申请变更登记的单位提交的有关文件、证件齐备后30日内,作出核准变更登记或者不予核准变更登记的决定。

注销登记

第四十五条 企业法人根据《条例》第二十条规定,申请注销登记,应提交下列文件、证件:

(一)法定代表人签署的注销登记申请书;

(二)原主管部门审查同意的文件;

(三)主管部门或者清算组织出具的负责清理债权债务的文件或者清理债务完结的证明。

第四十六条 外商投资企业应当自经营期满之日或者终止营业之日、批准证书自动失效之日、原审批机关批准终止合同之日起三个月内,向原登记主管机关申请注销登记,并提交下列文件、证件:

(一)董事长签署的注销登记申请书;

(二)董事会的决议;

(三)清理债权债务完结的报告或者清算组织负责清理债权债务的文件;

(四)税务机关、海关出具的完税证明。

法律、法规规定必须经原审批机关批准的,还应提交原审批机关的批准文件。

不能提交董事会决议的以及国家对外商投资企业的注销另有规定的,按国家有关规定执行。

第四十七条 经营单位终止经营活动,应当申请注销登记。注销登记程序和应当提交的文件、证件,参照企业法人注销登记的有关规定执行。

第四十八条 外商投资企业撤销其分支机构,应当申请注销登记,并提交下列文件、证件：

（一）隶属企业董事长签署的注销登记申请书；

（二）隶属企业董事会的决议。

第四十九条 登记主管机关核准注销登记或者吊销执照，应当同时撤销注册号，收缴执照正、副本和公章，并通知开户银行。

登记审批程序

第五十条 登记主管机关审核登记注册的程序是受理、审查、核准、发照、公告。

（一）受理：申请登记的单位应提交的文件、证件和填报的登记注册书齐备后，方可受理，否则不予受理。

（二）审查：审查提交的文件、证件和填报的登记注册书是否符合有关登记管理规定。

（三）核准：经过审查和核实后，做出核准登记或者不予核准登记的决定，并及时通知申请登记的单位。

（四）发照：对核准登记的申请单位，应当分别颁发有关证照，及时通知法定代表人（负责人）领取证照，并办理法定代表人签字备案手续。

公示和证照管理

第五十一条 登记主管机关应当将企业法人登记、备案信息通过企业信用信息公示系统向社会公示。

第五十二条 企业法人应当于每年1月1日至6月30日，通过企业信用信息公示系统向登记主管机关报送上一年度年度报告，并向社会公示。

年度报告公示的内容及监督检查按照国务院的规定执行。

第五十三条 《企业法人营业执照》、《营业执照》分为正本和副本，同样具有法律效力。正本应悬挂在主要办事场所或者主要经营场所。登记主管机关根据企业申请和开展经营活动的需要，可以核发执照副本若干份。

国家推行电子营业执照。电子营业执照与纸质营业执照具有同等法律效力。

第五十四条 登记主管机关对申请筹建登记的企业，在核准登记后核发《筹建许可证》。

第五十五条 执照正本和副本、《筹建许可证》、企业法人申请开业登记注册书、企业申请营业登记注册书、企业申请变更登记注册书、企业申请注销登记注册书、企业申请筹建登记注册书以及其他有关登记管理的重要文书表式，由国家工商行政管理总局统一制定。

监督管理与罚则

第五十六条 登记主管机关对企业进行监督管理的主要内容是：

（一）监督企业是否按照《条例》和本细则规定办理开业登记变更登记和注销登记；

（二）监督企业是否按照核准登记的事项以及章程、合同或协议开展经营活动；

（三）监督企业是否按照规定报送、公示年度报告；

（四）监督企业和法定代表人是否遵守国家有关法律、法规和政策。

第五十七条 各级登记主管机关，均有权对管辖区域内的企业进行监督检查。企业应当接受检查，提供检查所需要的文件、账册、报表及其他有关资料。

第五十八条 登记主管机关对辖区内的企业进行监督检查时，有权依照有关规定予以处罚。但责令停业整顿、扣缴或者吊销证照，只能由原发照机关作出决定。

第五十九条 上级登记主管机关对下级登记主管机关作出的不适当的处罚有权予以纠正。

对违法企业的处罚权限和程序，由国家工商行政管理总局和省、自治区、直辖市工商行政管理局分别作出规定。

第六十条 对有下列行为的企业和经营单位，登记主管机关作出如下处罚，可以单处，也可以并处：

（一）未经核准登记擅自开业从事经营活动的，责令终止经营活动，没收非法所得，处以非法所得额 3 倍以下的罚款，但最高不超过 3 万元，没有非法所得的，处以 1 万元以下的罚款。

（二）申请登记时隐瞒真实情况、弄虚作假的，除责令提供真实情况外，视其具体情节，予以警告，没收非法所得，处以非法所得额 3 倍以下的罚款．但最高不超过 3 万元，没有非法所得的，处以 1 万元以下的罚款。经审查不具备企业法人条件或者经营条件的，吊销营业执照。伪造证件骗取营业执照的，没收非法所得，处以非法所得额 3 倍以下的罚款，但最高不超过 3 万元，没有非法所得的，处以 1 万元以下的罚款，并吊销营业执照。

（三）擅自改变主要登记事项，不按规定办理变更登记的，予以警告，没收非法所得，处以非法所得额3倍以下的罚款，但最高不超过3万元，没有非法所得的，处以1万元以下的罚款，并限期办理变更登记；逾期不办理的，责令停业整顿或者扣缴营业执照；情节严重的，吊销营业执照。超出经营期限从事经营活动的，视为无照经营，按照本条第一项规定处理。

（四）超出核准登记的经营范围或者经营方式从事经营活动的，视其情节轻重，予以警告，没收非法所得，处以非法所得额3倍以下的罚款，但最高不超过3万元，没有非法所得的，处以1万元以下的罚款。同时违反国家其他有关规定，从事非法经营的，责令停业整顿，没收非法所得，处以非法所得额3倍以下的罚款，但最高不超过3万元，没有非法所得的，处以1万元以下的罚款；情节严重的，吊销营业执照。

（五）侵犯企业名称专用权的，依照企业名称登记管理的有关规定处理。

（六）伪造、涂改、出租、出借、转让、出卖营业执照的，没收非法所得，处以非法所得额3倍以下的罚款，但最高不超过3万元，没有非法所得的，处以1万元以下的罚款；情节严重的，吊销营业执照。

（七）不按规定悬挂营业执照的，予以警告，责令改正；拒不改正的，处以2000元以下的罚款。

（八）抽逃、转移资金，隐匿财产逃避债务的，责令补足抽逃、转移的资金，追回隐匿的财产，没收非法所得，处以非法所得额3倍以下的罚款，但最高不超过3万元，没有非法所得的，处以1万元以下的罚款；情节严重的，责令停业整顿或者吊销营业执照。

（九）不按规定申请办理注销登记的，责令限期办理注销登记。拒不办理的，处以3000元以下的罚款，吊销营业执照，并可追究企业主管部门的责任。

（十）拒绝监督检查或者在接受监督检查过程中弄虚作假的，除责令其接受监督检查和提供真实情况外，予以警告，处以1万元以下的罚款。

登记主管机关对有上述违法行为的企业作出处罚决定后，企业逾期不提出申诉又不缴纳罚没款的，可以申请人民法院强制执行。

第六十一条 对提供虚假文件、证件的单位和个人，除责令其赔偿因出具虚假文件、证件给他人造成的损失外，处以1万元以下的罚款。

第六十二条 登记主管机关在查处企业违法活动时，对构成犯罪的有关人员，交由司法机关处理。

第六十三条 登记主管机关对工作人员不按规定程序办理登记、监督管理和严重失职的，根据情节轻重给予相应的行政处分，对构成犯罪的人员，交由司法机关处理。

第六十四条　企业根据《条例》第三十一条规定向上一级登记主管机关申请复议的，上一级登记主管机关应当在规定的期限内作出维持、撤销或者纠正的复议决定，并通知申请复议的企业。

附　　则

第六十五条　根据《条例》第三十五条规定应当申请筹建登记的企业，按照国务院有关部门或者省、自治区、直辖市人民政府的专项规定办理筹建登记。

第六十六条　港、澳、台企业，华侨、港、澳、台同胞投资举办的合资经营企业、合作经营企业、独资经营企业，参照本细则对外商投资企业的有关规定执行。

第六十七条　对在中国境内从事经营活动的外国（地区）企业的登记管理，按专项规定执行。

第六十八条　本细则自公布之日起施行。

外国（地区）企业在中国境内从事生产经营活动登记管理办法

（1992年8月15日国家工商行政管理局令第10号公布　根据2016年4月29日国家工商行政管理总局令第86号修订）

第一条　为促进对外经济合作，加强对在中国境内从事生产经营活动的外国（地区）企业（以下简称外国企业）的管理，保护其合法权益，维护正常的经济秩序，根据国家有关法律、法规的规定，制定本办法。

第二条　根据国家有关法律、法规的规定，经国务院及国务院授权的主管机关（以下简称审批机关）批准，在中国境内从事生产经营活动的外国企业，应向省级工商行政管理部门（以下简称登记主管机关）申请登记注册。外国企业经登记主管机关核准登记注册，领取营业执照后，方可开展生产经营活动。未经审批机关批准和登记主管机关核准登记注册，外国企业不得在中国境内从事生产经营活动。

第三条　根据国家现行法律、法规的规定，外国企业从事下列生产经营活动应办理登记注册：

(一)陆上、海洋的石油及其他矿产资源勘探开发；

(二)房屋、土木工程的建造、装饰或线路、管道、设备的安装等工程承包；

(三)承包或接受委托经营管理外商投资企业；

(四)外国银行在中国设立分行；

(五)国家允许从事的其他生产经营活动。

第四条 外国企业从事生产经营的项目经审批机关批准后，应在批准之日起三十日内向登记主管机关申请办理登记注册。

第五条 外国企业申请办理登记注册时应提交下列文件或证件：

(一)外国企业董事长或总经理签署的申请书。

(二)审批机关的批准文件或证件。

(三)从事生产经营活动所签订的合同(外国银行在中国设立分行不适用此项)。

(四)外国企业所属国(地区)政府有关部门出具的企业合法开业证明。

(五)外国企业的资金信用证明。

(六)外国企业董事长或总经理委派的中国项目负责人的授权书、简历及身份证明。

(七)其他有关文件。

第六条 外国企业登记注册的主要事项有：企业名称、企业类型、地址、负责人、资金数额、经营范围、经营期限。

企业名称是指外国企业在国外合法开业证明载明的名称，应与所签订生产经营合同的外国企业名称一致。外国银行在中国设立分行，应冠以总行的名称，标明所在地地名，并缀以分行。

企业类型是指按外国企业从事生产经营活动的不同内容划分的类型，其类型分别为：矿产资源勘探开发、承包工程、外资银行、承包经营管理等。

企业地址是指外国企业在中国境内从事生产经营活动的场所。外国企业在中国境内的住址与经营场所不在一处的，需同时申报。

企业负责人是指外国企业董事长或总经理委派的项目负责人。

资金数额是指外国企业用以从事生产经营活动的总费用，如承包工程的承包合同额，承包或受委托经营管理外商投资企业的外国企业在管理期限内的累计管理费用，从事合作开发石油所需的勘探、开发和生产费，外国银行分行的营运资金等。

经营范围是指外国企业在中国境内从事生产经营活动的范围。

经营期限是指外国企业在中国境内从事生产经营活动的期限。

第七条 登记主管机关受理外国企业的申请后，应在三十日内作出核准登记注册或不予核准登记注册的决定。登记主管机关核准外国企业登记注册后,向其核发《营业执照》。

第八条 根据外国企业从事生产经营活动的不同类型,《营业执照》的有效期分别按以下期限核定:

(一)从事矿产资源勘探开发的外国企业,其《营业执照》有效期根据勘探(查)、开发和生产三个阶段的期限核定。

(二)外国银行设立的分行,其《营业执照》有效期为三十年,每三十年换发一次《营业执照》。

(三)从事其他生产经营活动的外国企业,其《营业执照》有效期按合同规定的经营期限核定。

第九条 外国企业应在登记主管机关核准的生产经营范围内开展经营活动,其合法权益和经营活动受中国法律保护。外国企业不得超越登记主管机关核准的生产经营范围从事生产经营活动。

第十条 外国企业登记注册事项发生变化的,应在三十日内向原登记主管机关申请办理变更登记。办理变更登记的程序和应当提交的文件或证件,参照本办法第五条的规定执行。

第十一条 外国企业《营业执照》有效期届满不再申请延期登记或提前中止合同、协议的,应向原登记主管机关申请注销登记。

第十二条 外国企业申请注销登记应提交以下文件或证件:

(一)外国企业董事长或总经理签署的注销登记申请书;

(二)《营业执照》及其副本、印章;

(三)海关、税务部门出具的完税证明;

(四)项目主管部门对外国企业申请注销登记的批准文件。

登记主管机关在核准外国企业的注销登记时,应收缴《营业执照》及其副本、印章,撤销注册号,并通知银行、税务、海关等部门。

第十三条 外国企业办理营业登记、变更登记应交纳登记费。登记费的收费标准按财政部、国家物价局、国家工商行政管理局《关于企业法人登记收费标准的通知》的规定执行。

第十四条 外国企业应当于每年1月1日至6月30日,通过企业信用信息公示系统向原登记主管机关报送上一年度年度报告,并向社会公示。

第十五条 与外国企业签订生产经营合同的中国企业,应及时将合作的项目、内容和时间通知登记主管机关并协助外国企业办理营业登记、变更登记、注销登记。如中国企业未尽责任的,要负相应的责任。

第十六条 登记主管机关对外国企业监督管理的主要内容是:

（一）监督外国企业是否按本办法办理营业登记、变更登记和注销登记；

（二）监督外国企业是否按登记主管机关核准的经营范围从事生产经营活动；

（三）督促外国企业报送年度报告并向社会公示；

（四）监督外国企业是否遵守中国的法律、法规。

第十七条 对外国企业违反本办法的行为，由登记主管机关参照《中华人民共和国企业法人登记管理条例》及其施行细则的处罚条款进行查处。

第十八条 香港、澳门、台湾地区企业从事上述生产经营活动的，参照本办法执行。

外国企业承包经营中国内资企业的，参照本办法执行。

第十九条 本办法由国家工商行政管理局负责解释。

第二十条 本办法自一九九二年十月一日起施行。

外商投资企业授权登记管理办法

（2002年12月10日国家工商行政管理总局令第4号公布 根据2016年4月29日国家工商行政管理总局令第86号修订）

第一条 为了规范外商投资企业登记管理工作，明确各级工商行政管理局的职责，严格执行国家外资法律、法规及产业政策，根据有关法律、法规，制定本办法。

第二条 外商投资企业登记管理权的申请、授予、履行及监督检查工作，适用本办法。

本办法所称的外商投资企业包括中外合资经营企业、中外合作经营企业、外资企业。

外国（地区）企业的分支机构和常驻代表机构、在中国境内从事生产经营活动的外国（地区）企业、外商投资企业分支机构，以及其他依照国家规定应当执行外资产业政策的企业，其登记管理权的授予和规范，适用本办法。

第三条 外商投资企业登记管理工作实行国家工商行政管理总局登记管理和授权地方工商行政管理局登记管理的原则。

国家工商行政管理总局负责全国的外商投资企业登记管理工作，并可以根据本办法规定的条件授予地方工商行政管理局外商投资企业核准登记管理权。被授权的地方工商行政管理局（以下简称被授权局）以自己的名义在被授权范围内行使对外商投资企业的登记管理职权。

第四条 具备下列条件的省级工商行政管理局及省级以下工商行政管理局(分局)可以提出授予外商投资企业核准登记权的申请:

(一)辖区内外商投资达到一定规模,或者已经设立的外商投资企业达50户以上;

(二)能够正确执行企业登记管理法律法规和产业政策,申请前2年无因企业登记管理引发的行政败诉案件;

(三)已从事外商投资企业登记初审和登记违法违章行为调查等工作2年以上;

(四)已设立外商投资企业登记管理专职机构,有较稳定的工作人员,其数量与素质应当与开展被授权工作的要求相适应,其中至少有1名工作人员具有较高的外语水平;

(五)外商投资企业登记管理专职机构将统一行使外商投资企业核准登记权和监督管理权;

(六)有较好的办公条件,包括已配备通讯设备、计算机、交通工具和外宾接待室等;计算机网络建设达到与国家工商行政管理总局企业注册登记管理信息系统互联互通的标准;

(七)已制订健全的外商投资企业登记管理工作制度。

第五条 申请授予外商投资企业登记管理权,应当提交下列文件:

(一)申请局签署的授权申请书,申请书应当列明具备本办法第四条所规定授权条件的情况以及申请授权的范围;

(二)外商投资企业登记管理机构工作人员名单,名单应当载明职务、培训情况及从事外商投资企业登记管理工作情况;

(三)有关外商投资企业登记管理工作制度的文件。

除前款规定的文件外,申请局还应当提交同级人民政府机构编制管理部门或者上级工商行政管理局批准申请局成立外商投资企业登记管理专职机构及人员编制的文件。

第六条 省级以下工商行政管理局申请授权的,应当向省级工商行政管理局提出书面报告。省级工商行政管理局经审查,认为符合本办法规定条件的,应当出具审查报告,与申请局提交的申请文件一并报国家工商行政管理总局。

第七条 国家工商行政管理总局经审查,认为申请局符合本办法规定条件的,决定授予其外商投资企业登记管理权,颁发授权文件,并向社会公告。

第八条 被授权局的登记管辖范围由国家工商行政管理总局根据有关法律、法规和实际情况确定,并在授权文件中列明。

被授权局负责核准其登记管辖范围内企业、机构的设立、变更、注销登记。

被授权局负责其登记管辖范围内企业、机构登记事项的监督管理。对外商投资企业违反登记管理法规行为的处罚,按法定程序执行。

第九条 被授权局应当严格按照下列要求开展登记注册和监督管理工作:

(一)以自己的名义在被授权范围内依法做出具体行政行为;

(二)严格遵守国家法律法规规章和产业政策,强化登记管理秩序,维护国家经济安全。对不符合国家法律法规规章和产业政策的,不予登记。对违反登记管理法规及产业政策的行为,严肃查处;

(三)认真接受授权局的指导和监督,严格执行授权局的工作部署和要求;

(四)被授权局执行涉及外商投资企业登记管理的地方性法规、政府规章和政策,应当事先报告授权局,征求授权局的意见;

(五)按规定的期限、方式和事项向授权局报告工作,报送登记数据;

(六)不断完善工作条件,提高登记管理水平。

被授权局为省级以下工商行政管理局的,应当接受省级被授权局的指导和监督,认真执行其工作部署和工作要求。

第十条 国家工商行政管理总局和被授权局可以委托具备一定条件的下级工商行政管理局承担其辖区内外商投资企业登记初审和登记违法违章行为调查等工作,并对下级工商行政管理局在委托范围内做出的行政行为负责。委托条件和办法由国家工商行政管理总局和各被授权局制定。

受国家工商行政管理总局和被授权局委托开展登记初审工作的地方工商行政管理局,应当设置外商投资企业登记管理专职机构,配备相应人员,其工作人员要经过培训。

第十一条 国家工商行政管理总局对被授权局在外商投资企业登记管理工作中存在的超越被授权范围、违反国家法律法规和产业政策、拒不执行授权局规定和要求、弄虚作假、消极懈怠、丧失授权条件以及违反本办法其他规定的,可以做出以下处理:

(一)责令被授权局撤销或者改正其违法或不适当的行政行为;

(二)直接撤销被授权局违法或不适当的行政行为;

(三)通报批评;

(四)建议有关机关对直接责任人员按规定给予行政处分,构成犯罪的,依法追究刑事责任;

(五)撤销部分或全部授权。

第十二条 上级工商行政管理局对下级被授权局在外商投资企业登记管

理工作中存在第十条所列行为的，可以做出以下处理：

（一）责令被授权局撤销、变更或者改正其不适当的行政行为；

（二）撤销被授权局的不适当行政行为；

（三）在辖区内通报批评；

（四）对直接责任人员给予行政处分，或者建议有关机关对直接责任人员给予行政处分，构成犯罪的，依法追究刑事责任；

（五）建议国家工商行政管理总局撤销部分或全部授权。

第十三条 被授权局应当建立外商投资企业登记管理数据库，录入所有登记事项及相关数据，并按规定向国家工商行政管理总局报送。

第十四条 外国（地区）企业常驻代表机构登记证、代表证由国家工商行政管理总局统一印制，被授权局按规定申领。

第十五条 本办法自2003年2月1日起施行。1993年5月20日原国家工商行政管理局制定的《外商投资企业授权登记管理办法》同时废止。根据该办法取得的授权保留至2003年12月31日止，其间因不具备本办法规定的授权条件，未能取得国家工商行政管理总局确认的，该被授权局自2004年1月1日起不再行使外商投资企业登记管理权。

工商行政管理机关股权出质登记办法

（2008年9月1日国家工商行政管理总局令第32号公布　根据2016年4月29日国家工商行政管理总局令第86号修订）

第一条 为规范股权出质登记行为，根据《中华人民共和国物权法》等法律的规定，制定本办法。

第二条 以持有的有限责任公司和股份有限公司股权出质，办理出质登记的，适用本办法。已在证券登记结算机构登记的股份有限公司的股权除外。

第三条 负责出质股权所在公司登记的工商行政管理机关是股权出质登记机关（以下简称登记机关）。

各级工商行政管理机关的企业登记机构是股权出质登记机构。

第四条 股权出质登记事项包括：

（一）出质人和质权人的姓名或名称；

（二）出质股权所在公司的名称；

（三）出质股权的数额。

第五条 申请出质登记的股权应当是依法可以转让和出质的股权。对于已经被人民法院冻结的股权,在解除冻结之前,不得申请办理股权出质登记。

第六条 申请股权出质设立登记、变更登记和注销登记,应当由出质人和质权人共同提出。申请股权出质撤销登记,可以由出质人或者质权人单方提出。

申请人应当对申请材料的真实性、质权合同的合法性有效性、出质股权权能的完整性承担法律责任。

第七条 申请股权出质设立登记,应当提交下列材料:

(一)申请人签字或者盖章的《股权出质设立登记申请书》;

(二)记载有出质人姓名(名称)及其出资额的有限责任公司股东名册复印件或者出质人持有的股份公司股票复印件(均需加盖公司印章);

(三)质权合同;

(四)出质人、质权人的主体资格证明或者自然人身份证明复印件(出质人、质权人属于自然人的由本人签名,属于法人的加盖法人印章,下同);

(五)国家工商行政管理总局要求提交的其他材料。

指定代表或者共同委托代理人办理的,还应当提交申请人指定代表或者共同委托代理人的证明。

第八条 出质股权数额变更,以及出质人、质权人姓名(名称)或者出质股权所在公司名称更改的,应当申请办理变更登记。

第九条 申请股权出质变更登记,应当提交下列材料:

(一)申请人签字或者盖章的《股权出质变更登记申请书》;

(二)有关登记事项变更的证明文件。属于出质股权数额变更的,提交质权合同修正案或者补充合同;属于出质人、质权人姓名(名称)或者出质股权所在公司名称更改的,提交姓名或者名称更改的证明文件和更改后的主体资格证明或者自然人身份证明复印件;

(三)国家工商行政管理总局要求提交的其他材料。

指定代表或者共同委托代理人办理的,还应当提交申请人指定代表或者共同委托代理人的证明。

第十条 出现主债权消灭、质权实现、质权人放弃质权或法律规定的其他情形导致质权消灭的,应当申请办理注销登记。

第十一条 申请股权出质注销登记,应当提交申请人签字或者盖章的《股权出质注销登记申请书》。

指定代表或者共同委托代理人办理的,还应当提交申请人指定代表或者共同委托代理人的证明。

第十二条 质权合同被依法确认无效或者被撤销的,应当申请办理撤销登记。

第十三条 申请股权出质撤销登记,应当提交下列材料:

(一)申请人签字或者盖章的《股权出质撤销登记申请书》;

(二)质权合同被依法确认无效或者被撤销的法律文件;

指定代表或者委托代理人办理的,还应当提交申请人指定代表或者委托代理人的证明。

第十四条 登记机关对登记申请应当当场办理登记手续并发给登记通知书。通知书加盖登记机关的股权出质登记专用章。

对于不属于股权出质登记范围或者不属于本机关登记管辖范围以及不符合本办法规定的,登记机关应当当场告知申请人,并退回申请材料。

第十五条 登记机关应当将股权出质登记事项在企业信用信息公示系统公示,供社会公众查询。

因自身原因导致股权出质登记事项记载错误的,登记机关应当及时予以更正。

第十六条 股权出质登记的有关文书格式文本,由国家工商行政管理总局统一制定。

第十七条 本办法自2008年10月1日起施行。

新闻出版统计管理办法

(2016年5月5日国家新闻出版广电总局令第9号公布 自2016年7月1日起施行)

第一章 总 则

第一条 为科学、有效、规范地组织新闻出版统计工作,保障新闻出版(版权)统计资料的真实性、准确性、完整性和及时性,充分发挥统计工作在服务新闻出版行业发展中的重要作用,根据《中华人民共和国统计法》(以下简称《统计法》)及其实施细则的有关规定,制定本办法。

第二条 新闻出版统计是指各级新闻出版行政主管部门为满足新闻出版行业管理工作需要,依法对新闻出版统计调查对象组织实施的各项统计活动。

新闻出版统计调查对象包括各级新闻出版行政主管部门、从事新闻出版(版权)活动的企业事业单位、其他组织以及个体工商户等。

第三条 新闻出版统计的基本任务是对新闻出版(版权)活动的相关情况

进行统计调查和统计分析,提供统计资料和统计咨询意见,实行统计监督。

第四条 新闻出版统计调查对象必须依照有关统计法律法规和本办法的规定,提供新闻出版统计调查所需的统计资料,不得提供不真实或者不完整的统计资料,不得迟报、拒报统计资料。

第五条 新闻出版统计工作实行统一管理、分级负责。

国家新闻出版广电总局是新闻出版统计工作的主管部门,在国家统计局的业务指导下,对新闻出版统计工作实行统一管理和组织协调。

地方各级新闻出版行政主管部门,在上级新闻出版行政主管部门和同级人民政府统计机构的业务指导下,负责本行政区域内的新闻出版统计工作。

第六条 各级新闻出版行政主管部门应加强对新闻出版统计工作的领导,健全统计机构,充实专职统计人员,建立统计工作责任机制,定期检查并监督统计法律法规的执行情况。

第七条 各级新闻出版行政主管部门应将必要的统计工作经费列入单位相应年度财政预算。

第八条 各级新闻出版行政主管部门应重视统计信息化建设,为新闻出版统计工作提供必要的技术装备和其他各项条件,推进统计信息搜集、处理、传输、共享、存储技术和统计数据库体系的现代化。

第二章 统计调查管理

第九条 国家新闻出版广电总局制定全国新闻出版统计调查项目,并依法定程序报国家统计局审批或备案。

第十条 地方新闻出版行政主管部门可以制定补充性地方新闻出版统计调查项目,经上级新闻出版行政主管部门同意后,报同级人民政府统计机构审批。

补充性地方新闻出版统计调查项目,不得与国家统计调查项目和上级新闻出版统计调查项目重复、矛盾。

第十一条 各级新闻出版行政主管部门制定统计调查项目,应当同时制定该项目的统计调查制度,并依照本办法第九条、第十条的有关规定一并报经审批或者备案。

统计调查制度应当对调查目的、调查内容、调查方法、调查对象、调查组织方式、调查表式、统计资料的报送和公布等作出规定。

第十二条 各级新闻出版行政主管部门制发的统计调查表应由本部门统计机构统一编号,并标明表号、制定机关、批准或备案文号、有效期限等法定标识。

第十三条 新闻出版统计调查对象应当根据依法制定的新闻出版统计调查制度，设置原始记录、统计台账，建立健全统计资料的审核、签署、交接、归档等管理制度。

第十四条 各级新闻出版行政主管部门应当结合年度核验、行政记录等方式，开展新闻出版统计调查，做好数据搜集、审核、汇总、报送工作；建立健全新闻出版统计调查质量控制体系，保证统计资料的完整性和准确性。

第十五条 地方新闻出版行政主管部门向上级主管部门报送统计数据，须经本部门主管领导审核、签署，并对基层数据上报情况及本期数据中异常变动情况予以说明。省级新闻出版行政主管部门每年报送年度统计资料后，应向国家新闻出版广电总局报送本地区年度统计分析报告。

第十六条 统计数据报出后，如发现内容有误，报送单位应按照国家有关规定及时进行更正并书面说明理由。

第三章　统计资料的管理和公布

第十七条 新闻出版（版权）统计资料实行分级管理。全国新闻出版（版权）统计资料由国家新闻出版广电总局统一管理；地方新闻出版（版权）统计资料由各地新闻出版行政主管部门统一管理。

第十八条 新闻出版行政主管部门应严格按照国家档案管理制度和保密制度的有关要求，建立健全新闻出版（版权）统计资料档案制度，加强保密管理，妥善保管、调用和移交统计资料。

第十九条 新闻出版行政主管部门应当依法建立健全统计资料公布制度，按照法律法规和国家有关规定以及依法制定的统计调查制度公布新闻出版（版权）统计资料。

全国新闻出版（版权）统计资料，由国家新闻出版广电总局负责审核、公布；各地新闻出版（版权）统计资料，由地方新闻出版行政主管部门负责审核、公布。

第二十条 尚未公布的新闻出版（版权）统计资料，不得擅自对外提供，不得公开使用。

第四章　统计机构和统计人员

第二十一条 新闻出版行政主管部门根据统计工作的需要，设立承担综合统计职能的机构，指定统计负责人和统计人员，统一管理新闻出版统计工作；从事新闻出版（版权）活动的企业事业单位和其他组织等新闻出版统计调查对象，根据需要设立统计机构或者指定统计人员，完成新闻出版统计工作。

第二十二条 国家新闻出版广电总局承担新闻出版综合统计职能的机构履行以下职责：

（一）拟定全国新闻出版统计工作规划、统计调查制度、调查任务、调查方案和相关统计标准，并组织实施；

（二）负责与同级有关部门的统计业务合作；组织、指导、协调本部门内非综合统计职能机构的统计工作，审核本部门内非综合统计职能机构拟定的统计调查方案；组织、指导、协调地方各级新闻出版行政主管部门的新闻出版统计工作，审核地方各级新闻出版行政主管部门拟定的补充性新闻出版统计调查制度；

（三）组织指导新闻出版统计调查方法和统计管理制度改革的研究、试点和推广；

（四）开展全国新闻出版行业情况的统计分析、监测评价；

（五）统一管理、审定、公布全国新闻出版（版权）统计资料；

（六）会同相关部门，组织、指导全国新闻出版（版权）统计人员的业务培训和科学研究交流；

（七）统一规划全国新闻出版统计网络信息系统建设，管理、开发和利用全国新闻出版统计数据和行政记录等资料；

（八）监督检查统计法律、法规、规章和统计调查制度的执行，并进行考核。

第二十三条 地方新闻出版行政主管部门承担综合统计职能的机构履行以下职责：

（一）完成上级新闻出版行政主管部门部署的统计调查任务；组织、实施补充性新闻出版统计调查项目；审核并按时向上级新闻出版行政主管部门报送本地区的统计数据、统计报告和其他统计资料；

（二）负责与本地区同级有关部门的统计业务合作；组织、指导、协调本部门内非综合统计职能机构的统计工作，审核本部门内非综合统计职能机构拟定的统计调查方案；组织、指导、协调下级新闻出版行政主管部门的统计工作；

（三）贯彻执行统计法律、法规、规章，实施国家统计标准和补充性的新闻出版统计标准；

（四）开展本地区的新闻出版行业情况的统计分析、监督评价；

（五）统一管理、审定、公布本地区的新闻出版（版权）统计资料；

（六）会同相关部门，组织本地区新闻出版（版权）统计人员的业务培训；

（七）按照上级新闻出版行政主管部门的统一规划，组织本地区新闻出版统计网络信息系统建设，管理、开发和利用本地区新闻出版统计数据和行政记录等资料。

第二十四条 中国新闻出版研究院在国家新闻出版广电总局的领导下，根据有关统计制度和调查计划、方案，履行以下职责：

（一）统计数据的搜集、审核、汇总、报送；

（二）新闻出版（版权）统计资料汇编和产业分析报告等统计资料的编制、撰写；

（三）新闻出版统计网络信息系统的建设和应用；

（四）面向社会的统计信息咨询服务；

（五）境外新闻出版信息的搜集；

（六）有关统计档案的管理。

第二十五条 新闻出版统计机构和统计人员依法独立行使以下职权：

（一）统计调查权：调查、搜集有关资料，召开有关调查会议，检查与统计资料有关的各种原始记录和统计台账，要求更正不实的统计数据。

（二）统计报告权：将统计调查所得资料和情况进行整理、分析，及时如实地向上级机关和统计部门提出统计报告。任何单位或个人不得阻挠、扣压统计报告，不得伪造和篡改统计资料。

（三）统计监督权：根据统计调查和统计分析，对新闻出版工作进行统计监督，指出存在的问题，提出改进的建议。有关部门对统计机构、统计人员指出的问题和提出的建议，应当及时予以研究处理。

第二十六条 新闻出版统计机构和统计人员应坚持实事求是，恪守职业道德，依法履行职责，如实搜集、录入、审核、报送统计资料，不得伪造、篡改统计资料，不得以任何方式要求任何单位和个人提供不真实的统计资料，有权拒绝、抵制有关强令或者授意篡改统计资料、编造虚假数据的行为，对其负责搜集、审核、录入的统计资料与统计调查对象报送的统计资料的一致性负责。

第二十七条 新闻出版行政主管部门、从事新闻出版（版权）活动的单位负责人负有督促统计机构和统计人员执行《统计法》以及各种规章制度的职责；不得自行修改统计机构和统计人员提供的新闻出版（版权）统计资料，不得以任何方式要求统计机构、统计人员及其他机构、人员伪造、篡改统计资料；不得对依法履行职责或者拒绝、抵制统计违法行为的统计人员打击报复。

第二十八条 新闻出版行政主管部门、新闻出版统计机构和统计人员对在统计工作中知悉的国家秘密、商业秘密和个人信息，应当予以保密，对统计调查中获得的能够识别和推断单个统计调查对象身份的资料应当保密，不得对外提供泄露。

第二十九条 各级新闻出版行政主管部门的统计人员应保持相对稳定。统计人员因工作需要调离统计岗位时，应选派有能力承担规定职责的人员接替，先补后调，办清交接手续，并及时告知上级新闻出版行政主管部门。对不称职、不合格的统计人员应及时进行调整。

第五章 监督检查和法律责任

第三十条 各级新闻出版行政主管部门统计机构依法对下级新闻出版行政主管部门、统计调查对象的统计工作进行监督、检查和考核。

新闻出版统计检查的内容包括：统计法律法规和规章制度的执行情况，统计机构和统计人员的配置情况，统计资料搜集和报送的真实、准确、及时、完整程度等，统计资料的公布情况，统计信息化建设情况，对下级单位和统计调查对象统计工作监督、检查和考核的执行情况，以及其他与统计工作相关的情况。

第三十一条 各级新闻出版行政主管部门、统计调查对象应配合上级新闻出版行政主管部门的检查工作。任何单位、个人不得干扰和妨碍统计人员执法检查和作出检查结论。

第三十二条 新闻出版行政主管部门对有下列情形之一的统计机构或统计人员，按照有关规定给予表彰或奖励：

(一)忠于职守，执行统计法律、法规和规章表现突出的；

(二)在改进和完善新闻出版统计制度、统计调查方法等方面有重要贡献的；

(三)在完成规定的新闻出版统计调查任务，保障新闻出版(版权)统计资料准确性、及时性方面作出显著成绩的；

(四)在进行新闻出版统计分析、监督方面取得突出成绩的；

(五)在新闻出版统计工作中运用和推广现代信息技术有显著效果的；

(六)在新闻出版统计科学研究方面有所创新、作出重要贡献的。

第三十三条 各级新闻出版行政主管部门或者有关部门、单位的负责人有下列行为之一的，由上级新闻出版行政主管部门予以通报，建议任免机关或监察机关等有关部门依法给予处分；并由统计机构依照《统计法》第三十七条予以处理：

(一)自行修改统计资料、编造虚假统计数据的；

(二)要求统计机构、统计人员或者其他机构、人员伪造、篡改统计资料的；

（三）对依法履行职责或者拒绝、抵制统计违法行为的统计人员打击报复的；

（四）对本部门、本单位发生的严重统计违法行为失察的。

第三十四条 各级新闻出版行政主管部门在组织实施统计调查活动中有下列行为之一的，由上级新闻出版行政主管部门责令改正，予以通报，对直接负责的主管人员和其他直接责任人员，建议任免机关或监察机关等有关部门依法给予处分；并由统计机构依照《统计法》第三十八条予以处理：

（一）未经批准擅自组织实施统计调查的；

（二）未经批准擅自变更统计调查制度的内容的；

（三）伪造、篡改统计资料的；

（四）要求统计调查对象或者其他机构、人员提供不真实的统计资料的；

（五）未按照统计调查制度的规定报送有关资料的。

第三十五条 各级新闻出版行政主管部门有下列行为之一的，由上级新闻出版行政主管部门予以通报，对直接负责的主管人员和其他直接责任人员，建议任免机关或监察机关等有关部门依法给予处分；并由统计机构依照《统计法》第三十九条予以处理：

（一）违法公布统计资料的；

（二）泄露统计调查对象的商业秘密、个人信息或者提供、泄露在统计调查中获得的能够识别或者推断单个统计调查对象身份的资料的；

（三）违反国家有关规定，造成统计资料毁损、灭失的。

第三十六条 各级新闻出版行政主管部门、统计人员泄露国家秘密的，依法追究法律责任。

第三十七条 新闻出版统计调查对象有下列行为之一的，由新闻出版行政主管部门责令改正，给予警告，可以予以通报，对其直接负责的主管人员和其他直接责任人员属于国家工作人员的，建议任免机关或监察机关等有关部门依法给予处分；并由统计机构依照《统计法》第四十一条予以处理：

（一）拒绝提供统计资料或者经催报后仍未按时提供统计资料的；

（二）提供不真实或者不完整的统计资料的；

（三）拒绝、阻碍统计调查、统计检查的；

（四）转移、隐匿、篡改、毁弃或者拒绝提供原始记录和凭证、统计台账、统计调查表及其他相关证明和资料的。

第三十八条 作为新闻出版统计调查对象的国家机关、企业事业单位或者其他组织迟报统计资料，或者未按照国家有关规定设置原始记录、统计台账的，由上级或本级新闻出版行政主管部门责令改正，给予警告，可以予以通报；

并由统计机构依照《统计法》第四十二条予以处理。

第三十九条 违反本办法,利用虚假统计资料骗取荣誉称号、物质利益或者职务晋升的,依照《统计法》第四十五条予以处理。

第四十条 违反本办法,构成犯罪的,依法追究刑事责任。

第六章 附 则

第四十一条 本办法自2016年7月1日起施行。原新闻出版总署、国家统计局于2005年2月7日颁布的《新闻出版统计管理办法》同时废止。

国家体育总局关于废止和修改部分规章和政策性文件的决定

(2016年5月9日国家体育总局令第22号公布 自公布之日起施行)

为贯彻落实中央决策部署,全面推进依法行政、建设法治政府,体育总局对不利于稳增长、促改革、调结构、惠民生的文件进行了全面清理。经清理,决定废止2件规章和19件政策性文件,修改1件规章。

一、废止的部门规章

(一)全国体育运动单项竞赛制度(试行)

(1989年6月11日国家体育运动委员会令第1号发布)

(二)全国体育竞赛管理办法(试行)

(2000年3月16日国家体育总局令第3号发布)

二、废止的政策性文件

(一)仲裁委员会条例

(1982年7月29日国家体育运动委员会发布,〔82〕体政研字8号)

(二)关于优秀运动员、教练员自费出国留学的审批原则

(1985年7月17日国家体育运动委员会发布,〔85〕体干字582号)

(三)全国体育竞赛赛区工作条例

(1986年2月20日国家体育运动委员会发布,〔86〕体综办字13号)

(四)违犯《全国体育竞赛赛区工作条例》的纪律规定

(1986年2月20日国家体育运动委员会发布,〔86〕体综办字14号)

（五）授予优秀运动员、教练员体育运动奖章的暂行办法

（1987 年 4 月 1 日国家体育运动委员会发布，〔87〕体综办字 23 号）

（六）教练员管理工作暂行办法

（1988 年 2 月 29 日国家体育运动委员会发布，〔88〕体干字 103 号）

（七）对在重大国际比赛中做出突出贡献单位的奖励试行办法

（1989 年 3 月 30 日国家体育运动委员会发布，〔89〕体训竞综字 21 号）

（八）关于加强城市社区体育工作的意见

（1997 年 4 月 2 日国家体育运动委员会、国家教育委员会、民政部、建设部、文化部发布，体群字〔1997〕50 号）

（九）体育彩票公益金管理暂行办法

（1998 年 9 月 1 日国家体育总局、财政部、中国人民银行发布，体经字〔1998〕365 号）

（十）国家体育训练基地（中心）命名暂行办法

（1999 年 9 月 28 日国家体育总局发布，体竞字〔1999〕130 号）

（十一）体育彩票财务管理暂行规定

（1999 年 11 月 15 日国家体育总局发布，体经字〔1999〕444 号）

（十二）体育竞赛裁判员管理办法（试行）

（1999 年 11 月 22 日国家体育总局发布，体竞字〔1999〕153 号）

（十三）关于公开水域开展游泳活动管理办法（试行）

（2000 年 12 月 4 日，国家体育总局办公厅发布，体游字〔2000〕304 号）

（十四）全国汽车运动管理规定

（2001 年 10 月 12 日国家体育总局发布，体汽联字〔2001〕122 号）

（十五）《普通人群体育锻炼标准》施行办法（试行）

（2003 年 5 月 13 日国家体育总局、国家民族事务委员会、财政部、农业部、卫生部、全国总工会、共青团中央、全国妇女联合会发布，体群字〔2003〕42 号）

（十六）全国城市体育先进社区评定办法

（2004 年 1 月 16 日国家体育总局、中央精神文明建设指导委员会办公室发布，体群字〔2004〕10 号）

（十七）国家体育总局科研项目经费管理办法

（2005 年 5 月 30 日国家体育总局发布，体经字〔2005〕210 号）

（十八）运动员保障专项资金实施细则

（2008 年 8 月 15 日国家体育总局发布，体人字〔2008〕460 号）

（十九）国家高水平体育后备人才基地认定办法

（2012 年 3 月 21 日国家体育总局发布，体青字〔2012〕18 号）

三、修改《经营高危险性体育项目许可管理办法》(2013 年 2 月 21 日国家体育总局令第 17 号发布)

(一)第二条修改为:“本办法所称经营高危险性体育项目,是指企业、个体工商户从事按照《全民健身条例》规定公布的高危险性体育项目的经营活动。”

(二)原第七条改为第八条,并删去第(一)项中的“拟成立经营机构的名称、地址、经营场所等内容”。

原第七条增加一项:“工商营业执照”,列为第(六)项;原第(六)项改为第(七)项。

(三)原第八条改为第七条,并修改为“企业、个体工商户经营高危险性体育项目的,应当在工商行政管理部门依法办理相关登记手续后,向县级以上地方人民政府体育主管部门申请行政许可。”

(四)删去第十二条全文“申请人在获得县级以上地方人民政府体育主管部门行政许可后,应当持许可证到相应的工商行政管理部门依法办理相关登记手续。”

(五)删去第十三条最后一句“经营者持换发的许可证到相应的工商行政管理部门办理变更登记。”

(六)删去第十四条最后一句“经营者持换发的许可证到相应的工商行政管理部门办理续期登记。”

司法解释

人民检察院行政诉讼监督规则(试行)

(2016年3月22日最高人民检察院第十二届检察委员会第四十九次会议通过　2016年4月15日最高人民检察院公告公布　自公布之日起施行)

第一章　总　　则

第一条　为了保障和规范人民检察院依法履行行政诉讼监督职责,根据《中华人民共和国行政诉讼法》《中华人民共和国民事诉讼法》《中华人民共和国人民检察院组织法》和其他有关规定,结合检察工作实际,制定本规则。

第二条　人民检察院通过办理行政诉讼监督案件,监督人民法院依法审判和执行,促进行政机关依法行使职权,维护司法公正和司法权威,维护国家利益和社会公共利益,保护公民、法人和其他组织的合法权益,保障国家法律的统一正确实施。

第三条　人民检察院通过抗诉、检察建议等方式,对行政诉讼实行法律监督。

第四条　人民检察院对行政诉讼实行监督,应当以事实为根据,以法律为准绳,坚持公开、公平、公正,坚持合法性审查,监督和支持人民法院、行政机关依法行使职权。

第二章　受　理

第五条　有下列情形之一的,当事人可以向人民检察院申请监督:

(一)人民法院对生效判决、裁定、调解书驳回再审申请或者逾期未对再审申请作出裁定的;

(二)认为再审判决、裁定确有错误的;

(三)认为审判程序中审判人员存在违法行为的;

(四)认为人民法院执行活动存在违法情形的。

第六条　当事人依照本规则第五条第一项、第二项规定向人民检察院申请监督,应当在人民法院作出驳回再审申请裁定之日或者再审判决、裁定发生法律效力之日起六个月内提出;对人民法院逾期未对再审申请作出裁定的,应当在再审申请审查期限届满之日起六个月内提出。

当事人以下列理由申请监督,应当在知道或者应当知道之日起六个月内提出:

(一)有新的证据,足以推翻再审判决、裁定的;

(二)再审判决、裁定认定事实的主要证据系伪造的;

(三)据以作出再审判决、裁定的法律文书被撤销或者变更的;

(四)审判人员在审理该案件时有贪污受贿、徇私舞弊、枉法裁判行为的。

当事人依照本规则第五条第三项、第四项向人民检察院申请监督,应当在知道或者应当知道审判人员违法行为或者执行活动违法情形发生之日起六个月内提出。

本条规定的期间为不变期间,不适用中止、中断、延长的规定。

第七条　当事人向人民检察院申请监督,有下列情形之一的,人民检察院不予受理:

(一)当事人对生效判决、裁定、调解书未向人民法院申请再审或者申请再审超过法律规定的期限的;

(二)人民法院正在对再审申请进行审查的,但无正当理由超过三个月未对再审申请作出裁定的除外;

(三)人民法院已经裁定再审且尚未审结的;

(四)人民检察院已经审查终结作出决定的;

(五)判决、裁定、调解书是人民法院根据人民检察院的抗诉或者再审检察建议再审后作出的；

（六）申请监督超过本规则第六条规定的期限的；

（七）当事人提出有关执行的异议、申请复议、申诉或者提起诉讼后，人民法院已经受理并正在审查处理的，但超过法定期间未作出处理的除外；

（八）其他不应当受理的情形。

第八条 当事人对已经发生法律效力的行政判决、裁定、调解书向人民检察院申请监督的，由作出生效判决、裁定、调解书的人民法院所在地同级人民检察院控告检察部门受理。

当事人认为审判程序中审判人员存在违法行为或者执行活动存在违法情形，向人民检察院申请监督的，由审理、执行案件的人民法院所在地同级人民检察院控告检察部门受理。

同级人民检察院不依法受理的，当事人可以向上一级人民检察院申请监督。

第九条 有下列情形之一的行政诉讼案件，人民检察院应当依职权进行监督：

（一）损害国家利益或者社会公共利益的；

（二）审判、执行人员有贪污受贿、徇私舞弊、枉法裁判等违法行为的；

（三）其他确有必要进行监督的。

第三章　审　查

第十条 人民检察院行政检察部门负责对受理后的行政诉讼监督案件进行审查。

第十一条 人民检察院对审查终结的案件，应当区分情况作出下列决定：

（一）再审检察建议；

（二）提请抗诉；

（三）抗诉；

（四）检察建议；

（五）不支持监督申请；

（六）终结审查。

第十二条 人民检察院受理当事人申请监督的案件，应当在三个月内审查终结并作出决定，但调卷、鉴定、评估、审计期间不计入审查期限。有特殊情况需要延长的，由本院检察长批准。

第十三条 人民检察院因履行法律监督职责提出检察建议或者抗诉的需

要，有下列情形之一的，可以向当事人或者案外人调查核实有关情况：

（一）判决、裁定、调解书可能存在法律规定需要监督的情形，仅通过阅卷及审查现有材料难以认定的；

（二）审判人员可能存在违法行为的；

（三）人民法院执行活动可能存在违法情形的；

（四）其他需要调查核实的情形。

人民检察院不得为证明行政行为的合法性调取行政机关作出行政行为时未收集的证据。

人民检察院通过阅卷以及调查核实难以认定有关事实的，可以向相关审判、执行人员了解有关情况，听取意见。

第四章　对生效判决、裁定、调解书的监督

第一节　一般规定

第十四条　申请监督人提供的新的证据，能够证明原判决、裁定认定基本事实或者裁判结果错误的，应当认定为《中华人民共和国行政诉讼法》第九十一条第二项规定的情形，但原审被告无正当理由逾期提供证据的除外。

第十五条　有下列情形之一的，应当认定为《中华人民共和国行政诉讼法》第九十一条第三项规定的“认定事实的主要证据不足”：

（一）认定的事实没有证据支持，或者认定的事实所依据的证据虚假、缺乏证明力的；

（二）认定的事实所依据的证据不合法的；

（三）认定事实的主要证据不足的其他情形。

第十六条　有下列情形之一的，应当认定为《中华人民共和国行政诉讼法》第九十一条第四项规定的“适用法律、法规确有错误”：

（一）适用法律、法规与案件性质明显不符的；

（二）适用的法律、法规已经失效或者尚未施行的；

（三）违反法律适用规则的；

（四）违反法律溯及力规定的；

（五）适用法律、法规明显违背立法本意的；

（六）应当适用的法律、法规未适用的；

（七）适用法律、法规错误的其他情形。

第十七条　有下列情形之一的，应当认定为《中华人民共和国行政诉讼法》第九十一条第五项规定的“违反法律规定的诉讼程序，可能影响公正审判的”：

（一）审判组织的组成不合法的；

（二）依法应当回避的审判人员没有回避的；

（三）未经合法传唤缺席判决的；

（四）无诉讼行为能力人未经法定代理人代为诉讼的；

（五）遗漏应当参加诉讼的当事人的；

（六）违反法律规定，剥夺当事人辩论权、上诉权等重大诉讼权利的；

（七）其他严重违反法定程序的情形。

第二节　再审检察建议和提请抗诉、抗诉

第十八条　地方各级人民检察院发现同级人民法院已经发生法律效力的判决、裁定有下列情形之一的，可以向同级人民法院提出再审检察建议：

（一）不予立案或者驳回起诉确有错误的；

（二）有新的证据，足以推翻原判决、裁定的；

（三）原判决、裁定认定事实的主要证据不足、未经质证或者系伪造的；

（四）违反法律规定的诉讼程序，可能影响公正审判的；

（五）原判决、裁定遗漏诉讼请求的；

（六）据以作出原判决、裁定的法律文书被撤销或者变更的。

第十九条　符合本规则第十八条规定的案件有下列情形之一的，地方各级人民检察院应当提请上一级人民检察院抗诉：

（一）判决、裁定是经同级人民法院再审后作出的；

（二）判决、裁定是经同级人民法院审判委员会讨论作出的；

（三）其他不适宜由同级人民法院再审纠正的。

第二十条　地方各级人民检察院发现同级人民法院已经发生法律效力的判决、裁定具有下列情形之一的，应当提请上一级人民检察院抗诉：

（一）原判决、裁定适用法律、法规确有错误的；

（二）审判人员在审理该案件时有贪污受贿、徇私舞弊、枉法裁判行为的。

第二十一条　地方各级人民检察院发现同级人民法院已经发生法律效力的调解书损害国家利益、社会公共利益的，可以向同级人民法院提出再审检察建议，也可以提请上一级人民检察院抗诉。

第二十二条　最高人民检察院对各级人民法院已经发生法律效力的判决、裁定、调解书，上级人民检察院对下级人民法院已经发生法律效力的判决、裁定、调解书，发现有《中华人民共和国行政诉讼法》第九十一条、第九十三条规定情形的，应当向同级人民法院提出抗诉。

第二十三条　人民检察院提出再审检察建议，应当制作《再审检察建议

书》,在决定之日起十五日内将《再审检察建议书》连同案件卷宗移送同级人民法院,并制作决定提出再审检察建议的《通知书》,发送当事人。人民检察院提出再审检察建议,应当经检察委员会决定,并将《再审检察建议书》报上一级人民检察院备案。

人民检察院依照前款规定提出再审检察建议的,人民法院根据《最高人民法院、最高人民检察院关于对民事审判活动与行政诉讼实行法律监督的若干意见(试行)》等规定审查回复。

第二十四条 人民检察院提请抗诉,应当制作《提请抗诉报告书》,在决定之日起十五日内将《提请抗诉报告书》连同案件卷宗等材料报送上一级人民检察院,并制作决定提请抗诉的《通知书》,发送当事人。

第二十五条 人民检察院提出抗诉,应当制作《抗诉书》,在决定之日起十五日内将《抗诉书》连同案件卷宗移送同级人民法院,并制作决定抗诉的《通知书》,发送当事人。

第二十六条 人民检察院提出抗诉的案件,人民法院再审时,人民检察院应当派员出席法庭。

第二十七条 人民检察院认为当事人的监督申请不符合监督条件,应当制作《不支持监督申请决定书》,在决定之日起十五日内发送当事人。

下级人民检察院提请抗诉的案件,上级人民检察院可以委托提请抗诉的人民检察院将《不支持监督申请决定书》发送当事人。

第五章　对审判程序中审判人员违法行为的监督与对执行活动的监督

第二十八条 人民检察院发现人民法院审判活动有下列情形之一的,应当向同级人民法院提出检察建议:

(一)判决、裁定确有错误,但不适用再审程序纠正的;

(二)调解违反自愿原则或者调解协议内容违反法律的;

(三)当事人依照《中华人民共和国行政诉讼法》第五十二条规定向上一级人民法院起诉,上一级人民法院未按该规定处理的;

(四)审理案件适用审判程序错误的;

(五)保全、先予执行、停止执行或者不停止执行行政行为违反法律规定的;

(六)诉讼中止或者诉讼终结违反法律规定的;

(七)违反法定审理期限的;

（八）对当事人采取罚款、拘留等妨害行政诉讼的强制措施违反法律规定的；

（九）违反法律规定送达的；

（十）审判人员接受当事人及其委托代理人请客送礼或者违反规定会见当事人及其委托代理人的；

（十一）审判人员实施或者指使、支持、授意他人实施妨害行政诉讼行为，尚未构成犯罪的；

（十二）其他违反法律规定的情形。

第二十九条 人民检察院发现人民法院执行裁定、决定等有下列情形之一的，应当向同级人民法院提出检察建议：

（一）提级管辖、指定管辖或者对管辖异议的裁定违反法律规定的；

（二）裁定受理、不予受理、中止执行、终结执行、恢复执行、执行回转等违反法律规定的；

（三）变更、追加执行主体错误的；

（四）裁定采取财产调查、控制、处置等措施违反法律规定的；

（五）审查执行异议、复议以及案外人异议作出的裁定违反法律规定的；

（六）决定罚款、拘留、暂缓执行等事项违反法律规定的；

（七）执行裁定、决定等违反法定程序的；

（八）对行政机关申请强制执行的行政行为作出准予执行或者不准予执行的裁定违反法律规定的；

（九）执行裁定、决定等有其他违法情形的。

第三十条 人民检察院发现人民法院在执行活动中违反规定采取调查、查封、扣押、冻结、评估、拍卖、变卖、保管、发还财产等执行实施措施的，应当向同级人民法院提出检察建议。

第三十一条 人民检察院发现人民法院有下列不履行或者怠于履行执行职责情形之一的，应当向同级人民法院提出检察建议：

（一）对依法应当受理的执行申请不予受理又不依法作出不予受理裁定的；

（二）对已经受理的执行案件不依法作出执行裁定、无正当理由未在法定期限内采取执行措施或者执行结案的；

（三）违法不受理执行异议、复议或者受理后逾期未作出裁定、决定的；

（四）暂缓执行、停止执行、中止执行的原因消失后，不按规定恢复执行的；

（五）依法应当变更或者解除执行措施而不变更、解除的；

（六）有其他不履行或者怠于履行执行职责行为的。

第三十二条 人民检察院根据本规则第二十八条、第二十九条、第三十条、第三十一条提出检察建议，应当制作《检察建议书》，在决定之日起十五日内将《检察建议书》连同案件卷宗移送同级人民法院。当事人申请监督的案件，人民检察院应当制作决定提出检察建议的《通知书》，发送申请人。人民检察院对行政执行活动提出检察建议，应当经检察委员会决定。

人民检察院依照前款规定提出检察建议的，人民法院根据《最高人民法院、最高人民检察院关于对民事审判活动与行政诉讼实行法律监督的若干意见（试行）》等规定审查回复。

第六章　其他规定

第三十三条 人民法院对人民检察院监督行为提出书面建议的，人民检察院应当在一个月内将处理结果书面回复人民法院。人民法院对回复意见有异议，并通过上一级人民法院向上一级人民检察院提出，上一级人民检察院认为建议正确的，应当要求下级人民检察院及时纠正。

第三十四条 人民检察院办理行政诉讼监督案件，发现行政机关有违反法律规定、可能影响人民法院公正审理的行为，可以向行政机关提出检察建议，并将相关情况告知人民法院。

第三十五条 人民检察院行政检察部门在履行职责过程中，发现违法违纪或者涉嫌犯罪线索，应当及时将相关材料移送有关职能部门。

人民检察院相关职能部门在办案工作中发现人民法院行政审判人员、执行人员有贪污受贿、徇私舞弊、枉法裁判等违法行为，可能导致原判决、裁定错误的，应当及时将相关材料移送行政检察部门。

第七章　附　　则

第三十六条 人民检察院办理行政诉讼监督案件，本规则没有规定的，适用《人民检察院民事诉讼监督规则（试行）》的相关规定。

第三十七条 本规则自发布之日起施行。本院之前公布的其他有关行政诉讼监督的规定与本规则内容不一致的，以本规则为准。

最高人民法院印发《关于落实“用两到三年时间基本解决执行难问题”的工作纲要》的通知

（2016年4月29日　法发〔2016〕10号）

各省、自治区、直辖市高级人民法院，解放军军事法院，新疆维吾尔自治区高级人民法院生产建设兵团分院：

“用两到三年时间基本解决执行难问题”，是最高人民法院经过认真研判和广泛征求意见后作出的重大决策部署，是当前和今后一段时期人民法院工作的重中之重。为实现基本解决执行难总体目标，全面强化各项执行工作，最高人民法院制定了《关于落实“用两到三年时间基本解决执行难问题”的工作纲要》，对基本解决执行难的总体思路、主要任务及组织保障提出了明确、具体要求。

现将《关于落实“用两到三年时间基本解决执行难问题”的工作纲要》印发给你们，请结合实际认真贯彻执行。执行中发现情况和问题请及时报告最高人民法院。

最高人民法院关于落实“用两到三年时间基本解决执行难问题”的工作纲要

2016年3月13日，周强院长在十二届全国人大四次会议上报告最高人民法院工作时庄严承诺：“用两到三年时间基本解决执行难问题”，这是人民法院满足人民群众日益增长的多元司法需求、提升司法公信力的内在要求，是人民法院为实现全面建成小康社会和“四个全面”战略布局目标提供有力司法保障的应有之义，是对人民法院执行工作的极大鞭策和鼓舞。各级人民法院要牢固树立政治意识、大局意识、为民意识，切实增强使命感、责任感和紧迫感，求真务实、锐意进取，勇于担当、奋发有为，全力推进各项执行工作健康快速发展，确保在两到三年期限内完成基本解决执行难目标任务，切实“让人民群众在每一个司法案件中感受到公平正义”。

一、基本解决执行难的总体目标与评价体系

(一)总体目标

全面推进执行体制、执行机制、执行模式改革,加强正规化、专业化、职业化执行队伍建设,建立健全信息化执行查控体系、执行管理体系、执行指挥体系及执行信用惩戒体系,不断完善执行规范体系及各种配套措施,破解执行难题,补齐执行短板,在两到三年内实现以下目标:被执行人规避执行、抗拒执行和外界干预执行现象基本得到遏制;人民法院消极执行、选择性执行、乱执行的情形基本消除;无财产可供执行案件终结本次执行的程序标准和实质标准把握不严、恢复执行等相关配套机制应用不畅的问题基本解决;有财产可供执行案件在法定期限内基本执行完毕,人民群众对执行工作的满意度显著提升,人民法院执行权威有效树立,司法公信力进一步增强。

(二)评价体系

引入第三方评估机构研究制定基本解决执行难的评价体系,确定两到三年内解决执行难的具体目标及指标体系,广泛征求意见后向社会公开发布。两到三年期限届满前由该第三方评估机构及参与单位按照既定的评价体系进行效果评估,向社会发布评估结果。

二、基本解决执行难应坚持的原则

基本解决执行难,要把握新时期执行工作基本规律,坚持问题导向,秉持发展理念,系统设计、整体布局,突出重点、多措并举。

1. 坚持党的领导,确保正确方向。要始终坚持和依靠党的领导,积极主动向党委汇报解决执行难的各项工作部署,充分发挥党委总揽全局、协调各方的领导核心作用,帮助解决工作推进中的重大问题。同时也要充分发挥主观能动性,开拓进取,积极作为,按照总体要求和部署坚持不懈狠抓落实。

2. 加强顶层设计,鼓励改革创新。最高人民法院要立足中国国情,科学谋划解决执行难的顶层设计。作为有益补充,各地法院要紧紧围绕提高执行工作效率、增强司法公信力目标,在执行理念、执行方式、执行管理等方面勇于探索;大胆创新,不断积累解决执行难的实践经验。

3. 实行整体推进,强调重点突破。解决执行难涉及方方面面的工作,必须整体布局、有序推进,同时也要突出重点,集中精力破解影响整体工作推进的瓶颈和障碍,确保各项工作部署顺利进行。

4. 坚持标本兼治,注重长远发展。破解执行难是一项系统工程,需多措并举、标本兼治。既要立足现实,着力解决当前工作推进中的突出问题;也要着眼长远,从影响执行难的全局性问题入手,积极推动社会诚信体系建设和破产、保险、救助等制度完善,谋划解决执行难的长效治本之策。

三、基本解决执行难的主要任务

基本解决执行难，要坚持以信息化建设为抓手，着力强化执行规范化建设和专业化建设，切实完善执行体制机制，努力实现执行工作各个领域的深刻变革。

（一）实现执行模式改革

全力推进执行信息化进程，联合惩戒失信被执行人，畅通被执行人及其财产发现渠道，基本改变“登门临柜”查人找物的传统模式，真正破解查人找物传统执行难题。

1. 实现网络执行查控系统全覆盖。建成以最高人民法院“总对总”网络执行查控系统为核心、以地方各级法院“点对点”网络执行查控系统为补充、覆盖全国地域存款及其他金融产品、车辆、证券、股权、房地产等主要财产形式的网络化、自动化执行查控体系，实现全国四级法院互联互通、全面应用，所有负责办理执行实施案件的执行人员均能熟练使用系统，快速查找、控制所承办案件的被执行人及其财产。

2. 强力惩戒失信被执行人。贯彻落实党中央关于加强社会诚信建设的战略部署，制定出台关于加快建立失信被执行人信用监督，威慑和惩戒机制的意见，不断拓展对失信被执行人联合信用惩戒的范围和深度。确保最高人民法院、国家发改委等44家单位达成的联合惩戒合作协议落地生根，形成多部门、多行业、多领域、多手段联合信用惩戒工作新常态，让失信被执行人寸步难行、无处逃遁，迫使其自动履行法定义务。

3. 拓宽被执行财产发现渠道。严格落实被执行人财产申报制度，对拒不申报或申报不实的被执行人依法进行制裁；探索、推行委托审计调查、委托律师调查、悬赏举报等制度，最大限度发现被执行人财产。

（二）实现执行体制改革

要按照党的十八届四中全会确定的“完善司法管理体制，推动实行审判权和执行权相分离的体制改革试点”要求，蹄疾步稳推进执行体制改革，让改革成果更多惠及执行当事人，促进解决执行难。

4. 实行执行权和审判权科学合理分离。进一步优化执行权的科学配置，设立执行裁判庭，审理执行程序中涉及实体权利的重大事实和法律争议，形成审判权对执行权的有效制约和监督。

5. 强化执行工作统一管理体制。依托执行指挥系统，强化全国四级法院统一管理、统一指挥、统一协调的执行工作管理体制，规范指定执行、提级执行、异地交叉执行的提起和审批程序，提高执行实施效率。

6. 探索改革基层法院执行机构设置。采取两种模式进行试点：一是中级人民法院打破行政区划设立执行分局、负责执行实施原基层人民法院的执行案件；二是强化中级人民法院执行局对基层人民法院执行人员、实施案件、执行装备的统一管理、调度和指挥职能，在破除地方保护主义、提高执行工作效率方面进行探索。

（三）实现执行管理改革

要以全国法院执行案件信息管理系统为依托，强化对执行程序各个环节的监督制约，严格规范执行行为，切实提高执行效率，努力增强司法公信力。

7. 全面运行案件流程信息管理系统。建立全国四级法院一体化的执行案件办案平台、案件节点管理系统，强化节点管控，自动生成、公开相关流程信息，形成执行法院、上级法院、当事人对执行案件多位一体的监督功能，堵塞廉政漏洞，有效解决消极执行、拖延执行、选择执行、乱执行等失范执行、违法执行问题。

8. 开展执行案款专项清理活动。在全国法院部署开展执行案款专项清理，集中解决执行案款管理中的历史遗留问题。通过清理活动建章立制，制定出台执行案款管理办法，全面实现执行款物的信息化管理，确保对执行案款的流转与发放透明高效，全程留痕、全程公开。

9. 推动建立执行救助制度。积极推动普遍建立执行救助制度，结合执行案款清理工作，研究扩充救助资金来源，充分体现国家和社会对弱势群体的人文关怀，彰显人民法院司法为民的核心宗旨。

（四）实现财产处置改革

要针对当前经济增速放缓、经济下行压力加大的形势，树立互联网思维，加大被执行财产的处置力度，及时、有效兑现债权人权益。

10. 推行网络司法评估管理。对拟处置的被执行人财产，通过网络平台进行流程管理，自动筛选评估机构，按照预设的程序进行价值评估，避免暗箱操作、低值高估、高值低估等侵害执行当事人权益现象，斩断利益输送链条，为后续拍卖工作奠定基础。

11. 推广网络司法拍卖。广泛推动各地法院以网络司法拍卖方式处置被执行财产，从源头上减少和杜绝串通压价、恶意竞买等有损公平公正的现象，祛除权力寻租空间，实现当事人利益最大化。

（五）完善执行工作机制

要在人民法院内部深挖潜力，理顺各种关系，完善相关工作衔接机制，努力提高执行工作效率。

12. 建立无财产可供执行案件退出和恢复执行机制。建立健全无财产可供执行案件终结本次执行程序的实质标准和程序标准；终结本次执行程序后，在一定年限内继续对被执行人采取限制高消费及有关消费的跟进措施；被执行人恢复履行能力后，执行法院依职权或依当事人申请启动恢复执行程序；全国法院执行案件流程信息管理系统设置专门数据库集中管理无财产可供执行案件，实现退出和恢复执行程序自动衔接。

13. 完善保全和先予执行协调配合机制。在立案阶段强化执行风险告知和保全、先予执行申请提示，支持、鼓励财产保全保险担保，做好保全申请与执行查控系统的有序衔接，提高保全债务人财产的及时性、有效性，以保全促调解、促和解、促执行，从源头上减少进入执行程序的案件数量，降低申请执行人权利落空的风险。

14. 建立和完善行为执行机制。加强对要求被执行人履行作为或不作为义务强制执行的专题研究，有针对性地解决实践中对行为履行义务的强制执行难题，出台相关指导意见。

15. 建立执行与破产有序衔接机制。将被执行人中大量资不抵债、符合破产条件的"僵尸企业"依法转入破产程序，充分发挥破产法律制度消化执行积案、缓解执行难的功能，促进市场经济按照规律健康有序发展。

16. 完善异地执行协作机制。树立全国执行一盘棋的理念，总结推广各地法院之间开展异地执行协作的经验，修改完善委托执行规定，以执行事项委托为主，建立全国统一的协作协助执行工作机制。

17. 建立繁简分流办案机制。根据执行案件财产查找、争议解决、拍卖处置等环节的难易程度，结合执行人员的个人专长，建立和完善案件分配、人员组合机制，最大限度发挥执行人员个人优势和人民法院集体优势。

18. 完善执行纠错机制。建立执行与赔偿的联动对接机制，对国家赔偿审理中发现的应当由执行监督程序解决的案件，及时进行审查纠正；完善执行回转案件的执行机制，确保原执行依据被撤销后当事人依法享有的执行回转权利能够得到及时行使，最大限度减少当事人因裁判错误受到的损失。

（六）完善执行规范体系

要针对执行工作实践中执法办案的法律适用难题，着力解决执行中因法律资源不足、法律空白点多、法律规定不明确、缺乏可操作性导致的执行人员规范意识淡薄、执行行为失范等现象，及时制定出台相关司法解释、规范性文件、指导意见，形成比较完善的执行工作司法解释规范体系。

19. 及时出台单行司法解释或指导性意见。出台变更追加执行主体、财产申报和财产调查、财产保全、网络司法拍卖、执行和解、仲裁裁决执行、公证债权文书执行、参与分配、股权执行等系列单行司法解释或指导性意见。

20. 全面梳理司法解释体系。对现行执行司法解释进行系统梳理，消除矛盾冲突，填补规则漏洞，提高司法解释的系统性。

21. 推动强制执行单独立法进程。配合立法机关深入开展强制执行法调研起草工作，形成比较完善的草案稿，提交立法机关审议，推动强制执行法尽快出台。

(七)完善执行监督体系

要健全和强化执行监督体系，从内到外、从上至下全方位加强对执行工作的监督制约，确保执行权高效、廉洁、有序运行。

22. 加强法院内部监督。最高人民法院要充分运用执行综治考核办法、执行工作约谈办法两个规范性文件，切实加强和改进执行监督工作。上级法院要适时成立督查组，对下级法院应用执行案件流程信息管理系统、清理执行案款、办理重点督办案件等方面的落实情况，进行全面督查指导，发现问题及时问责。

23. 主动接受人大监督。定期或不定期向各级人大报告执行工作，邀请人大代表到法院视察，及时办理代表议案和质询，主动接受监督。

24. 依法接受检察监督。与检察机关联合出台规范民事执行活动法律监督的规定，主动邀请检察机关对具有重大影响以及群体性、敏感性的执行案件，被执行人为特殊主体或因不当干预难以执行的案件，被执行人以暴力或其他方式抗拒执行的案件等进行监督，改善执行环境，维护当事人的合法权益。

25. 广泛接受社会监督。全力打造中国执行信息公开网，将执行案件流程信息、失信被执行人名单信息、执行裁判文书等及时向社会公开，保障当事人和社会公众对执行案件及执行工作的知情权、监督权，让执行权在阳光下运行。

(八)完善专项治理机制

要针对严重制约和影响执行质效的突出问题，持续深入开展反消极执行、反规避执行、反抗拒执行等整治行动，将专项治理要求转变为长期性、常态化工作机制。

26. 建立反消极执行长效机制。利用案件流程信息管理系统对消极执行现象进行自动筛查，发现问题及时予以警示、督促，经警示后在一定期限内仍消极不作为的，视情节轻重追究有关人员的责任。

27. 建立特别案件执行长效机制。继续深化涉党政机关执行积案清理专项活动，通过联合通报机制督促自动履行，推动将特殊主体的债务纳入预算管理，形成破解涉党政机关执行积案的合力与机制；建立涉民生案件执行常态化、随时性、优先性机制，将功夫用在平时，逐步改变每逢年节要靠组织开展集中清理活动突击解决问题的状况。

28. 建立反规避执行长效机制。持续深入开展反规避执行整治行动，提高查处规避执行行为的司法能力，完善相关协调配合工作机制，加大依法制裁力度，全面压缩规避执行行为的存在空间。

29. 建立反抗拒执行长效机制。依法加大对抗拒执行、阻碍执行甚至暴力抗法行为的惩治力度。执行过程中及时收集、固定被执行人或相关人员抗拒执行的音视频证据，充分利用罚款、拘留强制措施，以及公诉、自诉两种渠道追究拒不执行判决、裁定罪责任等手段进行依法制裁，定期公布典型案例，形成打击抗拒执行违法犯罪的高压态势。

四、基本解决执行难的组织保障

基本解决执行难，任务艰巨、责任重大、时间紧迫，要切实做好相关组织保障工作，确保各项安排部署有计划、按步骤顺利推进，达到预期目标。

（一）加强组织领导工作

1. 强化组织领导。各级人民法院党组要高度重视、切实加强对解决执行难工作的组织领导，要将解决执行难工作作为“一把手工程”来抓，各级法院党组书记、院长作为第一责任人要亲自过问、亲自部署、亲自协调，集中各方力量，确保抓出成效。

（二）加强执行队伍建设

要努力建设一支专业化、职业化、清正廉明的执行队伍，为基本解决执行难提供强有力的人力支撑。

2. 加强力量配备。认真落实《中共中央关于转发〈中共最高人民法院党组关于解决人民法院“执行难”问题的报告〉的通知》（中发〔1999〕11 号）要求，合理确定和配备从事执行工作的人员比例，并确保执行人员具备必要的政治素质、专业素质和任职资格，对不具备相应任职资格的现有人员进行调整，严格杜绝将不具备任职资格的人员安排到执行工作岗位。

3. 推行人员分类管理。在法官员额制改革中对执行部门原具备法官资格的人员要与其他业务部门同等对待；执行局及执行裁判庭的法官员额比例总体不低于其他业务部门；积极推动现有执行人员的分类管理改革，在执行机构配备法官以及法官助理、司法警察等司法辅助人员，分别落实相应待遇，分工负责行使执行权。

4. 强化教育培训。始终以加强思想政治工作为核心，增强广大执行干警的政治意识、大局意识、责任意识、核心意识、看齐意识，确保执行工作方向正确；以强化党风廉政建设为关键，坚决整治执行队伍在纪律作风方面存在的突出问题，确保廉洁司法；以提升业务素养为重点，鼓励和保障广大执行干警钻研执行业务、优化知识结构、强化实践锻炼，确保执行队伍的司法能力。

（三）强化物质装备建设

要进一步落实科技强院的工作方针，强化对执行工作的物质装备建设，抓好技术、经费、设备三大保障。

5. 全面完成执行指挥系统建设。坚持高标准、高起点，全面完成执行指挥系统的软硬件建设，实现全国四级法院执行指挥系统音视频互联互通。

6. 加强执行队伍装备建设。为执行机构配备必要的执法车辆、通讯系统，给每一位从事执行实施工作的人员配备单兵执法仪以及其他必要的物质装备，加强执行人员人身安全保障，确保应急处置工作及时到位。

（四）切实加大宣传力度

要充分认识新闻宣传工作的重要性，充分利用各种新闻平台，加大执行工作宣传力度，凝聚全社会理解执行、尊重执行、协助执行的广泛共识，推动形成良好的法治环境。

7. 不断宣传执行工作新成效。通过多种形式在报纸、广播、电视、新媒体、户外广场、社区等平台或场所，全面展示一定时期内执行工作取得的成效，扩大影响。讲究宣传策略，重点选择正反两方面典型案例进行宣传报道，惩戒失信，褒奖诚信，营造形成守法光荣、违法可耻的社会氛围，促进社会诚信体系建设。

8. 宣传对执行难的理性认识。通过大力宣传，让人民群众深刻认识到，被执行人无财产可供执行、丧失履行能力的案件虽然在形式上表现为生效法律文书确定的权利义务未能最终实现，但其本质上属于当事人应当自己承担的商业风险、交易风险或法律风险，不属于应由人民法院解决的执行难。

附：

一、2016年5月份报国务院备案的地方性法规和地方政府规章目录

地方性法规

北京市

北京市人大常委会关于修改《北京市乡、民族乡、镇人民代表大会代表选举实施细则》的决定
（2016年3月24日）

北京市人大常委会关于修改《北京市人口与计划生育条例》的决定
（2016年3月24日）

北京市人大常委会关于修改《北京市乡、民族乡、镇人民代表大会组织条例》的决定
（2016年3月24日）

辽宁省

抚顺市志愿服务条例
（2016年3月23日）

抚顺市城市供水用水管理条例
（2016年3月23日）

丹东市人民代表大会及其常务委员会立法条例
（2016年4月6日）

吉林省

吉林省人大常委会关于修改《吉林省人口与计划生育条例》的决定
（2016年3月30日）

吉林省各级人民代表大会常务委员会规范性文件备案审查条例
（2016年3月30日）

吉林市城区养犬管理条例
（2016年4月1日）

吉林市餐厨垃圾管理条例
（2016年4月1日）

黑龙江省

黑龙江省人大常委会关于修改《黑龙江省人口与计划生育条例》的决定
（2016年4月21日）

黑龙江省人大常委会关于修改《黑龙江省县、乡两级人民代表大会代表选举工作实施细则》的决定
（2016年4月21日）

黑龙江省农村扶贫开发条例
（2016年4月21日）

黑龙江省耕地保护条例
（2016年4月21日）

哈尔滨市燃煤污染防治条例
（2016年4月21日）

上海市

上海市人民代表大会常务委员会关于区县和乡镇人民代表大会工作

的若干规定
（2016年4月21日）

上海市人大常委会关于修改《上海市区县和乡镇人民代表大会代表直接选举实施细则》等5件地方性法规的决定
（2016年4月23日）

江苏省

江苏省人大常委会关于修改《江苏省人口与计划生育条例》的决定
（2016年3月30日）

江苏省价格条例
（2016年3月30日）

江苏省食品小作坊和食品摊贩管理条例
（2016年3月30日）

江苏省人大常委会关于修改《江苏省各级人民代表大会选举实施细则》的决定
（2016年3月30日）

江苏省人大常委会关于修改《江苏省实施〈中华人民共和国全国人民代表大会和地方各级人民代表大会代表法〉办法》的决定
（2016年3月30日）

江苏省人大常委会关于修改《江苏省海洋环境保护条例》的决定
（2016年3月30日）

南京市住宅物业管理条例
（2016年4月5日）

无锡市公共交通条例
（2016年3月30日）

常州市制定地方性法规条例
（2016年4月8日）

南通市制定地方性法规条例
（2016年4月8日）

盐城市制定地方性法规条例
（2016年4月19日）

扬州市制定地方性法规条例
（2016年4月15日）

镇江市制定地方性法规条例
（2016年4月13日）

泰州市制定地方性法规条例
（2016年4月8日）

浙江省

浙江省流动人口居住登记条例（修订）
（2016年3月31日）

杭州市道路交通安全管理条例（修订）
（2016年4月12日）

杭州市立法条例
（2016年4月12日）

杭州市生态文明建设促进条例
（2016年4月12日）

宁波市职业技能培训条例
（2016年4月20日）

温州市制定地方性法规条例
（2016年4月19日）

湖州市制定地方性法规条例
（2016年4月11日）

金华市制定地方性法规条例
（2016年4月14日）

衢州市制定地方性法规条例
（2016年4月12日）

台州市制定地方性法规条例
（2016 年 4 月 13 日）
嘉兴市秸秆露天禁烧和综合利用条例
（2016 年 4 月 11 日）
舟山市制定地方性法规条例
（2016 年 4 月 12 日）
绍兴市制定地方性法规条例
（2016 年 4 月 13 日）
丽水市制定地方性法规条例
（2016 年 4 月 15 日）

安 徽 省

安徽省城市公共汽车客运管理条例
（2016 年 4 月 1 日）
安徽省预防职务犯罪工作条例(修订)
（2016 年 4 月 1 日）
安徽省凌家滩遗址保护条例
（2016 年 4 月 1 日）
蚌埠市龙子湖景区条例
（2016 年 4 月 15 日）
蚌埠市人民代表大会及其常务委员会立法程序规定
（2016 年 4 月 15 日）
阜阳市人民代表大会及其常务委员会立法程序规定
（2016 年 4 月 19 日）
宣城市人民代表大会及其常务委员会立法程序规定
（2016 年 4 月 18 日）
池州市人民代表大会及其常务委员会立法程序规定
（2016 年 4 月 20 日）
芜湖市人民代表大会及其常务委员会立法程序规定
（2016 年 4 月 13 日）
铜陵市人民代表大会及其常务委员会立法程序规定
（2016 年 4 月 12 日）
滁州市人民代表大会及其常务委员会立法程序规定
（2016 年 4 月 15 日）

福 建 省

中国(福建)自由贸易试验区条例
（2016 年 4 月 1 日）
福建省人大常委会关于修改《福建省海洋环境保护条例》等三部地方性法规的决定
（2016 年 4 月 1 日）
福建省人大常委会关于修改《福建省县、乡两级人民代表大会代表直接选举实施细则》的决定
（2016 年 4 月 1 日）
福建省人大常委会关于修改《福建省实施〈中华人民共和国全国人民代表大会和地方各级人民代表大会代表法〉办法》的决定
（2016 年 4 月 1 日）
平潭综合实验区条例
（2016 年 4 月 1 日）
福州市人民代表大会关于修改《福州市人民代表大会及其常务委员会立法条例》的决定
（2016 年 4 月 14 日）
厦门市人民代表大会关于修改《厦门市人民代表大会及其常务委员会

立法条例》的决定

（2016 年 4 月 12 日）

厦门市人大常委会关于修改《厦门市消防管理若干规定》等三部法规的决定

（2016 年 4 月 12 日）

厦门经济特区多规合一管理若干规定

（2016 年 4 月 29 日）

漳州市人民代表大会及其常务委员会立法条例

（2016 年 4 月 15 日）

泉州市人民代表大会及其常务委员会立法条例

（2016 年 4 月 18 日）

三明市人民代表大会及其常务委员会立法条例

（2016 年 4 月 15 日）

莆田市人民代表大会及其常务委员会立法条例

（2016 年 4 月 8 日）

南平市人民代表大会及其常务委员会立法条例

（2016 年 4 月 15 日）

龙岩市人民代表大会及其常务委员会立法条例

（2016 年 4 月 15 日）

宁德市人民代表大会及其常务委员会立法条例

（2016 年 4 月 17 日）

山 东 省

山东省地方金融条例

（2016 年 3 月 30 日）

山东省人大常委会关于废止《山东省文化市场管理条例》的决定

（2016 年 3 月 30 日）

东营市制定地方性法规条例

（2016 年 3 月 30 日）

烟台市制定地方性法规条例

（2016 年 3 月 30 日）

潍坊市制定地方性法规条例

（2016 年 3 月 30 日）

济宁市制定地方性法规条例

（2016 年 3 月 30 日）

泰安市制定地方性法规条例

（2016 年 3 月 30 日）

威海市制定地方性法规条例

（2016 年 3 月 31 日）

莱芜市制定地方性法规条例

（2016 年 3 月 31 日）

临沂市制定地方性法规条例

（2016 年 3 月 30 日）

菏泽市制定地方性法规条例

（2016 年 3 月 30 日）

滨州市制定地方性法规条例

（2016 年 3 月 30 日）

河 南 省

河南省行政执法条例

（2016 年 3 月 29 日）

河南省规章设定罚款限额规定

（2016 年 3 月 29 日）

河南省人大常委会关于修改《河南省煤炭条例》等十部地方性法规的决定

（2016 年 3 月 29 日）

湖北省

武汉市旅游条例
（2016年5月11日）
武汉市志愿服务条例
（2016年5月12日）
黄石市人民代表大会及其常务委员会立法条例
（2016年4月13日）
十堰市人民代表大会及其常务委员会立法条例
（2016年4月8日）
襄阳市人民代表大会及其常务委员会立法条例
（2016年4月12日）
宜昌市人民代表大会及其常务委员会立法条例
（2016年4月8日）
荆州市人民代表大会及其常务委员会立法条例
（2016年4月10日）
荆门市人民代表大会及其常务委员会立法条例
（2016年4月14日）
鄂州市人民代表大会及其常务委员会立法条例
（2016年4月7日）
孝感市人民代表大会及其常务委员会立法条例
（2016年4月13日）
黄冈市人民代表大会及其常务委员会立法条例
（2016年4月19日）
咸宁市人民代表大会及其常务委员会立法条例
（2016年4月15日）
随州市人民代表大会及其常务委员会立法条例
（2016年4月12日）
恩施土家族苗族自治州人民代表大会及其常务委员会立法条例
（2016年4月7日）

湖南省

湖南省中小学校幼儿园规划建设条例
（2016年3月30日）
湖南省人大常委会关于修改《湖南省乡镇人民代表大会主席团和乡镇人民代表大会主席副主席工作若干规定》等地方性法规的决定
（2016年3月30日）
长沙市人大常委会关于修改《长沙市人民代表大会及其常务委员会制定地方性法规条例》的决定
（2016年4月11日）
通道侗族自治县侗族文化村寨保护条例
（2016年4月11日）
靖州苗族侗族自治县生态环境保护条例
（2016年4月18日）

广东省

深圳市制定法规条例(修订)
（2016年4月8日）
深圳市人大常委会关于废止《深圳经济特区商品市场条例》的决定
（2016年4月27日）

珠海市人民代表大会关于修改《珠海市人民代表大会及其常务委员会制定法规规定》的决定
（2016年4月13日）

韶关市制定地方性法规条例
（2016年4月5日）

梅州市制定地方性法规条例
（2016年4月11日）

惠州市西枝江水系水质保护条例
（2016年4月22日）

惠州市制定地方性法规条例
（2016年4月23日）

东莞市制定地方性法规条例
（2016年4月1日）

中山市制定地方性法规条例
（2016年4月5日）

江门市制定地方性法规条例
（2016年4月1日）

湛江市制定地方性法规条例
（2016年4月5日）

潮州市制定地方性法规条例
（2016年4月26日）

阳江市制定地方性法规条例
（2016年4月18日）

清远市制定地方性法规条例
（2016年3月31日）

揭阳市制定地方性法规条例
（2016年4月5日）

云浮市制定地方性法规条例
（2016年3月31日）

广西壮族自治区

广西壮族自治区人大常委会关于修改《广西壮族自治区各级人民代表大会选举实施细则》《广西壮族自治区实施〈中华人民共和国全国人民代表大会和地方各级人民代表大会代表法〉办法》《广西壮族自治区乡、民族乡、镇人民代表大会工作条例》的决定
（2016年3月31日）

广西壮族自治区蚕种管理条例
（2016年3月31日）

广西壮族自治区人大常委会关于修改《广西壮族自治区烟草专卖管理条例》等三件地方性法规的决定
（2016年3月31日）

重庆市

重庆市人大常委会关于修改《重庆市各级人民代表大会常务委员会人事任免工作条例》的决定
（2016年3月31日）

重庆市人大常委会关于修改《重庆市实施〈中华人民共和国全国人民代表大会和地方各级人民代表大会选举法〉细则》的决定
（2016年3月31日）

四川省

四川省人民代表大会常务委员会关于促进全民阅读的决定
（2016年3月29日）

四川省辐射污染防治条例
（2016年3月29日）

四川省人大常委会关于修改《四川省人民代表大会常务委员会议事规则》的决定

（2016 年 3 月 29 日）

绵阳市人民代表大会及其常务委员会立法条例

（2016 年 4 月 13 日）

泸州市地方立法条例

（2016 年 4 月 13 日）

巴中市地方立法条例

（2016 年 4 月 14 日）

眉山市地方立法条例

（2016 年 4 月 8 日）

甘孜藏族自治州气象条例

（2016 年 4 月 6 日）

甘孜藏族自治州人民代表大会关于修改《甘孜藏族自治州草原管理条例》的决定

（2016 年 4 月 6 日）

贵 州 省

贵州省旅游条例修正案

（2016 年 3 月 31 日）

贵州省人口与计划生育条例修正案

（2016 年 3 月 31 日）

贵州省招标投标条例

（2016 年 3 月 31 日）

贵州省水利工程管理条例

（2016 年 3 月 31 日）

贵阳市人大常委会关于修改《贵阳市人民代表大会常务委员会讨论决定重大事项规定》的决定

（2016 年 4 月 19 日）

贵阳市人民代表大会关于修改《贵阳市地方立法条例》的决定

（2016 年 4 月 20 日）

毕节市地方立法条例

（2016 年 4 月 6 日）

铜仁市地方立法条例

（2016 年 4 月 15 日）

黔南布依族苗族自治州立法条例

（2016 年 4 月 27 日）

紫云苗族布依族自治县非物质文化遗产保护条例

（2016 年 4 月 18 日）

西藏自治区

西藏自治区人大常委会关于修改《西藏自治区乡镇人民代表大会工作条例》的决定

（2016 年 3 月 30 日）

甘 肃 省

兰州市地方立法条例

（2016 年 4 月 11 日）

庆阳市人民代表大会及其常务委员会立法程序规则

（2016 年 4 月 8 日）

甘肃省临夏回族自治州花儿保护传承条例

（2016 年 5 月 12 日）

宁夏回族自治区

宁夏回族自治区人大常委会关于修改《宁夏回族自治区人口与计划生育条例》的决定

（2016 年 1 月 21 日）

宁夏回族自治区各级人民代表大会常务委员会规范性文件备案审查条例

（2016 年 3 月 24 日）

宁夏回族自治区人大常委会关于废止《宁夏回族自治区农业环境保护条例》等三件地方性法规的决定
（2016年3月24日）

宁夏回族自治区人大常委会关于修改《宁夏回族自治区煤炭资源勘查开发与保护条例》等三件地方性法规的决定
（2016年3月24日）

宁夏回族自治区农村扶贫开发条例
（2016年3月24日）

石嘴山市人民代表大会及其常务委员会立法程序规定
（2016年4月12日）

地方政府规章

北京市

北京市行政规范性文件备案规定
（2016年4月18日）

内蒙古自治区

内蒙古自治区牛羊屠宰管理办法
（2016年4月1日）

内蒙古自治区人民政府关于修改部分政府规章的决定
（2016年5月10日）

辽宁省

辽宁省社会救助实施办法
（2016年5月1日）

锦州市人民政府规章制定程序规定
（2016年5月9日）

吉林省

吉林省行政执法证件管理办法
（2016年4月13日）

黑龙江省

齐齐哈尔市电梯安全管理暂行办法
（2016年4月29日）

浙江省

浙江省防空地下室管理办法
（2016年4月8日）

安徽省

合肥市人民政府关于修改《合肥市政府规章制定程序规定》的决定
（2016年4月22日）

福建省

福建省气象设施和气象探测环境保护办法
（2016年4月20日）

福州市轨道交通运营管理办法
（2016年5月16日）

山东省

山东省人民政府关于废止《山东省信访规定》等3件省政府规章的决定
（2016年4月15日）

山东省人民政府关于修改《山东省种畜禽生产经营管理办法》等4件省政府规章的决定
（2016年4月15日）

山东省军人抚恤优待办法
（2016 年 4 月 27 日）

湖南省

株洲市人民政府起草地方性法规草案和制定政府规章程序规定
（2016 年 3 月 25 日）

广东省

广东省公安机关警务辅助人员管理办法
（2016 年 4 月 15 日）

广西壮族自治区

广西壮族自治区专职消防队管理办法
（2016 年 4 月 5 日）

四川省

四川省水库地震监测规定
（2016 年 4 月 13 日）
四川省人民政府关于废止《四川省行政事业性收费许可证管理办法》的决定
（2016 年 5 月 10 日）
四川省人民政府关于废止《四川省组织机构代码管理办法》的决定
（2016 年 5 月 10 日）
成都市机动车清洗站管理办法
（2016 年 4 月 1 日）

贵州省

铜仁市人民政府规章制定办法
（2016 年 4 月 30 日）

云南省

云南省重大行政决策程序规定
（2016 年 5 月 4 日）
昆明市城乡规划管理技术规定
（2016 年 3 月 27 日）
昆明市环滇池生态区保护规定
（2016 年 4 月 27 日）

甘肃省

定西市人民政府拟定地方性法规草案和制定政府规章程序规定
（2016 年 4 月 15 日）

二、2016 年 5 月份报国务院备案，本汇编未收的国务院部门规章目录

民用航空器驾驶员合格审定规则

（2016 年 3 月 28 日交通运输部令 2016 年第 28 号公布　自 2016 年 4 月 28 日起施行 1996 年 8 月 1 日发布　2002 年 10 月 21 日第 1 次修订　2004 年 12 月 16 日第 2 次修订　2006 年 10 月 30 日第 3 次修订　2016 年 3 月 28 日第 4 次修订）

图书在版编目(CIP)数据

中华人民共和国新法规汇编. 2016年. 第6辑:总第232辑/国务院法制办公室编.—北京:中国法制出版社,2016.6

ISBN 978-7-5093-7620-1

Ⅰ.①中… Ⅱ.①国… Ⅲ.①法规-汇编-中国-2016 Ⅳ.①D920.9

中国版本图书馆CIP数据核字(2016)第143047号

中华人民共和国新法规汇编

ZHONGHUA RENMIN GONGHEGUO XIN FAGUI HUIBIAN

(2016年第6辑)

编者/国务院法制办公室

经销/新华书店

印刷/三河市紫恒印装有限公司

开本/850毫米×1168毫米 32开　　印张/17.25 字数/619千

版次/2016年7月第1版　　2016年7月第1次印刷

中国法制出版社出版

书号 ISBN 978-7-5093-7620-1　　定价:18.00元

北京西单横二条2号　　值班电话:66026508

邮政编码 100031　　传真:66031119

网址:http://www.zgfzs.com　　**编辑部电话:66066621**

市场营销部电话:66033393　　**邮购部电话:66033288**

(如有印装质量问题,请与本社编务印务管理部联系调换。电话:010-66032926)